Georg Daniel Teutsch

Predigten und Reden

Georg Daniel Teutsch

Predigten und Reden

ISBN/EAN: 9783743327863

Hergestellt in Europa, USA, Kanada, Australien, Japan

Cover: Foto ©ninafisch / pixelio.de

Manufactured and distributed by brebook publishing software
(www.brebook.com)

Georg Daniel Teutsch

Predigten und Reden

Predigten und Reden

von

Georg Daniel Teutsch,

Bischof der evangelischen Landeskirche A. B. in Siebenbürgen.

Herausgegeben

von

Friedrich Teutsch.

Leipzig

Druck und Verlag von Breitkopf und Härtel

1894.

Vorwort.

Am 2. Juli 1893 starb Bischof D. G. D. Teutsch in Hermannstadt, der Mann, mit dessen Lebensgang und Lebens= arbeit die Entwicklung des Protestantismus und des sächsischen Volkes in Siebenbürgen seit 50 Jahren aufs innigste verbunden ist, und dem jene Lebensarbeit auch in der Geschichte des deut= schen Protestantismus eine Stelle sichert. Die Würdigung seines Lebens bleibt einem andern Ort vorbehalten. Es ist ein reiches Erbe, das er seiner Kirche und seinem Volk hinterlassen hat. Dieses besonders auf dem Gebiet religiös = sittlichen Lebens zu stärken und zu mehren ist mit ein Grund für die Herausgabe dieser Predigten gewesen. Es ist eine Auswahl, die aus ver= schiedenen Jahren zusammengestellt wurde.

Wie der Verfasser über Religion, Christenthum und Pro= testantismus dachte, das zeigen die Predigten selbst. Die welt= überwindende Kraft des Christenthums und des Protestantismus war ihm die Grundlage seines Lebens. „Ziehet an den Herrn Jesum Christum" — sprach er in einer Ordinationsrede am 5. Dezember 1877 — „darin ist der Anfang und die Vollendung des Christenthums begriffen. Ist es doch der bildliche Ausdruck für die volle Lebens= und Liebesgemeinschaft mit ihm, dem Herrn und Heiland, das Aufnehmen seiner heiligenden Macht in das eigne Denken, Fühlen, Wollen, daß alles Thun und alles Lassen, alles Sinnen und Streben eins werde mit seinen göttlichen Zielen.

So ist diese Bedingung eigentlich die erste und tiefste, die allem christlichen Leben gesetzt ist; wer sie erfüllt, dem fällt alles Andre von selbst zu. Der kann nicht anders als „ablegen die Werke der Finsterniß, anziehen die Waffen des Lichts, ehrbarlich wandeln als am Tage". Der stellt das Gelüsten des Herzens, wenn es mit eitler Entschuldigung die Selbstsucht groß ziehen möchte, unter die Zucht des Gewissens, hält sich dem Nächsten gegenüber in Gerechtigkeit und Liebe und lernt je mehr und mehr in den Wechseln des Endlichen ihn erkennen, ihn suchen, ihn lieben den Unendlichen, in dessen Gesetz und Ordnung er den Frieden findet, den die Welt nicht geben kann. ... So werden Sie nicht müde, das ebenso von den Strahlen reinster Menschlichkeit, wie von dem Licht göttlichen Lebens umkränzte Lebens= und Liebesbild des Herrn Ihren Gemeinden vor die Seele zu führen, daß sie je mehr und mehr sein Wesen verstehen, das Einzigartige seiner Erscheinung erkennen, das wahrhaft Göttliche seines Evangeliums begreifen und lieben lernen, eben damit aber tief in ihre Herzen aufnehmen, daß dieses nicht eine bloße Lehre sei, sondern eine Gotteskraft zum Leben, die sich eben im Leben bewährt. Und wie könnte das besser geschehen als dadurch, daß Sie Ihre Ge= meinden zur Quelle hinführen, die uns jenes gewaltige Leben zeichnet, hinführen, selbst ausgerüstet mit den Mitteln der Wissen= schaft, die ihr Verständniß bedingt, und darum im Stande, fern von jener seichten Überhebung, die jenes wunderbar geistesmächtige Buch um einzelner Hüllen willen, die den Sonnenstrahl dort um= kleiden, gering achten, seinen Inhalt auch in der Gegenwart zu einer Saat göttlichen Lebens zu machen, wie daraus alles Edelste und Beste der Menschheitsentwicklung seit achtzehn Jahrhunderten gewachsen ist."

Die Predigten S. 34 und S. 191 sind in Schäßburg ge= halten worden, die auf S. 44 in Hermannstadt, die übrigen in Agnetheln, wo Teutsch 1863—67 Pfarrer war.

Die drei R e d e n, die hinzugefügt wurden, wenn auch nicht Predigten, gehören innerlich in diese Sammlung, sie betreffen

Schiller, Melanchthon, Bischof Binder (den Vorgänger im Amt); sie sind alle in Schäßburg gehalten worden; ihre Mittheilung darf auf freundliches Wohlwollen rechnen.

Es mag hier zugleich eine Zusammenstellung der Predigten folgen, die vom Verfasser selbst im Druck herausgegeben worden sind:

Drei Predigten. Gehalten in der evangelischen Pfarrkirche A. B. in Agnetheln. Ein Gedenkblatt der genannten Gemeinde. Von G. D. Teutsch, gewesenem Pfarrer daselbst. Hermannstadt 1868. Die letzte ist hier S. 252 mitgetheilt.

Die Stimme der evangelischen Stiftung des Gustav-Adolf-Vereins an dieses Geschlecht. Predigt gehalten am 5. August 1868 in Bistritz von G. D. Teutsch. (Der Ertrag ist für den Aufbau der evangelischen Kirche in Jakobsdorf bestimmt.) Hermannstadt 1868.

Unsere Zuversicht auf die Zukunft unserer Kirche. Festpredigt zu seiner feierlichen Einführung in Amt und Würde gehalten in Hermannstadt 12. November 1868 von G. D. Teutsch. (Der Erlös ist zum Beitrag für den Ankauf eines Hauses in Hermannstadt für die evangelische Landeskirche A. B. bestimmt.) Hermannstadt 1868.

Die Stellung unserer Kirche in der großen Entwickelung der Gegenwart. Predigt zur Eröffnung der VI. Landeskirchenversammlung am 17. Februar 1870. (Erlös wie bei der vorigen.) Hermannstadt 1870.

Festpredigt bei der Feier des vierhundertjährigen Geburtstags Dr. M. Luthers. Gedruckt in: Die Lutherfesttage der evangelischen Landeskirche A. B. in Siebenbürgen in Hermannstadt am 10. und 11. November 1883. Hermannstadt 1883. (Der Ertrag ist für das neue Lutherhaus in Hermannstadt bestimmt.)

Zum Schluß sei es gestattet, der Verlagsbuchhandlung, die mitbestimmt durch die Erinnerung an die Freundschaft, die Bischof Teutsch mit Carl Hase verbunden, den Verlag des Buchs über-

nommen, auch hier für so freundliche Gesinnung den Dank aus-
zusprechen.

Die Sammlung aber möge mit dazu beitragen, jene Mächte
zu stärken, die berufen sind, im Kampfe des wechselnden Tages
die dauernden Lebensgüter zu schützen, in deren Dienst auch sein
Leben stand und also mithelfen, daß wir der Erfüllung der Bitte:
„Dein Reich komme" uns nähern!

Hermannstadt, 24. April 1894.

Der Herausgeber.

Predigten.

I. Adventsonntag.

(Zugleich Reformationsfest.)

Gelobet sei, der da kommt im Namen des Herrn.

(1865.)

Siehe, Herr, hier sind wir abermals in Demuth, anbetend vor
dir, der du aufs neue die Sonne des Heils aufgehen lässest über
die Völker. Wir hören dein heilig Wort: „ich bin das Licht der
Welt; wer mir nachfolget, der wird nicht wandeln in der Finsterniß, sondern das Licht des Lebens haben". O so „hilf, Herr, und
laß wohlgelingen". Segne uns, „die wir von deinem Hause
sind!" Amen.

Wieder ist es ein Doppelgruß der Freude und Erhebung, geliebte
Christenbrüder, den uns der heutige dem Herrn geweihte Tag zuruft.
Sind wir doch zur Feier des 1. Adventsonntags und zur Feier des
Reformationsfestes in unserm theuern Gotteshause erschienen und im
Namen des einen und des andern empfängt uns der begeisternde Festruf
unsers Evangeliums: „Sage der Tochter Zion: siehe dein König kommt
zu dir". Und wie wir ihn empfangen wollen kann für das rechte Christenherz kein Zweifel sein. „Machet die Thore weit auf und die Thüren in
der Welt hoch", jauchzen wir ihm mit dem Psalmisten entgegen, „daß
er einziehe der König der Ehren", daß „seine Gerechtigkeit nahe komme
und sein Heil nicht länger säume."

Ja „dein König kommt zu dir", so ruft uns der erste Adventsonntag
entgegen. Schon sein Name sagt das; denn dieser, Advent, bedeutet
Ankunft; mit ihm beginnen die Wochen der Vorbereitung auf das „ge-
weihete" Fest der Geburt des Herrn; er bringt uns den Anfang des
Kirchenjahrs und damit die Wiederkehr jener heiligen Ordnung der
Kirche, ihrer Sonntage und Feste und Gottesdienste mit der Predigt
des göttlichen Wortes, mit der Spendung der h. Sacramente, in und
durch welche der Herr verheißen hat, selbst in die Herzen der Seinen
zu kommen und Wohnung zu machen in ihren Seelen. Darum zeichnet
selbst die bürgerliche Satzung diese Wochen vor andern aus und hebt

1*

sie hervor dadurch, daß sie jede rauschende Lust, jede öffentliche Unter=
haltung verbietet. Durch ernste Sammlung, durch stille Einkehr in sich
selbst soll sein Volk zur Ankunft seines Königs sich vorbereiten, auf daß,
wenn er nun kommt — und übersieht es nicht, Geliebte, er ist uns täglich,
ja stündlich nahe in seinem heiligen Worte — er eine würdige Stätte
finde, wo er die Bekümmerten trösten, die unschuldig Leidenden erlösen,
die Verirrten zurechtweisen, die Gefallenen aufrichten, die Freude der
Fröhlichen aber läutern und heiligen könne. Ja, das ist unser König,
der so „große Dinge thun kann und Wunder, deren keine Zahl sind",
um dessen Thron sich alle Völker im Bruderbunde vereinigen sollen
und darum hören wir heute mit Freuden den Ruf des Evangeliums:
„saget der Tochter Zion, siehe dein König kommt zu dir".

Dieselbe Jubelbotschaft ruft uns heute die Erinnerung an die heil=
bringende That der Kirchenverbesserung entgegen, deren Feier wir aus=
nahmsweise aus bekannten Gründen auf diesen Tag verlegt haben.
Oder wann hätte der Herr unser König sein Volk gnädiger heim=
gesucht, als in jener großen Zeit, wo er zu ihm sprach mit dem Wort
des Propheten: „Kehre wieder du abtrünniges Israel, damit ich mein
Antlitz euch wieder neige". Und wie Noth that es, daß er endlich kam.
Denn, wenn ihr zurückblickt in die Jahrhunderte vor der Kirchen=
verbesserung und namentlich in die letzten Menschenalter vor ihr, wie
wandelten sie alle in der Irre, Lehrer und Hörer, wie war „das ganze
Haupt so krank, das ganze Herz so matt". Es ist wahr, aus dem Senf=
korn des göttlichen Wortes, das Christus in die Herzen seiner Jünger
gelegt, war der Baum der Kirche hervorgewachsen, unter dessen Schat=
ten fast alle Völker der Erde ruhten. Aber die Kirche war nicht mehr
die alte, reine, apostolische, sondern abgewichen von des Herrn Wort,
geknechtet von Menschensatzungen, von Einrichtungen und Lehren, die
im alten Heidenthum wurzelten und die von der Seligkeit ab=, nicht
zu ihr hinführten. Schulen waren weit und breit in den Ländern keine;
das Volk versank immer mehr in Unwissenheit; statt der Verkündigung
des göttlichen Wortes fand es in den Kirchen meist nur leeres Cere=
monienwerk in einer Sprache, die es nicht verstand; die Bibel, die
Quelle des Heils kannte Niemand. War es da anders möglich, als daß
eine Verwilderung und eine Entsittlichung in immer größeren Kreisen
einriß, eine Verderbniß an Leib und Seele, die die wenigen Besseren
und Einsichtsvolleren jenes Geschlechtes zu tief empfundenem, jetzt noch
ergreifendem Ausbruch ihres Schmerzes veranlaßte.

Aber vor der Macht der Finsterniß kam damals das Licht nicht auf.
Eine festgegliederte gewaltige Priesterschaft mit ihm an der Spitze, dem

stolzen Thron in Rom, der da sündhaft alle Macht ansprach im Himmel und auf der Erde, hemmte alle Regungen des wieder erwachenden christlichen Geistes und erdrückte sie. So konnte der fromme Kaufmann Petrus Waldus schon im 12. Jahrhundert die verderbte Kirche nicht reinigen, der edle Lehrer Englands Joh. Wikleff im 14. Jahrhundert ihre Irrthümer nicht bessern, ja der begeisterte Prediger im Böhmerland Joh. Huß mußte seine Liebe zum Evangelium auf dem Scheiterhaufen büßen. Der König, der vielersehnte, kam noch immer nicht zu seinem Volke.

Da erfüllte sich endlich das Wort des Propheten, wo er sagt: „Es ist Zeit, daß der Herr dazu thue; sie haben dein Gesetz zerrissen". Wie die lange Nacht nach bangem Harren der Guten über war, da brach der Tag wieder an durch den Mann Gottes Dr. Martin Luther, der geleitet von dem Herrn die Reinheit des Evangeliums wieder herstellte und die Kirche Christi erneuerte auf dem Grunde, den der Heiland gelegt und die Apostel ausgebaut. Wie einer der alten Propheten riß er die nichtigen Menschensatzungen nieder und erhob das lautere Gotteswort wieder in die Stelle, die ihm gebührte und richtete dem Herrn den Weg, auf dem er einzog auch in die Herzen unserer Väter. Und darum ruft uns heute, am Tage der Erinnerung jener großen welterlösenden Begebenheit sein Wort doppelt erhebend zu: Sage der Tochter Zion, siehe dein König kommt zu dir.

Ja, dein König! Wir werden das tiefe Wort noch besser verstehen und es würdig erwidern, wenn wir bei diesem Gegenstand noch einige Augenblicke verweilen.

Lied 208, 1, 2: Ewig, o Jesu, wird dein Wort bestehen.

Evangel. Matth. 21, 1—9.

Da sie nun nahe bei Jerusalem kamen gen Bethphage an den Ölberg, sandte Jesus seiner Jünger zween, und sprach zu ihnen: gehet hin in den Flecken, der vor euch liegt, und bald werdet ihr eine Eselin finden angebunden und ein Füllen bei ihr; löset sie auf und führet sie zu mir. Und so euch jemand etwas wird sagen, so sprecht: der Herr bedarf ihrer; sobald wird er sie euch lassen. Das geschah aber alles, auf daß erfüllet würde, das gesagt ist durch den Propheten, der da spricht: saget der Tochter Zion, siehe, dein König kommt zu dir sanftmüthig und reitet auf einem Esel und auf einem Füllen der lastbaren Eselin. Die Jünger gingen hin und thaten, wie ihnen Jesus befohlen hatte, und brachten die Eselin und das Füllen und legten ihre Kleider darauf und setzten ihn darauf. Aber viel Volks breitete die Kleider auf den Weg; die andern hieben Zweige von den Bäumen und streueten sie auf den Weg. Das Volk aber, das vorging und nachfolgte, schrie und sprach: Hosianna dem Sohne Davids, gelobt sei, der da kommt im Namen des Herrn, Hosianna in der Höhe!

Es ist der Einzug des Herrn in Jerusalem, den uns das vorgelesene Evangelium erzählt. Wie führt uns die lebendige Darstellung
die tiefe Sehnsucht des Volkes nach dem langerhofften „König" so anschaulich vor die Seele; wie sie die Kleider auf den Weg breiten, wie
sie Zweige von den Bäumen hauen, wie die dichten Haufen voran-
gehen und nachfolgen und mit ihrem Jubelruf die Luft erfüllen, weil
„ihr" König endlich da ist.

Durch die Reformation oder die Kirchenverbesserung ist er, unser
König, der so lange seinem Volke fern weilen mußte, wieder in sein
Reich zurückgekehrt. Und darum begrüßen auch wir den Einziehenden
heute abermals mit dem Worte des Evangeliums

gelobet sei, der da kommt im Namen des Herrn
und wollen der Berechtigung dieses Grußes uns noch tiefer bewußt
werden, wenn wir im Anschlusse an unsere vorjährige Festandacht
einige weitere Segnungen der Kirchenverbesserung ins Auge fassen.

Ja, wir haben dich zum Könige, Herr Herr, und keinen andern
und dein „festes prophetisches Wort, das da leuchtet im dunkeln
Orte". O, so hilf, daß wir an dir und an ihm halten, damit
auch uns „der Tag anbreche und der Morgenstern aufgehe in
unsern Herzen". Amen!

I. Gelobet sei, der da kommt im Namen des Herrn, so rufen wir
im Hinblick auf die Kirchenverbesserung heute dankbar aus, zunächst
weil sie dem Menschengeiste die Bahn der freien Forschung
wieder geöffnet hat. Dem Wesen des Menschengeistes, d. i. seiner
unbegränzten Bildungsfähigkeit entspricht die Lehre unseres Herrn und
Heilandes auf das innigste, indem sie ihm eben die göttliche Vollkommenheit zum letzten Ziele steckt. Damit hängen die zahlreichen
Forderungen der Schrift, die auf ein Wachsthum in der Erkenntniß
bringen, damit das tiefe Paulinische Wort zusammen: „prüfet Alles
und das Beste behaltet".

Als aber im Lauf der Jahrhunderte für das Abendland das
Christenthum in der römisch-katholischen Kirche sich abschloß, als diese
die, dem göttlichen Wort geradezu feindliche Lehre aufstellte, daß der
an der Spitze dieser Kirche stehende Papst in Rom unfehlbar sei und
daß man nur das glauben und lehren dürfe, was er billige, da schlug
die Priesterschaft jede Regung des Geistes in ihre starren Satzungen
und versuchte alles Leben und jeden Fortschritt zum Stillstand zu
bringen. Das ganze unermeßliche Gebiet der Erkenntniß wollte sie
durch den kleinen Raum ihrer engen Lehrmeinungen begränzen, so

daß allmälig Alles in Nacht versank, was die Bildung der alten Welt hervorgebracht hatte, und wer mit neuen Gedanken das Reich des Geistes und der Natur zu erforschen und zu beleben versuchte, deß harrte in der Regel der Kerker und sein Buch wurde den Flammen überliefert. Es war, wie wenn der König des Lebens sein Angesicht von seinem Volk abgewendet hätte.

Da kam endlich die Reformation und mit ihr die geistige Freiheit wieder auf den Thron der Zeit. Den Menschensatzungen der Kirche setzte Luther die heilige Schrift und das freie Forschen in ihr, den Machtgeboten des Papstes, die die Seele geknechtet hatten, die Gründe der Vernunft gegenüber. Jener weltgeschichtliche Tag in Worms, wo der große Mann Gottes, erhaben über allen Zwang und alle Furcht, dem Papste und der alten Kirche gegenüber sprach: „Es sei denn, daß ich mit Zeugnissen der h. Schrift oder mit öffentlichen hellen und klaren Gründen überwunden und überwiesen werde, denn ich glaube weder dem Papst, noch den Concilien allein nicht, weil am Tag ist, daß sie oft geirrt und sich selbst widersprochen, so kann und will ich nicht widerrufen", dieser Tag hat den Geist und sein erstes Recht, das der freien Prüfung und Forschung, wieder auf seinen unvergänglichen Thron erhoben und für das gesammte Menschengeschlecht einen neuen Tag des Heils heraufgeführt.

Und von seinem Licht und von seiner Wärme, Geliebte, leben wir alle heute noch. Denn was die Entwicklung der Zeit seither großes gefördert, das tiefere Verständniß religiöser Wahrheiten, die vollere Kenntniß der Vergangenheit, die richtigere Einsicht ins Innere der Natur und der Menschenseele, damit aber die Verbesserung der staat= lichen und bürgerlichen Verhältnisse, die Beherrschung des Stoffes durch den Geist, die zunehmende Bildung und Gesittung aller Classen der Gesellschaft, die tausendfältige Verschönerung und Veredlung des gesammten Lebens: Alles, alles verdanken wir dem Anstoß, den die Reformation gegeben, der freien Forschung, die sie dem geknechteten Geiste wieder zurückgestellt, und bis in die niedrigste Hütte und die kleinste Dorfschule, die daran Theil genommen, tönt heute ihr Freuden= ruf: „Sage der Tochter Zion, siehe Dein König kommt".

II. Und allüberallher, Geliebte, antwortet der Jubelklank: ja, „gelobt sei der da kommt im Namen des Herrn", auch weil er der Frömmigkeit wieder eine Stätte gemacht im Menschen= herzen, denn nicht nur der Geist, die Erkenntniß, auch die Frömmigkeit, das Gewissen der Menschheit war in der alten Kirche gefangen in der Knechtschaft der Menschensatzungen. Umsonst hatte Christus den äußer=

lichen Gesetzesdienst des Judenthums und der Pharisäer gerichtet und
gelehrt, daß die Gnade Gottes nicht durch leere äußere Werke, durch
Beobachtung von bloßen Formen, sondern nur durch Sinnesänderung,
durch Besserung des Herzens, durch ein Leben in Liebe und in Gott,
durch ein völliges Abthun der Sünde erlangt werden könne. Es ist hier
nicht Zeit, ausführlich darzustellen, wie es durch die Einflüsse des
Judenthums, des Heidenthums, des Priesterthums gekommen, daß es
in der römischen Kirche thatsächlich anders wurde, daß sie nicht, wie
im Evangelium, nach „dem guten Baume" fragten, sondern nur „nach
Früchten", die der Kirche gefielen. So lebte das Volk im Wahne, und
dieser Wahn wurde durch die Priester und die Kirche gefördert, daß
man durch äußere Werke, durch Fasten, durch Wallfahrten, durch
Schenkungen an Klöster, oder gar durch den Eintritt in das Kloster
selbst der göttlichen Gnade theilhaftig werden könne, wobei die Reinigung des Herzens, die geistlich-sittliche Wiedergeburt und ihre Nothwendigkeit vollständig zurücktrat. Kam es doch soweit im Verderben,
daß sie lehrten, sogenannte Heilige hätten soviel Verdienst bei Gott
erworben, daß aus ihren überflüssigen guten Werken — als ob der
arme sündige Mensch des wirklichen Guten jemals überflüssig thun
könne — ein Schatz entstanden sei, zu dem der Papst den Schlüssel
habe und woher er Ablaß der Sünden um Geld verkaufte.

Ihr wißt, Geliebte, das ist die unmittelbare Veranlassung der
Kirchenverbesserung, deren Gedächtniß wir heute festlich begehen. Denn
hiegegen erhob sich endlich die Macht des deutschen, des christlichen Gewissens, wie es vor Allem in dem Mann Gottes, in Luther, lebendig
war. Mit siegender Gewalt zeigte er, wie der Heiland gelehrt habe,
es sei das Seelenheil nicht um Geld zu kaufen, die Sündenvergebung
nicht um gedankenlose Beobachtung äußerer Gebräuche und Satzungen
feil, wie Niemand für einen andern etwas Gutes thun könne, sondern
alle gottgefällige That nur aus dem Glauben, das ist, aus der vollen
Hingabe des gesammten Wesens an den Herrn kommen und eine freie
Frucht der eigenen Gewissenhaftigkeit sein müsse.

Das, Geliebte, ist der evangelische Glaube, „der die Welt überwindet", der da auf dem Grund des Evangeliums ruht, das der Heiland
gebracht und wo er einzieht in seiner Kindeseinfalt und Mannesstärke,
da zieht auch die wahre gottgefällige Frömmigkeit ein, mit ihrer Herzens-
reinigung, mit ihrer stillen Kraft, die Alles vermag in Gott, mit ihrer
Demuth, die sich nie überhebt, mit ihrer Liebe, die Alles thut und
Alles trägt. Ja, da erfüllt sich das Wort des Propheten: „Sage der
Tochter Zion, siehe dein König kommt zu dir sanftmüthig".

III. Und darum rufen wir ihm heute froh entgegen: „gelobt sei der da kommt im Namen des Herrn", gelobt endlich auch deßhalb, weil er die Kirche der lebendigen Theilnahme der Gemeinde wiedergegeben hat. Wie hatte sich auch hierin in den Jahrhunderten vor der Reformation aus der alten apostolischen Kirche Alles geändert! Während in dieser nach dem Zeugniß der Apostelgeschichte die Vor= steher und die Gemeinden gemeinschaftlich das Gemeinsame besorgen, während der Herr selbst die Besserung und Bestrafung der Sünder ausdrücklich vor die Brüder und die Gemeinde gewiesen, während er wiederholt so nachdrücklich ermahnte, daß nur Er allein Aller Haupt sei und wer da in der Gemeinde gewaltig sein wolle, am meisten dienen müsse: hatte der nach jüdischem Vorbild entstandene Priesterstand allmälig alle Macht der Gemeinde in seine Hand genommen, behaup= tete, ihm allein sei gegeben alle Gewalt im Himmel und auf Erden und die Glieder der Gemeinde selbst hätten als solche sich an der Ordnung und Verwaltung ihrer Angelegenheiten zu betheiligen kein Recht. Und so, Geliebte, ist es in der römisch=katholischen Kirche bis auf diesen Tag; so lehrt sie und so hält sie es. Da ist eine Priesterkirche, nicht eine Gemeindekirche; ja sogar in jenen Angelegenheiten, durch die die Kirche als irdische Ordnung am Leben theilnimmt, versagt der dort herrschende Geist der Unfreiheit den eigenen Gliedern das schöne Recht und die noch schönere Pflicht der Mithülfe am Baue des Gottesreichs.

Die Reformation erst, Geliebte, hat die alte Freiheit der Apostel= kirche wieder an den Tag gebracht und ihre innere und äußere Ord= nung wieder der Theilnahme der Gemeinde anheim gegeben. So ist in der evangelischen Kirche, wenn auch das Amt den einen an die eine, den andern an die andre Stelle setzt, doch nur ein Stand, um allzumal zu thun „wie ihnen Jesus befohlen". Da ist die Gemeinde berufen, selbstthätig mitzuhelfen, daß „der König immer mehr komme"; darum wirkt sie mit an der Bestellung des Lehramtes; darum ist die Pflege der Zucht und des guten Geistes innerhalb der gesetzlichen Ordnungen mit in ihre Mitwirkung gegeben, und das Alles nicht zur Befriedi= gung der Eitelkeit oder der Herrschlust, sondern zur Bethätigung der Bruderliebe als Dienst an seinem Heiligthum und damit zu eigenem Wachsthum in alle dem, was dem Herrn in alle Wege wohlgefällt und ihn bewege, daß er einziehe zu den Seinen und Wohnung unter ihnen mache.

Es ist nicht zu ermessen, Geliebte, welch ein Segen aus dieser werk= thätigen Theilnahme der Gemeinde an dem Leben der Kirche für den Einzelnen und für das Ganze erwächst. Dadurch erst wird es möglich, daß die Kirche, wie Paulus im Epheserbrief will, ein ganzer Leib wird, der da in allen seinen Gliedern dadurch daß eins dem andern Hand- reichung thut nach dem Maße seiner Kräfte wächst zu seiner selbst Erbauung in Liebe.

Gewiß, es ist nicht anders möglich, als daß wir im Hinblick auf alle diese Segnungen der Reformation heute, wo wir den Gedenktag ihres Ursprungs feiern, dankend mit unserm Evangelium ausrufen: „gelobt sei, der da kommt im Namen des Herrn". Hat sie doch dem Menschengeiste die Bahn der freien Forschung wieder geöffnet, der Frömmigkeit aufs neue eine Stätte gemacht im Menschenherzen, die Kirche der Theilnahme der Gemeinde wiedergegeben! Sind wir aber Glieder der evangelischen Kirche, Geliebte, wohlan so lasset uns wachen und beten, daß wir es auch nach jenen Richtungen in Wahrheit seien. Auch uns ruft heute der Apostel zu in unserer Sonntagsepistel: „Die Nacht ist vergangen, der Tag ist herbeigekommen; so lasset uns ablegen die Werke der Finsterniß und anlegen die Werke des Lichts". Und Heil, dreimal Heil der Gemeinde, die da antworten kann: „gelobet sei, der da kommt im Namen des Herrn!" Amen.

II. Adventsonntag.
Über die Nichtbeachtung der Zeichen der Zeit.
(1865.)

„Zeit und Stunde", wir fühlen es Herr, „sind da, aufzustehen vom Schlafe." Wir sehen die Zeichen, die zu neuer Arbeit rufen; laß uns sie verstehen, wie es dir gefällt! Amen.

So verschieden auch die Ansichten über das Wesen und die Be- deutung der Gegenwart sind, darin, geliebte Christenbrüder, stimmen alle überein, daß unsere Zeit eine ernste sei. Sie wollen damit sagen, das Leben sei in unsern Tagen viel schwerer, als zu der Väter Zeit und erfordere für Jeden zum Fortkommen an Mühe und Anstrengung ein weit größeres Maß; die Kräfte, die auf den verschiedenen Gebieten des Wirkens hervorträten, stünden in viel ärgerem Gegensatz als früher; der heitere Schmuck daher, der das Leben ehemals bekränzt, erbleiche immer mehr und das ruhige Gleichmaß der Tage, das die Welt zu der Väter Zeit beglückt hätte, räume sorgerfülltem Wechsel die Stelle ein.

Gewiß, Geliebte. Kein Denkender kann es läugnen, unsere Zeit ist ernst. Ja, sie ist mehr als das, sie ist böse, setzen viele hinzu, und weisen zum Beweis ihrer Behauptung darauf hin, wie das ganze Leben von zerstörenden Kräften erfüllt sei, wie man überall nur niederreiße, nichts aufbaue, wie alle Ehrfurcht vor dem Alten, vor dem Hergebrachten schwinde, das doch den Beweis seines Werthes in seinem Bestand trage, während Andre nicht schnell genug mit dem Alten fertig werden zu können meinen und gerade das Festhalten daran und den Versuch der Rückkehr zu ihm für ein Zeichen der bösen Zeit halten.

Bei solchem Gegensatze der Ansichten und Strebungen muß wol jedem denkenden Menschen sich die Frage aufdrängen: wie soll das Alles enden; wohin will die bange Unruhe der Gegenwart hinaus; was wird die Zukunft bringen? Und in der That hat jener tiefe Drang des Menschenwesens, den dunkeln Schleier, der das Kommende deckt, zu lüften, hierin einen unerschöpflichen Stoff. Dieselbe Frage zu lösen, haben vor Jahrhunderten schon kühne Forscher die geheimnißvolle Schrift des Sternenhimmels zu deuten versucht, oder die Zukunft aus dem Rauschen des Waldes, dem Flug der Vögel, dem Zug der Wolken erkunden wollen. Aber die Sterne sind stumm geblieben und die „Zeichen" waren trügerisch. Wer da wissen will, was „über ihn kommen" werde, der muß zu andrer „Weisheit" greifen.

Die Zukunft nämlich, geliebte Christenbrüder, ist für den Menschengeist, den nach dem Bilde Gottes geschaffenen, kein ganz unlösbares Räthsel. Zwar die Einzelheiten derselben vermag er ebensowenig zu erforschen, als er alle Kräfte kennt, die auf die Gestaltung derselben einwirken ; „Tag und Stunde", wie die Schrift es ausdrückt, „weiß Niemand, denn der Vater im Himmel"; aber die Entwicklung einer Zeit in ihren Hauptverhältnissen ist auch der Mensch im Stande vorauszusehen. Denn dieselbe ist bedingt von einem Gesetze, das ewig ist und untrüglich, vom Sittengesetze, unter dem jegliche Menschenthat steht, sie sei groß oder klein: in gleicher Weise wie ein und dasselbe Gesetz hienieden das fallende Blatt zur Erde zieht und am Himmel die flammenden Sonnen in ihren Bahnen erhält. Ein je reinerer Ausfluß jenes Sittengesetzes irgend eine That ist, oder mit andern Worten, je frömmer und gottwohlgefälliger, desto mehr wird man auf dauernd wohlthätige Folgen derselben rechnen können; je weiter eine That sich von diesem göttlichen Gesetze entfernt, je mehr sie der Sünde gehört, desto sicherer folgt das Verderben. Jene und dieses kennst du demnach an vorausgehenden Zeichen.

Grade so verhält es sich ja in der sinnlichen Natur. Ehe der Baum verdorrt, welkt er ab; ehe das zerstörende Gewitter losbricht, dunkelt es am Himmel; und kein Haus stürzt ein, es sei denn zuvor wankend und schadhaft. „Sehet an den Feigenbaum und alle Bäume", spricht der Herr im heutigen Evangelium zu seinen Jüngern, „wenn sie jetzt ausschlagen, so merket, daß der Sommer nahe ist." Ebenso lehrreich und deutungsvoll aber sind die Zeichen in der sittlichen und geistigen Welt. Aus ihnen verkündeten die Propheten des alten Bundes dem verirrten Volke Niederlage und Gefangenschaft; aus ihnen sah der Herr jammernden Herzens den Untergang nahe bevorstehend. „Wahrlich, wahrlich ich sage euch", sprach er, „dieß Geschlecht wird nicht vergehen, bis daß Alles geschehe."

So sendet der himmlische Vater in den Ereignissen der Gegenwart seinen Menschenkindern zugleich die Boten der Zukunft. Weil er „nicht will den Tod des Sünders, sondern daß er sich bekehre und lebe", hat er nicht nur sein Gesetz in das Menschenherz geschrieben und es verkündet durch seinen Sohn, sondern zeigt uns auch in dem ewigen Buche der Geschichte die Folgen der Beachtung oder Nichtbeachtung jener Gesetze, auf daß „wer Ohren hat zu hören, höre". Wer daher in das Dunkel der kommenden Tage sehen will, der vernehme die Stimme der Gegenwart, der sehe auf die Zeichen der Zeit. Der verständigen Beobachtung, der weisen Frage bleiben sie die befriedigende Antwort nicht schuldig. Denn noch immer haben dieselben Ursachen dieselben Wirkungen, wie damals als der Herr auf der Erde wandelte; noch immer kann nur „die Wahrheit uns frei machen" und „wer Wind säet, bloß Sturm ernbtet".

Wenn aber die Gegenwart der Spiegel der Zukunft ist, so wird wol dieß Geschlecht in seiner „Besorgniß der Dinge die da kommen sollen" eifriger als je auf die Zeichen der Zeit achten und auf ihre Stimme hören?

Lied 8, 1, 2: Herr, mein Licht, erleuchte mich.

Evangel. Luc. 21, 25—36.

Und es werden Zeichen geschehen an der Sonne, Mond und Sternen, und auf Erden wird den Leuten bange sein und werden zagen, und das Meer und die Wasserwogen werden brausen. Und die Menschen werden verschmachten vor Furcht und vor Warten der Dinge, die da kommen sollen auf Erden; denn auch der Himmel Kräfte sich bewegen werden. Und alsdann werden sie sehen des Menschen Sohn kommen in den Wolken mit großer Kraft und Herrlichkeit. Wenn aber dieses anfängt zu geschehen, so sehet auf und hebet eure Häupter auf, darum, daß sich eure Erlösung nahet. Und er sagte ihnen ein Gleichniß: sehet an den Feigenbaum und alle Bäume. Wenn sie jetzt ausschlagen, so sehet ihrs an ihnen und merket, daß jetzt der Sommer nahe ist. Also auch ihr, wenn ihr dies alles sehet angehen, so wisset, daß das Reich Gottes nahe ist. Wahrlich, ich sage euch, dieß Geschlecht wird nicht vergehen, bis daß es alles geschehe. Himmel und Erde werden vergehen; aber meine Worte vergehen nicht. Aber hütet euch, daß eure Herzen nicht beschweret werden mit Fressen und Saufen und mit Sorgen der Nahrung, und komme dieser Tag schnell über euch; denn wie ein Fallstrick wird er kommen über alle, die auf Erden wohnen. So seid nun wacker alle Zeit, und betet, daß ihr würdig werden möget, zu entfliehen diesem allen, das geschehen soll, und zu stehen vor des Menschen Sohn.

Es ist ein großartiges, wenn auch tieferschütterndes Bild, das uns das vorgelesene Evangelium vor die Seele geführt hat. Um es aber ganz zu verstehen, muß man es im Zusammenhang fassen. Es ist ein Stück aus dem letzten Aufenthalt des Herrn in Jerusalem. Im Tempel hatte er das zahlreiche Volk gelehrt und hatten die Priester und Schriftge-lehrten dieses Volkes versucht, wie sie die Hände an ihn legten. Der Heiland erkannte, daß er in wenigen Tagen schon ihrem Hasse und dem Wankelmuth des Volkes als Opfer fallen, zugleich aber, daß sein Tod auch das Gericht über Jerusalem beschleunigen werde, dessen Schriftgelehrte und Priester, statt das von Christus gebrachte Gottes-reich anzunehmen, gegen das weltbeherrschende Rom den Kampf um das „Reich Davids" wagten, in dem sie wie der Herr vorausgesehn den Untergang fanden. Doch grade der Untergang Jerusalems, der Gräuel der Verwüstung an heiliger Stätte, sagte Christus voraus, werde der Anfang einer neuen Zeit sein; des Menschen Sohn werde kommen in großer Kraft und Herrlichkeit und die „Erlösung" und das Reich Gottes beginnen.

Und so ist es gekommen, Geliebte; der Fall von Jerusalem hat das Christenthum zuerst in weitere Kreise zu tragen begonnen. Freilich, wie wenige verstanden damals jenes „Zeichen" der Zeit; wol „ver-schmachteten sie vor Furcht und vor Warten der Dinge, die da kommen sollten", ehe sie merkten, daß „das Reich Gottes nahe sei".

Und verstehen wir die Zeichen der Zeit, meine Brüder, hören wir denn auf ihre Lehren? Wie käme es dann, daß die Tage immer schlechter, die Zustände immer verwirrter, der Streit immer erbitterter, der Scha-den immer größer, die Heilung immer schwerer werden?

So laßt uns denn heute die Frage beantworten:

woher es denn komme, daß so viele die Zeichen der Zeit nicht beachten und ihre Lehren nicht hören.

Du aber Vater der Wahrheit, hilf uns bedenken zu dieser unsrer Zeit was zu unserm Frieden dienet und laß es nicht ver-borgen sein vor unsern Augen! Amen.

I. Eine große Zahl von Menschen, geliebte Christenbrüder, beachtet die Zeichen der Zeit nicht und hört nicht auf ihre Lehren zuförderst aus unverständiger Gleichgültigkeit. Daß die Güter, nach welchen der Mensch hienieden streben kann, und zwar insbesondere in ihrer Beziehung zum höchsten Gut, der Tugend oder Gottseligkeit, nicht alle von gleichem Werthe seien, ist eine Wahrheit, die schon aus der Lehre des Herrn unzweifelhaft hervorgeht. Daraus folgt, daß unter den Thaten menschlicher Freiheit diejenige die höhere ist, die nach den höhern Gütern strebt, wie denn nur durch eine solche Handlungsweise die Erziehung des Menschengeschlechts zu immer höherer Weisheit, Sittlichkeit und Wohlfahrt, die da ist der Hauptzweck aller Begebenheiten, gefördert werden kann. Damit ist zugleich das Wesen jener Gleichgültigkeit bezeichnet. Sie geht hervor aus der Unkenntniß des wahren Menschenziels und besteht darin, daß man alle Güter und alle Thaten für gleich werthvoll hält. Darum achtet die Gleichgültigkeit nicht auf die Zeichen der Zeit, weil sie die Zeit selbst nicht kennt; darum hört sie nicht auf ihre Lehren, weil sie ihr gleichbedeutend erscheinen mit dem Gespräche des Alltags. Was den Gleichgültigen nicht unmittelbar, man möchte sagen, leiblich berührt, „was" fragt er „geht das mich an". Ob „Zeichen geschehen am Himmel", oder ob auf Erden die Menschen verschmachten vor Furcht und vor Warten der Dinge, die da kommen sollen, läßt ihn kalt, weil ihm „das Reich Gottes" stets gleich „nahe" und gleich ferne ist.

Ist aber eine solche Gesinnung, ist eine solche Handlungsweise des Menschen würdig? Die alten Weisen erkannten und rühmten schon: darin bestehe das Edle des Menschengeistes, daß er an Allem was die Menschheit angehe, innigen Antheil nehme, und unser Geschlecht sollte in unverständiger Gleichgültigkeit die Zeichen seiner eignen Zukunft nicht beachten? Ist eine solche Handlungsweise christlich, meine Brüder? Als der Herr den Untergang der Stadt voraussah, warnte er ihre Bewohner, daß sie dem Verderben doch noch entfliehen möchten; sollen wir seinem Vorbild nicht folgen? Spricht nicht die Schrift auch zu uns: „siehe ich weiß deine Werke, daß du weder kalt bist noch warm; ach daß du doch kalt wärest oder warm!" Ist endlich eine solche Gesinnung weise, meine Brüder? Wer wird die Noth der kommenden Tage abwenden von uns, wenn wir die Zeichen nicht sehen, die sie verkünden? Muß da der Tag des Falles nicht „wie ein Fallstrick kommen über Alle?"

Darum laßt uns, geliebte Christenbrüder, die unverständige Gleichgültigkeit, falls sie sich findet, bannen aus unserm Sinne. Wo ihr irgend Edles antrefft und Großes findet: nicht sie hat es hervorgebracht, sondern die Begeisterung, die ihre Zeit verstand und die Weisheit, die ihre Lehren hörte. Sollen die Einrichtungen, die unsre Väter schufen, nicht untergehn, die Anstalten, die sie gründeten, nicht verfallen, soll ihr Ruhm nicht eine Schande werden für uns und unser Haus nicht wüste oder dem Fremdling anheimfallen: so müssen wir achten auf die Zeichen der Zeit und „wacker sein allezeit" um „würdig zu sein", diesem allem zu entfliehen.

II. Ein großer Theil der Menschen, geliebte Christenbrüder, achtet ferner nicht auf die Zeichen der Zeit und hört ihre Lehren nicht, weil sie beherrscht sind von Selbstsucht. Allerdings gibt es keinen stärkern und hartnäckigern Feind alles Guten, als diesen. Kaum habt ihr ihn in einer Gestalt bekämpft, so kehrt er in einer andern wieder „siebenmal ärger denn zuvor". Die Selbstsucht besteht nämlich in jener beklagenswerthen Engherzigkeit des Geistes und Gemüthes, die nur sich selbst kennt und schätzt, sich für den Mittelpunkt der Natur- und Menschenwelt betrachtet und darum will, daß Alles außer ihr nur ihren Zwecken diene. Eine solche Gesinnungs- und Handlungsweise kann ein ganzes Zeitalter erfüllen, ein ganzes Geschlecht einnehmen und, meine Brüder — zu Grunde richten.

Denn das ist ihr Verderben, daß sie die Zeichen der Zeit nicht achtet und ihre Lehren nicht versteht. Wie wäre das auch möglich? Jene Zeichen sind ein Ergebniß der gesammten Entwicklung und gehen auf das Ganze; die Selbstsucht kennt nur das Ihre. Jene fordern zum Verständniß einen Geist, der der Wahrheit offen steht; die Selbstsucht weiß nur von Nutzen. Jene bringen auf eine Thätigkeit voll Selbstverläugnung; diese ist gewohnt, nur von andern Opfer zu fordern. Ja, meine Brüder, so wenig „der Feigenbaum" im Winter „ausschlagen" kann, so wenig ist die Selbstsucht im Stande, die Zeichen der Zeit zu beachten und ihren Lehren zu folgen.

Oder schlaget einmal das Buch der Vergangenheit und Gegenwart auf, und sehet ihre Thaten. Hier drängt die Zeit durch neue Erfindungen und Entdeckungen zu anderm Betriebe des Ackerbaus und der Gewerbe: die Selbstsucht findet darin Schmälerung ihres Nutzens und hindert die gute Sache. Dort weist die Erfahrung auf schreiende Mängel in Verwaltung und Recht hin und ruft laut um Hülfe und Besserung. Die Selbstsucht fürchtet davon Schmälerung ihres Einflusses und die Wunden bluten fort. Hier deuten ernste Erscheinungen in dem Leben eines Volkes auf die Nothwendigkeit hin, in Sitte und Lebensart zur Einfachheit der Väter zurückzukehren: die Selbstsucht mag die hoffärtige Kleiderpracht nicht missen und die Unnatur schreitet fort. Dort endlich fordern alle Zeichen der Zeit zur Eintracht auf und alle Weisen bringen auf Gemeinsinn in Wort und That; ja wenn die Menschen schwiegen, die Steine würden schreien: die Selbstsucht sieht nur auf ihren, des Hauses, des Standes vergänglichen Vortheil und die auflösende Zersetzung aller Kräfte frißt fort. Ja, wenn „Zeichen geschähen an Sonne, Mond und Sternen", die Selbstsucht, die nur auf sich sieht, versteht sie nicht, bis endlich der Tag des Verderbens schnell über sie kommt „wie ein Fallstrick".

Ist aber, meine Brüder, eine solche Gesinnungs- und Handlungsweise des Menschen würdig? Von der Natur nicht zur Vereinzelung bestimmt, unter der schirmenden Pflege eines Gemeinwesens aufgewachsen, für die edelsten Güter sein Schuldner, wollten wir undankbar über unserm vermeintlichen Wohl das des Ganzen vergessen? Ist eine solche Handlungsweise christlich? Der für seine Brüder den Tod am Kreuze starb, hat uns ein anderes Vorbild gegeben. Sagt endlich: ist sie weise? Auf den Wogen des Gesammtgeschickes schwimmt ja auch der kleine Kahn unseres Glückes; wenn wir jene vor Untiefen nicht bewahren, vor Stürmen nicht sichern helfen, wie können wir in den schirmenden Hafen gelangen? Doch das ist ja eben der Fluch der Selbstsucht, daß sie zuletzt ihr eigenes Heil ebenso wenig fördert, als das der Gesammtheit, eben weil sie blind ist gegen die Zeichen der Zeit und ihre Lehren verachtet.

III. Daß dieses so häufig geschieht, davon ist endlich ein dritter Grund in unsern Tagen besonders wirksam, die Hoffnungslosigkeit. Eine weit verbreitete böse Krankheit der Gegenwart ist nämlich jene geistige und sittliche Abspannung, der alle Freude der Wirksamkeit fehlt und die die Zukunft nur in düsterm Lichte sieht. Die Blätter der Geschichte lehren uns, daß eine solche Stimmung auch zu andern Zeiten geherrscht habe, aber wenn sie lang gedauert, immer ein Zeichen des Verfalles gewesen sei. Zwar kann nicht geläugnet werden, der Fortschritt geht langsam und immer neue Windungen verbergen das ferne Ziel. Jahrhunderte schon arbeiten an dem Werke der Besserung und noch immer muß das glühende Herz mit dem Propheten ausrufen: Hüter, ist die Nacht schier hin? Auch das müssen wir zugeben, daß nichts bitterer ist, als das Bewußtsein vergeblicher, oder doch fast fruchtloser Arbeit, daß nichts die Thatkraft so sehr lähme, als die Aussicht auf Erfolglosigkeit: aber ebenso gewiß ist es, daß der redlichen Anstrengung im Dienst der guten Sache der Segen auf die Länge doch nicht fehlt.

Und doch zweifeln so viele daran, meine Brüder, ja sie lassen ihre Zweifel in Hoffnungslosigkeit übergehen, so daß ihr Urtheil getrübt,

ihre Kraft gebrochen wird. Durch die Wolken, die ihr Gemüth ver-
düstern, sehen sie nicht einmal die Zeichen der Zeit, oder wenn sie sie
sehen, sind sie nicht stark genug, ihre Lehren zu befolgen. „Es hilft
doch nichts" ist ihre Entschuldigung. Vergebens fordert eine Wahrheit
Hilfe im Kampf; sie freuen sich ihrer Erscheinung, aber lassen die
Hände müßig im Schooße. Umsonst sehen sie, wie die gute Sache un-
ermüdet ihr Banner aufpflanzt; sie begrüßen mit stiller Lust die wehen-
den Farben, aber zur Unterstützung eilen sie nicht herbei. Eine schir-
mende Hand, ein begeistertes Herz noch und der Sieg trägt jene durch
das jauchzende Land: die Hoffnungslosigkeit läßt jene sich nicht heben,
dieses seinem Zuge nicht folgen. Wenn „des Menschen Sohn käme mit
großer Kraft und Herrlichkeit", sie würden auch diesem Zeichen nicht
glauben.

Sagt es selbst, geliebte Christenbrüder, ist eine solche Gesinnungs-
und Handlungsweise des Menschen würdig? Durch die Hindernisse
soll die Kraft sich stählen, durch Besiegung des Widerstandes das Verdienst wachsen und der Kampf die Tugend nicht erschlaffen, so will es
die Natur. Oder ist eine solche Handlungsweise christlich? Die Mahnung des Herrn, „wer nicht für mich ist, ist wider mich", hat ihre
Geltung noch nicht verloren. Oder ist sie weise? Sagt selbst, was
kann unsre Zukunft sein, wenn das Gute freiwillig dem Bösen das
Feld räumt; wird da nicht das Wort unsres Evangeliums sich auch an
uns erfüllen: „Wahrlich, wahrlich, dieß Geschlecht wird nicht vergehen,
bis daß alles geschehe und der Tag des Verderbens über alle kommt
wie ein Fallstrick".

Gewiß, Geliebte, die Gegenwart ist ernst, selbst der Leichtsinn kann
es nicht verkennen. In ernsten Zeichen spricht die Zeit und ihre Lehren
erfüllen die Lande; o daß wir sie verstünden! Darum bannet sie aus
euren Herzen die schlaffe Gleichgültigkeit, die an nichts wahren Antheil
nimmt, die schnöde Selbstsucht, die nur sich kennt, die unmännliche
Hoffnungslosigkeit, die da vergißt, daß nicht „auf Wagen und Rossen",
sondern auf dem Herrn der Sieg beruht. Vernichten vor allen Dingen
laßt uns dieser Übel innerste Quelle, die Gottentfremdung in unsern
Herzen; dann werden wir sie verstehen die Zeichen der Zeit, durch die
der Herr uns ruft und werden ihnen folgen, „so lange es noch Tag ist".
Amen.

_____

III. Adventsonntag.

Wollt Ihr ein Rohr sehen, das der Wind hin und her wehet?

(1865.)

Gnade sei mit uns und Friede von Gott dem Vater und unserm Herrn Jesu Christo! Amen.

Die stillen Wochen der Adventzeit, geliebte Christenbrüder, gehen allmälig ihrem Ende entgegen; nur wenige Tage noch und an das tiefe prophetische Wort, das uns neulich erbaute: „Sage der Tochter Zions, siehe, dein König kommt zu dir demüthig" schließt sich der Jubelgruß des Weihnachtstages: „Ehre sei Gott in der Höhe, Friede auf Erden und den Menschen ein Wohlgefallen". O, daß doch ein Strahl des Himmelslichtes, das diese Rüstwochen zu würdiger Vorbereitung auf die Ankunft des Herrn in sich schließen, auch in unsre Herzen gedrungen sei, und die hohe Bedeutung, die sie für die rechte Gestaltung des Christenlebens haben, unsern Seelen nicht verborgen bleibe!

Da übersehet es zunächst nicht, Geliebte, in welch' eigenthümlichem Gegensatz und grade damit in welch' tiefem Zusammenhang unsre Adventswochen mit der sinnlichen Natur da draußen stehen. Sie ist eben in die dunkelste, lichtloseste Zeit des Jahres eingetreten; nie sind die Nächte länger, die Tage kürzer als jetzt, nie finden wir weniger Leben und Entwicklung auf der scheinbar todten Erde. Da, wie wenn das Himmlische das Irdische verklären wollte und um zu zeigen, daß über den dunkeln Nebeln des Staubes eine Geistersonne stralt, die ewig ist und nie untergeht, tritt die Adventzeit herein in die trüben, letzten Jahreswochen, ein Bote des ewigen Geistes an die sehnsuchterfüllten Kinder der Erde und ruft ihnen mit dem Apostel zu: „Die Nacht ist vergangen, der Tag ist herbeigekommen; Zeit und Stunde sind da, aufzustehen vom Schlafe, sintemal unser Heil jetzt näher ist, denn wir's glauben". So zeigen dem zagenden Schiffer, den die wilden Stürme des Tages auf der öden unermeßlichen Wasserfläche in die Irre verschlugen, die milden leuchtenden Sterne der Nacht den Weg zur sichern Heimat.

Und zu dieser Heimat, das heißt nun hier, zu einem Leben im Herrn — das, Geliebte, erwägt als ein Zweites bei diesem Rückblick auf unsre Adventzeit — wie weisen den denkenden Christen namentlich jene Evangelien hin, die unsre Adventsonntage uns bringen zu

würdiger Vorbereitung auf die Ankunft des Heilandes. Oder wenn
„viel Volks" ihm, der da einzieht in Jerusalem „die Kleider auf den
Weg breitet, die andern Zweige von den Bäumen hauen und sie auf
den Weg streuen", sollten wir unsre Herzen verschließen dem Freuden=
gruße: „Gelobet sei, der da kommt im Namen des Herrn". Meine
Lieben, auch unser „bedarf der Herr" bei dem Einzug in sein Reich,
das da besteht in den Seelen der Menschen, sollten wir ihm sie nicht
„lassen" wollen?

Gewiß, das würde auch zu „den Zeichen" gehören, von welchen wir
am vorigen Sonntag gesprochen und auf die uns das Evangelium des
zweiten Adventsonntags so ernst hinweist. Ja, auch heute noch kommt
er „des Menschen Sohn in großer Kraft und Herrlichkeit", er kommt
in seinem göttlichen Worte, in den Lehren und Anstalten der Kirche,
in den großen Ereignissen der Weltbegebenheiten, in allen uns zurufend
mit den Worten jenes Evangeliums: „Hebet eure Häupter auf, darum,
daß sich eure Erlösung nahet" und „seid wacker alle Zeit und betet, daß
ihr würdig werden möget zu stehen vor des Menschen Sohn".

Und zu dieser würdigen Vorbereitung auf des Herrn Ankunft wird
uns das Evangelium auf den nächsten, den letzten Adventsonntag die
schwerwiegende Frage vorlegen: „wer bist du", „richtest du den Weg
des Herrn", wie der Herr von dir fordert? Oder ergeht sein Ruf auch
an dich nur, wie „eine Stimme in der Wüste", auf die Niemand hört?
Und diese Frage wird noch ernster, indem das heutige Evangelium
uns in der That den Mann vorführt, der dem Herrn den Weg bereitete,
so daß seine Ankunft bereits empfängliche Herzen traf in dem Hause
Israel, und an seinem Bilde einige jener Tugenden vergegenwärtigt,
ohne die eine Aufnahme des Herrn nicht denkbar ist.

In so tiefem und innigem Zusammenhange, geliebte Christenbrüder,
stehen die Adventwochen mit ihren vier Evangelien, die alle das sehn=
süchtige, erlösungsbedürftige Christenherz vorbereiten wollen auf die
Ankunft des Herrn zu würdigem Empfang desselben. Und darum
durchzieht die ganze Adventzeit jene ernste Stimmung stiller, fast weh=
müthiger Freude, wie sie einerseits hervorgeht aus der Ahnung des
nahenden Lichtes, der neuen Lebenssonne, und sich ausdrückt in dem
„Hosianna dem Sohne Davids, gelobt sei, der da kommt im Namen
des Herrn", andrerseits aber gedämpft wird von dem Bewußtsein der
Mangelhaftigkeit jener, die ihn, den König der Ehren, aufnehmen
sollen in ihre Herzen, die aber die Zeichen der Zeit nicht verstehen
und grade über dem äußern Gepränge, mit dem sie ihm entgegengehn,
nicht inne werden, daß „die Erlösung naht", die daher nie wissen,

baß er es ift, „ber ba kommen soll", sondern „ftets eines anbern
warten".

Daraus geht benn einer jener Züge in bem Bilbe auch unfrer Zeit
hervor, ben auch bas heutige Evangelium zeichnet, ber Zug bes Wankel=
muths, bie in ihrem gesammten Wesen bem „Rohre gleicht, bas ber
Winb hin unb her weht".

Lieb 88, 1, 2: Wie soll ich bich empfangen?

Evangel. Matth. 11, 2—10.

Da aber Johannes im Gefängniß bie Werke Christi hörte, sanbte er seiner
Jünger zween unb ließ ihm sagen: bift bu, ber ba kommen soll, ober sollen wir
eines anbern warten? Jesus antwortete unb sprach zu ihnen: gehet hin unb
saget Johanni wieber, was ihr sehet unb höret: bie Blinben sehen unb bie
Lahmen gehen, bie Aussätzigen werben rein unb bie Tauben hören, bie Tobten
stehen auf unb ben Armen wirb bas Evangelium geprebigt. Unb selig ift, ber
sich nicht an mir ärgert. Da bie hingingen, fing Jesus an zu reben zu bem
Volke von Johanne: was seib ihr hinausgegangen in bie Wüste zu sehen?
Wolltet ihr ein Rohr sehen, bas ber Winb hin unb her wehet? Ober was seib
ihr hinausgegangen zu sehen? Wolltet ihr einen Menschen in weichen Kleibern
sehen? Siehe, bie ba weiche Kleiber tragen, sinb in ber Könige Häusern. Ober
was seib ihr hinausgegangen zu sehen? Wolltet ihr einen Propheten sehen?
Ja, ich sage euch, ber auch mehr ift, benn ein Prophet. Denn bieser ifts, von
bem geschrieben steht: siehe, ich senbe meinen Engel vor bir her, ber beinen Weg
vor bir bereiten soll.

Es ift vorzugsweise bie Gestalt Johannes bes Täufers, bie im
vorgelesenen Evangelium unsre Aufmerksamkeit auf sich zieht. Wem,
ber bie evangelische Geschichte kennt, steht er hier nicht sofort vor ber
Seele ber hohe ernste Mann, ber, bie Nichtigkeit ber jübischen Werk=
heiligkeit erkennenb, streng in Wort unb Erscheinnng, im rauhen Ge=
wanb von Kameelhaaren burch bas Lanb zog unb an bie harten Herzen
mit bem Rufe klopfte: „Thut Buße, benn bas Himmelreich ift nahe
herbeigekommen". Unb er selbst bekannte von sich, baß er nicht ber
Messias sei, sonbern biesem nur „ben Weg bereite". Doch schon sei
bieser unter sie getreten unb habe „bie Wurfschaufel in ber Hanb unb
werbe seine Tenne fegen unb ben Weizen in seine Scheune sammeln,
aber bie Spreu verbrennen mit ewigem Feuer".

Der tiefe sittliche Ernst, mit bem ber Täufer zur Besserung aufrief,
machte ihn bem Vierfürsten bes Lanbes, Herobes, furchtbar; bas Ge=
fängniß warb sein Lohn. Aber auch bas beugte ben festen Sinn bes
Mannes nicht; aus ihm, wie er bie Werke Christi hört, schickt er nach
bem heutigen Evangelium seiner Jünger zween, unb ließ ihn, wol um

die Zweifel seiner Jünger zu stillen, fragen: „bist du, der da kommen
soll, oder sollen wir eines andern warten?"

Wir wollen nicht verweilen bei der treffenden Antwort, die Christus
den Fragenden gab, — er zeigte einfach auf seine Thaten hin — wol
aber bei dem Zeugniß, das er dem Täufer selbst ausstellte. Denn nicht
nur pries er ihn als einen „Propheten", sondern zeichnete in den wenigen
Worten, die er zum Volke über ihn sprach, ihn als einen Mann, gleich
weit entfernt von schlaffer Gesinnungslosigkeit, wie weichlicher Genuß=
sucht. Und wer den kommenden Heiland empfangen will, meine
Brüder, der muß hierin dem Täufer gleichen. Weil aber die Fülle
des Gegenstandes zu groß ist, so laßt uns heute zu würdiger Vor=
bereitung auf die Ankunft des Herrn nur eines ins Auge fassen, näm=
lich des Herrn Frage an das Volk im Evangelium

wollet ihr ein Rohr sehn, das der Wind hin und her weht?

Wir wissen es, Herr und Heiland, daß du es bist, der da
kommen soll und daß wir keines andern warten dürfen. O, daß
wir dann alle unsre Seelen öffneten dem Kommenden entgegen,
daß die Blinden sähen, die Tauben höreten, die Geistigtodten
auferstünden und das den Armen gepredigte Evangelium dem
Herrn den Weg bereite allüberall, auf daß sich Niemand an ihm
ärgere! Amen.

I. Die Rede des Herrn zu dem Volke von Johannes: „was seid
ihr hinausgegangen in die Wüste zu sehen; wolltet ihr ein Rohr sehen,
das der Wind hin und her weht", kennzeichnet ihn selbstverständlich
als einen Mann, dem dieser Fehler ferne ist. Heute aber ist jenes Wort
ein Mahnwort zunächst an die Wahrhaftigkeit unsrer Zeit.

Daß „Johannes im Gefängniß" vorzugsweise ein Opfer seiner
Wahrhaftigkeit war, wissen Kenner der evangelischen Geschichte. Denn
wie er dem Vierfürsten Herodes, als dieser seines Bruders Weib zur
Ehe genommen, offen und grade gesagt: „es ist nicht Recht, daß du sie
habest" und nach dem Gesetze Mosis der Wahrheit die Ehre gegeben,
da that, wie der Prophet sagt, „der Gewaltige an ihm nach seinem
Muthwillen". Aber der Täufer trug es ungebeugten Sinns, ehe er
von der Wahrheit gewichen dem Rohre gleich, das der Wind hin und
her wehet.

Welche Kluft, geliebte Christenbrüder, öffnet sich da zwischen dieser
Gesinnungs= und Handlungsweise und den Anschauungen und Thaten
der gewöhnlichen Menge unserer Zeit. Denn, es darf sich es Niemand
verhehlen, diese ist von jenem sittlichen Ernste, der da die Wahrheit

als einen Strahl aus göttlichem Sein und damit für eines der höchsten Geistesgüter achtet, weit abgekommen. Jene Wahrhaftigkeit, die da in allen ihren Äußerungen nichts anderes als das Innere zum Ausdruck bringen will, wie selten ist sie geworden unter den Geschlechtern der Menschen! Erzählen sie doch von einem, wie sie ihn nennen, großen Manne, der Jahre lang an dem Ruder eines großen Reiches gestanden, der sich lächelnd gerühmt, die Sprache sei nicht dazu, die Gedanken zu sagen, sondern zu verbergen. Und so ist es gekommen, daß auch nicht „in der Könige Häusern", sondern bis in die niedrigste Hütte hinab jene alte Ehrenrede: „ein Mann ein Wort" immer seltenere Geltung findet, daß so wenig reine Seelen sind, die nicht von dem Hauche der Unwahrheit getrübt werden, und bald auf kein Versprechen mehr ein Verlaß ist.

Oder ist das Bild zu dunkel gehalten, meine Lieben? Wohlan so richtet denn die Frage an die rechten Christenherzen, in denen der Altar der Wahrheit noch steht und die da hinausgegangen in die „Wüste" des Lebens, die Reden der Menschen zu hören und darnach ihre Thaten zu messen. Hier überfließen in einem Kreise die Lippen von Schmeichel= worten und thun schön mit Empfindungen, daß das bethörte Herz Häuser baut auf die vermeintliche Wahrheit, bis der nächste Wind ge= kränkter Eitelkeit zeigt, daß der Stamm, an den du dich lehntest, ein Rohr war, das der Wind hin und her weht. Dort verspricht der Mann im Verkehre, wo zudem der Vertrag gilt, auf dessen Bruch die Strafe gesetzt ist, zur festen Zeit die sichere Arbeit oder bedungene Leistung; der Tag kommt, der — nichts als das nicht gehaltene Wort mit sich bringt. Sollen wir weiter gehen auf die Gebiete, wo die höchsten und edelsten Güter der Menschheit an dem dunkeln Fehler der Unwahrheit dieser Zeit schwere Gefahr laufen, um zur bangen Ueberzeugung zu kommen, daß wir eben in einer Wüste sind, wo nur der Wind das Rohr hin und her weht?

Und doch, Geliebte, ist die Wahrhaftigkeit die Grundanlage des Menschenwesens; sie ist die Königin des Geistes und aller Tugenden An= fang. Darum betet der Psalmist „sende mir dein Licht und deine Wahr= heit, daß sie mich bringen zu deinem heiligen Berge". Wo es mit einem Geschlechte so weit gekommen ist, daß es das Wort nur für einen Schall hält, der mit der Luft zerfließt und wo die Reden wie ein „Rohr sind, das im Winde hin und her weht", da sind die Geistigtodten noch nicht auferstanden, die Aussätzigen nicht rein und wird den Armen umsonst das Evangelium gepredigt. Ja da kann man den einziehenden Herrn und König nicht empfangen und Er „muß eines andern warten".

II. So ist das Wort unsers Evangeliums: wolltet ihr ein Rohr sehen, das der Wind hin und her wehet, ein Mahnwort an die Wahrhaftigkeit unsrer Zeit, aber zugleich ein nicht weniger ernstes a n d i e Liebe u n d T r e u e derselben. Daß Johannes der Täufer feststand in dieser, daß er mit Mannessinn hielt an den Gütern, deren Verwirklichung er von dem Herrn als Lebensaufgabe empfangen zu haben überzeugt war, daß ihn davon nicht die schmeichelnde Gunst des Volkes, nicht die Macht des Thrones abbrachte, das lehrt auch das heutige Evangelium. Weil er vor Herodes, treu seiner heiligen Sendung getreten, mit dem strafenden Worte: „es ist nicht recht, daß du deines Bruders Weib habest", hatte ihn dieser ins Gefängniß geworfen.

Die gewöhnliche Menge dieser Welt läßt es freilich darauf nicht ankommen. Wie sie keine wahre Liebe kennt, das ist, keine volle Hingabe des gesammten Wesens an irgend eine Persönlichkeit oder ein Gut, ein Ziel aus reinen sittlichen Gründen, so kennt sie auch keine wahre Treue, d. h. kein unveränderliches, durch nichts zu beugendes Ausharren in dem, was die Pflicht gebietet. Da ist überall nur nichtige Sinnenlust, nur eitler Vortheil, Herkommen, Gewohnheit, was die Menschen zusammenbringt, in irgend eine Lebensbahn stellt, damit sie, sobald Sinnenlust, Vortheil, Herkommen, Gewohnheit anders gebieten, auseinanderfallen, wie leichte Halme, die der Wind hin und her wehet.

Ja, Geliebte, für den Christen ist es unmöglich, daß er dies schwere Zeichen der Zeit nicht beachte. Oder ist die große Welt rings um uns her nicht grade jetzt wieder in voller Auflösung, weil statt des Manneswortes, das vor kurzem erscholl: du bist es, der da kommen soll, nun dürfen wir keines andern warten, nun wieder der Wind das Rohr hin und her wehet. Gewiß, Heil dem der jetzt feststeht, der da mithilft, daß aus dieser „Wüste" wieder ein Reich des Lebens und der Ordnung werde, der da nicht Veranlassung gibt, daß die „Liebe und Treue sich an ihm ärgere".

Doch glücklich, rufen wir zugleich aus, wer ferne von den Wirren der treulosen großen Welt der Liebe und Treue in seinem kleinen Kreise walten kann und da feststeht, sich und den Seinen ein Hort des Heils. Aber meine Brüder, auch dahin weist das mahnende Wort des Evangeliums „vom Rohre, das der Wind hin und her wehet". Denn es berührt und umfaßt alle Verhältnisse des Lebens, jenes natürlich vor allen andern, das nur im Boden der Liebe und Treue gedeihen kann, den Bund der Ehe. Und wie steht es da in unserer Mitte? Wenn jetzt das Wort unsers Evangeliums an Euch erginge: „gehet hin und saget wieder was ihr sehet und höret!" Und wenn ihr nun sehen und sagen müßtet, daß der Bund der Ehe unter uns, der da sein soll ein Bund der Liebe und Treue, so oft nicht ein Bund sondern eine Auflösung ist, daß die, die ihn geschlossen, geschlossen unter heiligen Eiden, ihn trennen zu können meinen, wenn es ihrer Eitelkeit, ihrer Zornaufwallung, ihrem harten Herzen gefällt, und daß sie davon nicht abbringt die Mahnung wohlmeinender Freunde, das verdammende Urtheil der Guten, nicht der Spruch des Richters, nicht das Verderben, in das sie sich und Andere stürzen: — und wenn ihr nun sehen und sagen müßtet, daß e i n e Ursache hievon auch die sei, daß jener Bund so oft unter uns geschlossen wird in Leichtsinn und Übereilung, daß nicht die Liebe die Herzen aneinanderknüpft, sondern fremder Eigennutz und gemeines Botentragen, wie wenn man einen „Acker kauft", oder „ein Joch Ochsen", daß darum keine feste Treue sein kann, wo keine Liebe war, der Unsegen aber dann mit auf die fallen muß, die da hätten wissen sollen, daß so nichts Gutes „kommen" kann, sondern daß man da nur auf Elend und „Aergerniß" „warten" darf: — wenn Ihr Alles dieses sehen und hören und sagen müßtet, bekennet selbst, wäre das nicht eine „Wüste", in der kein Segensbaum den Blick erquicke, der Fuß nichts festes fände, wo er stünde, sondern nur „der Wind das schwankende Rohr hin und her wehe".

Freilich, da gilt auch unser Schriftwort nicht, daß „die Blinden sehen, die Lahmen gehen, die Tauben hören, die Geistig-Todten auferstehen", da findet ihr allüberall nur, die sich an ihm dem Allheiligen und an sich selber „ärgern".

III. Das tiefernste Wort unsers Evangeliums: „wollet ihr ein Rohr sehen, das der Wind hin und her weht", es ist endlich mahnend auch an das Gottvertrauen dieser Zeit gerichtet. Daß in der schweren Zeit der Anfechtung sogar dieses aus Johannes Herz nicht schwand, lehrt unser Evangelium. Dem Herrn den Weg zu bereiten, war er aufgetreten; im Gefängniß noch verzweifelte er nicht, daß der Herr zu seiner Zeit den Retter seinem Volke in der That senden werde. Darum sandte er seiner Jünger zween und ließ ihn fragen: „bist du, der da kommen soll, oder sollen wir eines andern warten".

Allerdings müssen wir zugeben, ein solches Felsenherz, das auf Gott vertraut und nur auf ihn selbst in bösen Tagen, ist nicht die Sache der gewöhnlichen Menge dieser Welt. Sie wollte wol gerne mit treuer Hand durch das Land gehen, aber wenn sie „sieht und hört", mit welcher Mühe der redliche Fleiß das tägliche Brod verdienen muß, während bisweilen die Arbeitsscheu herrlich und in Freuden lebt, da wird sie irre an dem, der da verheißen hat „ich will dich nicht verlassen noch versäumen". Ja, sie möchte mit ihm gehen, der da durch seinen

Propheten verkündet hat: „ich bin der Herr, dem das Recht gefällt"; aber wenn sie „sieht und hört" wie oft die schlichte Ehrlichkeit getäuscht wird und die Hinterlist triumphirt, ja daß die Verletzung der sittlichen Welt= ordnung desto glänzendere Erfolge erreicht, je ungescheuter sie das Haupt erhebt, da fängt sie an zu zweifeln, ob Er, der Herr, der All= heilige es sei, der da kommen solle, oder ob sie eines andern warten müsse. Die Welt mit ihrer Lust und mit ihrer Gewalt läßt sie das Göttliche nicht mehr sehen und nicht mehr hören; aus dem Fruchtgarten des Gottesreichs treten sie in die „Wüste" des Erdensinns und — du siehst darin „ein Rohr mehr das der Wind hin und her weht".

Doch wie lesen wir im Evangelium unsers Sonntags: „selig ist, der sich nicht an mir ärgert". Und wie lasen wir im Evangelium des vergangenen Sonntags: „Himmel und Erde werden vergehen, aber mein Wort vergehet nicht". Und wie besagt sein Wort: „Befiehl dem Herrn beine Wege und hoffe auf ihn, Er wird es wohl machen und wird deine Gerechtigkeit hervorbringen wie das Licht und dein Recht, wie der Mittag". „Bleibe fromm und halte dich recht, denn solchen wird es zuletzt wohl gehen." Ja wie der Apostel sagt: „das Gute kann Verfolgung leiden, aber es wird nicht verlassen, es kann eine Zeit lang unterdrückt werden, aber es kommt nicht um". „Darum", ruft der Pro= phet aus, „fürchten wir uns nicht, wenngleich die Welt unterginge und die Berge mitten ins Meer sänken."

Ja dieses Gottvertrauen, das da weiß an wen es glaubet, das da nicht heute an dem Täufer hängt, dem ernsten Manne im härenen Ge= wande und morgen an den „Menschen, die reiche Kleider tragen und sind in der Könige Häusern", das da weiß, daß nur Er es ist, „der da kommen soll und daß man keines andern warten dürfe", das ist es, das die Welt überwindet. Das macht, daß die „Blinden sehen, die Lahmen gehen, die Tauben hören und die Geistig=Todten auferstehen".

Gewiß, Geliebte, es ist ein ernstes Adventwort vom „Rohre, das im Winde hin und her weht". Es ist ein Mahnwort an die Wahr= haftigkeit, an die Liebe und Treue, an das Gottvertrauen unsrer Zeit. Unsrer Zeit, also auch an uns! Der „König der Ehren", der in diesen Wochen einziehen will auch in unsre Mitte, „predigt jenes Evangelium" auch unsern „Armen". Wohlan denn, „selig ist, der sich nicht an ihm ärgert!" Amen.

Weihnachten.

„Ich verkündige Euch große Freude."

(1865.)

Das Licht ist aufgegangen, Die lange Nacht ist hin, Die Sünde
liegt gefangen, Erlöst ist Herz und Sinn. Wahn, Irrthum, sie
sind weg, Der Glaube geht zum Himmel Nun aus dem Welt=
getümmel Auf einem sichern Steg.
Drum freut Euch hoch und preiset Ihr Seelen fern und nah!
Der Euch den Vater weiset, Der heilge Christ ist da! Er ruft
uns Groß und Klein Mit süßen Liebensworten: Geöffnet sind
die Pforten, Ihr Kinder kommt herein! Amen.

Aus den stillen Wochen der Vorbereitung auf die Ankunft des
Herrn, geliebte Christenbrüder, begrüßt uns denn heute der schöne Tag
der Erfüllung. Nun geschieht auch an uns, was der Prophet vor Jahr=
tausenden verkündet: „das Volk, so im Finstern wandelt, siehet ein
großes Licht und über die da wohnen im finstern Lande scheinet es helle".
Nun können auch wir mit dem frommen Zacharias das Wort des
Preises erheben: „gelobet sei der Herr, der Gott Israels, denn er hat
besucht und erlöset sein Volk" und ist erschienen „denen die da sitzen
in Finsterniß und Schatten des Todes", auf daß er „richte auch unsere
Füße auf den Weg des Friedens". Ja auch uns ruft heute der Engel
im Festevangelium zu: „siehe, ich verkündige Euch große Freude, die
allem Volk widerfahren wird; denn euch ist heute der Heiland geboren,
welcher ist Christus der Herr in der Stadt Davids".

Und darum, Geliebte, sind die Tage der Weihnachten für die ge=
sammte Christenheit ein Fest, dem an Lieblichkeit und Innigkeit ein
zweites sich nicht an die Seite stellen läßt. Da verstummen auf einen
Augenblick Klage und Streit auf der Erde; auf einen Augenblick min=
destens sind vergessen die Leiden der Menschen und verbannt die Sor=
gen und selbst bis in die niedrigsten Hütten, bis in die Herzen der
Kinder hinab bringt ein Strahl der himmlischen Freude.

Ja kein Fest der Kirche ist so sehr zunächst Kinder= und Familien=
fest, als dieses. Und grade dadurch empfängt es mit seine eigenthüm=
liche Weihe. Wie schlagen die kleinen Herzen das ganze Jahr hindurch
der Stunde freudig=bange entgegen, in der der große Kinderfreund ihnen
sichtbar die Gaben seiner Liebe bringen wird; wie ist die Hinweisung

darauf im Munde der liebenden Mutter, des ernsten Vaters im Stande, die Aufwallung der kleinen Seelen zu zügeln, sie mit Fleiß und Gehorsam zu erfüllen! Und wenn nun die sehnsuchtsbange Erwartung in Erfüllung geht, wenn sie dasteht die frohe Kinderwelt vor der Festbescheerung, die nach einer schönen Sitte des deutsches Mutterlandes auch in unsre Häuser immer häufiger kommt in den lichtstrahlenden Zweigen des deutungsvollen immer grünen Tannenbaumes, da ist die Gabe, die der heilige Christ bringt, der Bote einer höhern Welt an die junge Menschenseele, um sie jetzt schon zum „Vater des Lichtes", zum „Geber aller guten Gaben" hinaufzuführen. Ja in manches Kinderherz fällt aus jenen Lichtern des Weihnachtsabends, aus jenen Geschenken des heiligen Christs, aus den bewegten Herzen und feuchten Augen der Eltern ein Funke des Göttlichen, der da bleibt, wenn jene Geschenke längst vergangen, der oft nach langen Jahren des Irrens, des Suchens, des Zweifelns die beseligende Flamme des Glaubens wieder entzündet, mit dem sie einst an diesem Tage selig ausgerufen: „Euch ist heute der Heiland geboren".

Und wo ist das Elternherz, Geliebte, das selbst nicht wieder jung würde bei diesem Anblick? das selbst nicht zurückkehrte, sei es auch nur einen Augenblick, in die Tage da es auch in einer Kinderbrust schlug? Da steigt in der Erinnerung auf das trauliche Zimmer, das damals eine Welt für uns war; da gewinnen sie Leben die Bilder der Lieben, an deren Auge im frohen Augenblick damals unser Auge freudig und bangend hing und die vielleicht seitdeß längst hinübergegangen aus der Nacht der Erde zur „Klarheit des Herrn"; da hören wir sie wieder die Glockentöne, die jene heiligen Nächte durchhallten und die dem frommen Kindesherzen nie weihevoller klangen, als damals; da durchweht das Herz, das vielleicht der heiße Sommertag des Lebens hart gemacht, wieder einmal milder Frühlingshauch, daß es aus dem unruhigen Jagen nach dem was der Erde gehört endlich abermals zum Verständniß kommt, wie nur in der Stille, Einfachheit und Reinheit des Kindersinns, in seiner Demuth und in seinem Glauben jener Friede und jene Freude liegen, die die Welt nicht nehmen kann und die als köstlichste Gabe der Heiland allen Altersstufen bringen will, die dem Kommenden „Raum schaffen in der Herberge".

Und aus der eigenen Vergangenheit, wo wir selbst als Kinder um den Christbaum standen und uns der Weihnachtsgaben freuten, fliegt an dem heiligen Abend der Blick des denkenden Christen fernhin in die kommenden Tage, da sie, die Kleinen, denen jetzt die große Weihnachtsfreude widerfahren, sie den ihren bereiten werden. Aus der Krippe in

Bethlehem, aus dem Kinde, für das sie nicht Raum hatten in der Herberge, erwuchs der Heiland der Welt; wohin wird er, der Allvater, die unsern stellen, zu welcher Mitarbeit am Gottesreich wird er sie berufen, fragt da das Elternherz. Und im Lichtglanz der heiligen Nacht umstrahlt die Häupter der Lieben ein Kranz von Hoffnungen, der seine Schranke nur findet in der Liebe des Vaters und seinen Inhalt in dem schönen Worte unsers Evangeliums, daß einst auch durch diese Kleinen gefördert werde sein Reich und auch durch sie immer mehr komme „Ehre Gott in der Höhe, Frieden auf Erden und den Menschen ein Wohlgefallen".

So sind, Geliebte, des Christen Empfindungen und Hoffnungen am Weihnachtstage ein Einklang zu jener großen Freude, die das Evangelium heute allem Volke verkündet. Nicht umsonst hat die heilige Ordnung der Kirche das hehre Fest gesetzt an den Anfang jener Tage, da das segnende Licht des Himmels größern Einfluß auf die dunkle Erde zu gewinnen anfängt, zu bedeutsamem Vorbilde, daß es die höchsten Segnungen des unendlichen Geistes sind, um deretwillen die Christenheit dieses Fest als ein so hohes Freudenfest feiert.

Lied 91, 1, 2: Lobt Gott, ihr Christen, freuet euch.

Evangel. Luc. 2, 1—14.

Es begab sich aber zu der Zeit, daß ein Gebot von dem Kaiser Augustus ausging, daß alle Welt geschätzet würde. Und diese Schätzung war die allererste und geschah zur Zeit, da Cyrenius Landpfleger in Syrien war. Und Jedermann ging, daß er sich schätzen ließe, ein jeglicher in seine Stadt. Da machte sich auch auf Josef aus Galiläa, aus der Stadt Nazareth, in das jüdische Land, zu der Stadt Davids, die da heißet Bethlehem, darum, daß er vom Hause und Geschlechte Davids war, auf daß er sich schätzen ließe mit Maria, seinem vertrauten Weibe, die war schwanger. Und als sie daselbst waren, kam die Zeit, daß sie gebären sollte. Und sie gebar ihren ersten Sohn und wickelte ihn in Windeln und legte ihn in eine Krippe; denn sie hatten sonst keinen Raum in der Herberge. Und es waren Hirten in derselben Gegend auf dem Felde bei den Hürden, die hüteten des Nachts ihre Herde. Und siehe, des Herrn Engel trat zu ihnen, und die Klarheit des Herrn leuchtete um sie, und sie fürchteten sich sehr. Und der Engel sprach zu ihnen: fürchtet euch nicht; siehe ich verkündige euch große Freude, die allem Volk widerfahren wird; denn euch ist heute der Heiland geboren, welcher ist Christus, der Herr, in der Stadt Davids. Und das habt zum Zeichen: ihr werdet finden das Kind in Windeln gewickelt und in einer Krippe liegen. Und alsbald war da bei dem Engel die Menge der himmlischen Heerschaaren; die lobten Gott und sprachen: Ehre sei Gott in der Höhe, Friede auf Erden und den Menschen ein Wohlgefallen!

Welch' ein reiches Bild, geliebte Christen, in dem engen Rahmen unsers Festevangeliums! Da tritt zunächst hervor die eiserne Weltmacht des Römerreichs, die die unterjochten Völker ihrer habsüchtigen Schatzung unterwirft. Und um dem harten Gebote des Eroberers zu folgen, müssen die einzelnen Familien die Heimathstätte verlassen, um zu dem alten Sitze des Hauses und Geschlechtes zurückzukehren. Hier mitten in dem Gedränge unerquicklicher Weltgeschäfte finden wir das neugeborne Kind, mühsam von der Muttersorge beschützt und so wenig beachtet von der Welt, daß sie für dasselbe kaum „Raum hat in der Herberge". Doch das Dunkel der Nacht erstrahlt von himmlischem Lichtglanz; himmlische Heerscharen erheben das preisende Loblied: „Ehre sei Gott in der Höhe" und Engel verkünden den zagenden Hirten „die große Freude die allem Volk widerfahren".

Daß auch wir Theil nehmen daran, Theil nehmen bis in die Kreise unsrer Kinder hinab, haben wir am Eingang unsrer Festbetrachtung ge= sehen; warum, so lange der Menschheit Sehnen nach den himmlischen Gütern des Geistes geht, sie dieses Fest immer als ein Hochfest heiliger Freude feiern wird, das, Geliebte, soll uns klar werden, wenn wir noch einige Augenblicke bei dem Wort unsers Evangeliums verweilen

siehe, ich verkündige Euch große Freude.

Ja „vor Dir wird man sich freuen, wie man sich freuet in der Erndte"; so tröstete dein Prophet die harrenden Völker. O, so hilf, Allliebender, daß auch unsre Freude immer reiner und heiliger werde, Dir „Gott in der Höhe zur Ehre und den Men= schen zum Wohlgefallen". Amen.

I. Ich verkündige Euch große Freude, so ruft das Evangelium uns heute zu, denn das Weihnachtsfest es ist zunächst ein Fest des Lichts im Dunkel der Nacht. Welch' eine Himmelsgabe das Licht für das gesammte Leben der Erde sei, läßt sich in Worten nicht erschöpfen, Ge= liebte. Alles lebendige Sein auf unserm dunkeln Wandelstern ist bedingt und eigentlich erst möglich durch dasselbe; durch das Licht allein nehmen wir die Wunder der Schöpfung wahr, können wir uns an dem Blick der Liebe und der Freundschaft erfreuen und den denkenden Geist in jene unermeßlichen Himmelsfernen versenken, wo die leuchtende Stern= schrift die Allmacht Gottes erzählt. Das Leben auf der Erde es wäre unmöglich, ohne das Gottesgeschenk des Lichtes.

Wenn daher die heilige Schrift diesen Ausdruck bildlich gebraucht für die Erscheinung des Herrn auf der Erde, so ist das ebenso anschaulich und bezeichnend als wahr. Denn wie, nach der schönen Darstellung unseres Festevangeliums, in die dunkle Nacht, in der die Hirten ihre Heerde hüteten, die Klarheit des Herrn hineinleuchtet und die „große

Freude verkündet", so ist die Geburt des Herrn ein Licht in dem trostlosen Dunkel der alten Welt, wie das Evangelium so ergreifend sagt
„ein Aufgang aus der Höhe", zu erleuchten die Finsterniß der Geister
und Herzen und zu zerstreuen „die Schatten des Todes", die über jenen
Geschlechtern lagerten.

Ja, ein Licht, zunächst zu erleuchten die Geister. Denn siehe, was
die Weisheit der Griechen nicht gefunden, was Roms welteroberndes
Schwert nicht ersiegt, was die reiche Kunst jener, der stolze Inhalt der
festgegliederten Gesetze dieses den bezwungenen Völkern nicht bieten
konnte, das bot das Evangelium des Kindes aus Bethlehem den sehnsüchtigen heilsbedürftigen Geschlechtern der Menschen, die einfache und
doch so große Wahrheit, daß erhaben über den Bedürfnissen und
Schranken der Sinnenwelt ein unendlicher Geist walte, dessen Gottesodem diese Hand voll Staub belebe, aus dem seine Allmacht den Men-
schenleib geschaffen, daß daher dieser zu göttlichen, d. h. unendlichen
Zielen bestimmte Menschengeist sich nicht verlieren dürfe in den Gütern
der Erde, sondern eingedenk seines Ursprunges durch einen Wandel im
Lichte „Gott die Ehre" geben solle. Und dieses Licht des Geistes, das
damals aufging in dunkler Nacht, hat sich mächtiger erwiesen, als die
„Schatzung" der römischen Kaiser; ihr Reich ist seit Jahrhunderten in
Trümmer geschlagen, aber die Freude, die jenes den Menschengeschlechtern gebracht, dauert fort. Dieses Licht hat seither die Völker der Erde
bezwungen und erzogen; es hat eine Fülle der Erkenntniß geschaffen,
von der die alte Welt keine Ahnung hatte; aus dem Verständniß des
göttlichen und seines eigenen Wesens, die es dem denkenden Geiste er-
öffnete, ist dieser hinübergegangen auf alle Gebiete der Natur und hat
sie kennen und beherrschen lernen und jener helle Strahl des Wissens,
der heute alle Kreise menschlicher Thätigkeit erleuchtet und veredelt,
jener reiche Strom des Segens, der in Wohlstand, Freiheit, Recht, Gesittung, Bildung das Menschenleben befruchtet und die Entfesselung der
Geister und die Entwicklung ihrer Kräfte immer aufs neue nährt und
hebt, sie verdanken ihr Dasein jener göttlichen Lebensquelle, die in
Christo entsprungen und um derentwillen die seines Geistes Erben und
Kinder sind, den Tag seiner Geburt heute in Anbetung feiern, als ein
Fest des Lichtes im Dunkel der Nacht.

II. Ja, „siehe ich verkündige Euch große Freude", so ruft das Weih-
nachtsfest heute uns zu, denn es ist ein Fest des Friedens im
Kampf der Erde. Wie bezeichnet das sinnbildlich so schön schon der
Anfang und das Ende unsers Evangeliums. Dort das Gebot vom
Kaiser Augustus, daß alle Welt geschätzet würde und darum muß jeder

Einzelne, sei es auch Tagereisen weit zu seinem „Hause und Geschlecht" hinreisen, also die anmaßliche und gewaltthätige Macht des Staates eingreifend bis in das Innerste des Hauses, mit Geräusch und Noth der Erde die stillen Kreise des Geistes und Herzens störend; hier der Lobgesang der himmlischen Heerschaaren die erleuchtete Nacht erfüllend: „Frieden auf Erden und den Menschen ein Wohlgefallen".

Und das, Geliebte, ist der Segen und die Bedeutung der heiligen Christuslehre für das Menschenherz bis auf diesen Tag: in der Un- ruhe der Welt der Friedensstrahl des Himmels. Oder was bietet die Erde anders, als das ermüdende Gewühl auf dem offenen Markte des Lebens, das rastlose Gedränge einander widerstrebender Kräfte, einen steten Kampf Aller gegen Alle? Da werden die zurückgedrängt, die nicht selbst auf die Seite drängen, was ihnen in den Weg kommt. Da ist ein „Wetten und Wagen, das Glück zu erjagen", ein Rennen und Übervortheilen, ein Haschen nach dem Schein und nach dem Glänzenden, nach dem was in der „Schätzung" der Welt preiswürdig ist, daß sich „kein Raum in der Herberge" findet für die geistigen und sittlichen Güter.

Und wozu, meine Brüder, diese athemlose Hast nach fernen Zielen? So verschieden diese auch immerhin sein mögen, Macht, Ehre, Reich- thum: Alle wollen sie im Grund nur Eines, Frieden für das bange Herz, Frieden für die unruhige Seele. Diese sollen haben, wornach sie so sehnsüchtig verlangt, „Leben und volles Genüge"; sie sollen darin nicht abhängig sein von dem, was außer ihnen liegt; die Freude, die sie erstreben, soll ihnen durch keine „Furcht" verkümmert werden.

Doch wenn das geschehen, wenn solcher Friede zu ihnen kommen soll, da reicht die Welt mit dem, was sie bieten kann, nicht hin. Da erfüllt sich nur das Wort des Propheten „Friede, Friede und ist doch kein Friede", denn dieser wächst nicht aus dem Kampf der Erde hervor, ihn bringt nur Er, der Heiland, dessen Geburt die himmlischen Heer- schaaren mit dem Freudenruf begrüßten: „Friede auf Erden und den Menschen ein Wohlgefallen".

Und wie bringt er ihn den sehnsüchtigen Herzen? Dadurch daß er sie lehrt verachten das Eitle und Nichtige und in ihnen Raum schafft für die Güter, die ewig sind und unvergänglich. Daß er ihnen die Kraft stärkt, im Dienste des Göttlichen die eigne Trägheit zu besiegen, die so gerne nicht lassen möchte von der „Welt und ihrer Lust". Daß er ihnen hilft, die aufwallenden bösen Leidenschaften immer mehr niederzukämpfen, die Selbstsucht, den Zorn, den Haß, den Neid und dafür sie zu pflegen die heilige Liebe, die da ist „langmüthig und freund- lich, die da Alles glaubet, Alles hoffet, Alles duldet" und selbst „der

Sünden Menge zudeckt". Ja, die heilige Liebe, die da weiß, daß er, der himmlische Vater, auch das irrende Kind wieder annimmt, wenn es reuevoll ins Vaterhaus zurückkehrt, die sich daher nicht „fürchtet", auch wenn der willige Geist hinter dem göttlichen Ziel zurückbleibt, und die daher immer Gegenwart und Zukunft, Tod und Leben vertrauensvoll in die Hände dessen legt, der da mit seiner Hülfe nicht weilet und nicht eilet, sondern immer kommt zur rechten Zeit.

Solche Gesinnung aber und solches Streben schafft nur Er im Menschenherzen, den darum schon der Prophet den „Friedensfürsten" nennt, weil nur hieraus jene stille Ruhe der Seele erwächst, an die kein Sturm emporreicht, die sich eins weiß mit ihrem Gott und an sich in Erfüllung gehen sieht seine herrliche Verheißung: „Siehe ich breite aus den Frieden bei ihr wie einen Strom und will sie trösten, wie einen seine Mutter tröstet". Und darum, Geliebte, feiern wir den Tag, an dem er ihn der Welt gesandt, als Fest des Friedens im Kampf der Erde.

III. Es ist uns endlich ein Fest der Gesammtheit in der Ver-einzelung des Menschenlebens. „Siehe ich verkündige Euch große Freude, die allem Volke widerfahren wird", so ruft uns eines der leuchtendsten Worte unseres Evangeliums zu. Das hat seine Be-deutung zunächst für jene Zeit, dann für alle Zeiten. Für jene will es jenen starren Unterschied aufheben, durch welchen sich die damalige Welt in abgesonderte Völker trennte, die sich einander als Feinde gegenüberstanden. Fortan sollte kein Jude, noch Grieche, kein Knecht noch Freier sein, sondern allzusammt als Kinder eines Vaters, als Brüder eines Hauses in dem Glauben an den Heiland, der ihnen heute geboren, Mithelfer an dem Baue des Gottesreichs. Und so wurde es, Geliebte. Von Jerusalem aus zog die neue Lehre von der Gottes-kindschaft aller Menschen immer weitere Kreise; der Griechen Wissen-schaft, Roms Weltherrschaft beugte sich bald vor der Lehre vom Kreuze, die in ihren unwiderstehlichen Siegeszug aufnahm jene starken Völker, die ferne von Mitternacht her die alternde Welt verjüngten. In dem Worte des Heilandes, in der „Freude", die er „allem Volke" gebracht, einigte sich zuerst und lernte sich kennen und verstehen die Menschheit als eine große, zu einem Leben in Gott und Liebe bestimmte Einheit.

Und auch heute noch, wo die Völker der Erde längst anerkennen, daß sie, wie einen Gott und Vater so ein heiliges Ziel haben und diesem in Eintracht nachzustreben berufen sind, hat jenes schöne Wort des Evangeliums von der „großen Freude, die allem Volke wider-fahren", seine tiefe Bedeutung. Denn auch jetzt noch ist die menschliche Gesellschaft nicht nur in die natürlichen Stufen der Jugend und des

Alters geschieden, sondern so vielfach durch die trennenden Klüfte von Arm und Reich, von Vornehm und Gering, von Schlicht und Gebildet zerrissen. Ihnen allen, allen gilt das Wort von der „großen Freude". Die Kinder sollen es an den Lichtern des Christbaums, an den Gaben der Elternliebe „sehen und schmecken wie freundlich der Herr ist" und die Alten und Betagten sollen, wie Simeon, Gott loben, daß „ihre Augen seinen Heiland gesehen". Im Palaste des Reichen soll es widertönen „Ehre sei Gott in der Höhe" und in der Hütte des Armen: „Frieden auf Erden und den Menschen ein Wohlgefallen". Und nicht kommt es auf die Bildungsstufe an, in dem schlichten Gemüthe der Unerfahrenen und im Verstand der Gelehrten, wie dort in den Herzen der Hirten und der Weisen aus dem Morgenlande soll und kann es widerklingen: „siehe, ich verkündige Euch große Freude". Keine Gemüthsstimmung geht da leer aus; den Leichtsinnigen soll es ernst machen und den Schwermüthigen froh, den Sünder zur Buße rufen und den Reuigen trösten: „Euch ist heute der Heiland geboren". In alle Lagen, in alle Zustände des Lebens fällt ein Strahl des Lichtes und des Friedens; nicht nur die Glücklichen, auch die die „Schatzung" des Schicksals in die ernste Zucht genommen, sollen sich nicht „fürchten"; „ins stille Trauerhaus, in die einsame Wittwenstube, in die Hütte der Armuth, in die Kammer des Kranken, aufs Bett des Sterbenden, überallhin, wo ein Menschenauge weint und ein Menschenherz seufzt", soll die Kunde bringen von der „großen Freude, die allem Volk widerfahren", daß es einen Heiland hat, der alle erquicket, die mühselig und beladen zu ihm kommen. Und in diesem erhebenden Bewußtsein der Einheit der großen Menschheitsfamilie in ihm, dem Heiland Aller, sollen die nichtigen Schranken trennender Erdenunterschiede sich ausgleichen, daß, erleuchtet von der Klarheit des Herrn, auch die dunkle Erde widertöne von dem Jubel der himmlischen Heerschaaren „Ehre sei Gott in der Höhe, Friede auf Erden und den Menschen ein Wohlgefallen!"

Ja, das ist ein Geburtsfest, wie die Erde kein zweites hat, das Geburtsfest des Heilandes. Es ist ein Geburtsfest zu neuem Leben und darum ruft es uns zu: „siehe, ich verkündige Euch große Freude", ein Fest des Lichts im Dunkel der Nacht, ein Fest des Friedens im Kampf der Erde, ein Fest der Gesammtheit in der Vereinzelung der Menschen. O, daß es denn auch uns bringe Licht und Frieden und daß wir allzumal uns unter einander und in ihm und mit ihm immer mehr eins fühleten! Amen.

Tag Stephans, des erſten chriſtlichen Blutzeugen.

Was muß ein Geſchlecht thun, daß es in den Strömungen der Zeit nicht untergehe?

(1857.)

Mitten in den unaufhörlichen Strömungen der Zeit bleibeſt du, Unveränderlicher, Ewiger, unſer Herr und Gott, allein wie du biſt und iſt in dir kein Wechſel des Lichts und der Finſterniß. O, ſo ziehe du unſer Herz zu dir, vom Nichtigen zum Bleiben=den, daß es höre die Stimme, die uns verſammeln will, daß es erkenne, was zu ſeinem Frieden diene und feſthalte an dem Einen, was Noth thut! Amen.

Für das fühlende Menſchenherz, geehrte Freunde und Chriſten=brüder, gibt es kaum eine reichere Quelle der Wehmuth und des Schmerzes, als die Erfahrung von der Wandelbarkeit und Nichtigkeit alles Irdiſchen. Kein Geſetz des Daſeins prägt ſich dem Geiſt ſo früh ein und bewährt ſich mit ſo ausnahmsloſer Gültigkeit als dieſes. Wie die Stunde raſch entflieht und der Tag ſchnell ſich neigt, ſo wechſelt die Jahreszeit, ſo eilt das Jahr ſelbſt dahin und nichts bleibt beſtändig. Iſt doch ſelbſt das uralte Wohnhaus des Menſchengeſchlechtes, die Erde, dem Wandel und der Änderung nicht entzogen! Wie oft, ſeit das Schöpferwort des Herrn ſie aus dem Nichts hervorrief, haben die Gewalten des Feuers und des Waſſers ihren Bau geändert und ihre Veſten zum Wanken gebracht. Wo jetzt lachende Fluren den Blick ent=zücken und ewig ſo geweſen zu ſein ſcheinen, da hat ehemals die Fluth ihre Wellen geſchlagen; die Gipfel der Berge, die jetzt im erſten Strahl des Morgenroths erglühen, lagen im tiefen Grund der Meere; wo die gethürmte Stadt mit ihrer raſtloſen Thätigkeit Leben verbreitet, da tobte die Gluth des Feuers: ganze Schöpfungen ſind vom Schauplatz der Erde verſchwunden und wer weiß, wie bald Wogen und Flammen das alte Beſitzthum wieder ergreifen. „Denn was erhebt ſich die arme Erde und Aſche" ruft die Schrift; „ſiehe", ſpricht der Prophet, „der Himmel wird wie ein Rauch vergehen und die Erde wie ein Kleid ver=alten"; „die Berge zerſchmelzen wie Wachs vor dem Herrn".

Iſt aber ſelbſt der Erdball, des Menſchengeſchlechts Wohnſtätte, dem Geſetz des Wandels und der Veränderung unterworfen, wie könn=ten ihre ſtaubgebornen Kinder darüber erhaben ſein? Und in der That, das Leben jedes Einzelnen iſt ein unaufhörlicher Wechſel, in

dem so oft nichts stätig bleibt. Kindheit und Jugend, Jahre der Reife
und Greisenalter, wie rasch reihen sie sich an einander; da ist kein
Augenblick, der nicht eine Änderung bringe. Wer, meine Brüder, sah
nicht schon den Reichen arm werden und den Glücklichen von seiner
Höhe stürzen? Selbst die edlern Güter des Geistes und der sittlichen
Weltordnung, wie sehr sind sie dem Wandel unterworfen! Das Vertrauen, das du für unerschütterlich hieltst, wird wankend; die Treue,
die ewig schien, löst sich; die Freundschaft erkaltet und die einander so
nahe standen, werden sich fremd. Das ist's, warum schon der alte
Sänger klagend ausruft: Traum eines Schattens nur ist der Sterbliche;
das, warum die heilige Schrift den Menschen so oft mit der Blume des
Feldes zusammenstellt: „ein Mensch ist in seinem Leben wie Gras; er
blühet wie eine Blume auf dem Felde; wenn der Wind darüber geht,
so ist sie nimmer da und ihre Stätte wird nicht mehr gesehen!"

Gewiß, meine Brüder, es ist nicht anders möglich, als daß solche
Erfahrungen die Seele mit Wehmuth erfüllen. Denn von Allem, was
da besteht, ist der Mensch dem Menschen das nächste; in dem Geschick
des Bruders sieht der Denkende sein eigenes Verhängniß vorgebildet
und wie das bessere Gemüth sich mit dem Fröhlichen freuet, so weint
es mit dem Trauernden.

Noch tiefer aber und erschütternder ist jener Eindruck des Wechsels
und der Vergänglichkeit, wenn wir davon ganze Geschlechter und
Völker betroffen sehen. Denn wenn solche vom Schauplatz der Men-
schenentwicklung abtreten, verlischt immer ein Strahl des allgemeinen
Menschengeistes, dessen Tiefe und Mannigfaltigkeit sich nach der Weisheit des Allvaters eben nur in verschiedenen Stammes- und Volks-
eigenthümlichkeiten offenbaren konnte. Ja selbst wenn sie das ihnen
vorgesetzte Ziel erreichten und sich daher ohne gewaltsame Wandlung
nach dem natürlichen Lauf der Dinge die alte Form ihres Lebens und
Wirkens ändert: jener stillen Wehmuth entschlägt das Herz sich selten,
die so rein menschlich es immer erfüllt, wenn es altgewohnte, vielleicht
gar liebgewordene Weisen des Daseins fallen sieht, wie auch der
Herbst die Natur mit jenem rührenden Hauch der Trauer überzieht,
wenn in den fallenden Blättern das letzte Leben des Sommers ent-
schwindet, wiewohl bereits frische Knospen sich dem kommenden Lenz
entgegendrängen.

Jenem allgewaltigen Gesetz des Wechsels und der Vergänglichkeit
aber, wie viele Völker und Geschlechter der Menschen sind ihm nicht
schon gesunken! Damit soll natürlich nicht gemeint oder beklagt sein,
daß die einzelnen Glieder derselben dem unentrinnbaren Verhängniß

des Todes anheimgefallen — gegen dieses Gesetz der Natur wäre Sträuben Verkehrtheit —, wohl aber, daß zahllose in ihrer Gesammtheit untergegangen und als solche zu bestehen und fortzudauern aufgehört haben. Ganze Heldenvölker sind in den Strömungen der Zeit versunken; kaum daß die erbleichende Erinnerung noch ihr Andenken festhält. Es ging in Erfüllung an ihnen, wie der Prophet sagt, daß der Herr sie verbannt und zum Schlachten überantwortet, daß die Berge von ihrem Blut geflossen und man ihre Stätte nicht mehr kennt. Ein fremd Geschlecht geht auf ihren Gräbern und weiß es nicht. Oder „ihre Städte sind zur Wüste und zu einem öden Land geworden, zum Land, da Niemand inne wohnet und kein Mensch wandelt".

Und doch, meine Brüder, wo der Untergang über ein Geschlecht kommt, nach den Worten der Schrift „wie ein Hagelsturm", dem Niemand widerstehen mag; wo die Schärfe des Schwerts ein Volk dahinrafft oder die Seuche es töbtet: da preiset sie glücklich, denen, wenn sie nun einmal dem dunkeln Verhängniß erliegen sollen, das Loos also gefallen. Denn es kann eine viel jammervollere Art geben, in der das Gesetz des Wechsels und der Vergänglichkeit sich an einem Geschlecht vollzieht. Das ist, wenn es nach dem erschütternden Bilde des Propheten verwelkt, „wie ein Blatt verwelkt am Weinstock, wie ein dürres Blatt am Feigenbaum"; wenn es zuläßt, daß auf dem Schauplatz der Thätigkeit, den es vorhin mit Ehren ausgefüllt, andere Kräfte sich festsetzen; wenn es nicht mehr an der Spitze des Heiligen und Edeln steht, dessen Träger seine Väter waren; wenn das Haus, das sie bewohnten, allmälig „wüste" wird aus Trägheit und Fahrlässigkeit der Nachgebornen; wenn diese in den Strömungen der Zeit, die sie nicht mehr beherrschen und leiten können, darum weil sie die Stimme des Steuermannes nicht hören wollen, langsam versinken und die Menge unbeklagt und unbeweint von den Wellen bedeckt wird.

Doch eins, meine Christenbrüder, ist, wenn solcher Wechsel des Geschickes einem Geschlecht droht, der Trost derer, die da gerne retten möchten, daß es, wenn es will, solchem Untergang entrinnen kann. Denn nur die Erde vergeht mit ihrer Lust, wer aber den Willen Gottes thut, bleibet in Ewigkeit.

Lied 17, 1—2: Der du selbst die Wahrheit bist.

Evangel. Matth. 23, 34—39.

Darum siehe, ich sende zu euch Propheten, und Weise, und Schriftgelehrte, und derselben werdet ihr etliche tödten und kreuzigen, und etliche werdet ihr geißeln in euern Schulen und werdet sie verfolgen von einer Stadt zur andern; auf daß über euch komme alles das gerechte Blut, das vergossen ist auf Erden,

von dem Blut an des gerechten Abels bis aufs Blut Zacharias, Barachias
Sohn, welchen ihr getödtet habt zwischen dem Tempel und Altar. Wahrlich,
ich sage euch, daß solches Alles wird über dieses Geschlecht kommen. Jerusalem,
Jerusalem, die du tödtest die Propheten und steinigest, die zu dir gesandt sind.
Wie oft habe ich deine Kinder versammeln wollen, wie eine Henne versammelt
ihre Küchlein unter ihre Flügel und ihr habt nicht gewollt. Siehe, euer Haus
soll euch wüste gelassen werden. Denn ich sage euch: Ihr werdet mich von jetzt
an nicht sehen, bis ihr sprechet: Gelobet sei, der da kommt im Namen des Herrn!

Es ist kein Zweifel, verehrte Christenbrüder, das vorgelesene Evangelium zeichnet uns das dunkle Bild eines in innerer Fäulniß begriffenen
und darum dem Untergang verfallenen Geschlechts. Nicht mehr sonnt
sich Jerusalem in dem Glanze des Stuhls Davids; bei der Schwäche und
Uneinigkeit seiner Söhne herrscht schon längst der Fremde über sie. Selbst
die Möglichkeit einer Wiedergeburt fehlt dem entarteten Geschlechte.
Wie der Herr, um ihr sittlich-religiöses Leben zu reinigen und darin
die Grundbedingung aller Macht zu erneuern, ihnen Propheten und
Weise und Schriftgelehrte sendet, da tödten und kreuzigen sie dieselben,
oder geißeln sie in ihren Schulen und verfolgen sie von einer Stadt zur
andern. Ja wie der Heiland kommt, um sie zu versammeln, wie eine
Henne versammelt ihre Küchlein unter ihre Flügel, da, statt ihm jubelnd
entgegenzurufen „gelobt sei, der da kommt im Namen des Herren", da
— wollen sie nicht. Und darum, verehrte Christen, mußte „solches
Alles über jenes Geschlecht kommen"; darum wurde ihr „Haus wüste
gelassen". Weil sie die Zeit nicht verstanden, in der sie lebten, schlug
die Strömung derselben bald die vernichtenden Wogen über ihren
Häuptern zusammen.

Wir aber, meine Brüder, sollen wir dabei nur an das Volk Israels
denken? Oder gibt es noch Geschlechter, die an innerer Entartung
kranken, die dem Geist der Väter und des Herrn immer mehr entfremdet, darum immer erfolgloser ankämpfen gegen den Tag des Verderbens? O, so laßt uns in dieser Feststunde der Andacht die Frage
erwägen:

was muß ein Geschlecht thun, wenn es in den Strömungen der Zeit nicht untergehen soll?

Ja wir fühlen es, Herr und Meister, „Zeit und Stunde ist da
aufzustehen vom Schlaf". O so sei uns nahe mit deinem Geist
und hilf uns zur Wahrheit, die aus dir stammt! Amen.

Soll ein Geschlecht in den Strömungen der Zeit nicht untergehn,
so muß es zunächst kenntnißreich sein. Schon ein Weiser des vor-
christlichen Alterthums hat es ausgesprochen, Alles in der Menschenwelt

werde entweder durch Körper- oder Geisteskraft bewirkt, der Geist aber sei das Höhere und Stärkere. Wie könnte das auch anders sein? Ist er doch ein Hauch des göttlichen Geistes, der die Hoheit seiner Abkunft nie verläugnen kann. Durch den Geist reicht der Mensch über die Spanne Raum und Zeit hinaus, die ihn sonst so eng beschränken, und kann der Herr der Erde werden.

Die Bildung des Geistes daher, die möglichste Bereicherung des-selben mit Kenntnissen ist wie eines der Hauptziele der Bestimmung des Menschen, so die erste Bedingung seiner Befreiung von den ihn sonst beherrschenden Mächten der Erde. Das schwächste Kind der Natur, wird er, wenn er ihr Wesen kennen gelernt, ihr Gebieter, zwingt den Stein sich zum schirmenden Obdach zu wölben, den Acker des Feldes ihm Früchte zu tragen, die Elemente ihm zu dienen. Der vergängliche Sohn des Augenblicks, hinfällig wie das Blatt des Baumes, unstät wie die Welle des Meers, vermag er, wenn er die Zeit erkannt hat, sie in neue Bahnen zu lenken und kommenden Jahrhunderten den Stempel seines Wesens aufzudrücken. So hülflos und preisgegeben jedem Mißgeschick der kenntnißlose Mann, so stark und selbstständig der gebildete kenntnißreiche Geist.

Ja, meine Brüder, es ist ein tiefes und wahres Wort: Wissen ist Macht; nie aber war es von größerer Bedeutung als in unsern Tagen, die das Gesetz der freiesten schrankenlosesten Bewegung in dem Wettlauf der entfesselten Thätigkeit auf den Thron erhoben haben. Überall liegt darnieder, was die alte Ordnung an schützenden und beschränkenden Satzungen hervorgebracht hatte; ein neues Leben regt sich allwärts oft mit fast unheimlicher Gewalt und in keines Menschen Macht steht es, die erwachten Kräfte wieder in die frühere Gebundenheit zurück-zubannen. „Die Nacht ist vergangen" rufen sie, „der Tag ist herbei-gekommen"; „wohlan denn", füget ihr hinzu, so lasset auch uns „ablegen die Waffen der Finsterniß und anlegen die Waffen des Lichts". Soll fortan das Schwert des Geistes allein zum Siege verhelfen, so wollen auch wir wacker sein, den Stahl desselben zu schärfen. Lehrt doch die Erfahrung täglich in zahllosen Beispielen, daß wer auf der Sturmfluth der Gegenwart nicht die Bildung zum Steuermann habe, wer in das Fahrzeug seiner Berufsthätigkeit nicht den Reichthum der Kenntnisse mitnehme, sich im Wogendrang der Gegenwart nicht erhalten könne!

In der That, geliebte Christenbrüder, jedes Geschlecht muß in der Strömung der Zeit versinken, das nichts lernen will und in seinen Kenntnissen und Fertigkeiten hinter den Zeitgenossen zurückbleibt. Namentlich gilt das von einer Zeit, die, wie die unsre, in unglaublich

raschem Fortschritt stets Neues erfindet, an die Stelle der rohen Kraft
die Macht der Bildung setzt, durch sie die Erzeugnisse der schaffenden
Hand veredelt, die Arbeit erleichtert und verschönert, alle Einrichtungen
verbessert und Alle, die sich ihr hingeben, zu höherer Würde, Stärke
und Wohlfahrt erhebt. Jede Einsicht, die sie mehr haben; jedes Verständniß, in dem sie voran sind; jede Übung, die ihnen geläufiger ist:
es sind hülfreiche Mächte, die ihnen förderd zur Seite stehen, die den
Eifer mehren, die die Kraft ins unendliche stärken. Wie soll da gleichen
Schritt halten, wer die Gedanken über das Hergebrachte nicht zu erheben vermag, wer die alte schwere Bahn nicht verlassen kann, wer im
Ungewohnten immer einen Feind sieht und endlich gar die Befähigung
verliert, sich das Neue anzueignen? Denn um in schwieriger Zeit ein
rechtes Ziel seiner Thätigkeit zu setzen, braucht es Kenntnisse, Kenntnisse um die rechten Mittel zum Ziel zu finden, stets fortschreitende
Kenntnisse, um von den Mitbewerbern um den Preis nicht überholt zu
werden. Wer sie nicht hat, dem verdorren allmälig die Wurzeln seiner
Kraft; von ungekannten Mächten umgeben und ohne Verständniß der
Zeit vereinsamt er und sinkt in Verachtung; sein Haus, aus dem er
selbst die Lehrer und Weisen vertrieben, wird wüste und die Armuth
überfällt ihn „wie ein Gewappneter".

Nicht so, meine Brüder, der Wille des Herren, der den Menschengeist vervollkommnungsfähig geschaffen und den Trieb nach fortschreitender Erkenntniß so tief in denselben gepflanzt. Nicht also unsere
Väter, die kenntnißreich vor allen Zeitgenossen, vor Jahrhunderten
hier ihre Wohnung aufschlugen. Ihre Kenntnisse und Fertigkeiten, die
sie fortzubilden nimmer müde wurden, machten sie zu einem Pflanzvolk
der Bildung und zum Segen der neuen Heimath: ihre Kenntnisse ver-
schafften ihnen Mittel zum Schirm des Lebens und zur Pflege seiner
edleren Güter; ihre Kenntnisse halfen ihnen ein Gemeinwesen gründen
und erhalten, das ein Vorbild bleiben wird für viele Zeiten. Nicht
ihre Zahl, die immer eine geringe gewesen, hat sie erhalten und stark
gemacht, sondern ihre Bildung, daß sie an Kenntnissen stets die ersten
waren und vorstrebten den anderen. Welche Stürme auch über sie
hereinbrachen, der kenntnißreiche Geist derselben besserte den Schaden
rasch, und schnell befreundet jedem Fortschritt hatten sie darin eine un-
erschöpfliche Fundgrube der Hülfe in aller Noth und Fährlichkeit des
Lebens. Unwiderleglich für jeden, der sehen will, lehrt ihre Vergangenheit, daß ein Geschlecht in den Strömungen der Zeit nicht untergehen kann, wenn es kenntnißreich ist.

Doch laßt uns hinzufügen:

wenn es willensstark ist. Unter den Vermögen des menschlichen Geistes ist der Wille eines der bedeutendsten, wenn auch die Art seiner Wirksamkeit eines der Geheimnisse ist, die in dem Innern der Natur undurchdringlich ruhen. Er ist nämlich die Kraft der Menschenseele, durch die sie die erkannten Zwecke, welche sie sich gesetzt, in freier Selbstthätigkeit zu erstreben im Stande ist, und wie jede andere Kraft mannigfaltiger Entwicklung und Vervollkommnung fähig. Nothwendiger aber ist keine, als daß der Wille stark werde, d. h. daß er in der Verwirklichung seiner Vorsätze, in der Erstrebung seiner Ziele, sich durch die Hindernisse auf die er stößt nicht beirren, durch die Kräfte, die ihm entgegenwirken nicht ablenken, sondern beharrlich und unerschüttert lieber alles Ungemach über sich ergehen lasse, ehe er sich selber untreu wird.

Ist eine solche Willensstärke, meine Brüder, selbstbewußtes Eigenthum und Zierde eines ganzen Geschlechts, so ist klar, welche Hülfe es an derselben in allen seinen Bestrebungen, welchen Schild in allen Anfechtungen es habe. Selbst der rauheste Boden, dem starken Willen versagt er seinen Segen nicht; die schwierigste Unternehmung ist durch ihn schon halb gewonnen. In Glück und Unglück ist er gleich unentbehrlich. Fehlt er in jenem, wie leicht schlägt da das Gefühl des Wohlergehens in Hochmuth um, der vor dem Falle geht; mangelt er in diesem, so führt die Bedrängniß zu Kleinmuth und Feigheit, die immer der Anfang vom Untergang sind.

Oder lehrt die Erfahrung nicht also? So oft die vergiftende Krankheit der Willensschwäche in einem Geschlecht herrschend wurde, versank es rettungslos in den hochgehenden Wogen der Zeit. Als Israels Volk dem Heiland heute zurief: gelobet sei der da kommt, und wenige Tage darauf: kreuzige ihn, schrie, wie bald mußte solches Alles über jenes Geschlecht kommen! Auch heute ist es nicht anders. Seht, die äußere Noth, die hier ein Geschlecht bedrängt, würde aufhören, wenn es mit aller Kraft eines starken Willens ihr entgegenginge, wenn es über sich gewänne, mit den Gefährten und Helfern in einem Sinn zu handeln: weil es sich nicht ermannt zu einer entschiedenen That, wird es der Bedrängniß erliegen. Der Gegner, der dort es bekämpft mit den Waffen der List und Schlauheit, würde weichen, wenn es fest, mit dem unbeugsamen Entschluß sein volles gutes Recht geltend zu machen, ihm entgegenträte: weil es immer nur zu halben Maßregeln greift, sich immer von den Umständen bestimmen läßt, statt sie zu leiten, wird es, ach wie bald, in das Grab sinken, das die eigene Zaghaftigkeit ihm gegraben. Es weiß, daß die Vermehrung des Lichtes, die Verbesserung diefer oder jener Einrichtung, die Unterftützung einer guten Anftalt reichen Segen schaffen würde dem gesammten Leben: aber in der Schlaffheit und Unentschloffenheit seines Herzens kann es sich nicht aufraffen, die Opfer zu bringen, die die Sache des Herrn erheischt und während es klagend ausruft: „wären wir zu unserer Väter Zeiten gewesen, wollten wir nicht theilhaftig sein mit ihnen an der Propheten Blut", sieht es unthätig zu, wie die Gegenwart die Weisen und Schrift= gelehrten verfolgt von einer Stadt zur andern. Darum muß auch an ihm in Erfüllung gehen das Wort der Schrift: „ich weiß deine Werke, daß du weder kalt noch warm bist; ach daß du kalt wäreft oder warm; weil du aber lau bist und weder kalt noch warm," werde ich meine Augen von dir abwenden.

Nicht so, meine Brüder, thaten die Weisen und Propheten, von denen unser heutiges Evangelium meldet, die wenn auch verhöhnt, gegeißelt, verfolgt, ungebeugten Willens ihren heiligen Zielen nachstrebten; nicht so der Herr, der, wenn auch verkannt und mißverstanden, immer aufs neue Jerusalems Kinder versammeln wollte wie die Henne ihre Küchlein; nicht so unsere Väter, die im ewigen Kampf mit wilden Gewalten, frühe ihren Untergang gefunden haben würden, wenn ihnen nicht ihr starker Wille mit aus jeder Fahr und Noth geholfen hätte. Mit seiner Kraft haben sie die Wüste urbar gemacht, mit seiner Kraft „in der einen Hand den Pflug, in der andern das Schwert" Städte und Burgen, Schulen und Gotteshäuser gebaut und, was oft noch schwerer, bewahrt, mit seiner Kraft in tausend Stürmen der Zeit die heiligen Güter ihrer Gesittung und ihres Glaubens festgehalten gegen heimliche und offene Feinde. Wenn Alles schwiege, meine Brüder, ihre Geschichte würde uns mit Flammenzügen die Lehre geben, daß ein Geschlecht selbst in den wilde= sten Strömungen der Zeit nicht untergehe, wenn es willensstark ist.

Ja nicht untergehen kann es darin, wenn es, so laßt uns endlich hinzufügen, gottesfürchtig ist. In der Gottesfurcht erst, ver= ehrte Christenbrüder, erreicht das Menschenwesen jene Vollendung, zu der es durch seine gesammten Anlagen und Bedürfnisse bestimmt ist. Drängt nämlich die äußere Natur schon dem Menschen die Überzeugung seiner Abhängigkeit von einer höhern Gewalt auf; weift ihn die innere Erfahrung nur noch mehr auf ein höchstes vollkommenstes Wesen hin, deffen Heiligkeit ihm Ziel und Leitftern sei; fordert endlich die Offen= barung unseres Herrn und Heilandes unabläffig das als Höchstes von ihm, daß er wandle im Licht und vollziehe die Werke des der ihn ge= sandt hat: so ist ja Gottesfurcht grade diejenige Tugend, in welcher der Mensch der Abhängigkeit von Gott sich bewußt, in thätiger Hingabe

an das Wahre und Gute als das Abbild seiner Heiligkeit, soweit dies
einem endlichen Geist möglich ist, dem Ziel seiner Vollkommenheit zu-
strebt, so daß er in allen Lagen des Lebens den ihm bekannt gewordenen
göttlichen Willen als den unumstößlichen Beweg- und Entscheidungs-
grund seiner Gesinnungen und Thaten achtet.

Daß eine solche Gesinnung, ein solches Erfülltsein von dem Geiste
des Herrn sich nicht bloß in müßigen Gefühlen äußere, sondern in der
That und Wahrheit lebendig hervortrete, dann aber für ein von ihm
geleitetes Geschlecht von unaussprechlichen Folgen sein müsse, ist klar.
Wo Gottesfurcht ein Geschlecht beseelt, da erst wird Wissen und Kenntniß zu jener Weisheit, die die Welt überwindet, zur Sonne, die das
Leben wahrhaft erhellt und veredelt, während es ohne Gottesfurcht so
leicht zum trügerischen Irrlicht herabsinkt, das den Getäuschten in
Sumpf und Moor lockt. Wo Gottesfurcht ein Geschlecht beseelt, da
tritt erst die Willensstärke in den Dienst des Heiligen, während sie
ohne dieselbe oft zum Engel des Verderbens wird, der in Eigensucht
und Selbsterhebung die Propheten tödtet und gerade dann nicht hören
will, wenn der Herr die Seinen versammelt. Wo Gottesfurcht ein
Geschlecht beseelt, da erfüllt jeder nach dem Maß seiner Kräfte seinen
Beruf, sollte er auch seinen Neigungen und Wünschen nicht immer ent-
sprechen und wird nicht müde, am „Haus" das ihm der Herr angewiesen, zu bauen mit Treue und Gewissenhaftigkeit. Da fühlt sich
Jeder als Hausvater und Dienstherr, als Freund und Nachbar, als
Vorgesetzter und Untergebener, als Glied des Gemeinwesens und der
Kirche; ob er am Pflug oder in der Werkstatt, auf dem Stuhl der
Verwaltung oder der Wissenschaft zu schaffen und zu wirken die Aufgabe habe; in allen Verhältnissen des Lebens, in Leid und Freud, vor
Allem aber in der Schätzung der Erdengüter und im Genuß der Lust
dieser Welt — er fühlt sich „verordnet zur Kindschaft Gottes" und
suchet, wie er „anziehe den neuen Menschen in rechtschaffener Gerechtigkeit und Heiligkeit". In Allem will er und durch alles den „loben, der
da kommt im Namen des Herrn".

Das, meine Brüder, ist die Gottesfurcht, und wie sie die vollkom-
menste Tugend des gottverwandten Menschengeistes ist, so hat sie hin-
wiederum die herrlichste Verheißung. „Strebet zuerst nach dem Reiche
Gottes und nach seiner Gerechtigkeit, so wird Euch alles Andere von
selbst zufallen" und „Gottseligkeit ist zu allen Dingen nütze", so steht
es geschrieben und lehrt die Erfahrung aller Jahrhunderte. Immer
ist die Gottesfurcht die Macht gewesen, die die Welt überwunden hat.
„Ein frommer Mann kann einer Stadt aufhelfen", ruft Jesus Syrach

und wo Gottesfurcht ein ganzes Geſchlecht erfüllt, da ſollte eine Gewalt ſtark genug ſein, es zu verderben? Kann auch das Licht je
untergehn in der Finſterniß? Wo in allen Äußerungen des Lebens
Sinn und Kraft des göttlichen Geiſtes waltet, da könnte ihm „der
Fürſt dieſer Welt" etwas anhaben? Wie ernſt ers auch meine der
„alte böſe Feind" gegen die Treuen und Frommen, das „Reich muß
ihnen doch bleiben."

Solche Gottesfurcht war es, die die „Weiſen und Propheten" beſeelte,
daß ſie troß aller Noth und Verfolgung den Herrn ihren Gott verkündigten; ſie brannte in dem Herrn und Meiſter, daß er, um die Völker
der Erde zu verſammeln in dem Hauſe ſeines Vaters, den Leidenskelch
des Kreuzestodes trank. Gottesfurcht war es, die unſere Väter ſo oft
erfüllte, wenn es galt, Gott mehr zu gehorchen als den Menſchen, die
ihren Geiſt reinigte, daß ſie ihre Herzen öffneten der reinen Lehre
des Evangeliums, auf daß ſie nach dem mahnenden Wort des Apoſtels
„nicht mehr Kinder ſeien und ſich wägen und wiegen ließen von allerlei Wind der Lehre durch Schalkheit der Menſchen und Täuſcherei";
Gottesfurcht endlich die ihnen ſolche „überſchwängliche" Kraft verlieh,
daß ſie nach der Verheißung der Schrift „ſich nicht ängſteten, auch wenn
ſie allenthalben Trübſal hatten, daß ſie nicht verzagten wenn ihnen
bange war, daß ſie nicht verlaſſen waren wenn ſie Verfolgung litten
und nicht umkamen wenn ſie unterbrückt wurden". Denn nicht die,
meine Brüder, behalten den Sieg, die ſich „verlaſſen auf Wagen und
Roſſe, ſondern die da trauen auf den Herrn Herrn".

Die Frage, verehrte Chriſtenbrüder, was hat ein Geſchlecht zu thun,
daß es in den Strömungen der Zeit nicht untergehe, ſollen wir ſie noch
einmal beantworten? Wohlan denn, es ſorge, daß es kenntnißreich,
willensſtark, gottesfürchtig ſei. Wie auch der Sturm die Wogen
peitſchte, nie iſt ein Geſchlecht, das mit jenen Tugenden geſchmückt
war, darin verſunken. Und wollt ihr, daß das eure den Tag des
Unterganges nie ſehe, daß er „das zerſtoßene Rohr nicht zerbreche und
den glimmenden Docht nicht verlöſche", o ſo wachet und betet, daß es in
dem reichen Kranz der Völkerfamilie, zu deſſen Glied des Herrn Wille
es geſetzt hat, hervorrage durch Reichthum an Kenntniſſen, durch Wil-
lensſtärke, durch Gottesfurcht. Dann könnt ihr getroſt ſein, daß ſein
„Haus nie wüſte" wird und des Herrn Verheißung ſich auch an ihm erfüllt: „Fürchte dich nicht du kleine Heerde; denn es iſt Eures Vaters
Wohlgefallen, Euch das Reich zu geben." Amen.

Neujahr.

Das ernſte Mahnwort des neuen Jahrs in ernſter Zeit.

(1871.)

„Herr Gott, Du biſt unſre Zuflucht für und für. Ehe denn
die Berge worden und die Erde und die Welt geſchaffen worden,
biſt Du, Gott, von Ewigkeit zu Ewigkeit. Tauſend Jahre ſind
vor Dir, wie der Tag, der geſtern vergangen iſt und wie eine
Nachtwache.“ Wir aber, Unendlicher, „ſind Fremdlinge und
Gäſte vor Dir, wie unſre Väter. Unſer Leben auf Erden iſt wie
ein Schatten und iſt kein Aufhalten“. Darum treten wir auch
heute voll Demuth vor Dich, Allwaltender und rufen zu Dir:
Herr hilf uns und ſei uns gnädig! Amen.

Ja, geehrte Chriſtenbrüder, es iſt dem rechten Chriſtenherzen anders nicht möglich, als daß an dem heutigen Tage jene wunderſame,
faſt unausſprechliche Miſchung der Gefühle und Gedanken, die in ihm
erwachen, ſich zu jenem demuthsvollen Bewußtſein der Endlichkeit und
Abhängigkeit und damit zu jenem frommen Gebete verklärt, das heute
inniger als ſonſt fleht, daß ſeine Gnade nicht von uns weiche! Iſt es
doch der erſte Tag eines neuen Jahres, das iſt einer jener ragenden
Markſteine, die am Ufer des raſtloſen Zeitenſtromes der Menſchengeiſt
aufgerichtet, daß er der reißenden Flucht der Wellen doch dann und
wann inne werde und ſich ſammle zu ernſter Einkehr in ſich ſelbſt und zur
Umſchau auf den Weg, der vor und hinter ihm liegt. Manche allerdings
gehen an dem bedeutungsvollen Wahrzeichen gleichgültig vorüber, ſei
es daß ſie verſtrickt ſind im Dienſt der Erde, und den Blick nie richten
zum Himmel mit ſeinen Zielen, an dem wir die Zeiten meſſen und die
Jahre, ſei es, daß ihrer Gedankenloſigkeit iſt ein Tag wie der andere,
oder ſie nicht gerne merken wollen, wie das Menſchenleben denn doch
iſt „als flögen wir davon“. Wieder Andre ſtehen zwar ſtill am ſcheiden-
den Grenzſtein der Jahreswende, aber nur, um ihn mit den Blumen
ihrer Sinnenluſt zu bekränzen, um, wie ſie ſagen, in dem erdrückenden
Gleichmaß der Tage einmal einen Augenblick der Luſt zu erhaſchen
und in dem Becher des Genuſſes die Sorge zu begraben. Da finden
wir nichts von jener ernſten Stimmung, wie ſie der Jahreswechſel
dem denkenden Chriſten doch ſo nahe legt und ſelbſt der mahnende
Glockenruf des erſten Jahresmorgens klingt vergebens in ihre Häuſer
und an ihre Herzen.

Wir aber, Christen, wir haben ihn gehört und sind ihm und dem Zuge unserer Seele folgend eingetreten in das Haus des Herrn. „vor dem tausend Jahre sind wie ein Tag", hier unsern Abschiedsgruß dem verflossenen, unser Willkommen dem begonnenen Jahre zu bringen, einen Augenblick stille zu stehen im Geiste, unsre Freude und unsern Schmerz, unser Streben, Sorgen, Irren und Kämpfen noch einmal zu überblicken, um auf dieser Höhe frischen Athem zu schöpfen, neue Kraft, neue Entschlüsse zum Weitergehen. Oder wann wäre das dem Denkenden ein unabweisbareres Bedürfniß gewesen, als grade heute? Denn welch' ein Jahr liegt hinter uns, Geliebte! Reden wird man davon noch in den spätesten Zeiten, so lange das Menschengeschlecht ein Gedächtniß, eine Geschichte hat. Was die kühnste Einbildungskraft sich kaum vorzustellen getraute, das heimgegangene Jahr hat es der staunenden Welt gebracht und mit seinen gewaltigen Ereignissen hier banges Entsetzen hervorgerufen, dort eine Erhebung der Geister, die zum Himmel aufjauchzte. Auf jener Stätte, an die seit Jahrhunderten der Anspruch an Weltherrschaft stolz sich knüpfte, sah es eine Herrschaft stürzen, die, wiewohl sie nicht von dieser Welt sein sollte, doch ihre Entwicklung in neue unerträglichste Bande zu schlagen sich anschickte; in gleichzeitigem schweren Falle sah es einen Thron zusammenbrechen, von dem fast ein Menschenalter lang die finstere Macht der Lüge die Freiheit geknechtet und die Völker nicht nur unsers Erdtheils in Krieg und Erbitterung getrieben hatte. Gegen seine und der Seinen böse List und schnöde Gewalt sah das heimgegangene Jahr des theuren Muttervolkes Stämme sich endlich, endlich in der langersehnten Einigkeit erheben und zur Vertheidigung seiner angegriffenen edelsten Güter Thaten thun, an die eine neue sittliche Ordnung unsers Erdtheils sich knüpfen wird. Nur das ist der Jammer, daß diese erkauft werden muß durch den entsetzlichsten Krieg, den nun zwei Nationen mit einander führen, die mehr als alle andern nur in den Künsten des Friedens und der Gesittung wetteifern sollten; das der Schmerz, der alle Herzen durchzittert, daß so viel edles Blut fließt, daß im Licht so vieler Weihnachtsbäume diesmal die heiße Thräne sich spiegelte und der erste Morgenstrahl des neuen Jahres so viele bange Seufzer zum Himmel tragen muß: „Hüter ist die Nacht schier hin; wie lange noch wie lange!"

Um so inniger, Geliebte, wird heute der Dank unserer Herzen sein, daß die Gnade des Vaters von uns so schweres Geschick abgewendet hat. Ja, um so inniger und tiefer! Mußten wir doch bisweilen fürchten, daß die Funken des schrecklichen Brandes zündend auch in unsre Mitte fallen müßten; klopfte doch der entsetzliche Krieg mehr als einmal fast

hörbar auch an unsre Thüre. Er, der die Herzen auch der Könige
lenkt, wie Wasserbäche, hat ihn ferngehalten: um so mehr getrösten wir
uns, daß seine starke Hand die Wunden, die das Jahr, wenn wir seinen
Spuren auch in unserer Mitte folgen wollen, denn doch auch hier geschlagen, gnädig heilen werde. Denn, wenn nicht der Krieg, der Engel
des Todes, wie das vom Menschengeschick nun einmal unzertrennlich, hat
seinen Umzug gehalten auch in unsrer Gemeinde. 243 die unsre Mit-
pilger waren auf der Wallfahrt durchs Leben haben sie hinausgetragen
zur stillen Ruhestätte, darunter nicht wenige aus jener Samariteranstalt,
durch deren Gründung unsre Stadt ihren hülfreichen barmherzigen Sinn
so edel bekundete. Es hat darunter nicht an Fällen gefehlt, wahrhaft
erschütternder Art und mehr als ein Herz wird noch lange lange bluten;
alle alle aber, die ihrem Herrn treu sind, werden es erfahren, „daß die
mit Thränen säen, sollen mit Freuden erndten" und wir, wir, Geliebte,
wollen daraus „bedenken, daß wir sterben müssen, auf daß wir klug
werden".

An die Stelle der Heimgegangenen sind im verflossenen Jahr 247
Neugeborne getreten. Wie warm begrüßt sie der Segenswunsch der
Gemeinde: so hilf denn deinem Volke, Vater und segne dein Erbe, daß
sie gedeihen „in der Zucht und Vermahnung zum Herrn", ein Geschlecht
gesunden Leibes, gebildeten Geistes und gottesfürchtigen Herzens, das
der Väter würdig nach dem schönen Gruße des Weihnachtsevangeliums
„Gott in der Höhe die Ehre gebe und den Menschen ein Wohlgefallen" sei.

Der Weg hiezu aber, ihr wißt es, Geliebte, führt uns zunächst durch
die Schule. Diese Heilsanstalt, in einzelnen ihrer Theile wesentlich verbessert im verflossenen Jahr durch die Treue der dazu Berufenen, besuchten nicht weniger als 1245 Schüler und Schülerinnen unserer
Kirche, und daneben hatte sie noch für 388 andere Glaubensgenossen
Raum und Liebe. Welch ein Segen, wenn überall das elterliche Haus
mit rechter Treue hilft, daß durch seine und der Schule gewissenhafte
Arbeit sich das Wort des Psalmisten an ihnen erfülle: „wohl dem, der
den Herrn fürchtet und auf seinen Wegen gehet". Und daß dieses um
so völliger geschehe, hat die Kirche 208 im Confirmandenunterricht in
der Erkenntniß des Heils befestigt, und von ihnen das Gelübde der
Treue empfangen und sie mit ihrem Segen zum Tische des Herrn begleitet. Und wie damals, so betet sie heute mit dem Apostel: „Meine
Kinder bleibet in der Wahrheit, die Wahrheit wird Euch frei machen".
Das allein ist der Weg zum Leben!

Wer aber in des Herzens Irrthum und Leidenschaft des rechten
Pfads verfehlt, dem ruft von jener heiligen Stätte die Stimme des

Herrn zu: „Kommt her zu mir alle, die ihr mühselig und beladen seid".
886 Glieder unserer Gemeinde haben den Ruf gehört und befolgt; mehr
als eines von ihnen gestärkt auf dem letzten Wege durch jene geistig-
sittliche Gemeinschaft mit ihm, mit der die rechte Abendmahlsfeier den
Gläubigen segnet. O daß sie doch immer und überall jene heiligen
Entschlüsse wecke, die der Apostel den Seinen so ernst ans Herz legt:
„meine Brüder, leben wir, so leben wir dem Herrn, sterben wir, so
sterben wir dem Herrn".

Dann würde auch jene andre bedeutsame Weihe, auf die das ver-
flossene Jahr euern Blick noch lenkt, des vollen Segens nicht entbehrt
haben. 92 Paare haben in demselben hier den heiligen Bund der Ehe
geschlossen. Welch ein Anlaß zu heiliger Freude! O so schaffet, wie
der Apostel sagt, „daß ihr selig werdet; seid vollkommen, habt einerlei
Sinn, seid friedsam, so wird der Gott der Liebe und des Friedens mit
euch sein" und heilige Wege mit euch gehen.

Und Alles das, Geliebte, konnte die Kirche im Frieden vollbringen.
Im Frieden konnte unsre Stadt die Versammlung der Landeskirche
Wochen lang hier tagen sehen, in ihrer vom Staate geachteten evangelischen Freiheit, neue Ordnungen schaffend, wie der Geist des Evangeliums und des Fortschritts sie forderte. Und die große Erschütterung,
die den Gegner dieses Evangeliums stürzte, und der schwere Krieg, der
die Welt da draußen in Brand setzte, nicht ohne eure brüderliche Mild-
thätigkeit in so erhebender Weise wachzurufen, sie haben uns den Segen
dieses Friedens um so tiefer zum Bewußtsein, zugleich aber den Ernst
der Jahreswende, die uns alles deß erinnert, um so mehr zum Gemüthe geführt. Und hierbei noch einige Augenblicke zu verweilen, soll
das Wort des Herrn uns Veranlassung geben.

Lied 366, 1, 4: Ewig und unwandelbar, Gott, ist deine Gnade.

Text: Psalm 103, 13—18.

Wie sich ein Vater über Kinder erbarmet, so erbarmet sich der Herr über
die, so ihn fürchten. Denn er kennet, was für ein Gemächte wir sind; er gedenket daran, daß wir Staub sind. Ein Mensch ist in seinem Leben wie Gras,
er blühet wie eine Blume auf dem Felde; wenn der Wind darüber gehet, so ist
sie nimmer da, und ihre Stätte kennet sie nicht mehr. Die Gnade aber des
Herrn währet von Ewigkeit zu Ewigkeit über die, so ihn fürchten und seine Gerechtigkeit auf Kindeskind, bei denen, die seinen Bund halten, und gedenken an
seine Gebote, daß sie darnach thun.

Wie der heutige Tag und die bisherige Betrachtung uns die Bedeutung des scheidenden und des beginnenden Jahres nahe legten, so
führen uns die vorgelesenen Textesworte zu einem ergreifenden Scheide-

punkte zweier Zeiten. Denn die Forschung erkennt in dem Psalme, dem dieselben entnommen sind, eines jener frommen Lieder aus der Zeit, da Israel aus der langen Gefangenschaft wieder in die alte Heimath zurückkehren durfte. Darum preist der begeisterte Sänger am Anfange seines Liedes, dem er in der Weise jener Zeit den Namen des alt= berühmten Königs David vorsetzte, die Macht seines Gottes: „Lobe den Herrn meine Seele und vergiß nicht was er dir Gutes gethan, der dein Leben vom Verderben erlöset, der dich krönet mit Gnade und Barmherzigkeit". Darum stellt er in unsern Textesworten am Mark= stein einer neuen Zeit die Hinfälligkeit des Menschen und die Macht des Herrn seines Gottes so ergreifend dar. Darum ist es ein rechtes Neu= jahrswort auch zu dieser unsrer Zeit für den denkenden Christen, der den Ernst der Gegenwart nicht von sich abweist. So laßt uns denn davon Veranlassung nehmen an seinem Inhalt heute zu unsrer Erhebung **das ernste Mahnwort des neuen Jahres in ernster Zeit** zu vernehmen.

Ja Vater, wir sind nur Staub, nur wie die Blume des Feldes; deine Gnade aber währet von Ewigkeit zu Ewigkeit. O, so hilf uns in deiner Barmherzigkeit, daß wir ihrer theilhaft werden! Amen.

I. Das ernste Mahnwort des neuen Jahres denn in ernster Zeit, Geliebte, wir können es nach dem tiefen Sinn unsers Textes nicht besser sagen, als wieder mit dem Wort der Schrift: die Welt ver= geht mit ihrer Lust. Das ist es ja, was der Psalmist in den Mittelpunkt seines frommen Liedes stellt und was uns am ersten Tag eines neuen Jahres, wo selbst an den Leichtsinn die Schauer der Ver= gänglichkeit fühlbarer herantreten, um so viel ergreifender entgegen= tritt: selbst der Mensch ist nur ein „Gemächte von Staub", „in seinem Leben wie Gras"; „er blühet wie eine Blume auf dem Felde, wenn der Wind darüber geht, so ist sie nimmer da und ihre Stätte kennet sie nicht mehr". Wie der Mensch aber nach seiner sinnlichen Erscheinung, so ist die gesammte Sinnenwelt nur Staub, mit Allem was ihr ent= stammt und zu ihr gehört, ein Gebilde der Zeit, der wechselnden ver= gänglichen, unstät und flüchtig wie Wind und Welle, heute bestehend morgen vergehend und wer darnach fragt findet die Stätte nicht mehr.

Allerdings, das ist eine so gemeine Wahrheit, Geehrte, daß man meinen sollte, es thäte nicht Noth sie immer wieder zu vergegenwärtigen. Und doch muß der rechte Christensinn stets auf's neue darauf zurück= kommen, namentlich in dieser unsrer Zeit voll erschütternden Ernstes, unter biesem Geschlechte, das so oft bagegen sich sträubt und Schein und Wesen zu seinem eigenen Unheil verwechselt. Denn seit der Menschengeist in der Gegenwart die Kräfte der Natur hat beherrschen lernen, wie keine Zeit vor ihm, seit er mehr noch als „die Winde zu seinen Boten und seine Diener zu Feuerflammen macht", seit alle Güter und Schätze der Erde dem berechnenden Verstand und der Alles überwindenden Arbeit zugänglich sind und allüberall lockend und ver- suchend zum Genusse laden, zum Genusse, der so oft nicht dem Verdienst, sondern dem Trug und dem Frevel zufällt: da, Geliebte, tritt hie und da die Ansicht hervor und erfüllt die, wenn auch darob bangen Herzen, es sei diese Sinnenwelt und die Macht, die sie gewährt und die Lust, die sie darbietet, das Höchste, das Dauernde, das allein Preiswürdige.

Darum sendet der Herr der Zeiten zu rechter Zeit einen Tag des Ernstes, der dem der Versuchung unterliegenden Geschlechte zurufe: irret doch nicht, ihr Lieben. Daß sie verstehen, wenn nicht das Wort der Schrift, so doch die Stimme des großen Sängers aus unsern Tagen: „Rauch ist alles irb'sche Wesen, Wie des Dampfes Säule weht, Schwin- den alle Erdengrößen". Und ein solcher Tag wann käme er, Christen, wenn er nicht heute da ist! Mit seinem Rückblick in die nächste Ver- gangenheit, die da mit Prophetenstimme spricht: „wer Ohren hat zu hören, der höre!" Oder, wer vernähme nicht von den blutgedüngten Feldern, auf denen Tausende und aber Tausende in den zahllosen Kalk- gruben schlafen, die in der Fülle der Jugend sich ihres Lebens freuten, das Wort unsers Textes: „ein Mensch ist in seinem Leben wie Gras, er blühet wie eine Blume auf dem Felde, wenn der Wind darüber geht, so ist sie nimmer da und ihre Stätte kennt sie nicht mehr". Oder wer verstünde nicht aus den goldnen Palästen, aus denen sie Jahrhunderte lang die Geister und Gewissen beherrschen wollten, die mahnende Stimme der ernsten Wandlung, „die Welt vergeht mit ihrer Lust!" Und aus der Riesenstadt, die Menschenalter lang den Staub der Erde in sich aufgehäuft und nun vom eisernen Ring Todesmuthiger umschlossen am Hunger dahin siecht, wer erkennt noch immer nicht, daß alle Erden- macht nur ein Gemächte von Staub ist? Ja, es hilft nichts, daß du dein Gewissen betäubest und auf der Welle des Tages hoch steigest und Macht und Güter an dich reißest; kommen wird die Zeit, und je mehr du ein Knecht der Sünde wirst, desto sicherer und schneller, wo „das Ende mit Schrecken" an deine Thüre pocht und du mit Entsetzen inne wirst, daß Alles das nur „Staub" ist.

II. Ja, die Welt vergeht mit ihrer Lust, so mahnet ernst auch der heutige Tag, aber verstehet ihn recht, er fügt hinzu, d o c h m i t t e n i m

Wechsel giebt es dauernde Güter. Mitten in der Vergänglichkeit und Nichtigkeit, worin selbst das Menschenleben nur „Staub" und
Schatten ist, bezeichnet unser Text ein Bleibendes, ein Unveränderliches:
„die Gnade aber des Herrn währet von Ewigkeit zu Ewigkeit über die
so ihn fürchten". Das ist in der stürmischen Wogenbrandung der Zeit
der unerschütterliche Fels, in „der Erscheinungen Flucht der ruhende
Pol". Die Gnade des Herrn, Geliebte, und all' dasjenige, was den
Sohn des Staubes derselben werth macht und ihn über diesen erhebt.

Denn nach seinem eigentlichen Wesen steht der Mensch wenn auch
in, doch zugleich über der Sinnenwelt, Glied und Genosse einer höhern,
geistig-sittlichen Ordnung. Nicht die Gesetze, nach welchen die todten
Kräfte der Natur wirken, beherrschen seine Thätigkeit; sein Denken und
Wollen, sein Streben und Schaffen hängt von andern Bedingungen ab
und hat andre Ziele. So sagt dir, wenn du es recht verstehen willst,
dein Selbstbewußtsein; du bist in deinem wahren Sein verschieden von
dem Wesen des Staubes; du gehörst nicht auf dieselbe Stufe mit der
Pflanze und dem Thiere. Wir sind höher begnadigte Kinder des all-
waltenden Gottesgeistes, beseelt von dem Odem seines heiligen Wesens.
Darum kann uns volle Befriedigung nicht gewähren, was bloß dem
Vergänglichen angehört; die Gottesgedanken sollen wir vielmehr leben
und verwirklichen, um die er seine Menschenkinder ins Dasein rief.

Fragst du, welches diese denn seien: der Einblick in die Ordnungen
der Sinnenwelt leitet dich darauf hin, die Entwicklung der Geschicke
des Menschengeschlechts stellt sie dir vor die Seele, der denkende Geist
ruft sie dir unaufhörlich zu, die Stimme des Gewissens mahnt dich
daran ohne Unterlaß, die Offenbarung des Herrn in seinem heiligen
Worte läßt dir keinen Zweifel. Das sind die Gottesgedanken des
Wahren, Guten und Schönen, das ist der Kampf gegen Alles was sie
verunstaltet, die selbstsuchtlose Hingebung an Alles was sie fördert,
das ist das Leben in ihm dem Allheiligen, in seinem Glauben, seiner
Liebe, seiner Hoffnung. Und wenn Alles wankt und weicht, wenn die
Herrlichkeit der Erde zu Staub wird und man die Stätte der Macht
nicht mehr kennet, die den Kindern dieser Welt für die Ewigkeit bestimmt
schien: jene Güter bleiben und gehen mit ihren Segnungen beglückend
von Geschlecht zu Geschlecht, von Jahrhundert zu Jahrhundert.

Im Dienste dieser dauernden, unvergänglichen Güter, meine
Christenbrüder, standen all' jene Besten und Edelsten unsers Geschlechts,
durch die dieses im stillen Gange der Zeiten geworden ist, was es ist.
Ihre Priester waren jene Männer der Wissenschaft, die ein Leben
voll Mühe und Entsagung auf sich nahmen, um Sandkorn für Sand-

korm zu jenem stolzen Bau der geisterbefreienden Erkenntniß beizu-
tragen, der die Gegenwart beglückt. Ihre Jünger waren jene tausend
und tausend Zeugen der Wahrheit, die mit ihrem Blute sorgten, daß
das Licht nicht unterging. Diesen unvergänglichen Gütern ringen nach
sie alle, die an der Stelle wo sie stehen, der Pflicht leben, der Pflicht
im ganzen Umfang, durch nichts, nichts, was die Menge bestimmt und
das Auge verführt, zu bewegen, untreu zu werden den Idealen, die
einst ihr eignes Herz geschwellt, abzufallen von Gott und sich selbst und
gegen das Gewissen zu thun. Und wer etwa noch zweifeln wollte, ob
es Güter der Art gebe, dauernd in allem Wechsel und des Schweißes
der Besten werth, dem ruft es erhebend auch dieser Tag zu, der so
manches Gebäude der Lüge, das im vorigen Jahr noch prangend stand,
zertrümmert sieht, dagegen Tausende und aber Tausende freudig das
Leben wagen, doch nur um jene dauernden Güter, ohne welche das
Leben dem bessern Manne des Lebens nicht werth ist.

III. Nun denn, so strebet solchen Gütern nach und lasset
für das Andre ihn sorgen, das ist das letzte ernste Mahnwort
dieses Tages an uns in dieser ernsten Zeit. Zeigt er uns doch in den
erschütternden Gerichten des verflossenen Jahres aufs neue, daß „des
Herrn Gnade und Gerechtigkeit nur bei denen währet, die seinen Bund
halten und gedenken an seine Gebote, daß sie darnach thun", d. i. die
ob dem Vergänglichen nicht vergessen das Unvergängliche zu suchen
und die in dem Wechsel das Bleibende kennen und finden mögen. Dann
aber verheißt unser Text und mit ihm bezeugt es dieser Tag voll ergreifenden Ernstes: dann „wie sich ein Vater über seine Kinder erbarmet, so erbarmt sich der Herr über die so ihn fürchten".

Geliebte, durch das Ringen, das mühe- und arbeitsvolle Ringen
nach jenen dauernden Gütern haben unsre Väter mit des Herrn Gnade
sich erhalten hier in dem Lande, das sie als Fremdlinge betreten. Der
Geist, der jene Güter höher achtete als das Leben, hat sie stark gemacht
ein Gemeinwesen zu schaffen, das in Recht und Freiheit und Bildung
ein Vorbild werden konnte für Viele. Er hat sie in schwerer Zeit in
den Stand gesetzt, die edeln Hallen dieses Gotteshauses zu schaffen,
dessen letzter bedeutsamer Ausbau durch der Väter Hand grade in diesem
neubegonnenen Jahre das vierte Jahrhundert erfüllt. Die immer
wache Sehnsucht nach jenen Gütern erfüllte ihre Herzen, daß sie schon
nach zwei Menschenaltern die Thüren auch dieses Tempels der geisterbefreienden Reformation öffneten, die neues Licht in ihre Schulen,
edlere Sitte in ihre Häuser, reinere Frömmigkeit in ihre Herzen brachte.
Sollen alle diese Segnungen bestehen, meine Brüder, und „währen auf

4*

Kindeskind", so muß jener Geist auch ferner walten. Er muß die Obrigkeit durchdringen und die Bürger erfüllen, er muß die Lehrer allzumal
durchleuchten für ihr hohes Amt und alle Stände und jeden Beruf fort-
ziehen aus dem Dienst des Niedrigen und Gemeinen und Haupt und
Herz erheben lassen zum Licht.

Dabei lasset uns nicht vergessen, daß auch die Güter und Gaben
der Erde, ohne deren Erwerb das Leben nicht bestehen kann, weßhalb
der Sinn der Welt das gesammte Leben nur in sie setzt, daß auch diese
Güter in einem nicht zu übersehenden Zusammenhang stehen mit
jenem „Zug zur Höhe", der hier mitten im Unbestand und Wechsel nach
Dauerndem ringet. Denn dieses Ringen ist ja nichts anders als ein
Immertieferwurzeln im Geist der Wahrheit, der Gerechtigkeit, der
Liebe, der Treue, der Mäßigkeit und jeglicher Pflichtübung und das
sind ja die Mächte, die auch die Kräfte der Natur beherrschen und denen
sie dienstbar wird. Diese öffnen dem Fortschritt der Zeit freudig Thüre
und Thor, sie machen das Gewerbe blühend, sie erwerben und sichern
das Vertrauen, sie schaffen allein jene Tugenden, die nicht wie der
Sinn der Welt nur die Ausnützung des Genossen zum heimlichen Ziel
haben. Wo auch in Erwerb und Verkehr der tiefere Grund nicht das
Trachten nach dauernden Gütern ist, da bringt auch die weltverbindende
Eisenstraße, die in diesem Jahr auch unsre Stadt so sehnsüchtig erhofft,
keinen Segen; wo Wohlstand und Ansehn und Stellung und Ehre
auf andern Wegen erworben wurde, da erfüllt sich am Ende doch
wieder die Erfahrung der alten Weisheit, daß wer in den Dienst des
Vergänglichen tritt, in ihm untergeht — „Staub und Schatten".

Trachten wir aber als Einzelne, Geliebte, als Familie, als Genossenschaft, als Stand, als Gemeinde, als Volk nach dauernden Gütern,
nach Bleibendem im Vergänglichen, da ist kein Anlaß zu verzagen auch
zu dieser unsrer Zeit so voll schweren Ernstes. Denn auch heute haben
wir es vernommen: „wie sich ein Vater über seine Kinder erbarmet, so
erbarmt sich der Herr über die so ihn fürchten". Und die Gegenwart
lehrt immer wieder aufs neue, hier erschütternd dort erhebend, daß das
Wort des Psalmisten doch noch wahr ist: „dem Gerechten muß das
Licht immer wieder aufgehen und Freude dem frommen Herzen".

Ja, die Welt vergeht mit ihrer Lust, doch mitten im Wechsel gibt
es dauernde Güter; darum strebet ihnen nach und für das Andre lasset
ihn sorgen, so ruft uns das neue Jahr das ernste Mahnwort zu.

Du aber treuer Gott, himmlischer Vater, hilf uns, deinen Kindern,
daß wir es vernehmen und beherzigen. Zu dir erheben wir heute das
fromme Gebet und Flehen: bleibe bei uns, Herr, auch im neuen Jahre

und nimm deine Gnade nicht von uns, daß wir deinen Bund halten
und gedenken an deine Gebote. Ach, was sind wir ohne deinen Geist
als „Staub" und Schatten! O so laß für unser gesammtes theures
Vaterland nach deiner Liebe Gerechtigkeit und Frieden seiner Völker
erblühen. Unsern Kaiser und König, deinen Knecht, den du gesetzt hast
zum Begründer einer neuen Zeit für sein Reich, erhalte in Gesundheit
und Geistesmuth; erhalte ihm die Augen wacker zu sehen wo es fehlt,
und das Herz weich zu fühlen wo es wehe thut und den Arm stark zu helfen
wo es Noth ist. Seine erlauchte Gemahlin und das ganze Kaiserhaus
beschirme wider alle Gefahr und laß ihr Zusammenleben sein eine Quelle
süßer lohnender stärkender Freuden. Alle seine Räthe und alle Obrigkeiten vom nächsten Sitz am Throne bis zu dem entferntesten erfülle
mit dem Verständniß des Rechtes und heiligem Eifer für ihre schwere
Pflicht und laß sie alle eingedenk sein, daß sie einst werden davon
Rechenschaft ablegen müssen. Die Ämter unserer Stadt insbesondere
lasse verwaltet werden durch die, die das ehrende Vertrauen der Bürger
dazu berief, in heiliger Furcht vor dir und alle eingedenk sein deiner
gnadenreichen Verheißung, daß „deine Gerechtigkeit auf Kindeskind
währet bei denen die deinen Bund halten". Unter unserer Kirche und
Schule walte in Lehrern und Hörern mit deinem lebendig machenden
befreienden Geiste, daß daraus hervorgehe ein Geschlecht, bei dem in
Jung und Alt Gottesfurcht, Nächstenliebe, Pflichteifer, Treue gegen
dich, der Geist der nach dauernden Gütern trachtet, wohne. Steuere,
Vater, dem Kriege in aller Welt und hilf dem Recht überall zum Siege.
Kröne das Jahr mit deiner Gnade und laß gesegnet sein die redliche
Arbeit aller Hände. Sei nahe allen, die dein Angesicht suchen, vor-
züglich den Armen, Kranken und Verzagten; laß in jede Dunkelheit
hinableuchten das Licht deiner Liebe; führe die Irrenden, tröste die
Traurigen, stehe bei den Sterbenden und „erbarme dich Herr, Herr
über Alle, wie ein Vater sich über seine Kinder erbarmet", daß sie über
den Staub und die Sünde der Erde sich erheben zu deinem bleibenden
Lichte und zur Einheit mit dir! Amen.

II. nach Epiphanias.

(Bußtag.)

„Was Er euch saget, das thut."

(1866.)

„Ihr seid", so ruft uns dein heiliges Wort zu, „von eurer Väter Zeit an immerdar abgewichen von meinen Geboten und habt sie nicht gehalten. So bekehret euch nun zu mir, so will ich mich zu euch kehren, spricht der Herr Zebaoth." „Denn siehe, es kommt ein Tag, der brennen soll, wie ein Ofen; da werden alle Verächter und Gottlose Stroh sein und der künftige Tag wird sie anzünden und wird ihnen weder Wurzel noch Zweig lassen. Euch aber die ihr meinen Namen fürchtet, soll aufgehen die Sonne der Gerechtigkeit und Heil unter desselbigen Flügeln." Amen.

An die erhebenden Feste, zu deren Feier uns in den letzten Wochen dieß ehrwürdige Gotteshaus — ich freue mich sagen zu können, es war immer ein volles — versammelte, schließt sich heute der ernste Bußtag, der erste dieses Jahres. Denn so hat es die heilige Ordnung unsrer Kirche festgesetzt: aus der freundlichen Reihe der Sonntage, die nach der arbeitvollen Woche die ruhebedürftige Seele zur Anbetung des Herrn rufen, treten im Wechsel der Jahreszeiten, in einer jeden einer mit besonderem Ernste hervor, um über dem Wandel ihrer Formen immer wieder auf das Ewige und Unvergängliche hinzuweisen und über dem Segen ihrer Gaben das Herz immer wieder zu richten auf „das Eine was Noth thut." Und weil dieser Sonntag das Alles immer wieder in dem mahnenden Worte des Evangeliums zusammen- faßt: „thut Buße, denn das Himmelreich ist nahe herbeigekommen", so trägt er in der gesammten evangelischen Christenheit den Namen des Bußtags.

Wohlan, sprecht ihr, was ist denn das Wesen dieser Buße und da- mit die tiefere Bedeutung dieses Bußtags, auf daß wir seinen Mah- nungen uns nicht entziehen? Es hat, geliebte Christen, Zeiten ge- geben, und in einem Theile der christlichen Kirche haben sie auch jetzt noch nicht aufgehört, die in dieser Buße nur eine Äußerlichkeit sahen und sehen. Wie die bürgerliche Ordnung auf ein Vergehen eine Strafe setzt und das Vergehen als gesühnt betrachtet, wenn die Strafe voll- zogen und erduldet ist, so hält man dort die Buße für eine äußerliche

Genugthuung, die an die Stelle einer Sündenschuld zu treten habe,
und sieht diese Genugthuung wohl für vollkommener an, je mehr diese
in äußerlichen Gesetzeswerken, in Fasten, in Wallfahrten, in todten
Andachtsübungen und dergleichen hervortritt. Wir aber, die wir befreit sind von der Knechtschaft der Menschensatzung durch das Wort
unsers Herrn und Heilandes, wissen, daß die Buße, die Er will, etwas
ganz anders ist. Sie ist, wie der Apostel sagt, „jene göttliche Traurigkeit", die der allmälig zur Erkenntniß durchbringende Geist über seine
Unvollkommenheit und Sündhaftigkeit empfindet, das daraus hervor-
gehende schmerzliche Gefühl der Schuld vor ihm, dem Allheiligen, die
herzliche Reue über das begangene Böse und die aufrichtige Änderung
des Sinnes und Besserung des Herzens, um fortan, da nun „der Tag
herbeigekommen" „abzulegen die Werke der Finsterniß und anzulegen
die Waffen des Lichts".

Zu solcher Schulderkenntniß, zu solcher Sinnesänderung will uns
denn der Bußtag, so oft er an uns herantritt, rufen. An unsre Herzen
will er klopfen: „machet die Thüren weit auf, damit er doch einziehe der
König der Ehren". An die Kinder dieser Welt wendet er sich: werdet
doch inne, weß Stammes ihr seid und verläugnet den Vater nicht!
Den Leichtsinn der Menge hält er auf: so stehe doch still einen Augenblick und frage dich „woher und wohin". In den Staub der Erde, in
das athemlose Jagen nach ihren Gütern und Genüssen tritt er hinein:
„Die Welt vergeht mit ihrer Lust, wer aber den Willen Gottes thut,
bleibet in Ewigkeit". Alle, alle, jung und alt, hoch und niedrig, mahnt
er, aus den trüben Niederungen der Sorgen, der Mühen, der Irrungen
des Alltags sich einmal zu retten auf seinen „heiligen Berg", da Einblick zu halten in die Tiefen des eigenen Herzens und Umschau auf die
durchwandelten Wege und die Ziele, die im Lichte der göttlichen Bestimmung in der Ferne leuchten und im stillen Bewußtsein des Geistes
immer ernst mahnend nahe stehen, an ihnen zu messen, was etwa
erreicht und was noch anzustreben, an ihnen das eigne kleine Leben
und die Gesammtheit der großen Zeiterscheinungen zu prüfen, damit
aus der Erkenntniß ihrer Schuld, aus dem Schmerze über die darin
hervortretende Sünde die rechte Heilung hervorgehe, wie er es verheißen hat in seinem heiligen Worte: „Selig sind, die da hungert und
dürstet nach der Gerechtigkeit, denn sie sollen satt werden".

Das ist der evangelische Bußtag, meine Brüder. „Ihr habt gesündigt, sammt euren Vätern" ruft er uns mit der Schrift zu, „ihr habt
mißgehandelt und seid gottlos gewesen"; „aber, die sich bessern, läßt der
Herr wieder zu Gnaden kommen und die da müde werden, tröstet er,

daß sie nicht verzagen. So belehre dich nun zum Herrn und laß dein sündlich Wesen". Darum ist der Bußtag mit Recht ein Tag des Ernstes, den mit Recht die alte Ordnung der Väter durch Fernhaltung aller rauschenden Vergnügungen und durch tiefere Andacht vor den übrigen Sonntagen hervorhob, ein Tag des Ernstes, der im reuevollen schuldbewußten Gemüthe sich zu wehmüthiger Trauer erhebt, aber nicht ein Tag des Trübsinns, in dessen dunkelm Lichte etwa das gesammte Leben als sündhaft und jede Freude immerdar als unerlaubt erscheinen müsse. Denn das ist eben das ewig Göttliche des Christenthums, daß es die Menschennatur, der nun einmal Wohlsein und Freude ein Bedürfniß ist, nicht vernichten oder aufheben, sondern nach ihren heiligen Zielen veredeln und verklären will. Nicht, wie man vor der Reformation irrthümlich allgemein glaubte und, freilich vergeblich, hinter Klostermauern zu erreichen suchte, nicht die Welt verlassen, sondern in ihr leben und wirken, ihre Versuchungen besiegen, sich und sie durch die Kraft seines göttlichen Wortes und Beispiels immer mehr heiligen und verklären, das ist die Aufgabe des Christenlebens.

Dieser, meine Lieben, entzieht sich nichts, was an uns herantritt, die Arbeit nicht und nicht die Ruhe, der Schmerz nicht und nicht die Freude. Die letztere namentlich nicht; sie steht insbesondere unter der Weisung des Apostels: Alles ist euer, ihr aber sollt sein Christo. Es wird dem heutigen Bußtag, so wie der Zeit, in der wir leben, gleichmäßig entsprechen, wenn ꝛc.

Lied 269, 1, 3: Sichrer Mensch, noch ist es Zeit, Aufzustehn vom Schlafe.

Evangel. Joh. 2, 1—11.

Und am dritten Tage ward eine Hochzeit zu Cana in Galiläa; und die Mutter Jesu war da. Jesus aber und seine Jünger wurden auch auf die Hochzeit geladen. Und da es am Wein gebrach, spricht die Mutter Jesu zu ihm: Sie haben nicht Wein. Jesus spricht zu ihr: Weib, was habe ich mit dir zu schaffen? Meine Stunde ist noch nicht gekommen. Seine Mutter spricht zu den Dienern: Was er euch saget, das thut. Es waren aber allda sechs steinerne Wasserkrüge gesetzt, nach der Weise der jüdischen Reinigung; und gingen je in einen zwei oder drei Maaß. Jesus spricht zu ihnen: Füllet die Wasserkrüge mit Wasser. Und sie fülleten sie bis oben an. Und er spricht zu ihnen: Schöpfet nun, und bringet es dem Speisemeister. Und sie brachten es. Als aber der Speisemeister kostete den Wein, der Wasser gewesen war, und wußte nicht, von wannen er kam, (die Diener aber wußten es, die das Wasser geschöpft hatten,) ruft der Speisemeister den Bräutigam, und spricht zu ihm: Jedermann gibt zum ersten guten Wein, und wenn sie trunken geworden sind, alsdann den geringern; du hast den guten Wein bisher behalten. Das ist das erste Zeichen, das Jesus that, geschehen zu Cana in Galiläa, und offenbarte seine Herrlichkeit. Und seine Jünger glaubten an ihn.

Ein Fest der Freude ist es, zu dem uns das vorgelesene Evan=
gelium hinführt. „Es war eine Hochzeit zu Kana in Galiläa und die
Mutter Jesu war da. Jesus aber und seine Jünger wurden auch auf
die Hochzeit geladen." Daß der Herr darauf nicht nur erschien, nicht
nur mit den frohen Gästen an Speise und Trank sich labte, sondern
die Freude des Festes zu erhöhen, das Wasser in Wein verwandelte,
das, meine Brüder, ist ungemein bedeutungsvoll. Hat er doch dadurch
die wahre schöne Menschenfreude geweiht und geheiligt für alle Zeiten;
wenn „das erste Zeichen" zur Offenbarung seiner Herrlichkeit die
Freude seiner Menschenbrüder zu erhalten und zu mehren bestimmt
ist: so darf Niemand mehr behaupten, daß die Flucht aus dem Hause
des geselligen Lebens, daß die Kasteiung des Leibes, daß die finstere
Miene und der Trübsinn Gott wohlgefällig sei und ein Verdienst
vor ihm.

Im Gegentheil, die Freude ist eine Gottesgabe zur Verschönerung
des Erdendaseins; im Sinne des Heilandes ruft der Apostel den Seinen
zu „freuet euch und abermals sage ich euch, freuet euch". Doch ihr
versteht es von selbst, Geliebte, damit ist eine Freude gemeint, wie sie
ihm gefällt, nicht die gewöhnliche Lust dieser Welt. Nach der Ordnung
der letztern treten aber aufs neue Wochen der Freude an uns heran,
mitten hineingestellt zwischen den Adventsernst und die Vorbereitung
der Fastenzeit. Grade ihr gegenüber wird es denn dem Bedürfniß der
Gegenwart entsprechen, wenn wir heute länger verweilen bei den
Worten unsers Evangeliums

was Er euch saget, das thut,

als bei einem Bußtagsruf am Anfang der Faschingsfreuden.

Du Vater, lässest an eines Jeglichen Lebensweg auch die
Blume der Freude erblühen, daß sie dem Wandrer die Mühe
der Straße durch ihre Reize erleichtere. O so hilf, daß wer sie
pflückt über dem Genuß nicht den Geber noch das Ziel vergesse!
Amen.

I. „Was Er euch saget, das thut", dieses Wort unsers Evangeliums
als Bußtagsruf am Faschingsanfang es mahnt zunächst Maaß zu
halten in den Freuden und Vergnügungen der Zeit. Darauf weiset
nicht nur in unserm Evangelium mehr als ein Zug des freundlichen
Hochzeitsgemäldes hin, so namentlich, daß der Heiland den Mangel
des Weins mit seiner helfenden Gabe ergänzen muß; viele Zeichen
der Gegenwart richten den Blick des Christen noch insbesondere hierauf.
Denn es fehlt nicht an ernsten Stimmen frommer Männer, welche als

ein grabe unfre Zeit kennzeichnendes Übel die Vergnügungssucht nennen. Wie, sagen sie, einst zu Christi Zeit und nach ihm in der Hauptstadt der Welt, in Rom, das Volk nichts anders wollte als „Brod und Ver= gnügen“ in arbeitsscheuem Müßiggang und dem anhing, der ihm diese gab, so geht jetzt ein Zug durch die Menge, der nur nach Lust jagt und nach Freude. Ein Jeder möchte den Ernst des Lebens von sich werfen, ein Jeder den Becher des Vergnügens bis zur Neige leeren, und wer in den Kranz des Lebens Genuß an Genuß flechten könnte, der, meinen sie, sei der Glücklichere. Daraus folgt, daß wenn Tage der Freude, wenn Vergnügungen an sie herantreten, sie nicht Ziel noch Ende finden können. Da schließt die Lust nicht die Nacht, nicht der Tag; da tönt der Jubel ununterbrochen lange Stunden hindurch; „morgen können wir's nicht mehr, darum laßt uns heute leben“, so spricht es in den Herzen, so zeigt es sich in den Thaten.

Liegt darin aber Christussinn, Geliebte? Er, der nach der schönen Erzählung in unserm Evangelium selbst den Tag der Freude dazu be= nutzte, „seine Herrlichkeit zu offenbaren“, um in den jetzt empfänglichern Gemüthern den „Glauben“ zu wecken, will nirgends, daß die Menschen= seele sich im Genuß und in der Lust der Erde verliere. Auch die Freude soll vielmehr nichts anders sein, als ein Leitstern nach oben, ein Ge= schenk des Vaters, das dem müden Geiste neue Schwungkraft verleihe für den Ernst und die Arbeit des heiligen Zieles. Wer aber die Lust und das Vergnügen zum Ziele selber macht und wo es ihm einmal in den Weg kommt, nicht weicht, so lang ein Tropfen der Freude noch fließt, nun mit dem hat eben der „Herr nichts zu schaffen“.

Auch in unsre Kreise, meine Brüder, hat die Zeit in ihrem gewohnten Gange jene Wochen wieder gebracht, in denen Lust und Vergnügungen mancher Art die sonstige Stille unsrer Tage unterbrechen. Ist doch der Winter schon an und für sich die Jahreszeit der Geselligkeit. Die Glieder des Hauses, die Frühling und Sommer weithin zerstreut in Flur und Feld, wie hält sie der Sturm da draußen nun eng daheim zusammen! Der lange Abend wie vereinigt er so gerne an des Herdes gastlicher Flamme die trauten Genossen! Und nun kommen die Wochen, die der Väter alte Sitte so mannigfacher Lustbarkeit geöffnet. Da wird Spiel und Tanz die Jugend rufen und die Alten werden und sollen nicht daheim bleiben. Denn „freuet Euch mit den Fröhlichen“. Allen, allen aber rufet der heutige Bußtag zu, „was Er euch saget, das thut“, das heißt zunächst, haltet Maaß auch in der Freude. Vergesset nicht, auch morgen ist ein Tag, an dem ihr eure Kraft braucht, die ihr nicht ver= geuden dürft im Rausch des Genusses; jedes Übermaaß rächt sich, und

faſt am erſten das Übermaaß der Luſt. Tauſende haben eine Freuden-
ſtunde zuviel mit Jahren voll Schmerz und Kummer bezahlt und es iſt
ein Wort alter Weisheit, wenn die Luſt am ſüßeſten, die Freude am
größten iſt, dann höre auf und wiſſe, „deine Stunde iſt gekommen".

II. Das Wort unſers Evangeliums „was Er euch ſaget, das thut"
als Bußtagsruf am Faſchingsanfang es mahnt ferner e i n f a ch zu ſein
in Freude und Vergnügung. Wie ſehr das auf der Hochzeit in Kana
der Fall war, lehrt das Evangelium. Nach der Weiſe der alten Väter
ſtanden dort die prunkloſen ſteinernen Waſſerkrüge zum Bedarf; nirgends
leſen wir von neumodiſcher Pracht; die Mutter Jeſu ſelbſt, ja der Herr
nehmen ſich hier der Ordnung, dort des Mangels hülfreich an; nirgends
Hochmuth, nirgends Überhebung, oder täuſchender Schein, ein Heraus-
ſchreiten aus den Gränzen deſſen, was das Haus nun einmal wirklich
iſt und gewähren kann.

O daß es doch überall ſo wäre, Geliebte! Wie würden dann die
Freuden dieſes Geſchlechtes und ſeine Vergnügungen wahrhafter, zahlreicher und edler ſein. Aber der Mehlthau der Unnatur, der Künſtlich-
keit, der Prunkſucht iſt in unſern Tagen ſelbſt auf die Saat der einfachen
Freuden, wie ſie noch zu der Väter Zeit waren, gefallen und droht ſie
zu vergiften. Denn ſchon meinen ſie hie und da, die Freude liege in
der großen Zurüſtung, mit der ſie dich empfangen, in der Üppigkeit,
mit der ſie dich bewirthen. Da iſt bald nichts mehr gut genug, was
ehemals im Brauch war; da öffnen ſie den neuen koſtbaren Sitten Thor
und Thüre; da bringt fremde Art in Kreiſe, die doch unberührt davon
bleiben ſollten; nicht einmal der Väter Kleid mehr bleibt in Ehren bei
der Neuerung. Und die Folge davon iſt — daß Freude und Vergnügen in Wahrheit immer ſeltenere Gäſte werden, weil man bei der
Ungewohntheit und Koſtbarkeit der Zurüſtung nicht im Stande iſt, ſie
ſo oft zu laden. Welch ein Verluſt an Lebensgenuß aber hieraus fließe,
iſt nicht zu ermeſſen. Iſt es doch eine allgemeine Klage derer, die die
ältern Zeiten kennen, daß damals ein heitereres, frohergemuthes Geſchlecht gelebt habe. Ein Grund davon lag gewiß in der Einfachheit
der Väter. Da brauchte es nicht mühevoller und theurer Vorbereitung,
bis ein gaſtlicher Tiſch die Freunde verſammelte; da ſchämte man ſich
nicht der ſchlichten alten Einrichtung; im Gegentheil das von den
Vätern Ererbte war des Hauſes Zierde und grade darum lehrte zu
den unverwöhnten, ungekünſtelten Seelen die Freude gerne und
dauernd ein.

Darum, geliebte Chriſtenbrüder, in den Tagen der Freude, die auch
jetzt kommen werden, vergeſſet der Einfachheit der Väter nicht. Der

Verständige weiß ohnehin, daß nicht „das weiche Kleid, wie sie es in der Könige Häuser tragen", nicht die goldne Spange die Freude bringt, wenn sie nicht schon im Herzen wohnt. Aus den Wasserkrügen ging auf der Hochzeit zu Kana der Wein hervor, der den Speisemeister durch seine Köstlichkeit entzückte; welch' ein bedeutungsvolles Sinnbild dafür, daß die Gottesgabe der Freude nicht gebunden ist an Pracht und Glanz. Ja, je mehr du nach diesen strebst, desto seltener tritt sie über deine Schwelle; grade das eitle Flitterwerk, mit dem sie jetzt das Leben behängen, trennt sie von den Genossen des Wegs und läßt sie einsame öde Pfade gehen.

Zu der Einfachheit der Väter aber gehört es mit, daß man an Freuden und Genüssen nur die theilnehmen lasse, die dazu durch Alter und Verständniß berufen sind. Es kann für Leib und Geist kaum einen größern Schaden geben, als wenn man des Kindes Entwicklung un= natürlich durch Gestattung von Vergnügungen stört, die für dasselbe nicht passen. Des Kindes Welt ist Schule und Haus; der Großen Bedürf= nisse in Lust und Genuß müssen ihm fremd bleiben, wenn es nicht gleich der Treibhauspflanze zu künstlichem Wachsthum gebracht, frühreif bald welken soll. Was wir draußen in der großen Welt oft genug schmerzlich erleben müssen, diene uns zur Warnung, daß wir mit uns und unsern Kindern auch in Freuden und Vergnügungen der Einfachheit der Väter treu bleiben.

III. „Was Er euch saget, das thut", dieses Bußtagswort am Anfang der Faschingszeit es mahnet endlich, in Freuden und Vergnügungen die Seele rein und unbefleckt zu erhalten. Welch' ein Zauber sitt= licher Reinheit und Würde schwebt über unserm schönen Hochzeitsbilde! Die besorgte Theilnahme der Mutter Jesu, die geräuschlose Hülfe des Herrn, da „seine Stunde gekommen", der ruhige Gehorsam der Diener, die freudige Verwunderung des Speisemeisters: Alles so natürlich, so still, so zart; nirgends etwas Rohes, Abstoßendes, Gemeines, das eblere Gefühl Verletzendes! Überall jener milde, sanfte Geist, der auch in Lust und Freude stets fragt, was denn Er, der Allheilige dazu „sagen" werde; nirgends jenes „unordentliche Wesen", davor schon der Apostel so ernst warnt!

Und in der That, in unsere Freuden und Vergnügungen vor Allem soll es hineinklingen das Wort des Herrn: „Selig sind, die reinen Herzens sind, denn sie werden Gott schauen!" Die reinen Herzens sind! d. h. die auch in Lust und Genuß nie vergessen der Aufgabe des Lebens und der heiligen Ziele, auf die auch der Strahl der Freude leuchtend hinweisen, für die er erwärmend stärken soll. Von der Hochzeit in Kana ging nach unserm Evangelium der Herr nach Jerusalem, um die Wechsler dort aus dem Tempel zu treiben, den sie gemacht zur Mördergrube. Ja, die reinen Herzens sind! d. h. die auch in Freude und Vergnügen nicht vergessen, daß „der Leib ein Tempel des heiligen Geistes ist" und daß wir nicht uns selbst, sondern ihm angehören.

Allerdings, Geliebte, deß gedenkt der Sinn dieser Welt oft gar wenig. Ist es doch so weit gekommen, daß sie in manchen Kreisen sich die Freude nicht vorstellen können, ohne Leichtsinn, ohne wilde Lust, ohne Verletzung von Sitte und Ordnung. Da fliegt das unbedachte, damit wir nicht sagen zuchtlose Wort hinüber und herüber, da wird die freundliche Rede zum unverstandenen Geschrei, des Liedes sanfte Weise zu ihrem Gegentheil. Da sitzt die Ausgelassenheit auf dem Stuhle, die nichts mehr fragt nach Anstand und Tugend, nach Ehre und Vermögen, nach Zeit und Ort. Es ist ein ungemein schönes und tiefes Wort, die Freude sei eine Tugend; dieser Weltsinn aber macht daraus ein Laster. Hunderte tragen aus ihrem Genusse den nagenden Wurm der Sünde in der befleckten Seele fort; wie manches Hauses Grund hat Lust und Vergnügen untergraben, wie oft den Wohlstand vernichtet, den Frieden der Familie gestört und wie fressendes Feuer selbst das Glück eines kommenden Geschlechtes im voraus in Rauch und Asche verwandelt.

Darum, meine Brüder, hat schon der weise Syrach gewarnt: „geselle dich zu frommen Leuten und sei fröhlich, doch mit Gottesfurcht". Wie unser Evangelium uns heute zuruft: „was Er euch sagt, das thut". Er, der Allheilige, ist auch in Euren Freuden und Vergnügungen. Sehet, nicht darum hat er auf der Hochzeit zu Kana durch eigene Theilnahme die Freude geheiligt, daß ihr nun dadurch in Sünde verfallet. O, daß wir denn auch in den begonnenen Freudenwochen deß nicht vergäßen! Nicht vergäßen in der Wahl unserer Vergnügungen, nicht im Genusse der Mittel, die sie zur Erhöhung der Freude bieten. Um auf eins nur hinzudeuten, woran der Wein von Kana und so manche Thräne nach den Stunden der Lust auch in unserer Gemeinde mahnt, wie steht es geschrieben im Buche Jesus Syrach: „der Wein erquickt dem Menschen das Leben, so man ihn mäßiglich trinkt; aber so man deß zu viel trinkt, bringt er das Herzeleid." Ja, das Herzeleid, das schwere, das nicht kommen würde, wenn sie alle, wie es doch sein sollte, stark genug wären, zu thun, was Er uns saget und auch in der Freude und in der Lust des Lebens die Seele rein und unbefleckt zu erhalten gegen die Versuchungen, die, nicht am wenigsten dort, bald in dieser, bald in jener Gestalt, hier leise schmeichelnd, dort stürmisch andringend herantreten. Ja, lasset uns „wachen und beten", damit auch in unsern Vergnügungen Alles

„sein züchtig" zugehe, daß nie in der Erinnerung daran die Wange sich röthen, das Auge beschämt zur Erde blicken müsse und grade durch den Genuß der Freude, doppelt schmerzlich dem Denkenden, der Geist der Sünde Knecht werde!

Darum, wie es in unserm Evangelium heißt: „was Er euch saget, das thut", auf daß wir auch in unsern Freuden und Vergnügungen Maaß halten, uns der Einfachheit befleißigten und unsre Seelen rein und unbefleckt bewahrten. Gewiß, es ist ein ernstes Bußtagswort, das der Herr am Anfang einer Freudenzeit darin zu uns spricht; daß es denn doch Wurzel schlage in unsern Herzen, auf daß wir nicht dereinst dafür das schwere Wort vernehmen müßten: „was habe ich mit euch zu schaffen?" Amen.

Sexagesimä.

„Es ging ein Säemann aus zu säen."

(1866.)

Gnade sei mit uns und Friede von Gott dem Vater und unserm Herrn Jesu Christo! Amen.

Ich weiß nicht, geliebte Christenbrüder, in wie vielen eurer Häuser noch die ehrwürdige alte Sitte lebendig ist, wonach der Hausvater sich nicht nur als den Förderer des leiblichen Wohles seiner Hausgenossen betrachtete, sondern ein Bewußtsein hatte, daß er auch für ihre sittliche Entwicklung, für ihr Heimischwerden im Reiche des Göttlichen zu sorgen verpflichtet sei. Daraus ging dann jener Geist christlicher Frömmigkeit hervor, in dem unsre Väter mit Josua bekannten: „ich und mein Haus, wir wollen dem Herrn dienen"; so fand das schöne Wort des Propheten an ihnen seine Anwendung: „ihr sollt Priester des Herrn heißen und man wird euch Diener unsers Gottes nennen", wenn sie am Mittagtisch im Kreise der Ihrigen das fromme „Aller Augen warten auf Dich" sprachen, oder auf den Ruf der Abendglocke die Hausgenossen zum stillen Dankgebet versammelten, oder am Sonntag Nachmittag die Seelen derselben aus dem Buche des Lebens erfrischten zur Stärkung gegen den Staub und die Mühen der kommenden Woche. Wie gesagt, ich weiß es nicht, in wie vielen unsrer Häuser noch jene ehrwürdige alte Sitte lebendig ist, aber das weiß ich, daß die, die davon abgehen, sich selbst eines großen Segens berauben, dem Manne gleich, der von

seinem Acker die Quelle ableitete, die hier der keimenden Saat am
heißen Tage die erquickende Nahrung bot.

Denn die Bibel namentlich, sie heißt nicht umsonst das Buch des
Lebens; sie ist, wie der Apostel sagt „von Gott eingegeben, nütze zur
Lehre, zur Strafe, zur Besserung, zur Züchtigung in der Gerechtigkeit";
„wir haben darin", wie Petrus seinen Gemeinden zuruft, „ein festes
prophetisches Wort und ihr thut wohl, daß ihr darauf achtet, als auf
ein Licht, das da scheinet in einem dunkeln Orte, bis der Tag anbreche
und der Morgenstern aufgehe in euren Herzen". Ja „ein Licht, das da
scheinet in einem dunkeln Orte", wenn es uns zeiget die Zeit, wo der
„Morgenstern" der Gotterkenntniß aufging in den Herzen der alten
Erzväter, bis auf den Höhen des Sinai für Israel ein neuer Tag an=
brach, der jene ungehorsamen Geschlechter aufnahm unter die Zucht
des Gesetzes; wenn wir an seiner Hand im Geiste dann die Wege
wandeln, bis „der schöne Glanz aus Zion anbricht" und sein Tempel
widertönt von den heiligen Klängen der Psalmen, wenn wir das er=
schütternde Wort der Warnung und der Klage vernehmen aus dem
Munde der gottgesandten Propheten, wenn wir dann endlich sehen
müssen das Reich zerstört unter seiner Sünde und Zwietracht, weil es
nicht mehr gehorcht dem Herrn Herrn, und dann wieder aufgerichtet
durch seine Gnade, damit doch Er einziehe der König der Ehren, zu
„erscheinen denen, die da sitzen in Finsterniß und im Schatten des Todes
und zu richten unsre Füße auf den Weg des Friedens".

So liegt in der heiligen Schrift vor dem schwachen Auge des Sterb=
lichen enthüllt die erhabene Geschichte des Gottesreiches auf Erden und
im Mittelpunkt desselben steht die herrliche Gestalt des Heilandes, wie
er gekommen seine Menschenbrüder zu retten von der Macht der Sünde,
sie zu erfüllen mit der Kraft des Lebens, das da erhaben über den Un=
bestand der Erde, Güter kennt und erstrebt, die ewig sind und unver=
gänglich, und hienieden schon sich äußert in jener stillen Macht der all=
erbarmenden Liebe, die da die gesammte Menschheit zu brüderlichem
Geiste vereinigt und nicht müde wird in der treuen Arbeit der innern
Wiedergeburt und Heiligung, damit immer mehr sein Reich komme und
sein Wille geschehe auf Erden wie im Himmel.

Und darum, Geliebte, liegt in der Bekanntschaft mit dieser Ge=
schichte des Gottesreichs ein so voller Segensstrom für Geist und Herz
des Menschen, darum war die Bibel ein so hochgeachtetes Gut im
Hause unsrer Väter, das die Gründer eines eigenen Heimwesens als
köstlichste Mitgift aus der Hand der Eltern empfingen, nicht nur um
es an des Hauses Ehrenplatz zu bewahren, sondern um daraus auch

jederzeit mit den Ihrigen Belehrung, Trost, Erhebung zu schöpfen und
das nachwachsende Geschlecht zu ihren heiligen Zielen zu erziehen. Denn
die Bibel und das Menschenherz sie haben Ähnlichkeit mit der Sonne
und jenem kostbaren Steine, der das Licht des Tages, wenn er dem
vollen Strahl desselben ausgesetzt ist, einsaugt in sich, um dann, wenn
es Abend geworden, rings um sich mit lieblichem Scheine freundliche
Helle zu verbreiten. So erhellt das Licht des biblischen Wortes die
Menschenseele, erleuchtend das Dunkel ihrer Unwissenheit, tröstend in
der Nacht des Kummers und in allem Leid der Erde hinweisend auf
ihn, der uns „nicht verlassen will noch versäumen", so wir nur selbst
festhalten an „seiner Gerechtigkeit".

Und darum, Geliebte, wir kehren wieder zu unserm Anfangsge-
danken zurück, wohl dem Hause, wo dieses Gotteswort wohnt, wo die
Bibel in Hand und Herz der Hausgenossen eine stets willkommene
Stätte findet und die Kinder aufwachsen unter ihren heiligen Gestalten
und Bildern. Oder was meint ihr, welche Nahrung würde das dem
kindlichen Geiste sein, wenn die Mutter früh schon den Kleinen erzählte
von dem Jesusknaben, da er zwölf Jahre alt war und wie es geschehen,
daß er zugenommen an Weisheit und Alter und Gnade bei Gott und
den Menschen; oder welche Warnung für manches harte Herz, wenn
der Vater bisweilen die Geschichte vom verlornen Sohn lesen ließe,
der in bösem Ungehorsam sein Gut mit Prassen umbrachte, bis die
Noth ihn lehrte auf das Wort des Vaters achten; oder welche Mahnung
für manches erzürnte Gemüth, wenn sie manchmal hörten am stillen
Sonntagnachmittag aus dem treuen Bibelbuche auf Petrus Frage:
Herr wie oft muß ich denn meinem Bruder der an mir sündigt vergeben; ists genug siebenmal, die göttliche Antwort des Heilandes: ich
sage dir nicht siebenmal, sonder siebenzigmal siebenmal.

Ja, in Allem, Allem, was die Schrift uns bietet, tritt ein ganzes
Stück eines vollen Lebens an uns heran, zum Himmel weisend und
zum Vater führend, wie jeder einzelne Sonnenstrahl ein Bild des
ganzen segnenden Himmelsgestirns in sich birgt. Auch das heutige
Evangelium wird uns ein neues Zeugniß hievon geben.

Lied 16, 1, 2: Dein Wort, o Höchster, ist vollkommen.

Evangel. Lucä 8, 4—15.

Da nun viel Volks bei einander war und aus den Städten zu ihm eilten,
sprach er durch ein Gleichniß: es ging ein Säemann aus zu säen seinen Samen.
Und indem er säete, fiel etliches an den Weg und ward vertreten, und die Vögel
unter dem Himmel fraßen es auf. Und etliches fiel auf den Fels; und da es aufging, verdorrete es, darum, daß es nicht Saft hatte. Und etliches fiel mitten unter

die Dornen; und die Dornen gingen mit auf und erstickten es. Und etliches fiel auf ein gut Land; und es ging auf und trug hundertfältige Frucht. Da er das sagte, rief er: wer Ohren hat zu hören, der höre! Es fragten ihn aber seine Jünger und sprachen: was dieses Gleichniß wäre? Er aber sprach: euch ist es gegeben, zu wissen das Geheimniß des Reiches Gottes, den andern aber in Gleichnissen, daß sie es nicht sehen, ob sie es schon sehen, und nicht verstehen, ob sie es schon hören. Das ist aber das Gleichniß: der Same ist das Wort Gottes. Die aber an dem Wege sind, das sind, die es hören; darnach kommt der Teufel und nimmt das Wort von ihren Herzen, auf daß sie nicht glauben und selig werden. Die aber auf dem Fels, sind die: wenn sie es hören, nehmen sie das Wort mit Freuden an; und die haben nicht Wurzel: eine Zeit lang glauben sie, und zur Zeit der Anfechtung fallen sie ab. Das aber unter die Dornen fiel, sind die, so es hören und gehen hin unter den Sorgen, Reichthum und Wolluft dieses Lebens und ersticken und bringen keine Frucht. Das aber auf dem guten Lande, sind die das Wort hören und behalten in einem feinen guten Herzen und bringen Frucht in Gebuld.

An die schöne Gleichnißrede von den Arbeitern im Weinberge, die der Herr von Stunde zu Stunde ans Werk ruft, um ihnen am Schluß des Tages zu geben was recht ist, wie sie uns das Evangelium vom verflossenen Sonntag mitgetheilt, schließt sich heute das Gleichniß vom Säemann, ebenfalls eines jener tiefen deutungsvollen Sinnbilder, in denen das kommende, wachsende, kämpfende, siegende Gottesreich so wundervoll veranschaulicht wird. Und auch darin liegt ein Zeugniß der göttlichen Sendung des Herrn, daß jene heiligen Wahrheiten nicht in dunkeln unverständlichen Reden an den Menschen herantreten, son= dern in den schlichten einfachen Bildern der Natur und des gewöhn= lichen Lebens, auf daß ein Jeglicher, „wer Augen hat zu sehen, sehe". So ist die ganze sichtbare Schöpfung ein Spiegel des unsichtbaren Gottesreichs und wieder in jedem Zuge, in jedem Bilde, das der Herr von diesem enthüllt, spiegelt sich das ganze und volle Menschenleben nach irgend einer Seite in dem Licht seiner höhern Bestimmung.

So ist es auch mit unserer heutigen Gleichnißrede; es sind, wie es scheint, nur wenige Striche einer Beschäftigung, die wir alle kennen, dem Denkenden aber tritt das

Christenleben im Bilde des Säemanns

entgegen und uns, Geliebte, laßt heute gleichfalls dieses darin ins Auge fassen.

Auf dem Acker des Feldes da draußen und in uns auf dem Acker des Herzens bist du es, himmlischer Vater, der zum Wollen das Vollbringen schafft. O, so laß dieses empfänglich sein für den Samen deines göttlichen Wortes und hilf, daß es „Frucht bringe in Gebuld". Amen.

I. Also Christenleben im Bilde des Säemanns; wohlan denn erkennet daraus zunächst, daß es bestimmt ist zur Arbeit. „Es ging
ein Säemann aus zu säen seinen Samen", an diese einfachen, schlichten Worte hat sich seit den ersten Anfängen des Christenthums eine
Fülle von erhebenden Gedanken geknüpft. Auf uralten Denkmälern
findet man sie bildlich dargestellt. Über die Schollen des Ackerfeldes
schreitet der „Säemann" hochgeschürzt, vorn im weiten zusammengefaßten
Gewande die segenverheißenden Körner tragend, die er mit voller Hand
weitwürfig über die breiten Furchen dahinstreut. Und um ihn her
fliegen die Vögel und oben am Himmel kämpfen die Wolken und der
Sonnenschein; Er aber hat nur den Acker vor sich im Auge und wie
der dunkle Erdenschoß den Samen aufnimmt, das Gebet im Herzen
und die Hoffnung in der Seele.

Sagt, Geliebte, ist das nicht ein Bild des zur Arbeit bestimmten
Menschenlebens? Über die dunkeln Schollen der Zeit schreitet er dahin
der Sohn der Erde, um in die Furchen derselben Samen zu säen, daraus ihm und den Seinen und der Menschheit Frucht des Lebens erwachse. Das kann nicht geschehen ohne ernste Arbeit, ohne daß du deine
Kraft auf irgend ein bestimmtes Ziel richtest und dieses mit treuer
Mühe zu verwirklichen strebest. Ist doch das freundliche Spiel der
Mutter mit dem Kinde schon der Anfang der Arbeit, die den schlafenden Geist erwecken und den erziehenden Eindrücken der Außenwelt öffnen
will. Und wenn ihren Armen und den ersten Jugendjahren entwachsen
die zugleich wachsende Seele in die Ordnung der Schule tritt, da ist es
der Segen der Arbeit, an der sie erstarkt, aus dem Dämmerlicht dunkler
Ahnungen in das lichte Reich des Wissens schreitend, um nach den erkannten Urbildern des Göttlichen fortan das eigne und das fremde
Leben wieder in Arbeit zu gestalten. Dazu erschließt dann die spätere
Zeit ihre weiten Kreise, in denen ein Jegliches zunächst der Beruf zur
Arbeit ladet. Da reiht sich Furche an Furche und wie weithin du auch
die Körner streuest, nimmermehr kommst du ans Ende. Immer aufs
neue breitet sich das Feld vor dir aus, immer aufs neue füllt der gött-
liche Meister mit frischem Samen deine Hand. Denn noch immer sind
tausend Keime, die der Aussaat harren, tausend Felder, die auf den
Pflug warten und jeder Arm ist berufen ihn zu führen, und an jede
Kraft ergeht das Wort, jene Keime zu pflegen, so lange der Abend die
Mühe nicht endet.

Oder, ohne Gleichniß, meine Brüder, das Menschenleben ist bestimmt zur Arbeit, zu der der Herr der Zeit einem Jeglichen seine Stelle
weist; dem Einen das Pflügen, dem Andern das Säen, dem Dritten

ben Tag der Ernbte. Unb bu barfst nicht sagen, bies ist mehr, das ist weniger; eine ist wie die andre, wenn sie recht getrieben wird und eine jede ist heilig. Ob bu schaffest mit der Hände Kraft, oder ob der Geist das Werk bewegt; ob der Acker draußen bein Feld ist oder daheim die Werkstatt dich umschließt; ob bu als Vorgesetzter anordnest oder als Untergeordneter gehorchst: auf deine Arbeit und Mithülfe, mein Freund, ist es mit abgesehen in der großen Ordnung des Weltganzen und soll das große Ziel erreicht werden, darf beine That nicht fehlen. Verrichte sie nur in guten Treuen, so baß du dir ihrer Bedeutung bewußt werdest, und bein Geist durch die Gesinnung und die Gewissenhaftigkeit, in der sie geschieht, immer mehr gereinigt werde und wachse in dem, der da in dem Bilde des Säemanns ein Vorbild seiner heiligen und heiligen= ben Arbeit uns zur Nachfolge gegeben.

Unb es wollte noch Jemand ihr sich entziehen? In Müßiggang, in Tändelei, in nichtigem Spiel die Aufgabe des Lebens suchen? Oder statt in rechter Arbeit Gutes schaffen, in sündigem Werke Böses thun? Meine Brüder, „es ging ein Säemann aus zu säen", „wer Ohren hat zu hören der höre", d. h. das Christenleben ist zur Arbeit bestimmt.

II. Ja wer das Bild des Säemanns eingehender betrachtet, der wird auch ein Weiteres finden; denn merket daraus weiter: es ist auch zum Kampf geweiht. „Indem er säete", lesen wir „fiel etliches an den Weg und warb vertreten und die Vögel unter dem Himmel fraßen es auf. Unb etliches fiel auf den Fels und da es aufging verdorrte es, darum baß es nicht Saft hatte. Unb etliches fiel mitten unter Dornen und die Dornen gingen mit auf und erstickten es". Welch eine Fülle von Sorgen und Mühen ist in den wenigen Worten angebeutet! Mit welcher Plage hat gewiß der Säemann den hartgetretenen Weg zu lockern, auf den Fels fruchtbare Erde zu tragen, die Dornen auszu= rotten versucht. Unb bennoch kein Erfolg.

Ist das nicht ein Bild, ein schmerzlich wahres Bild des Menschen= lebens, Geliebte? Dem von der Wiege an die Sorge und der Kampf zur Seite geht, bis nicht der Rasenhügel sich über dem Müden wölbt. Da tritt schon die Natur, die ihm in so vielen Fällen die milde Mutter ist, in nicht wenigen mit wilder Gewalt feindlich entgegen; der segnende Strom wird zum zerstörenden Meer, des Herdes stille Flamme zur verheerenden Gluth und nur unausgesetzter Kampf mit „der Elemente Mächten" sichert das arme Leben. Unb wie wenig Glücklichen ist der Kampf erspart, mit dem die Sorge der Nahrung vom frühen Morgen bis zum späten Abend in unsern Tagen namentlich das Dasein ängstigt? Klagen sie doch allerorts schon, baß nicht einmal das Gewerbe mehr

seinen goldnen Boden habe und so Mancher, dem bisher des Wohl-
stands frohe Saat in weitem Felde wogte, muß jetzt bekümmert sehen,
wie mehr als ein Weg früher nicht gekannten Erwerbes und Verkehrs
darüber in hartgetretener Straße hinweggeht, so daß sein Same dort
nicht mehr wachsen kann.

Doch auch wer frei bleibt von der bittern Sorge der Nahrung,
wem die Gnade des Himmels sein „bescheiden Theil Speise" täglich
gibt, der Kampf im Leben bleibt ihm doch nicht erspart. An ein jedes
Menschenherz, denn das ist seine Schwäche und Unvollkommenheit, tritt
die Versuchung zur Sünde heran. Nicht nur draußen auf dem Acker
geht so manches Samenkorn nicht auf; auch für die Seele und ihre
göttlichen Ziele findet das Gleichniß des Evangeliums seine Anwendung. Da ist die breite, reichbevölkerte Straße des Leichtsinns und der
Sinnenlust, wohin dich die Welt und was ihr gehört, so gern locken
möchte; da ist die Felsenhärte des Gemüthes, die des Herrn Wort nicht
aufnimmt und „ihre Ohren verstocket, daß sie nicht höre": da ist „der
Reichthum und die Wollust dieses Lebens", die den Geist umstricken,
die Wahrhaftigkeit und Lauterkeit des Willens beugen, zu zweideuti-
gem Wort, zu unredlichem Gewinne verführen; da ist es die Ehrsucht,
der Neid, der Zorn, die unter ihren spitzigen Stacheln die Liebe ersticken. Wie die Saat da draußen unaufhörlich zu kämpfen hat jetzt
mit dem Spätfrost, dann mit dem Hagelschauer, jetzt mit des Sturms
Gewalt, dann mit der Sommerglut, so muß das Menschenherz unaufhörlich ringen und ringen, daß die Saat des Göttlichen, die der große
Sämann in seinen Boden gestreut, doch nicht gar untergehe, sondern
wenn auch nur an einem und dem andern Hälmchen eine Frucht bringe.

Und wer mit des Herrn Hülfe hier den rechten Kampf kämpft, dem
tritt der Feind zu neuem Streite entgegen in den mannigfaltigen
Lebensordnungen der Welt außer ihm. Oder kann der Christ ruhig
zusehen, wenn der alte böse Feind dort das göttliche Wort am Wege
vertritt? Soll er still bleiben, wenn die Lüge immer kühner ihr Haupt
erhebt, das Recht immer ungescheuter mit der Dornenkrone gekrönt
wird, die uralt heilige Ordnung der Väter immer mehr und mehr sich
löst, bis aller sittliche Inhalt dem Leben allmälig zu entschwinden
droht? Soll es dann auch uns gelten das Zornwort der Schrift: „ich
kenne deine Werke, daß du weder kalt bist noch warm" und „ich habe
wider dich, daß du die erste Liebe verlässest!"

III. Darum, wenn auch uns das Leben zum Kampfe ruft, zum
Kampfe gegen das Ungöttliche in hundert Gestalten in uns und außer
uns, im Christenleben kann es gar nicht anders kommen. „Es ging ein

Säemann aus zu säen", d. h. auch zu kämpfen für der Saat Gedeihen. Doch wie wir aus seinem Bilde entnehmen, das Christenleben ist zum Kampfe geweiht, so gibt es uns enblich auch den Trost: es hat zu-gleich des Segens Verheißung. Auch in unserm Evangelium ist nicht aller Acker am Wege, im Felsgestein, unter den Dornen: „etliches", steht geschrieben, „fiel auf ein gut Land und es ging auf und trug hundertfältige Früchte".

Das ist der Segen von oben, Geliebte, der dem rechten Christen-leben nie ausbleibt. Nie: denn dieses hat vom „Säemann, der da aus-ging zu säen", auch hoffen und warten gelernt. Auch die goldne Frucht der Ähren wächst nicht über Nacht und wenn auch mancher Tag und manches Jahr den ersehnten Ertrag versagt, einmal steht das Feld doch da „weiß zur Erndte". Wie steht es in der Schrift: „wer aus-harret, wird gekrönt". Darum wenn die Noth des Tages an deine Thür klopft und die Welt dir zuruft: was plagst du dich dort unter Dornen, kannst du die Frucht nicht nehmen, wo sie dir winket; blicke hin, der „Säemann" in unserm Evangelium schritt nicht über seinen Acker hinaus, und da fanden seine Körnchen auch ein „gut Land". Und wenn du nun, wie Er der Allheilige will, eingedenk bleibst des Wortes „Ehrlich währt am längsten" und je schwerer die Zeit, desto thätiger die Hand rührst, desto genügsamer den Sinn bewahrst, desto mäßiger das Herz hältst, also daß doch ein jeglicher Tag sein Auskommen findet: sag, ist das nicht eine „hundertfältige Frucht" des „guten Landes," das eben vom rechten Christenleben bepflanzt wird?

Oder, wenn du nicht, wie so viele, müde wirst, das weiche Herz des Kindes zum Vater zu leiten, nicht müde, auch wenn er nicht sogleich keimt und wächst, immer wieder den Samen des Göttlichen in die junge Seele zu streuen, nicht müde, auch ein Opfer zu bringen, daß die Pforte, die zur Bildung führt, doch nicht vergeblich sich für sie öffnete: und wenn dann, gerettet von den „Wegen" der Gemeinheit, erlöst von dem „Fels" der Unwissenheit, befreit von den „Dornen" des Leichtsinns in deinem Kinde einmal ein kenntnißvoller, dem Göttlichen zugewandter, von seiner Liebe erfüllter Geist zu dir spricht: wäre das nicht auch eine „hundertfältige Frucht des guten Landes", wie sie, Gott sei Dank, noch immer das rechte Christenleben beglückt?

Ja Alles, was du im schweren Kampfe gegen dich selbst unter seiner Gnade und Hülfe gewinnst, indem du deine Selbstsucht bändigst, deine Leidenschaft zügelst, deinen Zorn bemeisterst, deiner Trägheit Herr wirst, indem du deinen Glauben festigst, deine Liebe stärkst, deine Welt- und Gottesanschauung reinigst und veredelst; Alles was du im Kampfe gegen das Ungöttliche für Unschuld, Recht, Wahrheit thust und leibest, es sind die hundertfältigen Früchte, wie sie auf dem „guten Lande" eines rechten Christenlebens wachsen und die köstlichste derselben ist jener stille Friede der Seele, jene Ruhe des Gemüthes, die da eins mit sich und ihrem Gotte nicht vernichtet werden kann von allen Stürmen und Trübungen des Erbenseins und bleibt wenn die „Welt mit all' ihrer Lust vergeht". Und wenn keine andre Frucht gediehe auf dem „guten Lande" des Christenlebens, diese gedeiht gewiß. „Gleichwie" nach des Propheten Worten „der Regen und der Schnee vom Himmel fällt und nicht wieder dahin kommt, sondern feuchtet die Erde und macht sie fruchtbar und wachsend, daß sie gibt Samen zu säen und Brod zu essen", so kommt dem rechten Christenherzen aus seiner Arbeit und seinem Kampfe gewiß jener „Friede, der da höher ist als alle menschliche Vernunft".

Darum, Geliebte, „es ging ein Säemann aus zu säen seinen Samen", das sind wir, seine Menschenkinder und unser Leben, das zur Arbeit bestimmt ist; „und etliches fiel an den Weg, auf den Fels, unter die Dornen", das ist das Christenleben, das zum Kampfe geweiht ist; und „etliches fiel auf ein gut Land und trug hundertfältige Frucht" das ist des Segens Verheißung und Erfüllung, der an das rechte Christenleben geknüpft ist. Ja, darum „wer Ohren hat zu hören, der höre!" Amen.

Quinquagesimä.
Christliche Heilmittel für schwere Zeit.
(1867.)

Gnade sei mit uns und Friede von Gott dem Vater und unserm Herrn Jesu Christo! Amen.

„Es ging ein Säemann aus zu säen seinen Samen", das schöne Gleichniß war es, das uns den ernsten Stoff zu unsrer letzten Sonntagsbetrachtung darbot. Wie wir an ihm einst die Aufgabe des Christenlebens kennen lernten, so lenkte er unsern Blick zuletzt auf einzelne Saatfelder dieses Lebens, das Haus, den Beruf, das Gemeinwesen und überall sahen wir, daß für eine künftige Erndte eine Fülle von Gefahren drohen. Denn selbst wenn das Saatkorn rechter Art ist und nicht an den harten Weg fällt, wo der Wanderer gleichgültig es

zertritt ober die Vögel des Himmels es verzehren, wenn es nicht auf
Felſen ober unter die Dornen kommt, ſondern ein „gut Land" findet,
wo es Wurzel ſchlagen und gebeihen kann, ſo iſts vom Tage der Saat
bis zum Tage der Erndte noch weit und tauſend Unfälle unvorher=
geſehen und nicht zu vermeiden können ſtatt der gehofften Früchte der
Arbeit Leib und Bedrängniß bringen.   Denn ſelbſt das redlichſte
Streben, die beſte Abſicht, die ernſteſte Pflichterfüllung heben über die
Endlichkeit und Beſchränktheit der Erdendinge nicht hinaus und wie
der Einzelne nur ein kleines Glied iſt im großen Ganzen, ſo ſteht er
auch unter den Folgen, die nach dem allgemeinen Gang der Verhält=
niſſe in guten oder böſen Geſchicken die Geſammtheit treffen.   Auch
dem redlichen Arbeiter zerſtört die angeſchwollene Fluth Saaten und
Wohnungen; des Gewitters Gang verſchont auch das Feld des Guten
nicht und die entfeſſelte Flamme macht keinen Unterſchied zwiſchen dem
Gerechten und Ungerechten.   Wo irgend ein Zeitalter an allgemeinen
Übeln krankt, an Thrannei von oben oder an Geſetzloſigkeit von unten,
an Selbſtſucht der Alten oder an Leichtſinn der Jungen, die Wirkung
trifft auch den, der vielleicht nur geringe, oder gar keine unmittelbare
Schuld daran trägt.   Wenn der Herr das „Jahr der Heimſuchung" aus=
ſchicket, zurückzubringen die Verirrten, da trifft die Noth alle die ſo auf
dem Wege ſind.
   Darum hat es, geliebte Chriſtenbrüder, nie eine Zeit gegeben, die
nicht reich geweſen ſei an Jammer und Ungemach, weil eben die Ur=
ſachen hievon, ſei es in den Angriffen zerſtörender Naturgewalten, ſei
es in Verblendung, Wahn und Leidenſchaft der Menſchen nie aufgehört
haben, Übel zu ſchaffen.   Zu keiner Zeit aber iſt wohl ſo bittere Klage
über Drangſal und Noth mannigfaltigſter Art häufiger geweſen, als
in unſern Tagen.   In den breiten Straßen der Städte erhebt ſie die
laute Stimme und in den engen Hütten des Dorfes erfüllt ſie die
bangen Herzen.   In den Rathſälen der Völker fragen ſie nach Hülfe
und im einſamen Stüblein ſinnt der Weiſe wie man Rettung ſchaffe.
Ach wie viele Rathſchläge und Heilmittel werden geprieſen und für
untrüglich ausgegeben!   Wie Manches wird verſucht, wie Manches
angefangen!   Wenn ſie, wie da draußen ſo oft, um der drückenden
Noth der Zeit zu entgehen, Heimath und Vaterland verlaſſen und mit
Weib und Kind ins ferne Land jenſeits des Weltmeers ziehen, um dort
im wilden Urwald die Stätte beſſern Glückes ſich zu gründen.   Wenn
ſie anderswo jahrhundertalte Rechts= und Beſitzverhältniſſe umgeſtal=
ten, oder ſelbſt zum Mittel kühner Gewalt greifen um den Druck wirk=
licher oder vermeintlicher Noth von ſich abzuſchütteln.   Und doch gilt

immer und immer wieder die schmerzliche Klage des Propheten: „Die Ernte ist vergangen, der Sommer ist dahin und uns ist keine Hülfe gekommen. Ist denn keine Salbe in Gilead? Oder ist kein Arzt nicht da? Warum ist denn die Tochter meines Volkes nicht geheilet?"

Auch in unsern Lebenskreisen, Geliebte, klagt man dann gegenwärtig häufiger als früher über den Druck der Zeit. Vielleicht in einzelnen Kreisen mit Unrecht, vielleicht in andern nicht ohne eigene Verschuldung; aber gewiß ist es, daß unser gesammtes Leben seit einigen Jahren auf eine ganz neue Entwicklungsstufe getreten ist und die unausweichlichen Folgen hievon nicht ausbleiben können. Aus, viele werden sagen, glücklicher Abgeschiedenheit, die Menschenalter lang alle unsre Zustände schirmend umfangen hat, drängt uns die Macht der Verhältnisse hinaus in die wogende Strömung von Kräften, die unserm Einflusse entrückt sind, mit in Folge davon, daß durch die großen Errungenschaften des Menschengeistes die trennenden Schranken von Raum und Zeit immer mehr fallen. Was fern an den Enden der Erde geschieht, siehe es wirkt auch auf uns zurück; Einflüsse, die dort zur Geltung kommen, stören die gewohnten Lebensformen in unsrer Mitte; die neue Bewegung und Reibung auf so vielen Gebieten des Daseins kann ohne die Empfindung von Schmerz nnd Härte fast nicht vorübergehn. Rechnet hinzu, daß wie immer der Dinge Lauf sein mag, der Mensch in seinem Unverstand, in seinem Wahn, in seiner Leidenschaft nie versiegende Quellen von Trübsal hat, ja daß es Zeiten geben kann, wo diese vorzugsweise in vollen Beeten fließen. Dann wird die Klage über die Noth der Zeit insbesondre laut ertönen und das Streben, Mittel dagegen zu suchen insbesondre gerechtfertigt sein.

Wohl uns, daß wer „sucht, findet"; es gibt ein Heilmittel auch für die schwere Zeit, über die jetzt so viele Klage geht und zwar liegt die Hinweisung auf dasselbe nahe genug, im Worte Gottes.

Lied 293, 1, 3: Ach Gott wie manches schwere Leid.

Evangel. Luci 18, 31—43.

Jesus nahm zu sich die Zwölfe und sprach zu ihnen: sehet, wir gehen hinauf gen Jerusalem und es wird alles vollendet werden, das geschrieben ist durch die Propheten von des Menschen Sohn. Denn er wird überantwortet werden den Heiden, und er wird verspottet und geschmähet und verspeiet werden, und sie werden ihn geißeln und tödten, und am dritten Tage wird er wieder auferstehen. Sie aber vernahmen der keins, und die Rede war ihnen verborgen, und wußten nicht, was das gesagt war. Es geschah aber, da er nahe zu Jericho kam, saß ein Blinder am Wege und bettelte. Da er aber hörte das Volk, das durchhin ging, forschte er, was das wäre. Da verkündigten sie ihm, Jesus von Nazareth ginge

vorüber. Und er rief und ſprach: Jeſu, du Sohn Davids, erbarme dich meiner!
Die aber vorne an gingen, bedroheten ihn, er ſollte ſchweigen. Er aber ſchrie
viel mehr: du Sohn Davids, erbarme dich meiner! Jeſus aber ſtand ſtille und
hieß ihn zu ſich führen. Da ſie ihn aber nahe bei ihn brachten, fragte er ihn und
ſprach: was willſt du, daß ich dir thun ſoll? Er ſprach: Herr! daß ich ſehen
möge. Und Jeſus ſprach zu ihm: ſei ſehend; dein Glaube hat dir geholfen. Und
alſobald ward er ſehend und folgte ihm nach und pries Gott. Und alles Volk,
das ſolches ſah, lobte Gott.

Es iſt ein ungemein ernſter Abſchnitt aus dem Leben des Herrn,
den uns das vorgeleſene Evangelium vor die Seele geführt hat. „Siehe
wir gehen hinauf gen Jeruſalem und es wird Alles vollendet werden,
das geſchrieben iſt durch die Propheten von des Menſchen Sohn" ſo
führt es uns gleich in die ſchmerzvolle Stimmung hinein, die des Herrn
Seele umfängt. Denn er iſt eben auf ſeinem letzten Wege in die Stadt
Davids begriffen, wo, wie er klar vorausſieht, der Haß der Feinde des
Gottesreichs ihn überantworten wird dem Tode. Auch auf dem Blin=
den, der am Wege ſitzt und bettelt, laſtet ſchwer des Schickſals harte
Hand. Und wie der Herr mit ſeiner Gotteskraft ihm hilft, ſo zeigt
uns das ganze Evangelium eine Reihe von

Heilmitteln für ſchwere Zeit.
Laßt uns ſie, Geliebte, in den andern kennen lernen.

Du aber, Vater im Himmel, laß „die Rede uns nicht ver=
borgen ſein", daß wir „vernehmen", was uns zum Frieden
dienet in böſen Tagen! Amen.

I. Als ein Heilmittel für ſchwere Zeit, Geliebte, tritt uns im vor=
geleſenen Evangelium zunächſt die Pflichterfüllung entgegen. „Er
nahm aber zu ſich die Zwölfe", leſen wir in demſelben „und ſprach zu
ihnen: Sehet wir gehen hinauf gen Jeruſalem." Er hatte erkannt,
daß dort das Geſchick ſich zunächſt vollenden ſolle und wiewohl dieſes
für ihn den Tag des Todes brachte und wiewohl er grade unmittelbar
vorher wieder der Jünger Schwäche und Weltſinn hatte erfahren
müſſen, wie denn auch jetzt ſeine „Rede ihnen verborgen war" und das
Alles den hohen Flug der edeln Seele ſchmerzlich berühren mußte: es
konnte ihn in ſeiner Pflichterfüllung nicht wankend machen. „Seht,
wir gehen hinauf nach Jeruſalem." Ja grade das heilige Bewußtſein
dieſer Pflichterfüllung goß jene Stille und Ruhe in die reine Seele,
daß er auf dem Schmerzenswege noch Theil nehmen konnte an dem
Leide des armen Blinden und ihn ſehend machte.

Das iſt der Segen treuer Pflichterfüllung, meine Brüder. Was
die Sonne am irdiſchen Himmel für das Gedeihen der Sinnenwelt iſt,

das ist sie für das geistige und sittliche Leben; nur unter ihren Segens=
strahlen kann Heil und Friede erblühen. Wo sie ist, da kann keine
Zeit so schwer auf dem Gemüthe lasten, daß nicht ein Lichtstrahl von
oben noch das Dunkel erhelle. Allerdings die Kinder der Welt greifen
zu diesem Heilmittel in schwerer Zeit am seltensten. Wol sind sie
rasch zur Klage jeder Art, aber selbst Hand anlegen, wie sie sollten, die
Ursache des Übels zu entfernen, dazu entschließen sie sich nicht. Siehe,
die böse Krankheit wandert von Haus zu Haus und wählt immer
zahlreicher die schmerzlichen Opfer aus; aber, wie schon die Schrift
hinweist, den Arzt zu rufen und seinen Anordnungen zu folgen, die
Verfügungen der Obrigkeit zu achten, daß man dem Fortschritt der
Seuche wehre, das thun so viele nicht. Im unvorhergesehenen Um=
schwung der Tage bricht einmal plötzlich nahrungslose Zeit herein, das
Gewerbe verliert seinen goldnen Boden und der Mangel klopft an die
Thüren „wie ein Gewappneter"; aber was dagegen schützen könnte, bis
wieder bessere Tage kommen, vermehrte Umsicht, gedoppelter Fleiß,
mehr Genügsamkeit, dazu greifen so Wenige. Ungerathene Kinder
stürzen Eltern in Jammer und Schande und bringen unaussprechliches
Elend über ganze Familien; aber zu Lehre und Beispiel dienen läßt
sich das so Mancher noch immer nicht, daß er nun Zucht und Sittsam=
keit und Gehorsam und Gottesfurcht in seinem Hause einführe und
selbst darin mit Werk und That vorangehe. Wie es im Evangelium
steht „sie aber vernahmen deren keines und wußten nicht, was das
gesagt war".

Und doch, Geliebte, es gibt nichts so schweres, das nicht durch treue
Pflichterfüllung leichter würde. Keine Noth kann so groß sein, die
nicht durch Thätigkeit, durch vernünftige Arbeit geringer würde. Kein
Unglück kann so sehr drücken, daß du der Bürde nicht durch zweck=
gemäße Hülfe etwas abnehmen könntest. Ja wenn du die Last, die so
schwer auf dir ruht, durch pflichtgemäße Thätigkeit zu erleichtern nicht
im Stande wärest, du vermehrst dadurch deine eigne Kraft zu ihrer
Ertragung und findest so darin das Heilmittel für die schwere Zeit.
Bleibe nur im Unglück so fleißig, so ordnungsliebend, so gewissenhaft,
so redlich, so treu auf dem Saatfelde des Hauses, des Berufes und
aller übrigen Lebenskreise, wie wenn noch immer die Sonne des
Glückes schiene, das Bewußtsein, eines bessern Geschickes mindestens
nicht unwürdig zu sein, wird dich das schwerere mit jener Ruhe und
Ergebung tragen lassen, mit der der Herr zu seinen Jüngern sprechen
konnte „sehet, wir gehen hinauf gen Jerusalem".

Geliebte, auch unsre Kreise sind voll von Klagen über schwere Zeit.

Ein Heilmittel dagegen ist Pflichterfüllung, treue Pflichterfüllung. Gebrauchen wir es, wie es die Größe der Krankheit erfordert? Oder
müssen auch wir mit dem Blinden im Evangelium ausrufen: „Herr,
daß ich doch sehen möge!"

II. Ein weiteres Heilmittel für schwere Zeit zeigt uns das Evangelium ferner in der Bruderliebe. Auch ihr Segen tritt uns in
doppelter Weise entgegen. Wie sie durch die rettende That des Herrn
dem Blinden, den die harten Herzen „des Volkes" bedrohen, er solle
schweigen, das Licht der Augen wieder schenkte, so hat unzweifelhaft ihr
Gottesodem den Heiland auf dem Wege „hinauf gen Jerusalem" und
in den Schmerzenstagen dortselbst über den Jammer der Erde erhoben
durch das Bewußtsein, daß sein Tod der Welt das Leben gebe.

Und doch, gerade in schwerer Zeit wird die warme theilnehmende
Liebe in den Herzen der gewöhnlichen Menge seltner und seltner. Noth
und Trübsal ziehen eben manche Seelen zusammen, wie der Frost des
Winters die Erdrinde, daß der Himmelsstrahl der Milde den Zugang
zu ihnen nicht mehr findet. Im engen Gemüthe hat bloß die Selbstsucht noch Raum, das eigne Leid dadurch natürlich nur mehrend, weil
es nicht gemildert wird durch das erhebende Gefühl, andern geholfen
zu haben. Der bessere Sinn dagegen, der „des Herrn Rede vernommen",
wird grabe in den Tagen der Noth und der Trübsal reicher an Liebe
für die Brüder, weil er dadurch sich selbst und den Geängsteten jene
Tage verkürzen will. Denn was müßte aus der Welt und dem Menschengeschlechte werden, wenn in schlimmer Zeit sich keiner des andern erbarmen sollte?

Diese Theilnahme der Bruderliebe, wenn sie rechter Art ist und ein
Heilmittel werden soll für schwere Zeit, beschränkt sich aber nicht auf
die todte Gabe, die selbst der Unwille bisweilen dem „bettelnden Blinden
am Wege" hinwirft; nein, sie will die Ursachen der Noth erforschen, sie
will die eigene Kraft des Leidenden und Gedrückten heben und so Leben
schaffen und nähren. Grabe unsre Zeit, Geliebte, ist reich an solchen
Zeugnissen der Bruderliebe, die in Lebenskreisen, welche sonst in und
mit ihrer Noth übersehen und verachtet waren, oft von der Macht dieser
Welt „bedrohet zu schweigen", Selbstthätigkeit geweckt, zur Selbsthülfe
befähigt und dadurch gestärkt haben zum Kampf gegen die sittlichen und
geistigen Feinde des Lebens. Sollen wir Belege aus der Ferne suchen,
siehe in unserer eigenen Mitte bestehet ein solch Zeugniß. Aus dem
Boden der Bruderliebe erwachsen waltet in unsrer Gemeinde seit drei
Jahren jener wohlbekannte Verein, den eure Mitbürger zu gegenseitiger
Hülfe gegründet haben für Tage der Noth. Er selbst will von Nie-

manbem eine Gabe umsonst, bietet aber allen seinen Gliedern, die gleich-
berechtigt in seiner Mitte sind, die helfende Hand und erspart ihnen dazu
das drückende Bewußtsein, fremdes Erbarmen angesprochen zu haben.
Im verflossenen Jahre hat er in 181 Fällen mit nicht weniger als
11,806 Gulden ausgeholfen. Sagt, ist das nicht mit ein Heilmittel in
schwerer Zeit, welche Hülfe für so viele in mancher Noth! Und wäre
es nicht recht, daß alle, die da über solcherlei Bedrängniß klagen, daß
alle, die ein Herz haben und ihr abhelfen möchten, mit Hand anlegten
an das wahrhaft christliche Werk, das von Niemandem ein Opfer fordert
und sich so das Bewußtsein zu verschaffen, daß ihnen der lebenzeugende
Geist unsrer Zeit nicht verborgen ist.

Ja, meine Brüder, je schwerer diese Zeit ist, desto unerläßlicher ist
als segnendes Heilmittel die Bruderliebe. Ach denn, „Herr, daß ich
sehen möge!"

III. Ein drittes Heilmittel für schwere Zeit zeigt uns das Evangelium endlich im Gottvertrauen. „Sehet", spricht der Herr, indem
er den ernsten Gang zur großen Entscheidung antritt, „wir gehen hinauf
gen Jerusalem und es wird Alles vollendet werden, das geschrieben ist
durch die Propheten von des Menschen Sohn." Und diese „Vollendung"
umfaßt, so steht es in der Zuversicht seines Geistes, nicht nur die Gefangennahme und den Spott und die Schmähung und den Tod, sondern
auch den Sieg über den Tod, die Auferstehung.

Ja, „es wird Alles vollendet werden", das ist die große Wahrheit,
an deren Erfüllung alle Zeiten arbeiten, und für welche die kleinen
Geschicke des Einzelnen, wie die wechselnde Entwicklung ganzer Geschlechter und Menschenalter nichts anderes sind, als die Vorbereitung
zum endlichen Ziele. „Es wird Alles vollendet werden", d. h. zugleich,
alle die scheinbaren Widersprüche, die jetzt das kurzsichtige Auge irre
führen, werden einst ihre Lösung finden, und all' die Unruhe und all'
das Leid des Lebens ihre Heilung und Jerusalem wird vor uns liegen
nicht als Stadt des Todes, sondern als Stadt des Sieges, wenn wir
selber vollendet sind in uns und die dunkle Gewalt der Erdenmächte,
die uns festhalten wollen in den Banden des Staubes und der Endlichkeit, bezwungen und abgeschüttelt haben, daß wir „wissen und vernehmen"
die Stimme von oben.

Die Stimme von oben aber sagt: „denen die Gott lieben, müssen
alle Dinge zum Besten dienen." Tritt dann die Erdennoth, die harte,
an dich heran, die Sorge um das tägliche Brot, oder das bittere Herzeleid, das der Gang des Lebens oft selbst dem Besten bringt, o da siehe
zu, daß du den Herrn verstehest, was er damit dir „sagen" will und

wenn bu es verstehest, bann hoffe, baß er es auch recht „vollenben"
werbe. Denn wieder sagt die Stimme von oben: „ich will dich nicht
verlassen noch versäumen". Der bem Blinben am Wege das Augen=
licht wieder gab, kann auch beinem Leib ein Ziel setzen unb er wird es,
wenn bu nur selbst die Wege wanbelst, die er bir zeigt, wenn bu nur
selbst thust, wie er will. „Denn es sollen wohl Berge weichen unb
Hügel hinfallen, aber meine Gnabe soll nicht von bir weichen unb ber
Bunb meines Friebens soll nicht hinfallen, spricht ber Herr, dein Er=
barmer". „Dein Glaube", b. i. zugleich „bein Gottvertrauen hat bir
geholfen", lesen wir im Evangelium. Unb wie muß biese Zuversicht,
Geliebte, die schwache Kraft stärken, die ersterbenbe Hoffnung beleben,
mitten im Streit ber Welt ben Frieden geben, ben kein Sturm brechen
kann. „Siehe, wir gehen hinauf gen Jerusalem unb es wird Alles
vollenbet werben."

Dieses Gottvertrauen, Geliebte, es ist auch in ben schweren Wen=
bungen ber Völtergeschicke, wenn unb wie die Zeit sie bringt, ber Anker,
an bem ber Glaube an eine bessere Zukunft festhält. So lang ein Bolk
treu bleibt seiner Vergangenheit, wenn biese eine würbige war, unb ben
eblern Gütern bes Daseins, barf es nicht zweifeln, baß ber Gott ber
Väter auch ihm zur Seite stehen unb nicht lassen wird von ihm nach
dem schönen Worte ber Schrift: „wie ein Abler ausführet seine Jungen
unb über ihnen schwebet".

Meine Brüder, wenn wir in unsern Tagen „bas Volk hören und
forschen was es wäre" unb so oft nur bittere Klage über schwere Zeiten
vernehmen, wie ist es dann mit dem Heilmittel bes rechten Gott=
vertrauens, bas sich nach bem guten alten Worte hält: bete unb arbeite?
O, baß wir doch „sehen mögen"!

Denn in schwerer Zeit sinb Pflichterfüllung unb Bruberliebe unb
Gottvertrauen Heilmittel, die bem Christenherzen helfen, bis „Alles
vollenbet wird". Unb wenn die Zeit immer schwerer unb böser wirb,
prüfet, ob es nicht barum geschieht, weil bas Wort des Evangeliums
an ihr sich erfüllt: „sie aber vernahmen beren keines unb die Rebe war
ihnen verborgen unb wußten nicht, was bas gesagt war". Darum
wachet unb betet, baß es sich nicht auch an uns erfülle! Amen.

Reminiscere.

Das Evangelium von der Mutterliebe.

(1867.)

Gnade sei mit uns und Friede von Gott dem Vater und un- serm Herrn Jesu Christo! Amen.

Auch heute, geliebte Christenbrüder, richtet zum Anfang unserer Betrachtung euern Blick noch einmal zurück zum Evangelium vom vorigen Sonntag. „Der Mensch lebt nicht vom Brod allein", so hörten wir damals das tiefsinnige Wort doppelt bedeutsam aus des Herrn Munde, da ihn doch hungerte; „der Mensch lebt nicht vom Brod allein", so lehrt jeder verständige Blick ins Leben, so die Erfahrung der Bessern aus allen Zeiten. Ober der du etwa die Güter des Stoffes, die sinn- lichen Genüsse für das höchste und alleinige Ziel des Daseins erachtest, denke einmal, du wohnest im goldnen Palaste und hättest die Fülle von alle dem was die Erde geben kann und die Augen gelüstet: aber du hättest keine Seele, auch nicht eine, die diese Freude mit dir theilte, kein Herz, das deine Lust und dein Leid mit empfände; kein Freund träte je über deine Schwelle, kein Fremder kehrte gastlich unter dein Dach ein, kein höheres Ziel veredelte dein Dasein, erweiterte und ver- schönerte deine Wirksamkeit — sprich, wäre alle Macht der Erde im Stande, ein solches Leben glücklich zu machen? Nein, Geliebte, es ist unbestreitbar „der Mensch lebt nicht vom Brod allein"; das Beste und Edelste, was er besitzt und ist, gehört nicht „den Reichen der Welt und ihrer Herrlichkeit" an. Der Schatz der Erkenntniß, der hier Tausende reich macht, die edle Sitte, die dort das Leben verschönt, der Eifer der Pflicht, die nicht weicht und wankt auch wenn alles schwankt, die Furcht des Herrn, die sich nicht irre machen läßt durch das Geschrei und Gewühl des Tages, was haben die mit Geld und Gut zu schaffen, wie sie auch nicht mit Geld und Gut zu kaufen sind. Ja grade das Innerste und Eigenthümlichste in des Menschen Entwicklung, was ihm vorzugsweise Heil und Frieden des Lebens bedingt, es ist nicht eine Frucht von diesem. Es ist das Zusammenwirken von geistigen und sittlichen Mächten, das ihn zu dem macht was er ist, das Wort des Lehrers, der Unterricht der Schule, der Umgang der Freunde, der Wechsel der Geschicke, die ihm kommen aus der Hand des Herrn und die Art und Weise, wie er darin des Herrn „Rede" versteht, der Geist der Zeit und wie er zu diesem, ob er gut oder böse, sich verhält: mit einem Wort, „der Mensch lebt nicht vom Brod allein"; sein „besser Theil" ist Blüthe und Frucht von anderer Wurzel.

Von den erziehenden Mächten nun, von denen vorzugsweise des rechten Menschenlebens Gestaltung abhängt und ausgeht, wird uns das heutige Evangelium jene vorführen, die kaum eine Sprache würdig genug preisen kann. Wir alle haben an ihrem reichen Herzen gelegen, wir alle haben des Heiles Fülle aus ihrer Segenshand empfangen; wohl dem, drei Mal wohl, der sich des unaussprechlichen Glückes, sie noch drücken zu können erfreut. Es ist die Mutterliebe.

Wo ist das Menschenherz, Geliebte, das bei diesem Namen nicht höher schlägt in dankbarer Rührung? Kein Volk ist so roh, dem der Muttername nicht ein heiliger Name wäre. Keiner schließt mehr wie dieses Inniges, Sanftes, Herzerfreuendes ein. In dem einen Worte erschließt sich dem Geiste der ganze Zauber der lieblichen Kindheit; Alles was die Seele an uneigennütziger Hingebung, an treuer Theil-nahme, an milder Leitung, an aufopfernder Sorge kennt und ehrt, es wird doch vollendet im Bilde der Mutter. Sie hat zuerst zu uns gesprochen in Gottes Namen. Sie hat uns zu ihm hingeführt und die kleinen Kinderhände gefaltet zum Gebet. Sie hat den ersten Samen des Guten ins weiche Herz gestreut. Sie hat für uns gewacht und ge-betet mehr als Alle. Was einzelne Menschen und ganze Geschlechter an edeln Gütern des Geistes und Gemüthes besitzen und je besessen, verdanken sie zumeist der ersten Pflege der Mutterliebe. „Wo fromme und treue Mütter im Hause walten, da schaffen sie der Sonne gleich, die mit ihrem milden Licht der dunkeln Erde Heil und Segen spendet, Frieden und himmlisches Leben."

Darum ist auch die heilige Schrift voll von köstlichen Schilde-rungen und Bildern der Mutterliebe. Ja wenn der Herr seine Treue Jerusalem anschaulich machen will, so spricht er bei dem Propheten: „siehe ich breite aus den Frieden bei ihr, wie einen Strom; ich will euch trösten, wie einen seine Mutter tröstet". Und wieder: „kann auch ein Weib ihres Kindleins vergessen, daß sie sich nicht erbarme über den Sohn ihres Leibes? Und ob sie desselbigen vergäße, will ich doch deiner nicht vergessen". Eben so ernst mahnt sie die Mutter in Ehren zu halten; „ein Auge, das den Vater verspottet und verachtet der Mutter zu gehorchen", ruft Salomo aus, „das müssen die Raben am Bach aushacken und die jungen Adler fressen". „Des Vaters Segen", fügt Syrach hinzu, „bauet den Kindern Häuser, aber der Mutter Fluch reißet sie nieder". Und wenn der Psalmist tiefen Schmerz bezeichnen will, so spricht er: „ich ging traurig, wie einer der Leide trägt über seine Mutter".

Das ist Alles deßhalb, Geliebte, weil die Mutterliebe eben auf der
Erde von nichts übertroffen wird.

Lied 408, 1, 2: O Herr, mein Vater, dein Gebot sei mir ins Herz geschrieben.

Evangel. Matth. 15, 21—28.

Und Jesus ging aus von bannen und entwich in die Gegend Tyrus und
Sidon. Und siehe, ein cananäisches Weib ging aus derselben Grenze und schrie
ihm nach und sprach: ach Herr, du Sohn Davids, erbarme dich meiner; meine
Tochter wird vom Teufel übel geplagt. Und er antwortete ihr kein Wort. Da
traten zu ihm seine Jünger, baten ihn und sprachen: laß sie doch von dir, denn
sie schreiet uns nach. Er antwortete aber und sprach: ich bin nicht gesandt,
denn nur zu den verlorenen Schafen von dem Hause Israel. Sie kam aber und
fiel vor ihm nieder und sprach: Herr, hilf mir. Aber er antwortete und sprach:
es ist nicht fein, daß man den Kindern ihr Brot nehme und werfe es vor die
Hunde. Sie sprach: ja. Herr; aber doch essen die Hünblein von den Brosamlein,
die von ihrer Herren Tische fallen. Da antwortete Jesus und sprach zu ihr:
o Weib, dein Glaube ist groß! Dir geschehe, wie du willst. Und ihre Tochter
ward gesund zu derselben Stunde.

Mitten in der ernsten Arbeit seines Lehr= und Retteramtes zeigt
uns das vorgelesene Evangelium den Herrn. Er hatte bereits mit dem
ernsten Rufe „das Himmelreich ist nahe" an die Herzen gepocht und
Mancher Augen aufgethan, aber die Schriftgelehrten und Pharisäer
zu um so bitterern Feinden sich gemacht. Ihren Angriffen entzog er sich
und „entwich in die Gegend Tyrus und Sidons", jener altberühmten
reichen Handelsstädte, die am Westmeere lagen, aber nicht mehr dem
jüdischen Volk und Reich angehörten. Da begab sich denn die Thatsache, deren Inhalt das vorgelesene Evangelium bildet. Wie man
immerhin denselben auffassen und beurtheilen mag — die scheinbare
Härte des Herrn dem cananäischen Weibe gegenüber ist aber gewiß
nur eine Prüfung ihres Glaubens, — darin stimmen wir wohl alle
überein, es ist

das Evangelium von der Mutterliebe.

Laßt uns sie denn nach seinen Andeutungen zum Gegenstand unserer Betrachtung machen.

Gott sende deinen Segensstrahl Eltern und Kindern allzumal,
Erleuchte sie mit deinem Licht, daß sie des Ziels verfehlen nicht!
Amen.

I. Das Evangelium von der Mutterliebe, so sehet denn zunächst,
wie sie so scharfsichtig ist. „Jesus ging aus von bannen" lesen wir
„und entwich in die Grenzen Tyrus und Sidons". Es ist kein Zweifel
und der Evangelist Marcus erwähnt es ausdrücklich, er wollte dort

allein und verborgen bleiben; es war wieder das Bedürfniß nach Einsamkeit und Stille, das bei großen Lebensaufgaben grade an den
Besten und Stärksten herantritt, das den Herrn aus der Heimath von
dem aufreibenden Kampfe gegen die Feinde des Gottesreichs in die
Fremde trieb, dort neue Kraft zu sammeln zum ernsten Tagewerk. Er
„entwich" in die Grenzen Thrus und Sidons, um dort ungestört zu
sein; aber das Mutterauge entdeckte ihn doch; „ein cananäisch Weib",
heißt es „ging aus derselbigen Grenze, schrie ihm nach und sprach: ach
Herr, du Sohn Davids, erbarme dich meiner". Der Tochter schwere
Krankheit war es, für die sie Hülfe suchte bei dem Heiland und die
Mutterliebe hatte den Blick ihr geschärft, daß sie des Retters nicht ver-
fehlte.

Und ist es heute denn anders, Geliebte? Das ist der schöne Vorzug
und Segen des Mutterauges, daß es weiter sieht als jedes andere, wenn
es das traute Kind betrifft. Des Kleinen Mienenspiel für die Mutter
ist es ja schon verständliche Rede, und der Unmündigen Mund spricht
für sie die beredteste Sprache. Die leise Entwicklung des ersten geistigen Lebens in der jungen Seele, der Mutterblick erspäht sie mit freudigen Schauern; des Herzens Leib und Freud in spätern Tagen, wie
sehr sie in die dunkeln Tiefen desselben sich zurückziehen mögen, ihm
bleiben sie unverborgen, und wenn alle theilnahmlos an dem geheimen
Weh vorübergehen sollten, im Mutterauge mindestens glänzt die
Thräne und ihre Seele betet „Herr erbarme dich".

Dieser scharfsichtige Blick der Mutterliebe ist es, meine Theuern,
von dem ein großer Theil des Edelsten und Schönsten, was das Leben
schmückt, Ausgang und Gedeihen erhält. Wie das Mutterauge im
Evangelium den Herrn suchte, daß er dem kranken Kinde Heilung
brächte, so rastet das Auge rechter Mutterliebe nie, um nicht nur dem
leiblichen, sondern auch dem geistigen und sittlichen Leben des Kindes
fern zu halten was seine Gesundheit stören könnte. Und wie blickt es
da in die Tiefe, die dem Fremden verschlossen ist, um mit vorsorgendem
Geiste zu helfen, und zu wahren und die Wege zu weisen, die zum
Guten führen. Wo die Lust an Flittern den eiteln Sinn zeigt, oder
die trotzige Rede das harte Herz; wo das schnelle Wort auf zerstreutes
Wesen deutet, oder die lässige Hand auf Unlust an der Arbeit; wo der
„Teufel" der Sinnlichkeit die junge Seele plagt, oder die Dornen der
Rohheit Anstand und edleres Wesen nicht wollen wachsen lassen: wenn
Niemand es sieht, das rechte Mutterauge erkennt es und sucht nach
Hülfe. Ja sagt es selbst, was würde aus dem Saatfeld der Jugend
werden, wie würde wüstes Unkraut die edlern Pflanzen der Gesittung

überwuchern und ersticken, wenn nicht das scharfsichtige Auge der Mutterliebe wachte und wachte.

O daß es doch, Geliebte, immer stark genug wäre, allen Vorurtheilen zum Trotze stets auf dieser Wache zu bleiben und nicht zu weichen, auch wenn der „Versucher" vielleicht hinantritt und spricht: das ist nun altmodisch und schickt sich nicht mehr in die Zeit. Sehet in den Tagen der Väter war es so recht und in die alten Ordnungen haben sie es ausdrücklich hingeschrieben, daß in den abendlichen Zusammenkünften der erwachsenen Jugend das sorgende Mutterauge der Hausfrau nie fehlen dürfe. Dem Hause und dem Kreise hätten sie Unehre nachgesagt, wo das unterlassen wurde. Ich weiß nicht, ob es jetzt und unter uns irgendwo der Fall ist; aber das ist gewiß, wenn es irgendwo der Fall wäre, das kommende Geschlecht würde keinen Segen davon haben und die Mutter, die es unterließe, würde den schmerzlichen Verdacht auf sich laden, daß ihre Liebe nicht scharfsichtig wäre.

II. Und doch ist rechte Mutterliebe dieses mehr als irgend ein Menschenauge, so lehrt auch unser Evangelium, das uns ferner zeigt, wie sie zugleich so t r e u ist. Da ist nichts, was sie zum Wanken brächte, nichts was sie abwendig machte. So sehen wir die cananäische Mutter im Evangelium; der Tochter Hülfe zu bringen sucht sie den Herrn. Er, der ja unerkannt und allein sein wollte auf dem fremden Boden, achtet ihrer anfangs nicht. Da bitten ihn die Jünger und sprechen: laß sie doch von dir, denn sie schreiet uns nach. Er antwortet aber und spricht: ich bin nicht gesandt, denn nur zu den verlornen Schafen vom Hause Israel. Die abweisende Rede hält ihre Liebe nicht ab; sie fällt vor ihm nieder und spricht: Herr hilf mir. Und wie sie statt des gehofften erlösenden Wortes die, ihr gewiß harte Belehrung vernehmen muß: es ist nicht fein, daß man den Kindern das Brod nehme und werfe es vor die Hunde, da erwidert sie voll Demuth: „ja Herr, aber doch essen die Hündlein von den Brosamlein, die von ihrer Herren Tische fallen". Das ist die Ausdauer und Standhaftigkeit der Mutterliebe; hier, Gott sei Dank, wurde sie belohnt; das kranke Kind „ward gesund zu derselbigen Stunde".

Ja Mutterliebe und Muttertreue, das sind zwei Sterne am Himmel des Menschenlebens, deren vereinter Strahl alle Wolken der Nacht und der Trübsal durchbricht. Von einer frommen Mutter, die vor fünfzehn Jahrhunderten lebte, haben die Zeitgenossen es aufgezeichnet, daß, als ihr mit den reichsten Anlagen des Geistes und des Herzens begnabigter Sohn eine Zeit lang den Versuchungen der Welt und ihrer Lust unterlag und sie Tag und Nacht in Kummer und Gebet für ihn zubrachte, ein gottesfürchtiger Mann sie getröstet habe: verzage nicht, meine Tochter, so heiße Thränen der Muttertreue können nicht unerhört bleiben. Der Sohn kam in der That auf den rechten Weg zurück, und ist jener große Kirchenlehrer geworden, dessen Weisheit und Frömmig= keit dem Mann Gottes, Luther, so viel später einen Grund= und Eck= stein zur Wiederherstellung des Evangeliums darbot. Und jenes tief= sinnige Lebensbild, das im schönen Liede zum Eigenthum alles Volkes geworden ist, wie der Sohn hinzieht viele Jahre lang durch ferne Länder, bis er das Antlitz von der fremden Sonne verbrannt müde endlich zurückkehrt zur Heimath; ach da kennt ihn Niemand mehr, nicht der Mann am Thor, nicht der Spielgenosse aus der Knabenzeit, nicht der Freund aus der Jugend, Niemand — nur das Mutterauge hat des Kindes liebe Züge nicht vergessen und erkennt im Mannesgang und im Ton der Stimme schon von ferne freudig den Sohn. Das ist die Muttertreue, die nicht müde wird, mit dem frohen Kinde zu spielen, nicht müde, am Krankenbette die langen bangen Nächte durch zu wachen; die kein Glück fester machen kann, weil ihre Innigkeit einer Steigerung unfähig ist und kein Unglück trennt, ja nicht einmal, das Schwerste was ein Mutterherz treffen kann, des Kindes Undank löst. Auch auf der vernachlässigten und zurückgesetzten Mutterlippe schwebt doch immer die Bitte: „Herr, hilf meinem Kinde".

Und solcher Treue gegenüber, was hast du o Kindesherz? Ach daß du immer hättest das Eine, was genügt, die dankbare Liebe, die Gott und Menschen wohl gefällt, wie es in der Schrift heißt: „Der Herr will den Vater von den Kindern geehrt haben und was eine Mutter den Kindern heißt will er gehalten haben; wer seinen Vater ehrt, den wird Gott nicht strafen, und wer seine Mutter ehret, der sammelt einen guten Schatz!"

III. Doch unser Evangelium von der Mutterliebe, es zeigt uns endlich, wie sie so fromm ist. Denn das war die Liebe der, wenn auch nicht aus Israel stammenden bloß heidnischen Mutter. Woher wäre sonst ihr Vertrauen zu dem Herrn so fest, ihre Zuversicht so stark gewesen? Das erkannte Jesus selbst an, als er sprach: „o Weib dein Glaube ist groß; dir geschehe wie du willst". Der Mutter frommer Sinn hatte die Tochter gesund machen helfen.

Und Frömmigkeit, Geliebte, ist der tiefe Grund der rechten Mutter= liebe überall. Woher wäre sie sonst so mächtig, woher so treu! Jeder Blick auf das theure Kind, es ist ja zugleich ein Blick in die Höhe.

Wenn das junge Leben auf dem Mutterarm sich wiegt, da spricht das
Herz, siehe, welch' eine Gottesgabe! Wenn die Muttertreue für das
Gedeihen an Leib und Seele sorgt, weiß sie, daß es Pfänder sind, die
Gott ihr anvertraut hat. Wenn Krankheit die zarte Kraft zu brechen
droht, das Vertrauen auf des Herrn Hülfe hält die Seele aufrecht.
Wenn die Sorge des Tages und die Noth der Zeit die Zukunft dunkel
macht, die Zuversicht tröstet, daß sie auch zu jenen gehören, denen der
Herr Brod von seinem Tische verheißen und daß der Allwaltende
seinen Engeln zu allen Zeiten „Befehl thut, daß der Fuß der Seinen
an keinen Stein stoße". Ihr „Glaube" hält sie und hilft ihnen; eine
rechte Mutter ohne Frömmigkeit ist undenkbar.

Wohlan denn, ihr Mütter, pflanzet euerer Liebe Wurzel und edelste
Blüte auch in die Herzen eurer Kinder, erziehet sie zu frommen Menschen. Sehet von allen Seiten muß unsre Zeit die Klage hören, die
Furcht Gottes sei in der Abnahme; die Welt und ihre Lust, allerdings
aber dann am Ende auch das Verderben, das sie bringt, herrsche jetzt
allüberall. Ihr könnt es bewirken, daß das nicht so sei. Denn wo
fromme Mütter ein Geschlecht in der Zucht und Vermahnung zum
Herrn auferziehn, da treten „die Engel zu ihm heran und dienen ihm".
Da fliehen die Versuchungen und Sünden der Erde, die Unredlichkeit,
die Rohheit, die Hoffahrt, die Lüsternheit, der Geiz, die Verschwendung,
und ach die Leib und Seele gleichmäßig tödtet, die Scham- und Sitten-
losigkeit. Da wohnt vielmehr jener reine, treue, hoffnungsfreudige
Sinn, der den Herrn sucht auf allen Wegen und zugleich jene herzliche
Demuth, die sich aller Überhebung ferne im Bewußtsein der Gotteskindschaft auch mit „den Brosamen" begnügt, die von des Herrn Tische
fallen, wenn des Vaters Weisheit das „Brod" vielleicht nur sparsam
austheilt. Wohl der Gemeinde, Geliebte, die ein Geschlecht von solchem
Geist erfüllt in ihrer Mitte hat!

Dreimal Heil und Segen aber der Mutterliebe, die solch ein Geschlecht erzogen. Sie ist wie die Mutterliebe, die das heutige Evangelium unserem Blick gezeigt, scharfsichtig, treu, fromm. O, daß sie
denn auch unter uns Wohnung mache und ihres Segens Fülle ver-
breite! Amen.

Judica.

Warnende Züge aus dem Bilde des Weltsinns.

(1867.)

Gnade sei mit uns und Friede von Gott dem Vater und
unserm Herrn Jesu Christo! Amen.

„Ostern ist nahe", das ist das Gefühl, das, seit der letzte Sonntag
in seinem Evangelium uns das ersehnte Wort zurief, das rechte Christenherz mit seiner freudig-bangen Stimmung erfüllt; „Ostern ist nahe", so
ruft uns mit tausend frohen Stimmen von allen Seiten die Natur zu,
die allmälig aus dem langen Winterschlafe erwacht und überall, wohin
auch das Auge blicken mag, an die Stelle des Todes neues Leben
sprießen läßt. Wieder ist die Außenwelt ein sinnvolles Bild des
Geistes und seiner heiligen Bestimmung; wieder sieht dieser in ihr
ahnungsvoll die eigenen Ziele; wieder gesellt sich ihre Rede zur Rede
der ewigen Offenbarung, um die ringende Seele hinaufzugeleiten aus
der Eitelkeit und der Sorge und dem Leid der Erde zu jener heiligen
Höhe, wo der klarere Blick erkennt, daß „der Zeit Leiden nicht werth
sei der Herrlichkeit, die an uns soll offenbart werden" und daß wer da
eins ist mit Gott nicht überwältigt werden kann von den dunkeln
Mächten des Staubes.

Und wie jetzt die Stimme des Evangeliums und die Stimme der
Natur uns erhebend das zuruft, so haben wir es vernommen in all
den ernsten Bildern, die die vergangenen Sonntage der Fastenzeit in
ihren tiefbedeutsamen evangelischen Abschnitten uns vor die Seele geführt haben. Wie trat in allen, um das Herz mit hineinzuführen in
das Leiden des Herrn, bald die Noth bald die Sünde der Erde uns so
anschaulich entgegen, jene immer gelindert, diese immer besiegt durch
des Herrn Kraft, damit der ihm nachstrebende Geist lerne nicht verzagen, wenn auch um ihn, wie um den Herrn, die Stürme toben und
die Wellen brausen, aber auch lerne unbeirrt von Lust und Leid die
Wege mit ihm wandeln „hinauf gen Jerusalem bis Alles vollendet
wird". Ja wem die ernsten Evangelien der verflossenen Fastensonntage
ans Herz gepocht haben, wer ihren heiligen Lehren und Bildern die
Seele geöffnet hat, dem „bricht er an der Tag, dem geht er auf der
Morgenstern", dem bringt jede Stunde das heilige Ostern, das der
bekümmerten Seele „den Stein wälzt von des Grabes Thüre". Denn
wenn in der Wüste des Lebens die Sünde versuchend an ihn herantritt

das Invocaviteoangelium hat es ihm gezeigt, wie er siegend aus dem
Kampfe hervorgehe und die schwache Kraft gestärkt, daß auch er sprechen
kann: „hebe dich weg von mir Satan". Und mit welchem Ernste legte
es uns der Sonntag Reminiscere aufs neue ans Herz: „Gott hat uns
nicht berufen zur Unreinigkeit, sondern zur Heiligung"; alle Heiligung
aber vollendet sich hienieden in der Liebe und der Liebe edelste Blüte
ist die Mutterliebe, die so scharfsichtig ist, so treu, so fromm, wie wir
es in der Geschichte vom cananäischen Weibe sahen, dem dort zugleich
der Segen der Liebe die kranke Tochter wieder gesund machte. Darum
mahnte der Apostel uns am Sonntag Oculi so eindringlich: „Lieben
Brüder, wandelt in der Liebe, gleichwie Christus uns geliebt hat.
Denn ihr waret weiland Finsterniß, nun aber seid ihr ein Licht in dem
Herrn. So wandelt wie die Kinder des Lichtes." Und das Evangelium
sprach segnend dazu: „selig sind, die Gottes Wort hören und bewahren".
Dort kann „der unsaubere Geist" eine Stätte nicht finden. Und wo er
mit des Herrn Hülfe einmal vertrieben worden, da erhebt sich das
Reich Gottes, das da ist „allerlei Gütigkeit, Gerechtigkeit und Wahrheit". Und wie „ein starker Gewappneter seinen Palast bewahret", so
bleibt wer in der Liebe ist, stark in Gott. Wo aber sein Reich ist, da
will es nicht nur in einzelnen Lebensäußerungen zum Ausdruck kommen, sondern das ganze Leben durchdringen und gestalten; da sucht
nicht nur die That, sondern auch das Wort und die Miene, ja des
Herzens stille Gesinnung, daß das Gottesreich in ihnen nicht „uneins"
werde, eingedenk seines Wortes: „wer nicht mit mir ist, der ist wider
mich und wer nicht mit mir sammelt, der zerstreuet". Und wo solche
„Frucht des Geistes" gedeiht, Geliebte, da wachsen sie heran, wie uns
der letztvergangene Sonntag lehrte, „die Kinder der Freien", und selbst
wenn die Erbennoth, die nun einmal die Kinder der Erbe nicht verschont, an sie herantritt, es fehlt ihnen nicht der „Harnisch", auf „den
sie sich verlassen", mit dem sie sie abwehren. Das ist die fleißige Hand,
das ist der genügsame Sinn, das ist die fromme Tugend der Sparsamkeit, die mit Wenigem Vieles bestellt, das ist vor Allem der Gottes-
segen, der mit fünf Gerstenbroden fünftausende speisen kann, wie er
in jedem Frühjahr aus dem modernden Kornkeime die goldnen Ähren
wachsen läßt, in der wiedererwachenden Natur und im Evangelium
zugleich den Menschengeschlechtern zurufend: „Ostern ist nahe" und
„sage der Tochter Zion, siehe dein König kommt".

So geleiten die Evangelien unserer Rüstzeit das Christenherz
„hinauf gen Jerusalem" zu des Herrn Leiden und Herrlichkeit, damit
es auf diesem Gange und dort am Ziele immer mehr und mehr sich

vollende zu würdiger Jüngerschaft des Meisters, den „Niemand einer
Sünde zeihen konnte". Und unter diesen Evangelien nimmt das heutige
nicht die letzte Stelle ein. Es bringt den dunkeln Gegensatz zu dem
des vorigen Sonntags, zum frommen Ringen nach der Gotteskindschaft,
in dem „viel Volks dem Herrn nachzieht", das abstoßende Bild gott-
entfremdeten Sinnes, der „Steine aufhebt, daß sie auf den Herrn würfen". Wir wollen seinen Inhalt zu unsrer Warnung kennen lernen.

Lied 71, 1—3: Ach wieviel Böses wohnt in mir.

Evangel. Joh. 8, 46—59.

Welcher unter euch kann mich einer Sünde zeihen? So ich euch aber die
Wahrheit sage, warum glaubet ihr mir nicht? Wer von Gott ist, der höret
Gottes Wort; darum höret ihr nicht, denn ihr seid nicht von Gott. Da ant-
worteten die Juden und sprachen zu ihm: sagen wir nicht recht, daß du ein
Samariter bist und hast den Teufel? Jesus antwortete: ich habe keinen Teufel,
sondern ich ehre meinen Vater und ihr unehret mich. Ich suche nicht meine
Ehre; es ist aber einer, der sie suchet und richtet. Wahrlich, wahrlich, ich sage
euch: so Jemand mein Wort wird halten, der wird den Tod nicht sehen ewiglich.
Da sprachen die Juden zu ihm: nun erkennen wir, daß du den Teufel hast.
Abraham ist gestorben und die Propheten, und du sprichst: so Jemand mein Wort
hält, der wird den Tod nicht schmecken ewiglich. Bist du mehr denn unser Vater
Abraham, welcher gestorben ist? Und die Propheten sind gestorben. Was machst
du aus dir selbst? Jesus antwortete: so ich mich selbst ehre, so ist meine Ehre
nichts. Es ist aber mein Vater, der mich ehret, welchen ihr sprechet, er sei euer
Gott, und kennet ihn nicht. Ich aber kenne ihn und so ich würde sagen, ich kenne
ihn nicht, so würde ich ein Lügner, gleichwie ihr seid. Aber ich kenne ihn und
halte sein Wort. Abraham, euer Vater, ward froh, daß er meinen Tag sehen
sollte; und er sahe ihn und freuete sich. Da sprachen die Juden zu ihm: du bist
noch nicht fünfzig Jahre alt und hast Abraham gesehen? Jesus sprach zu ihnen:
wahrlich, wahrlich, ich sage euch, ehe denn Abraham ward, bin ich. Da hoben
sie Steine auf, daß sie auf ihn würfen. Aber Jesus verbarg sich und ging zum
Tempel hinaus, mitten durch sie hinstreichend.

Welch' ein Gegensatz ist es doch, Geliebte, den das eben vorgelesene
Evangelium zu dem des vorigen Sonntags bildet. Da auf der Reise
nach Jerusalem umdrängen den Herrn die Schaaren des heilsbegierigen
Volkes und vergessen im Hunger nach dem Brode des Geistes auf des
Leibes Nahrung; hier in Jerusalem selbst, im Heiligthum des Tempels, wo Jesus das Wort des ewigen Lebens erhebt, haben sie keine
andre Antwort als rohe Schmähung. Dort wollen sie „kommen, ihn
zum König zu machen", hier verachten sie das Wort seiner „Wahrheit"
und „heben Steine auf, daß sie ihn würfen". Dort konnte man hoffen,
das Gottesreich werde doch noch eine Stätte finden unter ihnen, hier

ist es wieder der Sinn der Welt mit seiner Sünde, der ungescheut das finstre Haupt erhebt. So laßt uns denn, Geliebte, einige warnende Züge aus dem Bilde des Weltsinns an der Hand unsers heutigen Evangeliums kennen lernen.

Siehe Herr, hie sind wir, nach Leben lechzt unsre Seele. Wohlan denn „wahrlich, wahrlich ich sage Euch: so Jemand mein Wort wird halten, der wird den Tod nicht sehen ewiglich!" Amen.

I. Warnende Züge aus dem Bilde des Weltsinns, erkennet denn den ersten wenn der Herr spricht: „so ich Euch aber die Wahrheit sage, warum glaubet ihr mir nicht?" Und zwar fällt das Wort des schmerzvollen Vorwurfs um so schwerer in die Wagschale, da sie der sprach, den auf seine offene Frage doch „Niemand einer Sünde zeihen konnte", sprach im Angesichte des Todes, der den Fürsten des Lebens wenige Tage später nach Golgatha führte, ihn der gekommen war, grade durch die Wahrheit sein Volk frei zu machen und zu erretten. Dafür am frühen Ende des heilverheißenden Zieles welcher Schmerz der vergeblichen Hoffnung in dem vorwurfsschweren Ausrufe: „so ich euch aber die Wahrheit sage, warum glaubet ihr mir nicht?"

Nun der Glaube wird ihnen gekommen sein, meine Brüder, aber zu spät, als kaum ein Menschenalter, nachdem der Herr die bange Frage in unserm Evangelium gethan, der Tempel, in dem er sie sprach, in Trümmer fiel unter der Hand des siegenden Feindes, als von Jerusalem kein Stein mehr auf dem andern blieb, und sein Volk wie Spreu vor dem Winde hinausflog in die ganze Welt, weil sie dem Gottesreich keine Stätte gegeben, da es mit dem Herrn in ihre Mitte trat. „So ich Euch aber die Wahrheit sage, warum glaubet ihr mir nicht?"

Und ist heute etwa die schmerzliche Klage, die der Herr in unserm Evangelium thut, verstummt? Glaubt der Weltsinn in unsern Tagen der Wahrheit, ihr, der gottgesandten Tochter des Himmels, die dem denkenden Geiste mahnend entgegentritt auf allen Wegen? Die in den tiefsten Anlagen der Menschennatur ihm die Zeichen gegeben, daß er nach seinem Ursprung und nach seinem Ziele nicht dem Staube der Erde angehöre, sondern Bürger sei eines Reiches, das über Sinnlichkeit und Vergänglichkeit erhaben die Ewigkeit umfasse. Die in der nie schlummernden Stimme des Gewissens ihm den Engel an die Seite gestellt, „daß der Fuß an keinen Stein stoße". Die in dem heiligen Wort der Offenbarung das untrügliche Licht angezündet, das dem Irrenden immer aufs neue den Weg zur Heimath zeige. Deren

Abglanz auch in den Wechseln der Natur, im wiederkehrenden Frühling
wird zum Herold des höhern Lebens, das der Herr den Seinen bestimmt hat, deren Stimme auch in den Entwicklungen des Menschengeschlechtes, in dem Fall und Auferstehen Einzelner wie ganzer Völker
und Zeitalter immer aufs neue lehrt, daß nur was von Gott ist bestehen
kann, die „Sünde aber der Leute Verderben ist".

Und doch, doch „so ich Euch aber die Wahrheit sage, warum glaubet
ihr mir nicht?" Siehe die Schrift sagt, daß „Gerechtigkeit ein Volk
erhöhet", der Weltsinn möchte der Völker Macht auf Ungerechtigkeit
gründen und kein Gesetz und kein Recht findet, wo er Gewalt hat, vor
seinen Augen Gnade. Die Stimme des Herrn im Buch der Geschichte
und der Erfahrung lehrt, daß ohne Ordnung und opferwilligen Gemeinsinn kein Gemeinwesen bestehen und blühen könne; der Weltsinn
„suchet nur seine Ehre" und seinen eigenen kleinen Vortheil und über-
tritt ungescheut die Ordnung, wo sie ihm lästig dünkt. Nur ein Haus,
das dem Herrn dient, das in Fleiß, in Arbeit, in Zucht, in Genügsamkeit, in Gottesfurcht seinem heiligen Willen folgt, kann gedeihen, so
will es die sittliche Ordnung der Dinge, so bestätigt es jeder Tag: der
Weltsinn setzt dafür des Herzens Gelüsten und legt selbst an diese alt-
geheiligten Säulen des schönsten Menschenglückes die zerstörende Hand.
Alles Gesetzes Erfüllung, lehrt unser Herr und Meister, besteht in der
Liebe, der duldenden, sanften, selbstverläugnenden Liebe: der Weltsinn
setzt dafür den Zorn, den Neid, den Haß und das Heer der bösen
Leidenschaften, die den Frieden vertreiben, wie der Sturm die dürren
Blätter treibt. Und da sollte das Klagewort des Herrn nicht gelten:
„wenn ich euch aber die Wahrheit sage, warum glaubet ihr mir nicht?"

II. Warnende Züge aus dem Bilde des Weltsinns, so laßt euch
denn weiter belehren, wenn der Herr spricht: „ich ehre meinen
Vater und ihr unehret mich". Und das konnte er in Wahrheit
sagen der Sohn, von dem es galt das tiefe Wort „ich und der Vater
sind eins", der um des Vaters Willen zu vollenden, das schwerste Tagewerk, das ein „Menschensohn" getragen, willig auf sich nahm, der
Feinde Spott und Hohn geduldig trug und für die Brüder das Leben
am Kreuze gab. Seiner Mahnung voll Ernst und Würde: „ich bin
ausgegangen und komme von Gott; denn ich bin nicht von mir selbst
gekommen, sondern er hat mich gesandt. Welcher unter euch kann mich
einer Sünde zeihen", antworteten sie mit rohem Übermuth: „sagen wir
nicht recht, daß du ein Samariter bist und hast den Teufel?"

So „unehrten" sie den Herrn und Heiland und so macht es heut-
zutage noch der Weltsinn. Zwar mit so offenem und frechem Hohn-

worte tritt er selten hervor; wehrt doch dem schon die bürgerliche Ordnung, weil sie weiß, daß alle Erdenmacht in Trümmer fällt, wenn einmal die heilige Scheu vor dem, was dem Glauben und der Religion
gehört, verloren ist; aber das gesammte Leben der Kinder der Welt
hat ach so wenig zu thun mit des Herrn Ehre. Denn diese besteht darin, daß man „seine Gebote halte", wie er den Vater ehrt dadurch, daß
er „ihn kennt und sein Wort hält". Das aber, Geliebte, ist nicht etwas
Äußerliches, dem man genügt, wenn man dann und wann daran denkt;
wer den Herrn recht ehren will, kann das nicht dadurch thun, daß er
eine Stunde oder einen Tag ihm angehöre und darauf der Welt und
ihrer Lust nachgehe. Denn, evangelische Christen wissen das, das ist
allein echte Religion und wahre Frömmigkeit, wo das gesammte Wissen
und Denken und Thun erfüllt und durchdrungen ist von seinem Geiste,
wo alle Gesinnung und alles Streben nichts anderes ist als „Trachten
nach dem Reich Gottes und seiner Gerechtigkeit", ein stetes „Hören auf
sein Wort", so daß sich erfüllet die Verheißung des Apostels: „Ihr seid
der Tempel des lebendigen Gottes, wie denn Gott spricht: ich will in
ihnen wohnen und in ihnen wandeln und will ihr Gott sein und sie
sollen mein Volk sein". Ja wie die Sonne des Himmels zu jeder Zeit
und überallhin ihre Strahlen entsendet und wie jeder Strahl eine Licht-
quelle ist und Wärme und Leben trägt wohin er reichet und Zeugniß
ablegt woher er kommt, so ist das rechte Christenleben immer und überall eine Verherrlichung dessen, in dem es wurzelt, wie der Herr sagt,
„darinnen wird mein Vater geehret, daß ihr viele Frucht bringet und
werdet meine Jünger".

Meßt ihr nun an diesem Maßstabe den Weltsinn, ach könnte der
Herr da anders sagen, als wieder die Schmerzensklage: „ich ehre meinen
Vater, aber ihr unehret mich". Oder ist es nicht eine Verunehrung des
Heiligen, wenn sie mit des Vaters Gaben schnöden Mißbrauch treiben
und statt mit ihnen des Gottesreichs Ziele zu fördern, die Menschenwürde zur Thierheit entwürdigen, das eigene und der Angehörigen
Heil „mit Steinen werfend". Ist es nicht eine Verunehrung des Herrn,
wenn sie den ihm geweiheten Tag nicht heilig halten, und das „Haus
wo seine Ehre wohnt" leer lassen, dagegen aber die Häuser, wo ach nicht
immer der ehrenhafteste Geist sein böses Spiel treibt, mit ihrem sün-
digen Wesen erfüllen? Ist es nicht eine Verunehrung des Herrn, der
da gesagt „lasset die Kindlein zu mir kommen", wenn sie um nichtiger
Ursachen willen die Jugend von den Stätten der Bildung fern halten,
damit ein Geschlecht heranwachse, das der Väter theuerstes Erbe zu
bewahren nicht im Stande ist? Muß es da nicht wie ein Schwert

durch die Seele bringen das schmerzliche Klagewort des Evangeliums:
„ich ehre meinen Vater und ihr unehret mich?"

III. Und nun nur einen dritten Zug noch aus dem Bilde des Welt=
sinns beherzigt, Geliebte, wenn der Herr spricht: „darum höret ihr
nicht, denn ihr seid nicht von Gott". Es ist damit das dunkelste
Kennzeichen im Wesen des Weltsinns angegeben und zugleich sein tiefster
Grund, der kein andrer ist, als die Gottentfremdung. Wie derselbe
Apostel Johannes, dessen Bericht unser Evangelium entnommen ist,
im ersten seiner Briefe sagt: „habet nicht lieb die Welt, noch was in
der Welt ist. So Jemand die Welt lieb hat, in dem ist nicht die Liebe
des Vaters". Es ist die Ergänzung zur schweren Anklage des Herrn
in unserm Texte: „wer von Gott ist, der höret Gottes Wort: darum
höret ihr nicht, denn ihr seid nicht von Gott".

Und wie war das von jenem Geschlechte, das sich zum Tempel von
Jerusalem drängte, so jammervoll wahr. Der hohe Geist, in dem
Moses sie einst zu dem Herrn geführt, er war entflohn, die Erinnerung
an eine herrliche Vergangenheit hatte nichts zurückgelassen als finstern
Hochmuth, der am sichersten abführt von Gott. Im Stolz auf ihren
„Vater Abraham" hielten sie sich schon für das auserwählte Geschlecht,
wiewohl der Herr schon durch den Propheten sie gestraft: „dieß Volk
ehret mich mit seinen Lippen und nahet zu mir mit seinem Munde,
aber im Herzen ist es ferne von mir". So vermochte es des Herrn Wort
vom Gottesreiche nicht zu fassen; die Wiederherstellung der vergangenen
irdischen Herrlichkeit, ein neues Reich Davids lag ihm im Sinne; weil
sie nicht von Gott waren, hörten sie auch seines Gesandten Wort nicht.

Und ist es heute denn anders, oder kann es anders sein? Wo die
Welt und die Sorge für das, was ihr gehört, ausschließlich die Seele
erfüllt, da bleibt kein Raum für Gottes Wort und seines Reiches Ziele.
Da tritt der Schein an die Stelle des Wesens, das Vergängliche an
die Stelle des Ewigen, das Irdische an die Stelle des Himmlischen.
Da herrscht statt der Wahrheit, die sie nicht hören wollen, die Ver=
stellung, die Lüge, allüberall im Herzen, im Wort, in der Geberde, im
Verhalten. Da drückt der Freund dem Freunde heuchelnd die Hand, um
ihn heimlich um so sicherer irre zu führen. Da schwören sie heilige
Eide fürs Leben, aber das Wort kommt nur von der Lippe und das
Herz weiß nichts davon. Da ist im Handel und Wandel, auf dem
Markt und im Verkehre keine Treue und kein Verlaß. Da ist der
Gränzstein nicht sicher, daß die Hand, die dem Mammon dient, ihn
nicht verrücke. Und wo das verfolgte Recht klagt, und die Bildung um
Unterstützung bittet, oder irgend ein edleres Gut des Geistes, um

dessentwillen das Leben des Lebens werth ist, an die Opferwilligkeit der Bessern sich wendet: da finden sie bei dem Weltsinn, der nur das eigene Ich kennt, nichts als das kalte Herz und die geschlossene Hand und vielleicht dazu noch die böse Frage: „bist du denn mehr als wir; was machst du aus dir selber?" Weil er eben „nicht von Gott ist", so achtet er Alles gering, was nicht der Welt und ihrer Lust angehört.

Heil uns aber, meine Brüder, daß wir es wissen: „die Welt vergeht mit ihrer Lust, wer aber den Willen Gottes thut, bleibet in Ewigkeit". Und die allmälig ihrem Ende zugehende Fastenzeit und das heutige Evangelium haben es uns aufs neue gesagt, daß nur jene „Wahrheit uns frei machen kann". Und grade der Spiegel des letztern hat uns aufs neue die warnenden Züge aus dem Bilde des Weltsinns gezeigt. Wenn wir dann dort das ernste Wort des Herrn hören: „so ich euch aber die Wahrheit sage, warum glaubet ihr mir nicht; ich ehre meinen Vater, aber ihr unehret mich; darum höret ihr nicht, denn ihr seid nicht von Gott" — o daß wir freudig und getrost antworten könnten: wir aber glauben ihm und kennen ihn und hören ihn und halten sein Wort! Amen.

Palmsonntag.
Im Leben der Tod.
(1866.)

Gnade sei mit uns und Friede von Gott dem Vater und unserm Herrn Jesu Christo! Amen.

„Sage der Tochter Zion, siehe, dein König kommt zu dir", mit diesem Worte des Heils begrüßte uns vor wenig Wochen der erste Adventsonntag, um das sehnsüchtige Herz zu öffnen der Ankunft des Herrn, damit er einziehe und Wohnung mache auch bei ihm und die neu aufgehende Sonne des Lebens die Schatten des Wahns und der Sünde verscheuche überall wohin der „Name des Herrn" komme. „Sage der Tochter Zion, siehe, dein König kommt zu dir", so ruft uns heute aufs neue der Palmsonntag zu, doch nicht, wie doch der Lobgesang der himmlischen Heerscharen am Weihnachtstag hatte erwarten lassen, ihm den Weg zu bereiten zum freudigen Einzug in sein Reich, sondern um die trauernde Seele einzuführen in jene bange Leidenswoche, in der das „Hosianna dem Sohne Davids" sich verwandelt in das „Kreuzige ihn". Und an beiden Sonntagen bringt uns die Kirche dasselbe Evan-

gelium, der einzige Fall im heiligen Kreiſe des Kirchenjahrs. Schon
dieſes deutet an, daß das nicht zufällig geſchehen; vielmehr, der in der
Kirche waltende göttliche Geiſt hat ſich auch hierin nicht unbezeugt ge-
laſſen. Der Einzug des Herrn in Jeruſalem am erſten Abventſonntag
zum Anfang des Kirchenjahrs er iſt das erhabene Sinnbild des geiſtigen
Einzugs des Heilandes, der, wie er in jedem Jahr in der Kirche ſich
erneuert, ſo in jedem Augenblicke in jedem Herzen ſtattfinden muß,
falls dieſes im Geiſt und in der Wahrheit wiedergeboren werden ſoll
zur rechten Gotteskindſchaft. Der Einzug des Herrn in Jeruſalem am
Palmſonntag aber bedeutet, daß dieſe Wiedergeburt nur denkbar ſei
durch Verlaſſen deſſen, was der Erde gehört, durch Aufſchwung des
Geiſtes aus dem Staube zum Licht, durch Läuterung in der Schule der
Leiden und in der ſtrengen ſittlichen Zucht der Pflicht, wie der Herr
auch dadurch ein unſterblich Vorbild gegeben, daß er an jenem Tage
in Jeruſalem einzog, um das Gottesreich auf der Erde zu gründen im
vollen Bewußtſein deſſen, daß dort der Tod durch der Feinde Bosheit
ſeiner harre.

So iſt des Herrn Einzug am Abventſonntag wie der Aufgang der
Morgenſonne vor dem glückverheißenden Tag, doch am Palmſonntag
wie der Untergang der Abendſonne unter Sturm und Gewittergrauen,
die aber die Luft reinigen und die Dünſte feſſeln, damit der neue Aufgang des ſegnenden Geſtirnes die Welt mit unvergänglichem Leben
erfülle. Wenn dort uns der Apoſtel freudig zuruft, „die Nacht iſt vergangen, der Tag iſt herbeigekommen; Zeit und Stunde iſt da, aufzu-
ſtehen vom Schlafe", ſo trifft uns jetzt des Propheten bange Klage: „er
iſt um unſerer Übertretungen willen verwundet, um unſre Miſſethaten
iſt er geſchlagen. Wir gingen alle in der Irre wie Schafe; ein Jeglicher
wendete ſich ſeines Weges: aber der Ewige ließ ihn treffen alle unſre
Schuld."

Und eben darum iſt der Einzug des Herrn in Jeruſalem am Palmſonntag von dem Hauche ſo tief ſchmerzlicher Wehmuth umhüllt, daß
die Kirche daſſelbe Evangelium an den Anfang der Leidenswoche ſtellen
konnte, wie ſie mit ſeinen Jubeltönen die Seele freudig ſtimmt gegen
die Geburt des Herrn. Allerdings iſt aber jetzt am Beginne dieſer ſein
Königthum ein größeres, ſein Prieſterthum ein heiligeres geworden.
Denn er hatte erfüllt, was die Propheten geweiſſagt; er hatte „dem
Herrn den Weg bereitet" und verſucht, „Iſrael zu erlöſen"; er hatte
jenen Geſchlechtern gezeigt „die Herrlichkeit des eingebornen Sohnes"
und aus ſeiner „Fülle" ihnen „angeboten Gnade um Gnade"; er hatte
gelehrt, geprebigt, geheilt, gearbeitet, gewirkt, ſo lange es Tag geweſen;

nun aber erkannte er, daß die Nacht komme, in die der Feinde Haß ihn einen Augenblick begraben werde. Und zugleich erkannte er, daß, falls für die Menschheit einmal ein heller Tag göttlichen Lebens kommen solle, er dieser Nacht des Leidens und des Todes nicht ausweichen könne. Denn seine Jünger sogar waren noch voll irdischen Sinnes; kurz vorher noch hatten sie geeifert, wem die erste Stelle im neu zu gründenden irdischen Reich gebühre. Auf der andern Seite stand der Haß der Feinde, der Johannes dem Täufer schon den Tod gegeben, ob des Volkes Zulauf zu dem geliebten Lehrer von Tag zu Tag erbitterter und dieses selbst um ihn, wankelmüthig, am Äußern hängend, scheu vor der Gewalt sich beugend, zum Jubel rasch und schnell verzagt, wie es der Menge Art ist. Er aber, der Heiland, sah um so klarer, daß nur der Sieg über die Welt im Tode die Zweifelhaften erleuchten, die Schwankenden stärken und so das gealterte Menschengeschlecht erneuern und verjüngen könne. So schüttet die goldne Ähre, wenn im heißen Sommer der Sturm die schwankende brechen will, die nährenden Körner zu neuer Saat in den Schooß der mütterlichen Erde.

So zog in des Lebens Fülle der Herr mit der Überzeugung des nahen Todes in Jerusalem ein und darum beginnt dieses unser Evangelium zugleich die Leidenswoche und der Freuderuf der Menge: „Sage der Tochter Zion, siehe, dein König kommt", wird dem tiefer sehenden Blick zum schmerzlichen Sinnbild, wie unmittelbar im Leben der Tod einherschreitet.

Lied 110, 1: Ein Lamm geht hin und trägt die Schuld.

Evangel. Matth. 21, 1—9.

Da sie nun nahe bei Jerusalem kamen gen Bethphage an den Ölberg, sandte Jesus seiner Jünger zween, und sprach zu ihnen: gehet hin in den Flecken, der vor euch liegt, und bald werdet ihr eine Eselin finden angebunden und ein Füllen bei ihr; löset sie auf und führet sie zu mir. Und so euch jemand etwas wird sagen, so sprecht: der Herr bedarf ihrer; sobald wird er sie euch lassen. Das geschah aber alles, auf daß erfüllet würde, das gesagt ist durch den Propheten, der da spricht: saget der Tochter Zion, siehe, dein König kommt zu dir sanftmüthig und reitet auf einem Esel und auf einem Füllen der lastbaren Eselin. Die Jünger gingen hin und thaten, wie ihnen Jesus befohlen hatte, und brachten die Eselin und das Füllen und legten ihre Kleider darauf und setzten ihn darauf. Aber viel Volks breitete die Kleider auf den Weg; die andern hieben Zweige von den Bäumen und streueten sie auf den Weg. Das Volk aber, das vorging und nachfolgte, schrie und sprach: Hosianna dem Sohne Davids, gelobt sei, der da kommt im Namen des Herrn, Hosianna in der Höhe!

Wenn der König in sein Reich zieht, da jauchzen die Völker und jubelt das Land; denn in dem König verkörpert sich das Recht und das

Glück Aller. In unserm Sonntagsevangelium zieht der König im Reiche der Geister und der Wahrheit in Jerusalem ein und wie der Strahl der Sonne selbst die dunkelsten Thäler mit belebendem Lichte erhellt, so wird jenes Geschlecht von der Ahnung bewegt, daß der von den Propheten verkündigte Tag des Heils nahe sei. Hatten sie doch sein Licht bereits gesehen und gefühlt, als seine „gewaltige Predigt" ihre Herzen erschütterte; darum „breiten sie ihm die Kleider auf den Weg; Andre hieben Zweige von den Bäumen und streueten sie auf den Weg"; das Volk aber, das vorging und nachfolgte, schrie und sprach: „Hosianna dem Sohne Davids, gelobt sei der da kommt im Namen des Herrn."

Er aber der „König", der nach Zion zog, was that er? Der Evangelist Johannes erzählt es. Wie er tiefsinnenden Geistes, stille auf das Gedränge herabsehend der Stadt zuzog, und einige Griechen zu den Jüngern traten, um den „großen Propheten" zu sehen, sprach der Herr: „wahrlich, wahrlich ich sage Euch, es sei denn, daß das Weizenkorn in die Erde falle und ersterbe, so bleibt es allein; wo es aber erstirbt, so bringt es viele Früchte." Gedanken des Todes beschäftigten ihn; im wogenden Leben, das ihn rings umgab, sah und hörte er seinen nahenden Schritt.

Und das was den Herrn damals erfüllte, der ernste Gedanke

im Leben der Tod

sei der Gegenstand unsrer heutigen Betrachtung zu würdigem Anfang der Leidenswoche.

„Wer sein Leben lieb hat, der wird es verlieren und wer sein Leben auf dieser Welt hasset, der wird es erhalten zum ewigen Leben", so sprach unser „König", als er in Jerusalem einzog. O, so hilf uns, Vater, im Leben den Tod erkennen, auf daß wir durch den Tod das Leben erhalten! Amen.

I. Also im Leben der Tod, Geliebte; wir denken dabei zunächst an der Tage Flucht. Es ist kein Zweifel, auch der Herr dachte auf jenem Zuge nach Jerusalem daran. Eben in jenem Lebensalter, in dem das Ende nach dem gewöhnlichen Lauf der Dinge am seltensten zu dem Menschen hinantritt, umgeben vom Hosiannaruf der Menge sah er durch alle diese Schleier hindurch mit klarem Blick das dunkle Schicksal nahen. Wieder Johannes hat es aufgezeichnet, wie er sprach: „Es ist das Licht nur noch eine kleine Zeit bei Euch".

Und wer in diesem Lichte wandelt, meine Christenbrüder, der darf des tiefen alten Liedes nie vergessen „mitten wir im Leben sind von dem Tod umfangen" und muß im Augenblick, wo er am festesten steht, um ſo lebhafter der Tage Flucht gedenken. Wenn er, der König, da er in Zion einzog unter dem Jubel des Volkes, grade hiedurch dieſe Flucht beſchleunigte, wie ſoll der Staubgeborne ihr entgehen? Von dem des Apoſtels Petrus Wort ſo wahr ſagt: „Alles Fleiſch iſt wie Gras und alle Herrlichkeit der Menſchen wie des Graſes Blume. Siehe, das Gras iſt verdorret und die Blume iſt abgefallen. Aber des Herrn Wort bleibet in Ewigkeit."

Oder iſt es anders, meine Lieben? Was würde jener Ehrengreis, den wir kürzlich, als den Älteſten aus der Gemeinde oben auf unſerm Friedhofe gebettet, uns ſagen, wenn wir ihn fragen könnten? Das Wort der Erfahrung und der Schrift: „Unſer Leben währet ſiebzig Jahre und wenn es hoch kommt, ſind es achtzig", aber wie hoch es auch komme „es fährt ſchnell dahin, als flögen wir davon". Spricht aber das graue Haupt ſo, das Alles geſehen was hier zu ſehen iſt, und Wünſche, welche die Erde befriedigen könnte, längſt nicht mehr hegt, was ſollen wir vom rüſtigen Manne ſagen, der hinweg muß von tauſend unerfüllten Entwürfen, vom Jüngling, der kaum über die Schwelle des ſelbſtbewußten Lebens getreten, vom Kinde, das dahin-ſinkt, wie der Frühlingsſturm die Knoſpe bricht?

Ja, es iſt nicht anders, ein jedes Leben, ſowie es entſteht, birgt es den Keim des Todes in ſich und je ſchöner und je raſcher es ſich vor deinem Blicke entfaltet, um ſo mehr Gewalt darin, wenn auch deinem Auge verborgen, erhält der Tod. Wohl dir, wenn er ſie nur langſam und leiſe und allmälig zur Herrſchaft bringt und nicht raſch in das blühende Leben hineingreift, wie der tödtende Stral aus dem Himmel fährt, oder der Sturm die Eiche bricht; aber dreimal Heil dem, der auch davon nicht überraſcht wird, weil er in allem Leben mit ernſtem Chriſtenſinn zugleich den Tod ſieht, der in ſeinen höchſten Wellenſchlägen am lebhafteſten der Flucht der Tage gedenkt, wie der Herr, da er in Jeruſalem einzog, ſtille ſprach „eine kleine Zeit iſt das Licht noch bei Euch".

Doch grade dieſem Worte fügt der Herr hinzu: „Wandelt, dieweil ihr das Licht habt, daß Euch die Finſterniß nicht überfalle". Darum ruft auch uns heute das Evangelium zu: „Sage der Tochter Zion, ſiehe dein König kommt"; er aber iſt der Herr des Lebens und wer in ihm wandelt und in ſeinem Geiſte im Leben des Todes nicht vergißt, der wird auch im Tode das Leben finden, das da bereitet iſt den Seinen.

II. Gewiß es iſt nicht anders, Geliebte, unſer Evangelium zeigt uns heute im Leben den Tod und wir denken dabei weiter an des Glückes Unbeſtand. Weiſt doch das Evangelium ſelbſt in mehr als einer Richtung ernst genug darauf hin. Aus dem „Hosianna dem Sohne Davids; gelobt sei der da kommt im Namen des Herrn" wird schon in unsrer Woche das „Kreuzige ihn" und an der Stadt selbst, die heute ihm entgegenging, wie ihrem „Könige", erfüllte sich schon im nächsten Menschenalter das weissagende Wort, das dieser König grade bei diesem Einzuge sprach: „Es wird die Zeit über dich kommen, daß deine Feinde werden um dich und deine Kinder mit dir eine Wagenburg schlagen, dich belagern und an allen Orten ängsten und werden dich schleifen und keinen Stein auf dem andern lassen".

Wer das Leben kennt, den kann solcher Umschwung nicht über- raschen. „Es mag vor Nacht leicht anders werden, als es am frühen Morgen war" sangen die Väter schon im alten Liede. Denn was der Erbe gehört, kann auf ewige Dauer nicht Anspruch machen. Stehen doch nicht einmal die Berge fest; selbst ihr Grund bebt und wankt und an mehr als einem Punkte des Erdbodens zeigen sie dir die Stätte, die ehemals fruchtbare Saaten trug, während jetzt das Meer dort die Wellen schlägt. Den Dingen der Menschen aber ist unerschütterlicher Bestand noch weniger gegönnt. Da ist der Wechsel König. An Alles legt er die zerstörende Hand an. Wer nennt die Reiche und Völker alle mit Namen, die ehemals geblüht, langen Zeitaltern die Richtung vorgezeichnet, einer halben Welt Gesetze gegeben und heute kennst du die Stätte nicht mehr, wo sie gewandelt. Der „Greuel der Verwüstung" herrscht, wo ehemals reiches Leben waltete und eine Wüste, wo das Volk einst Königen zujubelte und ihnen „Zweige von den Bäumen hieb".

Ist das an ganzen Völkern und Reichen so, wie kann es an dem Einzelnen anders sein? „Wer sich dünkt er stehe, der sehe zu, daß er nicht falle" hören wir von Paulus. Du verläßt dich auf deinen Wohl- stand, mein Freund, auf deine gefüllten Speicher und Scheunen; doch „mit der Elemente Mächten ist kein fester Bund zu flechten und das Unglück schreitet schnell". Du pochest auf deine Kraft und deine Gesund- heit; ein böser Windhauch und auch Stärkere, als du bist, haben sie zu Grabe getragen. Du verläßt dich auf deine Freunde; siehe zu daß du nicht verlassen seiest, wenn du einmal zu ihnen sprechen mußt „ich bedarf Eurer".

Darum „saget der Tochter Zion, siehe, dein König kommt zu dir". Zu ihm denn, wer Rettung haben will vor dem Tod im Leben und da auch vor des Glückes Unbestand. Da allein lernt er Güter kennen, die nie wanken; da tritt er auf Boden der fest steht, da wird er Bürger eines Reiches, das allem Wechsel entnommen ist, Bürger im Reiche des göttlichen Geistes, das da bleibet in Ewigkeit.

III. So lang wir nicht da heimisch sind, meine Brüder, wird uns immer im Leben der Tod entgegentreten und da denken wir heute end= lich auch **an der Sünde Schuld.** Sie, des Volkes Sünde, der Hohenpriester und Schriftgelehrten schwere Schuld hat ja dem Herrn den Tod gegeben mitten aus dem reichen Leben des Jubels, unter dem er heute in Jerusalem einzog. Hätten sie in Wahrheit den Heiland als König begrüßt, wären sie eingetreten in sein Reich der Gotterkenntniß und der Gottesliebe und der Gerechtigkeit, die darnach trachtet, sie hätten Jerusalem gerettet. So aber wurde „sein Haus wüste gelassen".

Und das kann nicht anders sein und ist überall und immer wieder so, im Großen und im Kleinen, wo es sich wieder findet. Denn die Sünde ist an und für sich der Tod, wie reich auch immerhin das Leben scheinen möge, hinter dem er sich verbirgt. Habt ihr nie den Mann gesehen, der arm war in seinem Reichthum, dem sein Besitz keine Freude machte, den es ruhlos von einem Orte zum andern trieb; warum, sein Haus war doch so wohnlich, sein Feld so einladend? Weil unrecht Gut an seinen Händen hing und der Grenzstein, den er verrückte, des Nächsten Habe, die er mit Listen an sich brachte, ihm nun keine Ruhe läßt. Kennt ihr Niemanden, der in allen seinen Ehren doch nicht glück= lich ist, weil der böse Neid an seinem Herzen nagt? Niemanden, den der Friede flieht, weil der Haß ihm die Stunden vergiftet? Und doch haben sie alles, was die Erde bietet, aber die Sünde raubt dem Leben seinen Genuß und seinen Reiz, so daß es in Wahrheit todt ist, noch bevor es im Grabe liegt.

Ja im Leben der Tod durch der Sünde Schuld, und zwar so lange, bis die gottentfremdete Seele wieder zu ihm, dem Herrn zurückkehrt und in Wahrheit ihrem „Könige" zuruft, „Hosianna dem Sohne Davids!" Nach langen Jahren noch nagt der Wurm im Herzen und hebt sich der peinigende Vorwurf, wenn du den Frevel nicht gesühnt hast. Bekann= ten nicht Josephs Brüder in ihrer Bedrängniß in Egypten: „Das haben wir an unserm Bruder verschuldet, daß wir sahen die Angst seiner Seele, da er uns flehete und wir wollten ihn nicht erhören; darum kommt nun diese Trübsal über uns".

Und wie den Einzelnen so richtet die Sünde ganze Völker und Reiche zu Grunde wie sie einst Jerusalems Krone in den Staub ge= legt. Denn nicht in „Wagen und Rossen", nicht in Burgen und Heeren, nicht in Bündnissen und Schätzen besteht eines Volkes und Landes rechte Macht, sondern in der Gottesfurcht, die in ihm lebt, und die es über das Irdische erhebt, daß es, wenn es Noth thut, selbst das Leben läßt für die höhern Güter des Lebens.

Darum „fage der Tochter Zion, fiehe dein König kommt zu dir", von dem der Prophet geweiffagt: „er wird die müden Seelen erquiden und die Bekümmerten fättigen". „Durch feine Weisheit macht er, der Gerechte, viele gerecht. Und ihre Miffethaten trägt er". Unter fein Banner ftelle fich wer dem Tod in der Sünde mitten im Scheine des Lebens entgehen will, damit er, wie der Pfalmift fagt, habe „Freude die Fülle und lieblich Wefen zu feiner Rechten ewiglich".

So führt uns der Palmfonntag mit feinem Ernft, der die Leidens-woche bringt und mit feinem ergreifenden Evangelium von des Herrn Einzug in Jerufalem im Leben den Tod vor die Seele. Und wer, wenn er es zu Herzen nimmt, gedächte da nicht der Tage Flucht, des Glückes Unbeftand, der Sünde Schuld? Drückt dich aber, mein Bruder, diefes Bewußtfein des Todes im Leben, wohlan, das Evangelium zeigt auch die Hülfe. „Sage der Tochter Zion, fiehe, dein König kommt zu dir"; nimm ihn auf und laß ihn Wohnung machen bei dir und du haft im Leben das rechte Leben gefunden, das den Tod nicht kennt! Amen.

Oftern.
Im Tod das Leben.
(1866.)

Chrift lag in Todesbanden, Für uns dahin gegeben; Der ift wieder erftanden Und hat uns gebracht das Leben. Deß wollen wir nun fröhlich fein, Dich loben und Dir dankbar fein, Und Dir die Ehre geben! Das war ein wunderbarer Krieg, Den Tod und Leben ringen; Das Leben, fieh, behält den Sieg, Es muß den Tod bezwingen. O, neuen Lebens Himmelsfchein, Leucht auch in unfer Herz hinein, daß wir zum Lichte bringen! Amen.

Die Macht des Todes im Leben war es, geliebte Chriftenbrüder, die uns das Evangelium vom vorigen Sonntag und die Bedeutung diefes Sonntags felbft vor die Seele führte. In der Jahre unaufhalt-famer Flucht umwehten uns feine kalten Schauer, in des Glückes Un-beftand erkannten wir feine zerftörende Hand, in der Sünde Schuld fühlten wir feine frieblofen Schrecken. Ja wir mußten fehen, wie immer enger und enger um ihn, den Herrn des Lebens, fich die bunkeln Schatten zogen und aus dem Jubelrufe des Volkes, das fich um feinen

König ſchaarte, klang in ahnungsvoller Wehmuth das ſtille Wort des
Heilandes vom „Weizenkorn, das in die Erde fallen und erſterben"
ſolle, herüber.

Die Leidenswoche, die ſeitdeß vergangen, wie hat ſie das Alles ſo
ſchmerzlich erfüllt! In der geſammten Entwicklung der Menſchheit
gibt es Tage bangerer Wehmuth, tiefern Schuldgefühles nicht. Welch'
ein Bild inniger Liebe, umgoſſen von dem rührenden Hauche des Ab-
ſchiedsleides, wie der Herr, als er zum letztenmal im Tempel gelehrt
und geſtraft, im Kreiſe der Jünger das letzte Mahl genießt, Brod und
Wein, die ihn nicht mehr laben ſollten, als die heiligen Zeichen der
Erinnerung an ihn, die weihevollen Sinnbilder des neuen Lebens im
künftigen Gottesreiche einſetzend! Und dann die ſchwere Nacht am
Ölberge, wo der Herr, bis die langſamen Stunden der Entſcheidung
heranrücken, unter den ſchlafenden Jüngern, die „nicht eine Stunde
mit ihm zu wachen" vermögen, allein mit ſeinem bittern Seelenkampfe
ringt und voll innern Wehs den Vater bittet: „wenn möglich, gehe
dieſer Kelch von mir", „doch nicht wie ich, ſondern wie du willſt", mit
frommer Ergebung hinzufügend. Und darauf der Feinde Überfall im
Dunkel der Nacht, geführt von dem Verräther, den er im Kreiſe der
Seinen gehabt, und der Jünger zagende Flucht, wie wenn der Wolf
einbricht in die Heerde; dann das Gericht vor dem hohen Rathe, wo
ſie den Reinen des Aufruhrs gegen die göttliche und menſchliche Ordnung beſchuldigen, ihn, der da gelehrt: „gebt dem Kaiſer was des
Kaiſers iſt und Gott was Gottes iſt"; neben der Feinde bewußter Bosheit des römiſchen Landpflegers Pilatus Schwäche, der des hohen
Rathes blutigen Spruch beſtätigte, wiewohl er erkannte, daß er nichts
Übles gethan; endlich des Spruches ſchmerzvolle Vollziehung, mit der
Fülle von Hohn, mit der Dornenkrone auf dem Haupte des Königs,
mit dem tiefen Seelenleiden, bis endlich das, Vergangenheit und Zukunft verſöhnende „es iſt vollbracht" das Furchtbare endet und die Ruhe
des, von dem mitfühlenden Freunde geöffneten Grabes dem langen
bangen Kampfe das ergreifende Ziel ſetzt.

Iſt das, Geliebte, nicht eine weitere dunkle Beſtätigung unſers
Wortes über das Evangelium vom Palmſonntag: im Leben der Tod?
Denn die Sünde triumphirte über die Tugend, die Wahrheit unterlag
der Lüge und die Heiligkeit der ſittlichen Ordnung ſank verhöhnt in
den Staub. Es iſt ein tief bedeutſamer Zug in der uralten chriſtlichen
Überlieferung und geiſtig gefaßt eben unſer Schmerzensruf: im Leben
der Tod, wenn Lucas erzählt, daß die Sonne zu derſelben Stunde ihren
Schein verloren und Finſterniß ſich ergoſſen habe über das ganze Land.

Und doch, wie bald nach der tiefsten Nacht fern am Morgenhimmel der Lichtstrahl leise aufdämmert, so geht aus dem Grabe, in das sie den Herrn gelegt, neues Leben hervor. Schon unter dem Kreuze keimt es in stillen Regungen. Das großartige Leiden, das erhabene Dulden voll gottergebener Selbstverleugnung hatte die Herzen der Umstehenden erschüttert und bezwungen. Der Hauptmann der römischen Wache, der dabei war, rief ergriffen aus „wahrlich dieser Mensch ist Gottes Sohn gewesen".

So war es; die nächsten Tage schon brachten die Erfüllung. „Ich bin die Auferstehung und das Leben", so hatte der Herr den Jüngern verheißen; das damals unverstandene Wort sollte bald in ungeahnter Herrlichkeit vor ihren Augen sich entfalten. Aus der Grabesnacht bricht neues Leben hervor; auf den Charfreitag folgt der Ostermorgen, auf den Schmerz die Freude.

Mit dem Hochgefühl: „der Tod ist verschlungen in den Sieg" sind auch wir, Geliebte, heute in das heilige Fest eingetreten. Je schmerzlicher uns der Tod, der leibliche, der sittliche, der geistige entgegentrat mit seiner dunkeln Macht mitten im Leben allgewaltig, um so freudiger athmen wir gleich Erlösten aus banger Grabesnacht auf in der Frühe des Ostermorgens. Siehe das Grab ist leer, in das sie ihn hingelegt, der Stein ist weggewälzt von seiner Thüre. Was die bange Seele geahnt und erbetet, es steht plötzlich mit Siegesgewißheit vor ihr: nicht Verwesung und Vernichtung ist das Endziel des Seins, sondern Verklärung zu höherer Vollendung; stärker noch als der Tod im Leben ist das Leben im Tod und tröstend und erhebend klingt durch die Welt des Geistes der Zuruf des Auferstandenen an die Seinen: „Friede sei mit Euch".

Weiter in dieser Betrachtung fortzufahren, soll uns das Festevangelium Veranlassung geben.

Lied 130, 1, 4: Jesus lebt, mit ihm auch ich.

Evangel. Marc. 16, 1—8.

Und da der Sabbath vergangen war, kauften Maria Magdalena und Maria Jacobi und Salome Spezerei, auf daß sie kämen und salbeten ihn. Und sie kamen zum Grabe an einem Sabbather sehr frühe, da die Sonne aufging. Und sie sprachen unter einander: wer wälzt uns den Stein von des Grabes Thür? Und sie sahen dahin und wurden gewahr, daß der Stein abgewälzet war; denn er war sehr groß. Und sie gingen hinein in das Grab und sahen einen Jüngling zur rechten Hand sitzen, der hatte ein langes weißes Kleid an; und sie entsetzten sich. Er aber sprach zu ihnen: entsetzet euch nicht. Ihr suchet Jesum von Nazareth, den Gekreuzigten; er ist auferstanden und ist nicht hier. Siehe da, die

Stätte, da sie ihn hinlegten. Gehet aber hin und saget es seinen Jüngern und
Petro, daß er vor euch hingehen wird in Galiläa; da werdet ihr ihn sehen, wie
er euch gesagt hat. Und sie gingen schnell heraus und flohen von dem Grabe;
denn es war sie Zittern und Entsetzen angekommen, und sagten Niemand nichts,
denn sie fürchteten sich.

So erschütternd die Ereignisse der verflossenen Leidenswoche sind
von dem Einzuge des Herrn in Jerusalem angefangen, so schmerzlich die
daraus erwachsene Erfahrung auf der Seele lastet, daß mitten im Leben
der Tod seinen Thron aufgeschlagen, daß so vieles Sein nur ein Schein
sei, bei seinem Entstehen schon dem Untergang verfallen und des Verderbens werth: so stärkend und aufrichtend tritt der Inhalt unsers
Festevangeliums ans bange Herz heran. Nicht umsonst ist es die frühe
Morgensonne, die auf das frische Grab scheint: sie verscheucht die
finstern Schatten, die dem zum Himmel gewendeten Geist das heilige
Ziel verhüllten und gibt der müden Seele neue Schwungkraft, daß sie
nach des Propheten Worten „auffährt mit Flügeln wie die jungen
Adler".

Denn wie lesen wir? Als des Herrn Freundinnen zum Grabe
kamen, um der Hülle des Entschlafenen jenen frommen Liebesdienst
zu erweisen, an dem am Todestag der beginnende Sabbathabend nach
Mosis Gesetz sie verhindert hatte, da fanden sie ihn nicht, sondern nur
die Stätte, da „sie ihn hingelegt". „Er ist auferstanden und nicht hier"
belehrte sie die Stimme des Engels; „was suchet ihr den Lebendigen
bei den Todten"?

Ist das nicht, Geliebte, die rechte Fortsetzung dessen, was uns vor
acht Tagen erbaut? Damals bekannten wir schmerzlich: im Leben der
Tod, heute rufen wir voll heiliger Osterfreude aus

im Tode das Leben.

Wohlan denn, lasset uns im Sinn unsers Hochfestes diesen Gedanken zum Gegenstand unserer weitern Betrachtung machen.

„Ich bin der Weg, die Wahrheit und das Leben"; „wer an
mich glaubt, der wird leben, ob er gleich stürbe", so hast du,
Todesüberwinder, den Deinen verkündet. O so hilf auch unserm
Glauben, auf daß auch wir im Tode das Leben haben! Amen.

I. So tretet heran denn, Geliebte, zum heiligen Ostergruße, den
des Herrn offenes Grab uns heute zuruft: „im Tode das Leben" und
blicket, damit der Geist der großen Wahrheit inne werde, zunächst
in die Natur. Da in dem Wirken von tausend Kräften, in dem
Wechsel von tausend Stoffen, in dem wiederkehrenden Kreislauf der

Erscheinungen herrscht das große Gesetz des Lebens, das nirgends Ver=
nichtung zuläßt. Selbst was der kurzsichtige Mensch früher Tod nannte,
es ist nicht Aufhören des Seins, es ist nur die Rückkehr zum frühern
Wesen, nur ein Wandel der Gestalt, nur die Lösung eines vergäng=
lichen Bandes, damit die freien Theile neue Verbindungen neuen
Lebens eingehen können. Und wie wir früher in jedem Leben den
Keim des Todes erkannten, so ist das, was wir Tod nennen, auch in
der Natur nur der Anfang neuen Lebens, nur eine Stufe, auf der sich
ein neues, in der Regel höheres Dasein aufbaut.

So, geliebte Christenbrüder, ist unsre Erde selbst, unter dem „Werde“
des allmächtigen Schöpferwortes, entstanden. Aus dem Verderben der
Wasserfluten ist sie heraufgestiegen, aus Feuersgluten neu verjüngt
hervorgegangen. Im Untergang lag für sie immer der Beginn eines
neuen höhern Daseins. Ja selbst die nährende Ackerscholle, in der der
fruchtbare Halm reift, sie besteht zum großen Theile aus Überbleibseln
frühern Lebens, das nur, indem es dem Tode verfiel, die Möglichkeit
neuer edlerer Bildungen schuf.

Und damit das große Gesetz der Natur: „im Tode das Leben“ auch
dem Zweifelhaften und Ungläubigen klar werde, feiert sie, die segens=
reiche Mutter unsers Geschlechtes, alljährlich vor aller Augen den
großen Auferstehungstag. Immer wieder kommt er mit unserm heili=
gen Feste, den Ostern. Wie vollzieht sich da allüberall die wunderbare
Wandlung! Wohin du siehst, erwachet aus dem Tode neues Leben.
Wo Alles erstorben zu sein schien, da regen sich plötzlich tausend frische
Kräfte zu neuer Thätigkeit. Auf der Flur da draußen sprossen tausend
Keime; des Baumes Knospe ringt sich von den starren Fesseln los und
duftend und blühend wird sichs bald zum Himmel heben, wo vor kur=
zem noch tobte Öde war.

Und wer bewirkt das liebliche Wunder vor unserm Augen? Du
sagst: der Sonnenstral und der milde Frühlingsregen; — sage besser,
mein Freund, das heilige Gesetz des Lebens, das da der Herr des
Lebens in die Wesen gelegt, wornach, wenn auch dem menschlichen Ver=
stande unbegreiflich, der Tod nicht das Ende alles, sondern nur der
Anfang neuen Seins ist. So fällt des Baumes Blatt im kalten Herbst=
sturme zur Erde, auf daß es den Boden vorbereite zu des Lenzes schöner
Blüte; so erstirbt das Weizenkorn unter der schweren Scholle, damit
es in der Ähre der nächsten Ernte vervielfältigt auferstehe. Überall
keimt aus dem Tode das Leben und kein Stein steht ewig vor des
Grabes Thüre.

II. Die Sinnenwelt da draußen, Geliebte, sie ist aber ein Spiegel des Höhern, des Geistes. Mehr als die Blätter des Baumes, als des Feldes Blume ist der Mensch, der nach dem Bilde Gottes Geschaffene. Auch in seiner Welt herrscht das heilige Gesetz „im Tode das Leben". Und darum blicket heute in den Gang der großen Entwicklung der Menschheit, in die Geschichte.

Aus einer Reihe ungezählter Jahrhunderte schreitet das Menschengeschlecht fort an Gottes Hand zum Gottesreich. Daß sein heiliger Wille herrsche, freudig geübt von Allen, daß unter den Genossen des Reiches, wie unter Eines Hauses Gliedern, Liebe das allverbindende Band sei, daß der Geist über die Kräfte der Natur gebiete und getragen von ihrer Hülfe eine sittliche Ordnung in Freiheit verwirkliche, die seiner Offenbarung Abglanz sei, das ist unsers Geschlechtes Bestimmung und Ziel. Und wie über der Natur, so sind über dem ewigen Baume der Menschheit Frühlingssonne und Herbststürme hinübergegangen und schwerer Winterschlaf hat oft scheinbar das Leben in Stamm und Ästen zum Stillstand gebracht. Aber wenn es der Tod am festesten in die starren Fesseln geschlagen zu haben schien, da flog aufs neue Frühlingshauch durch die dürren Zweige und was sie für todt gehalten, wurde neuer Lebensanfang.

Oder, blickt zurück in die graue Vergangenheit. Als Israel in Egypten in schwerer Knechtschaft schmachtete und nach menschlicher Voraussicht sein Untergang gewiß war, da erweckte Gott den Mann, der ihm die Freiheit gab und mit der Freiheit das höhere Gut, die Befestigung der wahren Gotteserkenntniß und eine Reihe von Ordnungen in Haus, Stamm und Tempel, die den Glauben an den allein wahren und ewigen Gott im ganzen Leben zum Ausdruck bringen sollten. Aus dem Tode, der sie im Egypterland erwartete, entsprang ihnen das Leben. Was von großen dauernden Schöpfungen des Geistes seitdeß das Menschengeschlecht erhoben und erquickt hat, es geht zum bedeutendern Theile auf diese Quelle zurück.

Und als nach einer neuen Reihe von Jahrhunderten Moses Werk allmälig in Trümmer fiel; als von seinem Gesetze der Buchstabe herrschte und das Leben tödtete; als die andern Völker, die der Herr zur Mithülfe an dem Werke der menschheitlichen Entwicklung berufen, sich ausgelebt und doch dem Ziel so fern geblieben waren; als nach dem Worte des Propheten „das ganze Herz krank und das ganze Haupt so matt" war: da erstand er, der Heiland, „ein Licht zu erleuchten die Finsterniß", Hort eines neuen Lebens in der sittlichen Verwesung jener Zeiten. Und wie die Macht dieser Welt den Heiligen endlich in den Tod

gegeben und den „Stein gewälzt vor seines Grabes Thür" und ſelbſt die
Jünger den „Propheten mächtig von Thaten und Worten" in der Nacht
des Todes begraben betrauerten, da kam der Oſtermorgen mit ſeinem
leeren Grabe und der das Ziel des Menſchengeſchlechtes ſo tief bezeichnenden Frage: „was ſuchet ihr den Lebendigen bei den Todten? Er
iſt nicht hie, er iſt auferſtanden. Siehe da die Stätte, da ſie ihn
hingelegt."

Abermals vergingen Jahrhunderte. Des Gekreuzigten Lehre hatte
den halben Erdkreis überwunden und das Leben der Völker umgeſtaltet.
Aber die verkehrten Geſchlechter fingen an, ihre eigne Weisheit an die
Stelle ſeiner Offenbarung zu ſetzen. Menſchenlehre wollte Gottes Wort
verdrängen; im todten Werk des Geſetzes drohte der lebendige und
lebenerzeugende Glaube zu erſterben. Da trat er, der Mann Gottes
auf, der auf dem Boden des reinen Evangeliums die Kirche reinigte,
den Geiſt frei machte, das Gewiſſen in ſein ewiges Recht einſetzte und
der Menſchheit aus dem Tode neues Leben brachte.

Ja es iſt nicht anders; auch in der Entwicklung der Menſchheit
bringt der Tod ſtets neues Leben. Wie dunkel denn auch die Nacht
über manche Zeit ſich lagere, wie ſehr auch der Wahn und die Sünde
ihr finſteres Werk treibe und der Hauch der Verweſung vernichtend über
tauſend Hoffnungskeime fahre, zweifle nicht du treues Herz und zage
nicht, einſt, und wer weiß wie bald, muß wieder Oſtern kommen, wo
die Morgenſonne das leere Grab beſcheint und der Jubelruf dich aufs
neue begrüßt: „der Tod iſt verſchlungen in den Sieg."

III. Gewiß, im Tode das Leben, im freudigen Lichte dieſes Oſter-
grußes blickt endlich in das eigene Herz. Was iſt es, das dieſes,
ſo lang es in der Hülle von Staub ſchlägt, am mächtigſten bewegt?
das ihm Ziel und Leitſtern iſt auf der Erde vielverſchlungenen Pfaden?
das in der niedrigen Hütte als ſtrenges Gebot der Pflicht ſich darſtellt
und im goldnen Palaſte den Frieden raubt, wenn ſie ihm nicht gehorchen?
Nicht der Sinnenwelt angehörig lenkt es doch des Menſchen Schritte
in dieſer. Unabhängig von den dunkeln Mächten der Erde ſchafft es
auf ihr ein höheres Reich der Freiheit; — wie das Licht, unberührt
von der Finſterniß, dieſe erhellt und vertreibt.

Geliebte, das iſt das Sittengeſetz im Menſchen, das ihm ein Urbild
des Heiligen und Vollkommenen vor die Seele ſtellt, als Ziel, dem ein
Jeglicher nachzuſtreben habe. Überallhin bringt ſeine Stimme; auch
der ſie nicht hören will, er muß ſie hören. Denn es hat ſeine Wohnung
aufgeſchlagen im Gewiſſen, und redet zu uns durch Gottes Wort, wie

es im Hause, in der Schule, in der Kirche, in der bürgerlichen Ordnung, allüberall an uns herantritt. So spricht es: verabscheue das Unrecht, thue das Gute, laß nie ab von der Pflicht, liebe den Nächsten, wirke für die Brüder, wachse an ihm der da ist unser aller Haupt und siehe zu, daß du unaufhörlich fortschreitest in der Erkenntniß, in der Heiligung, im Leben in Gott.

Ihr fühlt es, das ist eine Aufgabe, die unendlich ist. Je weiter wir in ihrer Lösung vorschreiten, um so weiter, unser Bewußtsein sagt es, rückt das Ziel hinaus. Weder im Wissen, noch im Wollen des Guten kommen wir je ans Ende. Wol aber kommt das Ende des Lebens, dem Einen früher, dem Andern später, aber Jedem viel, viel früher, als er jene Vollkommenheit erreicht, zu der doch, wie des Herzens un-trügliche Stimme ihm sagt, er bestimmt ist. Und darum lebt in des Herzens Tiefen zugleich die unerschütterliche Überzeugung: dein wahres Wesen gehört nicht der Erde an. Denn wer, wie der Apostel sagt, die Aufgabe erhielt: „du sollst heilig sein, wie Gott heilig ist", der empfing zu gleicher Zeit die Verheißung: „du hast hier keine bleibende Stätte; dein Wandel ist im Himmel." Wer vollkommen werden soll, der muß unsterblich sein.

Und so fühlt es der denkende, seiner Bestimmung bewußte Mensch in seines Wesens Tiefen, daß dieses sein wahres Sein nicht ein Raub der Sterblichkeit werden könne, daß vielmehr der Tod auch ihm erst das wahre Leben bringe. Und wie der Sänger aus unsern Tagen singt: „Was die innere Stimme spricht, das täuscht die hoffende Seele nicht;" — das köstliche Wort des Trostes, das schon der Prediger Salomo den Zweifelnden verkündet: „der Staub muß wieder zur Erde kommen, wie er gewesen ist, der Geist aber zu Gott, der ihn gegeben hat."

Seufzest du denn, mein trauernder Bruder, den Schmerzensblick auf die Lieben, die der Tod, ach zu frühe, heimgerufen: „wer wälzt uns den Stein von des Grabes Thüre", blick hin im Lichte dieser Erkenntniß und werde gewahr, „daß er abgewälzt ist". Nun versteht ihr die Stimme aus des Herrn Grabe: „er ist auferstanden und nicht hie; was sucht ihr den Lebendigen bei den Todten". Die Blicke in dein eigenes Herz, deines Wesens rechtes Verständniß, sie rufen dir zu: auch du gehst durch den Tod zum Leben und wie an dem Herrn, dessen Grab wir heute dankerfüllt leer sehen, hat die Verwesung auch an dir keinen Theil.

Ihm aber, Geliebte, sei Preis, dem Vater des Lebens, der uns nicht nur im Leben den Tod zeigt, damit das Herz bei ihm Trost suche, dem „König", der da einziehen will auch unter uns, und sich ihm zu eigen gebe, sondern auch das Leben offenbaret im Tode, wie wir es finden in

der Natur, in der Geschichte des Menschengeschlechtes, in dem eigenen
Herzen. Darum, wie das Festevangelium uns zuruft: „entsetzt euch
nicht", wenn Tod und Grab euch nahe treten. Wer an ihn glaubet, den
Auferstandenen, und von dem Wasser seines Lebens getrunken, für den
ist selbst Tod und Grab nur der Übergang zu neuem Leben! Amen.

Quasimodogeniti.

(Einsegnungsfest.)

„Friede sei mit Euch."

(1867.)

„Ich und mein Haus, wir wollen dem Herrn dienen", so
sprach einst Israels Führer vor Dir, unser Gott und Vater.
Siehe, Herr, hier sind Deine Kinder und wie er einst, so weihen
sie sich und ihre Zukunft Dir. O so „schaffe in ihnen allen ein
reines Herz und gib ihnen einen neuen gewissen Geist", auf daß
sie fest bleiben in dem „Einen, was Noth thut". Du Vater hast
sie gewürdigt, Dich zu erkennen und den Du gesandt hast, Jesum
Christum; o so laß ihn ihr Führer sein durch das Leben, daß
seine Wahrheit sie leite und sie Dir treu bleiben mögen und Dein
Reich durch sie gemehrt werde. Amen.

So sehet denn aufs neue und „schmecket, wie freundlich der Herr ist".
Aus seiner Gnaden Fülle hat er uns aufs neue einen Tag der Freude
aufgehen lassen. Es ist ein Nachklang der Osterstimmung, die heute
wieder das Herz erhebt. Wie wir dort das Leben auferstehen sahen
aus der kalten Grabesnacht, und damit den Keim einer neuen herrlichen Entwicklung in das Menschengeschlecht gelegt erkannten, daß es
fortan den Zielen seines göttlichen Ursprunges nachringend immer
reicher werde an Glauben, Liebe und Hoffnung und die kleine Endlichkeit des Erdenseins verschlinge in den Sieg ewigen Geisteslebens: so
freuen wir uns heute des frischen Lebens, das in euch, geliebte Kinder,
uns entgegentritt, Zeugniß ablegend, wie auch unsre Zeit das tiefe
Wort verstehe, das der Herr sprach: „lasset die Kindlein zu mir kommen,
denn ihrer ist das Reich Gottes". Und wie stimmt damit die Bedeutung
grade unsers Sonntags so tiefsinnig überein! Denn in den ältesten
Zeiten des Christenthums war er der Tag im Jahre, an dem die
Gemeinde diejenigen in ihre Mitte aufnahm und fortan der Gnaden der

Verheißungen und der Sacramente würdigte, welche durch Leben und
Lehre dazu sich entsprechend vorbereitet hatten. Darum nennt ihn die
Kirche bis auf diesen Tag mit dem lateinischen Namen „Quasimodo-
geniti", d. i. den Sonntag der gleichsam von neuem Gebornen, zu ernst
bedeutsamer Mahnung für alle diejenigen, an die, wie an euch, heute
das zwiefache Wort des Herrn ergeht: „ich habe dich bei deinem Namen
gerufen, du bist mein".

Ja, „hier sind sie, die du uns gegeben, Vater: heilige sie in deiner
Wahrheit, dein Wort ist die Wahrheit", so steigt heute das Wort des
Dankes und Gebetes für euch aus frommen Elternherzen zum Himmel
empor. In der Taufe haben sie euch schon Gott geweiht. Dort ge-
lobten sie, die erwachenden Seelen ihm zuzuführen und an seiner
Stelle zu sorgen, daß ihr des Weges zu ihm nicht verfehltet. Sie haben
ihr Wort gelöset. Das Liebeswerk der Erziehung, das sie begonnen,
hat die christliche Schule an euch fortgesetzt. Ihrer Treue und ihren
Opfern verdankt ihr, was ach Tausenden nicht zu Theil wird, daß
ihr aufwuchset, ohne die Sorge des Lebens zu kennen und, was noch
mehr ist als das, in „der Zucht und Vermahnung zum Herrn" und
Gelegenheit hattet, für den Ernst der Zukunft euch würdig vorzubereiten.
Nun haben sie euch hierher begleitet mit Gebet und Segen zu eurem
neuen bewußten Eintritt ins Gottesreich und rufen euch aus tief-
gerührten Herzen das schöne Schriftwort zu: „gib ihm, mein Kind,
dein Herz und laß deinen Augen seine Wege wohlgefallen".

Und neben den Eltern, geliebte Kinder, steht heute die Gemeinde, die
voll Erwartung und Hoffnung auf euch ihre Blicke gerichtet hält. Denn
wenn ihr bisher nur der Schule und dem Hause angehörtet, fortan werdet
ihr ein Theil der Gemeinde. Und das ist kein Kleines nach all den Aufgaben und Verpflichtungen, in die ihr damit eintretet. Denn daß ihr
es nur wisset, die Zukunft derselben wird von heute an mit in eure
Hände gegeben. Ihr sollt, wie ihr immer mehr und mehr in das Leben
eintretet, die kostbaren Güter, die wir von den Vätern ererbt erhalten,
in Arbeitsamkeit, Redlichkeit, Wahrhaftigkeit, Ordnungsliebe, Gemeinsinn, Frömmigkeit die Ehre und das Wohl der Gemeinde wahren und
wie das die Väter thaten, voran sein in allem Edlen, Guten und
Schönen. Und vergesset es nicht, schon an eurer Jugend wird man
sehen, was die spätere Zeit bringen kann. Denn wie die Saat, so ist
die Erndte. Darum sieht heute die Gemeinde voll herzlicher Theilnahme auf euch und rufet euch segnend zu das Wort des Apostels:
„werdet stark, kämpfet den rechten Kampf; ich habe keine größere
Freude, denn die, daß meine Kinder in der Wahrheit wandeln".

So steht ihr denn an der bedeutungsvollen Gränze eines neuen Lebens. O daß der Ernst desselben tief eindränge in das Herz! Daß ihr es empfändet, was es heiße, jetzt oder doch bald austreten aus dem Elternhaus, um aus eigener Kraft den guten Weg zu wandeln. Daß ihr doch ein rechtes Bewußtsein hättet ebenso von der Freiheit, die mit ihren Gefahren euch erwartet, als von der Verantwortlichkeit, die in Zukunft auf euch lastet. Wo es nicht mehr von euch entschuldigend heißt, es sind Kinder, sondern wo ihr Mitgenossen und immer mehr und mehr Bürger sein sollt im Gottesreich, in das ihr heute mit bewußtem Entschluß und ernstem Gelübde treten wollt. Ja nicht umsonst mag heute den Denkenden von euch zum Gefühl des Dankes und der Freude zugleich das jenes Ernstes herantreten, der an entscheidenden Wendepunkten des Lebens das tiefere Gemüth ergreift und oft fast ängstlich fragt: was wird die Zukunft bringen?

„Doch euer Herz erschrecke nicht und fürchte nicht". Siehe, die Kirche, die euch heute als Wiedergeborne in ihre volle Gemeinschaft aufnimmt, will ein reiches Wort des Segens euch mit auf den Weg geben und entnimmt es in gewohnter Weise aus seiner Offenbarung. Es ist enthalten in dem heutigen Evangelium und dieses selbst lautet

Evangel. Joh. 20, 19—31.

Am Abend aber desselben Sabbaths, da die Jünger versammelt und die Thüren verschlossen waren, aus Furcht vor den Juden, kam Jesus und trat mitten ein und spricht zu ihnen: Friede sei mit euch! Und als er das sagte, zeigte er ihnen die Hände und seine Seite. Da wurden die Jünger froh, daß sie den Herrn sahen. Da sprach Jesus abermals zu ihnen: Friede sei mit euch! Gleichwie mich der Vater gesandt hat, so sende ich euch. Und da er das sagte, blies er sie an und spricht zu ihnen: nehmet hin den heiligen Geist; welchen ihr die Sünden erlasset, denen sind sie erlassen; und welchen ihr sie behaltet, denen sind sie behalten. Thomas aber, der Zwölfen einer, der da heißt Zwilling, war nicht bei ihnen, da Jesus kam. Da sagten die andern Jünger zu ihm: wir haben den Herrn gesehen. Er aber sprach zu ihnen: es sei denn, daß ich in seinen Händen sehe die Nägelmale und lege meinen Finger in die Nägelmale und lege meine Hand in seine Seite, will ich es nicht glauben. Und über acht Tage waren abermal seine Jünger darinnen und Thomas mit ihnen. Kommt Jesus, da die Thüren verschlossen waren, und tritt mitten ein und spricht: Friede sei mit euch! Darnach spricht er zu Thoma: reiche deinen Finger her und siehe meine Hände; und reiche deine Hand her und lege sie in meine Seite und sei nicht ungläubig, sondern gläubig. Thomas antwortete und sprach zu ihm: mein Herr und mein Gott! Spricht Jesus zu ihm: dieweil du mich gesehen hast, Thoma, so glaubest du. Selig sind, die nicht sehen und doch glauben. Auch viele andere Zeichen that Jesus vor seinen Jüngern, die nicht geschrieben sind in diesem Buch. Diese aber sind geschrieben, daß ihr glaubet, Jesus sei Christ, der Sohn Gottes; und daß ihr durch den Glauben das Leben habt in seinem Namen.

Es ist ein liebliches Bild und eine rechte Fortsetzung der Oster-
weihe, die euch das vorgelesene Evangelium zu Gemüthe führt. Mit
der Auferstehung des Herrn hatte für die Jünger eine neue Zeit angefangen, wiewohl sie sie anfangs nach ihrem vollen Wesen nicht begriffen. Wie das bei Allem nicht Begriffenen der Fall ist, sah daher
ihre Seele nur mit Furcht und Zagen der Zukunft entgegen, bis der
Herr zu ihnen trat und sie mit dem Friedensgruß an ihre neue Bestimmung schickte. Gewiß, er hat sich bewährt an ihnen; vom Baum
des Friedens, den sie gepflanzt, genießen auch wir die gesegneten
Früchte.

So beginnt für euch, meine lieben Kinder, heute eine neue Zeit,
in dem ihr eine neue Stufe des Lebens betretet. Auch für euch ist die
Zukunft dunkel, und die Denkenden von euch werden wol des Bangens
bisweilen sich nicht erwehren. So seid denn getrost; sehet, wie den Jüngern im Evangelium ruft auch euch der Herr heute zu

„Friede sei mit euch".

Ja Frieden, Herr, Frieden schenke auch diesen Deinen Kin-
bern. Und damit Du aus Deiner Fülle ihn geben könnest, so
lasse sie erkennen „was zu ihrem Frieden diene". Amen.

I. „Friede sei mit euch" so ruft euch der Herr segnend im heutigen
Evangelium auf euren neuen Lebensweg zu; wohlan, wollt ihr in der
That, daß er mit euch sei, so seiet ihr selbst zunächst treu in eurem
Berufe. Es ist ein tiefbedeutsames Wort, wenn der Herr in unserm
Evangelium unmittelbar dem Friedensgruß an die Jünger folgen läßt:
„gleichwie mich der Vater gesandt hat, so sende ich euch". Es gilt auch
euch, meine Lieben, und will euch zu Gemüthe führen, daß auch ihr,
wie der Herr war, treue Haushalter des Vaters sein sollt in eurem
Berufsleben.

Denn der Beruf, ob er euch nun hinausführe aufs Feld, oder daheim festhalte in der Werkstatt, oder die stille Ordnung und Pflege des
Hauses euch anweise, ist eure nächste und unmittelbarste, wenn auch
nicht ausschließliche Lebensaufgabe und wer sie nicht treu erfüllt, zu
dem kann der Friede nicht einkehren. Für sie bildet euch denn aus mit
voller Hingabe und vergesset es nicht, daß die treue Arbeit in ihr
zugleich eine Förderung ist des Gottesreichs. Verstehet es wohl, die
treue Arbeit in ihr. Denn für dieses kommt es nicht darauf an, was du
thuest, wenn es nur ein Werk ist, das Gottes Gebot nicht zuwiderläuft,
sondern wie du es thuest. Mit welcher Einsicht, mit welchem Eifer, mit
welcher Ausdauer, mit welchem Sinn! Ob du dich darin fühlest als

Haushalter Gottes und deine Körper- und Geisteskraft, wie du sollst, darin recht verwerthest. „Gleichwie mich der Vater gesandt hat, so sende ich euch", das ist Jedem für seinen eigenen Berufsgang mitgegeben. Darin liegt die Mahnung: werde nicht müde; vom Morgen bis zum Abend war der Herr thätig; „seine Speise war, daß er that den Willen deß, der ihn gesandt hatte". Darin liegt die Mahnung: gebrauche immer die rechten Mittel; nur durch die Wahrheit wollte der Herr die Welt zum Vater führen, das heißt bei dir: „wir sollen Gott fürchten und lieben, daß wir unsers Nächsten Geld oder Gut nicht durch falsche Waare oder Handel an uns bringen". Und ein treuer Arbeiter fühlt sich geehrt durch seinen Beruf, so sehet auch ihr den euern an. Ein jeder, wie verschieden sie alle seien, nützt den Brüdern und trägt zur Erhaltung der menschlichen Gesellschaft bei. Es ist, wie der Baum weder der Wurzeln noch des Blattes entbehren kann. Und das gibt zugleich jene Berufsfreudigkeit, ohne die eine rechte Berufstreue nicht denkbar ist. „Gleichwie mich der Vater gesandt hat, so sende ich euch".

Solche Berufstreue ist aber nicht denkbar ohne zugleich unermüdeten Fortschritt im Beruf. Nie stille stehn, das ist ja die Losung der Gegenwart, die die Welt umgestaltet. Auf allen Gebieten der Arbeit, der geistigen wie der körperlichen, wird unaufhörlich das Bestehende durch Besseres verdrängt. Wer da nicht mitschreitet, der fällt der Verachtung und der Armut anheim. Es genügt nicht, sich in den Ruhegedanken einwiegen, die Väter machten es auch so. Auch die Väter wären nicht die Besten und die Tüchtigsten, hervorragend auf allen Gebieten des Lebens zu ihrer Zeit gewesen, hätten sie nicht fortwährend sich angeeignet, was diese Gutes und Edles geschaffen. Und das ist ja das Göttliche im Menschengeiste, dem Lichtstral gleich, immer vorwärts zu bringen, zu den Zielen höherer Vollkommenheit. Ja, das ist das Wesen des deutschen Volkes, der evangelischen Kirche, deren Söhne und Töchter ihr seid, nie zurückzubleiben hinter andern, nie auf den Lorbeern des Errungenen zu ruhen, sondern fort und fort nach Höherm und Besserm zu ringen. „Wie mich mein Vater gesandt hat, so sende ich euch".

Solche Berufstreue, meine Lieben, die da wurzelt im Bewußtsein, mit seinen Kräften und Gaben Gottes Haushalter zu sein, ist ein unerschütterlicher Grund des Friedens, was immer das Leben bringen mag. Sie schafft nicht nur Brod die Fülle, sondern auch Ehre bei Menschen und Segen von Gott. O, daß ihr alle ränget darnach.

II. „Friede sei mit euch", so ruft euch der Herr im heutigen Evangelium segnend auch den künftigen Lebensweg zu; wohlan er wird

kommen, wenn ihr ferner immer völliger werdet in der Liebe.
Auch das liegt in dem tiefen Wort unsers Evangeliums „gleichwie mich
der Vater gesandt hat, so sende ich euch". Denn des Herrn Sendung
und Leben war Liebe; sie ließ er als höchstes und einziges Gebot denen
zurück, die seine Wege wandeln wollten. „Daran wird man erkennen,
daß ihr meine Jünger seid, daß ihr Liebe zu einander habt", war eines
seiner Scheideworte.

Ihr alle, meine lieben Kinder, sollt nun in ein neues Leben ein-
treten; keines von euch allen wird das elterliche Haus lange halten, ja
viele von euch hat es schon entlassen. Kundige Kenner der Welt haben
diesen Lebensgang mit einem Kampf verglichen und es läßt sich in der
That nicht läugnen, daß er ohne mannigfache Gegner und Widerwärtig-
keit gar nicht gedacht werden kann. Wenn das aber ist, so gibt es eine
stärkere Rüstung und siegreichere Waffen dagegen nicht als die Liebe,
von der es gleichfalls gilt das Wort der Schrift, daß sie „Alles überwindet".

Wohlan werdet in ihr immer völliger, daß ihre köstlichste Frucht,
der Friede, auch euch beglücke. Ihre tiefste Grundlage aber ist, ihr
wißt es, der eingeborne Zug der Seele zu allem Edlen und Höhern,
in dem sie ein sich Verwandtes fühlt; ihn pflegt und entwickelt denn,
daß euch fern bleibe alles Niedrige und Gemeine. Und ihre eigentliche
und rechte Lebensäußerung ist daß sie „diene", wie der Herr von sich
sagt: „des Menschen Sohn ist nicht gekommen, daß er ihm dienen lasse,
sondern daß er diene".

Wo denn diese Himmelstochter der Liebe waltet, meine Kinder, da,
mag das Leben äußerlich wie immer sich gestalten, den Frieden des
Herzens und der Seele kann es nicht rauben. Siehe, wie unter Genossen und Freunden, wo sie herrscht, Alles einträchtig und ordentlich
zugeht. Da hörst du nie das rohe Wort des Streits, nie gemeinen Zank,
der so oft das bessere Herz mit Abscheu erfüllt. Selbst wo Gegensätze
auf einander stoßen, bleibt doch immer Zucht und Anstand gewahrt.
Unter Geschwistern knüpft sie das Band des Blutes doppelt fest. Durch
ihren Himmelsstrahl wird das Haus zu einer Stätte unaussprechlichen
Glückes. Sie heiligt den Bund der Ehe zu einem Abglanz seines heiligen Reiches. Sie führt die Kinderherzen dem Himmel zu. Sie erinnert
Herrschaft und Gesinde, daß beide einen höhern Herrn haben, den dort
oben. Wo sie waltet, da kann namentlich jener böse Ruhestörer und
Feind des Friedens nie eine Stätte finden, der Stolz und der Hochmuth, der Andre verachtet. Da schlägt es vielmehr Wurzel das Wort
des Apostels: „ihr Jungen, seid unterthan den Ältesten. Allesammt

seid unter einander unterthan und haltet fest an der Demuth. Denn Gott widerstehet den Hoffärtigen, aber den Demüthigen gibt er Gnade".

Darum werdet immer völliger in der Liebe, dann wird des Herrn heutiges Segenswort "Friede sei mit euch" sich an eurer Zukunft erfüllen. Wo sie weilt, da kann kein äußeres Ungemach zu schwer drücken; denn nie trägt es eines allein. Und wenn Alles schwindet, die Rosen der Wangen erbleichen, Lust und Kraft der Jugend fliehen, tausend Erdenhoffnungen sich als trügerisch erweisen: die Liebe, wenn sie rechter Art ist, bleibt und mit ihr der Segen des Friedens.

III. Ja "Friede sei mit euch", so ruft euch der Herr segnend im heutigen Evangelium auf euren künftigen Lebensweg zu, gewiß er wird kommen, wenn ihr endlich immer festhaltet an Gottes Wort. Wie der Herr im Evangelium zu den Jüngern, da sie hinaus sollen in die fremde Welt zum Kampf gegen Sünde und Irrthum, zu ihnen spricht: "nehmet hin den heiligen Geist", so spricht er es heute segnend zu euch; "heiliger Geist" aber, ihr wißt es, kann nicht sein, außer wo "sein Wort ist unsers Fußes Leuchte und ein Licht auf unsern Wegen". Und wie das Licht das gesammte All durchdringt und Dunkel und Nacht davontreibt, so dringt das Wort Gottes, wo es gehalten wird, in Herz und Seele und vertreibt die Sünde. Wie der Psalmist sagt: "wie wird ein Jüngling beinen Weg unsträflich gehen? Wenn er sich hält nach beinem Worte."

Ja wenn sie sich halten nach beinem Worte, so schenkst bu ihnen Gnade und Frieden, himmlischer Vater! Schon die rechte Berufstreue, die warme bienende Liebe, sie wurzelt in ihm, in ihm aller Tugenden Reichthum. Oder könnte es geschehen, wo Gottes Wort des jugendlichen Lebens Licht und Sonne ist, daß, was so oft das Gemüth des Redlichen mit tiefem Schmerz erfüllt, Jünglinge und Jungfrauen nach der Confirmation, weil sie aus der Schule entlassen sind, meinen, auch aus christlicher Zucht und Ordnung entlassen zu sein, Zerstreuungen und Genüssen der Eitelkeit nachjagen. Die es vergessen, oder doch nicht halten das schöne Wort des Psalms: "wohl dem, der nicht wandelt im Rath der Gottlosen, noch tritt auf den Weg der Sünder, noch sitzet, da die Spötter sitzen, sondern hat Lust zum Gesetz und redet von seinen Geboten Tag und Nacht". Eben darum freilich erfüllt sich an ihnen nicht, was dort von dem Frommen steht: "der ist wie ein Baum gepflanzet an den Wasserbächen, der seine Frucht bringet zu seiner Zeit und seine Blätter verwelken nicht, und was er macht, das geräth wohl."

Darum haltet ihr, meine Lieben, fest an seinem Worte. Und die Wege, die dahin führen, beachtet sie und lasset nicht davon. Das ist das stille Gebet des Herzens, das seine Ziele und seine Hülfe und seine Treue gerne vergegenwärtigt, die lebendige Theilnahme an seiner gemeinschaftlichen Verehrung hier in dem Hause seiner Ehre, die immer innigere und tiefere Bekanntschaft mit dem Buche seiner heiligen Offenbarung. Wohl den jungen Seelen, die diese Wege wandeln, immer heimischer zu werden in Gottes Wort. Sie werden ihrer Eltern Trost und Freude sein und die Gemeinde wird sich auf sie verlassen können. Und der schönste Schmuck, der die Jugend zieren mag, wird ihr eigen sein, das ist jene Züchtigkeit und Reinheit des Herzens, die köstlicher ist, denn Gold und Perlen und die um keinen Preis der Welt „in eine Sünde williget, noch thut wider Gottes Gebot".

Dann, dann wenn ihr treu seid in eurem Berufe und ihn treibet als Gottes Werk zu dem euch „der Vater gesandt hat", wenn ihr immer völliger werdet in der Liebe und festhaltet an Gottes Wort, wird auf eurem künftigen Lebenswege jener Friede euch nicht fehlen, den heute bei dem Eintritt in denselben das Evangelium euch verheißt.

Dann werdet ihr zugleich würdige Söhne und Töchter der Kirche sein, die euch heute als mündige Glieder in ihre Mitte aufnimmt und mit ihrem Segen auf jenen Weg begleitet.

Doch damit sie dieses thun könne, damit zugleich die Gemeinde, die mit so freudigen Hoffnungen auf euch sieht, euer Bekenntniß wisse, so sprecht hier laut und öffentlich euren Glauben und eure Zuversicht aus, steht auf und antwortet auf meine Fragen:

Glaubt ihr 2c.

Confirmation — Gebet — Segen — Amen.

Misericordias Domini.

„Ich bin ein guter Hirte."

(1867.)

Gnade sei mit uns und Friede von Gott dem Vater und unserm Herrn Jesu Christo! Amen.

Mit dem vergangenen Sonntag, geliebte Christenbrüder, sind wir in einen neuen bedeutungsvollen Abschnitt des christlichen Kirchenjahres eingetreten. Die Adventwochen hatten es uns verkündet: „sage der Tochter Zion, siehe, dein König kommt". In den Weihnachtstagen begrüßten auch wir die neue Lebenssonne, einstimmend in den Ruf der himmlischen Heerscharen: „Ehre sei Gott in der Höhe, Friede auf Erden und den Menschen ein Wohlgefallen." Die Rüstzeit der Fastenwochen führte uns hinauf mit dem Herrn „nach Jerusalem, damit Alles vollendet werde, das geschrieben ist durch die Propheten von des Menschen Sohn". Nun die Vollendung im Leiden, die Vollendung in der Herrlichkeit hat uns die Osterwoche gebracht. Wir haben ihn gesehen den Gerechten am Kreuz, aber auch gesehen „den Stein abgewälzt von des Grabes Thüre" und vor acht Tagen begrüßte uns das Segenswort des Auferstandenen „Friede sei mit euch" und „nehmet hin den heiligen Geist", „gleichwie mich mein Vater gesandt hat, so sende ich euch." An das Werk, zu dessen Gründung der Herr auf der Erde erschienen, den Bau des Gottesreichs, sollen nun die Jünger die treue Hand anlegen und der heiligen Freude über das darin erwachende und ringende neue Leben, das am Pfingstfest in der Gründung der Kirche seinen Ausdruck findet, sind die Wochen und Sonntage bis dahin geweiht.

„Dein Reich komme", diese tiefe Bitte des Herrn soll denn fortan der Grundton sein, durch alles Denken und Thun des rechten Christen hindurchklingend und alles Sinnen und Handeln desselben durchleuchtend und verklärend. „Dein Reich komme." Freilich wir wissen es, dieser Forderung unmittelbar antwortet auch aus guten Herzen, aus solchen, die aufrichtig nach dem Heile ringen, so oft die bange Frage: wo ist denn das Reich Gottes, worin besteht es, wie gelangen wir zu ihm? Wie der Jüngling dort schmerzlich im Evangelium fragte: „was muß ich thun, daß ich das ewige Leben ererbe", so fragen sie, wie mag es ugehen, daß uns sein „heiliger Geist" zu Genossen seines Reiches mache?

Geliebte, von der rechten Beantwortung dieser Frage, von der richtigen Erkenntniß auf diesem Gebiete hängt wesentlich die Gestaltung des Lebens ab und ist es bedingt, ob wir das Ziel erreichen, oder nicht. Auch Israel hat einst die Frage gestellt. Daß es sie unrichtig beantwortete, daß es im „Reich Gottes" irdische Macht und Herrlichkeit suchte, die Herrschaft Zions über unterdrückte Völker, hat Jerusalem zerstört und das Volk in die ganze Welt zerstreut bis auf diesen Tag. Selbst in der Kirche Christi hat es an unheilvollem Irrthum nicht gefehlt. Haben sie doch das Reich Gottes hinter dunkeln Klostermauern gesucht, oder in jener Bevormundung des gottverwandten Menschengeistes, die den Strahl des Göttlichen in ihm geradezu verdunkelte. Und doch hat der Herr wiederholt und von mehr als einem Standpunkt aus das Wesen

dieses Reiches so klar gezeigt, daß wer da hören will, ihn kaum miß-
verstehen kann.

Nur zweier seiner Worte erinnert euch heute. Eines hat uns die
Leidenswoche vor die Seele geführt. Da Pilatus den Herrn fragte:
bist du der Juden König, antwortete er: mein Reich ist nicht von dieser
Welt. Und da einmal die Pharisäer fragten: „wann kommt das Reich
Gottes", antwortete er: „Das Reich Gottes kommt nicht mit äußerlicher
Gebärde. Man kann nicht sagen: hie oder da ist es. Denn siehe, es
ist inwendig in euch."

D. h. das Reich Gottes hat nichts zu schaffen mit der Macht und
Gewalt der Erde, daß es wie sie durch Zwang herrschen und befehlen
wolle; dort ist die Wahrheit der König, dem man dient in Liebe und
freiem Gehorsam. Da gilt nicht das, was dem Staube gehört, die Lust
des Fleisches, der gemeine niedrige Sinn, wie der Evangelist es schildert: „sie aßen, sie tranken, sie kauften, sie verkauften, sie pflanzten, sie
bauten" und weiter — kams nicht; da ringt vielmehr der Geist nach
höherer Vollendung und treibt mit den irdischen Dingen himmlische
Geschäfte. Denn mißversteht es nicht; denn Gottes Reich nicht von
dieser Welt, so heißt das nicht zugleich, es sei nicht in dieser Welt. Im
Gegentheil, in ihr, mitten in ihr ist es und soll immer mehr und mehr
kommen, d. h. an den Gütern der Vergänglichkeit soll die Kraft sich
üben, die für die Ewigkeit bestimmt ist, an den Versuchungen der Sinnlichkeit der Geist sich läutern, dessen Ziel die Heiligkeit ist, durch den
Sieg über die Mächte des Staubes die Seele sich erheben zur Freiheit
der Gotteskindschaft. So treten Geist und Leib des Menschen zusammen
in den Dienst des „Heiligen Geistes", von dem das Evangelium am
vorigen Sonntag sprach, und die Sinnenwelt verklärt sich zum Gottesreich. Darum kommt dieses nicht mit äußern Gebärden, es ist nicht an
eine bestimmte Zeit, nicht an einen bestimmten Raum gebunden; es ist
überall, wo eine nach Gott ringende Seele, ihres ewigen Zieles sich bewußt, die Dinge und die Kräfte der Welt nach dem Willen Gottes zu
beherrschen und zu gestalten sich müht. „Siehe, das Reich Gottes ist
inwendig in euch", und wo es ist, da wandelt es auch die Außenwelt
dazu um. Denn wo ein Licht ist, da leuchtet es.

Das heutige Evangelium wird uns eine Gestalt vorführen, in der
dieses Gottesreich sich zur höchsten Vollendung verkörpert hat und dem
denkenden Geiste Veranlassung geben, zu prüfen und zu forschen, auf
welcher Stufe dasselbe auch unter uns stehe. Wir bereiten uns hiezu
vor 2c.

Lied 208, 1, 2: Ewig o Jesu wird dein Wort bestehen.

Evangel. Joh. 10, 12—16.

Ich bin ein guter Hirte. Ein guter Hirte läßt sein Leben für die Schafe. Ein Miethling aber, der nicht Hirte ist, deß die Schafe nicht eigen sind, siehet den Wolf kommen, und verläßt die Schafe, und fliehet; und der Wolf erhaschet und zerstreuet die Schafe. Der Miethling aber fliehet, denn er ist ein Miethling, und achtet der Schafe nicht. Ich bin ein guter Hirte, und erkenne die Meinen, und bin bekannt den Meinen; wie mich mein Vater kennet, und ich kenne den Vater. Und ich lasse mein Leben für die Schafe. Und ich habe noch andere Schafe, die sind nicht aus diesem Stalle. Und dieselben muß ich herführen, und sie werden meine Stimme hören, und wird Eine Heerde und Ein Hirte werden.

Das Evangelium, hörten wir vor seiner Verlesung, werde uns eine Gestalt vorführen, in der das Gottesreich sich zur höchsten Vollendung verkörpert habe; nun wir haben ihn gesehen unsern Herrn und Heiland in dem Bilde des „guten Hirten". Gewiß, es kann kaum ein freund- licheres und zugleich bezeichnenderes von ihm geben. Wenn unser Herz ihm freudig entgegenschlug, da wir ihn sahen als „Säemann ausgehen zu säen seinen Samen", wenn wir in banger Ehrfurcht sein gedenken, da „des Menschen Sohn kommen wird in seiner Herrlichkeit", wenn wir sehnend nach ihm verlangen, wo er spricht: „ich bin der Weinstock, ihr seid die Reben": näher steht er und menschlicher uns nie, als im heutigen Bilde: „ich bin ein guter Hirte." Und da dieses zugleich so anschaulich mehr als einen jener Wege hervortreten läßt, auf welchen das Gottes- reich zu den Menschen kommt, so laßt uns heute das tiefe Wort des Herrn

„Ich bin ein guter Hirte"

zum Gegenstand unserer Betrachtung machen.

Ja, Herr, sei du unser Hirte, wie du verheißen hast, so wird uns nichts mangeln. Zeige uns deine Wege und lehre uns deine Steige, so wird keiner zu Schanden werden, der Deiner harret! Amen.

I. „Ich bin ein guter Hirte", so spricht der Herr im heutigen Evan- gelium, wohlan so verstehet denn als ersten Zug in diesem Bilde das ergänzende Wort dazu: „ich kenne die Meinen und bin bekannt den Meinen, wie mich mein Vater kennet und ich kenne den Vater". In dem kurzen Satze, Geliebte, ist eine Fülle des Reichthums an heiligem Inhalt, den unsre heutige Stunde leider nur kurz andeuten kann. Dreierlei aber tritt unabweislich hervor: der Herr kennet den Vater, er kennet die Seinen und die Seinen ken- nen ihn; alles das trägt gleichmäßig dazu bei, daß er „der gute Hirte ist".

Daraus folgt, meine Brüder, daß wem sein Gewissen in der stillen
Stunde der ernsten Prüfung das gleiche Zeugniß nicht gibt, der ein
„guter Hirte" nicht ist. Und doch wollen, oder was mehr noch ist, sollen
wir es alle sein. Denn alle stehn wir an der Spitze, oder doch wenigstens in der Mitte gewisser Lebenskreise, die wir mit zum Gottesreiche
führen zu helfen den ernsten Auftrag haben. Dich, mein Freund, stellte
das Vertrauen deiner Mitbürger an die Spitze der Gemeinde, dich
berief sie unter ihre Vertreter; du leitest eine Genossenschaft, dir übertrug sie die Erziehung der Jugend; alle stehen wir in Freundeskreisen,
wo auch unsre Stimme gilt, alle sind wir Glieder eines Hauses, eines
Familienlebens, worin doch vorzugsweise des Gottesreiches Pflanzstätte liegt. Nun denn, wie hütet ihr die euch anvertrauten Heerden,
seid ihr nach des Herrn Vorbild gute Hirten, so klingt heute der ernste
Ruf des Evangeliums an unsre Herzen.

Da prüfet euch denn zuerst: kennet ihr den Vater? wißt ihr, was
er von der Stellung fordert, in die er euch gesetzt hat? Von dir, du
Vorgesetzter, des Gesetzes unerschütterliche Achtung und des Gemein-
sinns vorleuchtende Bethätigung, von dir, du Untergeordneter, freudigen Gehorsam gegen die Ordnung, ohne die Alles was da ist zum
abscheulichen Trümmerhaufen zusammenfällt; von einem Jeglichen,
dem er eine Pflicht auflegte, der Pflicht getreue Erfüllung, die nicht
mit trägem Miethlingssinn sich abfindet, und von Allen den Geist der
Heiligung, der auf der Erde nach dem Himmel ringt und die stille
dienende Liebe, die mit dem „guten Hirten" unmittelbar vor unserm
Evangelium sagt: „ich bin gekommen, daß sie das Leben und volle
Genüge haben sollen" und falls es Noth thut „mein Leben lasse für
die Schafe".

Dann prüfet euch: ob ihr die Euren kennt, denen ihr der „gute
Hirte" sein sollt. Habt ihr auch nur versucht, Einblick zu halten in die
Tiefe ihrer Seelen, zu erkennen, was sie zum Herrn führt und was sie
vom Gottesreich fern hält. Hier ist es das feurige Blut der Jugend,
das vom rechten Weg abirrt, dort der träge Sinn der Alten, der für
das Höhere nicht mehr zu begeistern ist. Hier ist die Einrichtung von
Anfang an verfehlt, dort sind nur schlimme Auswüchse dazugekommen,
die das Gottesreich hindern. Kennt ihr sie, auf daß ihr gute Hirten
sein könnet?

Und endlich, seid ihr bekannt den Euern? Tratet ihr zu helfend
und warnend zur schwachen Kraft der Jugend; hieltet ihr mit den
Vorgehenden rüstigen Schritt, gabet ihr Zeugniß, daß ihr das Ziel
kennet und seine Erreichung euch Ernst ist, daß die mit euch waren

und unter euch standen, aus eurer gereiften Einsicht, aus eurem heiligen Ernste, aus eurem treuen Wohlmeinen, aus eurer stillen Geduld einsehen mußten, daß ihr gute Hirten seiet, weil ihr den Vater und die Euern kennet?

Oder wie wollet ihr es sonst sein? Nehmt das gewöhnlichste Verhältniß des Lebens, das Haus. Ihr sollt da des Hauses „gute Hirten" sein, Vater und Mutter. Wie ist das möglich, wenn ihr nur das kennt, was der Erde gehört, nicht aber das heilige Ziel dort oben, wenn ihr nur dem Werth beilegt, was auf dem Markte gilt, nicht aber den ewigen Gütern des Geistes! Wenn ihr die Euern nicht kennt, weil ihr immer nur den nichtigen Schatten nachjagt und nie auf die Seelen seht, so daß ihr euch nicht versteht zu lieben, zu leiten, zu tragen, zu trösten. „Ich bin ein guter Hirte" sagt der Herr, „denn ich kenne die Meinen und bin bekannt den Meinen und kenne den Vater."

II. Ja wohl ist Er „der gute Hirte", ihr aber, geliebte Christenbrüder, merket was er weiter hinzufügt: „ein guter Hirte läßt sein Leben für die Schafe". Wie anschaulich und wahr ist hier das Bild des Gegensatzes gezeichnet! „Ein Miethling aber, der nicht Hirte ist, deß die Schafe nicht eigen sind, siehet den Wolf kommen und verläßt die Schafe und fliehet und der Wolf erhaschet und zerstreuet die Schafe. Der Miethling aber fliehet, denn er ist ein Miethling und achtet der Schafe nicht." „Ich aber", fügt der Herr abermals hinzu, „bin ein guter Hirte und lasse mein Leben für die Schafe."

Das ist des guten Hirten Wachsamkeit und opferwillige Hingabe für die ihm anvertraute Heerde, meine Brüder! Ehe er zugäbe, daß durch seine Schuld eines verloren ginge, wagt er lieber das eigene Leben. „Ich bin gekommen, daß sie leben und volle Genüge haben sollen" sprach der Herr.

Und dieser Hirtentreue, Geliebte, diesem Muthe, der die Pflicht höher hält, als alle Güter der Erde, diesem Hochsinne, der das eigene Glück und Sein freudig daran setzt, daß die von dem großen Hirten dort oben ihm übertragene Aufgabe vollendet werde, verdankt das Menschengeschlecht alles Edle und Beseligende, das es besitzt. Diese Hirtentreue ist die Seele der Mutterliebe, die am Bette des kranken Kindes die langen Nächte geduldig wacht und das fliehende Leben des Lieblings durch Gebet und Pflege zurückhält. Diese Hirtentreue macht den Vater stark, daß er den Schritten des verlornen Sohnes nachgeht und nicht müde wird, bis er ins Vaterhaus gerettet zurückkehrt. Diese Hirtentreue hält den Lehrer aufrecht, wenn er für die Arbeit am Gottesreich nur Undank findet. Sie belebt die ermattende Kraft des Weisen

und des Forschers, die die Tiefen des Geistes ergründen und die Ge=
heimnisse der Natur erforschen, damit die Quellen des höhern Lebens
nie versiegen, wenn im Erdenstaub versunkene Zeitgenossen kein Wort
der Anerkennung dafür haben. Sie stärkt den redlichen Vorgesetzten
und den Freund seines Volkes, daß sie fest stehen und nicht wanken,
wenn die thörichte Menge nicht erkennen will, was zu ihrem Frieden
dient, schwankend wie das Rohr im Winde der Väter gute Wege ver=
läßt und die feigen Miethlinge nicht Stand halten, wenn der Wolf
kommt.

Ja solche Zeiten erproben und bewähren den „guten Hirten". Er
„läßt sein Leben" für das erkannte Göttliche, damit die der Herr ihm
anvertraut nicht des Feindes Beute werden. Darum wacht er für sie,
kämpft er für sie, opfert er sich für sie. Sogar dann schläft er nicht,
wenn der Wolf nicht offen auf die Heerde loskommt, sondern sie nur
heimlich umschleicht, um sie desto sicherer zu erhaschen. Ja, dann um
so weniger, denn die Gefahr ist größer. Wenn die Sünde nicht offenen
Angesichts und unverhüllt einhergeht, sondern sich in das schmeichelnde
Vorurtheil verbirgt. Grade dann aber will der Herr erkennen, ob du
in rechter Treue wachsam bist, oder nur ein Miethling und der Schafe
nicht achtest. Und wie viele erliegen da. Blicket wieder nur auf das
Haus zurück. Warum du Mutter, die du für des Kindes Heilung dein
Leben geben möchtest, bist du nicht gleich wachsam, wenn der böse
Feind der Augenlust, des Sinnesgenusses die junge Seele umschleicht?
Warum versagst du ihm das Vergnügen nicht, das seinem Alter noch
nicht ziemt? Warum thust du ihm zu gefallen, was die gute alte
Ordnung verbietet? Warum läßt du zu, wonach das unverständige
Herz gelüstet, die Laune begehrt? Willst du denn, die in schweren
Dingen des „guten Hirten" wachsame Treue bewies, hier den Vorwurf
des „Miethlings" auf dich laden?

III. Ich bin ein guter Hirte" so spricht der Herr endlich in userm
Evangelium. „Und ich habe noch andre Schafe, die sind nicht
aus diesem Stalle und dieselbigen muß ich herführen und
sie werden meine Stimme hören und wird Eine Heerde
und Ein Hirte werden." Welche Zuversicht auf den Sieg des
Gottesreichs, Geliebte! In demselben Augenblick, wo die eigenen
Volksgenossen des Herrn ob seiner Rede ihm höhnisch zuriefen „er hat
den Teufel und ist unsinnig"; in demselben Augenblick, wo er die dunkeln
Wolken am Himmel schon heraufziehen sah, die sein Erdenleben bald
in Grabesnacht hüllen sollten — denn die Rede unsers Evangeliums
gehört den letzten Tagen des Herrn an — in demselben Augenblick ist

das Vertrauen auf den Sieg des Göttlichen weniger erschüttert als je. Ja über die Gränzen des eigenen halsstarrigen Volkes geht der Siegesblick hinaus. Denn die „Schafe aus dem andern Stalle" sind die Heidenwelt; auch die wird seine Stimme hören und alle werden eine Gemeinde werden unter Einem Hirten, alle wetteifernd nicht mehr in Werken des Hasses und der Zwietracht, sondern des erlösenden Glaubens und der heiligenden Liebe.

Das ist die Siegesgewißheit des „guten Hirten". Ihr wißt, sie ist in Erfüllung gegangen. Sie haben seine Stimme gehört; das Kreuz des Heilandes ist ein Einigungspunkt geworden für die Völker der Erde. Und wenn in der Gemeinde, die unter ihm sich bildete, der Menschen Wahn und Leidenschaft und Sünde die Herzen doch wieder in neue verderbliche Spaltung trieb: das Wort des Evangeliums „und sie werden meine Stimme hören und es wird Ein Hirte und Eine Heerde werden" unter ihm der das Haupt ist, Christus, es ist eine hellleuchtende Weissagung für die Zukunft und ein Morgenstern, der gewiß einst den vollen Siegestag des Gottesreichs heraufführen wird.

Ja „sie werden meine Stimme hören", das, Geliebte, ist so oft der einzige Trost, der in der Sünde und in der Schuld der Welt den „guten Hirten" aufrecht hält. Wenn er sehen muß, wie die Menge noch immer nichtigen Götzen opfert und ihr Herz an das Vergängliche hängt. Wenn sie es gleichgültig geschehen läßt, daß das zukünftige Geschlecht heranwächst in Unwissenheit und meint, mit dem Seidenkleid oder mit vollen Speichern könne man die Leere des Geistes und die Rohheit des Herzens verbergen. Wenn sie zu Traumdeutern und Wahrsagern gehen und es nicht verstehen das Wort des Propheten, durch den der Herr spricht: „siehe doch, sie weissagen falsch; ich habe sie nicht gesandt und nichts mit ihnen geredet; darum sagen sie euch falsche Gesichte, Lügendeutung, Abgötterei und ihres Herzens Trug".

Und doch, doch „sie werden meine Stimme hören und wird Eine Heerde und Ein Hirte werden", das ist die Überzeugung, die den Freund des Guten nie verlassen darf, mit welch' schmerzlichen Erfahrungen auch oft der gemeine Strom des Lebens das Saatfeld des Göttlichen überschwemmt und verwüstet. „Das Reich" muß doch seiner Gemeinde bleiben. Siehe, wenn auch langsam, sie wächst dennoch und wenn auch hier ein Miethling fliehet und dort einer der Schafe nicht achtet, ja wenn, was ach mit Zentnerlast aufs Herz fällt, mancher in der Stunde der Anfechtung weicht, in dem du doch den „guten Hirten" erkannt zu haben meintest, kommen wird einst der Tag, wo die Herrlichkeit des Herrn aufgehet über Allen, wo die bösen Schatten der

Nacht fliehen vor dem Sonnenglanze des Lichtes und alle in der Macht seines heiligen Geistes ringen, daß das Reich seiner Erkenntniß, seiner Heiligkeit und Liebe hienieden schon eine Wahrheit werde. Werdet nur ihr nicht müde, „ihr guten Hirten". Leget nur ihr die Hand nicht vom Pfluge, ihr treuen Arbeiter, kämpfet nur fort und fort gegen den Miethlingssinn: endlich „muß" doch die Saat des Göttlichen ein „gut Land" finden und sich erfüllen die Verheißung des Herrn: „ich will euch einen neuen Himmel und eine neue Erde schaffen", „daß Güte und Treue einander begegnen, Gerechtigkeit und Friede sich küssen, daß Treue auf der Erde wachse und in unserm Lande Ehre wohne".

Wohlan, Geliebte, das ist das Bild des „guten Hirten" in unserm Evangelium. Er kennet die Seinen, er wacht für die Seinen, er hofft für die Seinen, hofft auf den Sieg des Göttlichen, wie sehr auch der Miethling der Welt diene. Nun denn, Geliebte, weilt dieser „gute Hirte" auch in unsrer Mitte, in unsern Häusern, in unsrer Kirche, in unsern Schulen, in unserm Gemeindeleben? O prüft das heute mit doppeltem Ernste. Denn er „der gute Hirte" dort oben, der zugleich der gerechte ist, wird einst darnach fragen und — richten! Amen.

Jubilate.

„Ich gehe zum Vater."

(1866.)

Gnade sei mit uns und Friede von Gott dem Vater und unserm Herrn Jesu Christo! Amen.

Aus uralten Tagen, fast von dem Anfang des Menschengeschlechts klingt bis in unsre Zeiten herab immer wieder die bedeutungsvolle Frage über das ernste Räthsel des Lebens. Seit der Geist zu seinem Bewußtsein erwachte, seit er den raschen Wechsel der Erscheinungen, die die Sinnenwelt unaufhörlich ihm darbot, in Grund und Folge verknüpfend zusammenfaßte, mußte der Gedanke immer wieder zum eigenen Wesen zurückkehren. Wenn er sah, wie der Frühling in jedem Jahre neu das Blatt aus der scheinbar todten Knospe hervorrief, wie der heiße Strahl des Sommers die Blüte zur Frucht gestaltete und der rauhe Herbststurm das reiche Leben dahinraffte; wie darüber am hohen Himmel die leuchtenden Gestirne unwandelbar ihre ewigen Bahnen gingen, unbekümmert um den Schmerz des armen Menschenherzens, das vergeblich den flehenden Blick zu ihnen erhob: da mußte wol auch in der Menschenbrust die stille Frage entstehen: was bin ich und was soll ich? Und erst, als der Mensch mitten im Kreislaufe von Leben und Vergehen um ihn her das eigene Geschlecht dem allgemeinen Loos der Nichtigkeit verfallen erkannte! Es mag eine erschütternde Erfahrung gewesen sein, als der Mensch am Anfang seines Daseins zum erstenmale ein geliebtes Wesen in den langen Schlaf sinken sah, aus dem es nie mehr erwachen sollte, als er immer und immer umsonst harrte, daß der kalte Schlummer weiche und der warme Hauch des Lebens wieder komme, bis er endlich der Erde geben mußte, was ihr gehörte. Gewiß jene ernste Frage über das Räthsel des Lebens wird dadurch nur um so ernster an ihn hinangetreten sein; ihr woher, wohin, wozu bildet seitdeß eine geistige Kette, die die edelsten Gemüther des Menschengeschlechtes zu gemeinsamer sittlicher Arbeit für die Lösung der tiefsten Frage desselben umschlungen.

Und die Ergebnisse dieser Arbeit, wenn sie auch weit in graue Jahrhunderte zurückreichen, sie sind selbst für uns nicht ohne Werth. Lernen wir doch aus ihnen einbringlich genug, daß das Menschenherz zu allen Zeiten und unter den verschiedensten Einwirkungen äußerer Verhältnisse in seinem Wesen und in seinen Bedürfnissen immer eins und dasselbe ist. Vor allem, daß ihm die Erde und was sie bietet, nicht genügt; daß der Geist nicht haften kann an der Scholle, an der der Leib ihn festhält, sondern wie auf Adlersflügeln sich erhebt, nach Erkenntniß ringend und Verständniß dessen, was in ihm ist und außer ihm, damit dadurch seine Freiheit wachse und sein Machtgebiet. Siehe, dort fern im Lande da die Sonne aufgeht, wo unter den Palmen und freiwillig gebotenen Früchten der Erde des Menschengeschlechtes Wiege stand, wie dort wo starre Kälte fast alles Leben in ödem Frost begräbt, unter allen Stämmen der vielsprachigen Menschen, zu allen Zeiten hat das sehnsüchtige Herz gefragt, woher, wohin und wozu und heute noch vermag nichts, diese Frage zu bannen. Ja, heute vermag die bange Seele nicht nur die Frage zu stellen, sondern sie empfängt auch die tröstende Antwort darauf. Während lange Jahrhunderte um den Erdkreis nur den Strom des Todes brausen hörten und in seinen dunklen Wogen die wechselnden Geschlechter der Menschen versinken sahen, während andre im gesammten Dasein nur Traum und Schatten erblickten, die Menschheit wie des Meeres Schaum in nichts verfliegend, ist, was die Weisesten der Vorzeit vorschauend ahnten, uns endlich erschienen, das Licht der Erkenntniß, das da die Zweifel stillt und die Seele befriedigt, wie die Morgensonne die Schatten der Nacht vertreibend.

Ihr wißt, Geliebte, das ist das neue Leben, das da im Herrn aufging, als die Sehnsucht der Herzen und die stille Arbeit der Forschung,
wie sie in den größten Geistern vor ihm sich vollzogen, der vollen Erkenntniß die Wege geebnet. Nun vermag die Seele die überzeugungs-
freudige Antwort zu geben auf die nie ruhende Frage an das Menschenleben: woher, wohin und wozu? nun ist das Räthsel des Daseins
gelöst und in glaubensfroher Zuversicht bekennt der denkende Geist,
daß fern dem eiteln Spiele des Zufalls, fern von drohender Vernichtung
auch sein Wesen in ihm, dem Herrn des Lebens und der heiligen Ur-
quelle alles Seins „lebet und webet und ist".

Solche Blicke über die engen Schranken des Staubes und der Zeit
hinaus in das Reich des auch dem Menschenleben bestimmten unendlichen göttlichen Lebens eröffnet uns vor allen die Reihe jener Evangelien, welche die Kirche für die Sonntage zwischen Ostern und Pfingsten
geordnet hat. Auf die heilige Osterfrage am offenen Grabe des Auferstandenen: „was suchet ihr den Lebendigen bei den Todten" gab uns
das Evangelium vor vierzehn Tagen die Weisung „gleich wie mich der
Vater gesandt hat, so sende ich Euch" und damit zugleich die Antwort
auf die Frage an das Menschenleben „woher?". Am letzten Sonntag
konnten wir im Bilde des „guten Hirten" erkennen „wozu" es da sei
und der heutige wird dem Herzen Antwort geben auf die Frage
„wohin?"

Ehe wir aber das Evangelium desselben hören ꝛc.

Lied 69, 1, 6: Schuf mich Gott für Augenblicke.

Evangel. Joh. 16, 16—23.

Über ein Kleines, so werdet ihr mich nicht sehen; und aber über ein Kleines,
so werdet ihr mich sehen; denn ich gehe zum Vater. Da sprachen etliche unter
seinen Jüngern unter einander: was ist das, das er sagt zu uns: über ein
Kleines, so werdet ihr mich nicht sehen, und aber über ein Kleines, so werdet ihr
mich sehen, und daß ich zum Vater gehe? Da sprachen sie: was ist das, das er
sagt, über ein Kleines? Wir wissen nicht, was er redet. Da merkte Jesus, daß
sie ihn fragen wollten und sprach zu ihnen: davon fragt ihr unter einander, daß
ich gesagt habe: über ein Kleines, so werdet ihr mich nicht sehen, und aber über
ein Kleines, so werdet ihr mich sehen. Wahrlich, wahrlich, ich sage euch: ihr
werdet weinen und heulen, aber die Welt wird sich freuen; ihr aber werdet
traurig sein, doch eure Traurigkeit soll in Freude verkehret werden. Ein Weib,
wenn sie gebieret, so hat sie Traurigkeit, denn ihre Stunde ist gekommen; wenn
sie aber das Kind geboren hat, denkt sie nicht mehr an die Angst, um der Freude
willen, daß der Mensch zur Welt geboren ist. Und ihr habt auch nun Traurigkeit;
aber ich will euch wieder sehen, und euer Herz soll sich freuen und eure Freude
soll niemand von euch nehmen. Und an demselben Tage werdet ihr mich nichts
fragen.

Das vorgelesene Evangelium ist jener erhabenen Weiherede ent= nommen, die, wie uns der Evangelist Johannes berichtet, der Herr unmittelbar vor seiner Gefangennahme an seine Jünger richtete. Die gesammte Rede und das daran sich knüpfende „hohepriesterliche" Gebet zeigt uns den Herrn in der Verklärung seiner sittlichen Vollendung, in welcher von dem Willen des Vaters und den heiligen Zielen desselben hinabgesunken Alles was der Erde angehört und zugleich die göttliche Bestimmung des menschlichen Seins in seiner himmlischen Herrlichkeit klarer als je hervortritt. „Über ein Kleines werdet Ihr mich nicht sehen, denn ich gehe zum Vater" so tröstet er die trauernden Jünger; „ich gehe zum Vater" so ruft er damit der gesammten Menschheit zu, die darin zugleich eine doppelte Antwort erhält auf die oft so bange Herzensfrage „wohin" und „wozu".

Wohlan, so laßt uns heute
        das Menschenleben als Hingang zum Vater
kennen lernen.

„Über ein Kleines" sollen auch wir dich sehen, Vater des Lebens, und dann soll uns klar werden, was der Erde Schatten uns jetzt noch verhüllen. Bis dahin aber hilf, daß wir Licht und Trost finden im Bewußtsein „ich gehe zum Vater!" Amen.

I. „Ich gehe zum Vater", das tiefe Wort des Herrn es gibt dem Leben seine rechte Bedeutung. Wie wir am Sonntag nach Ostern den Heiland sagen hörten, daß der Vater ihn gesandt habe, so ist sein jetziges Wort „ich gehe zum Vater" die rechte Ergänzung dazu und was er einst zu seinen Jüngern sprach „ich muß wirken die Werke deß der mich gesandt hat, so lang es noch Tag ist" und was wir von den Früchten dieses Wirkens wissen, ist um so reicheres Licht darauf. Wer Augen hat zu sehen, der kann länger nicht mehr zweifelhaft sein über des Christenlebens Ziel und Bedeutung.

Zum „Vater" gehn wir, das gilt nicht von der Pflanze, an deren Frucht wir uns laben, nicht von dem Thiere, das unsre Arbeit uns verrichten hilft; wir allein können es sagen, wir gottbegnadigte Men= schen „ich gehe zum Vater". Darum verlieh er uns, den Blick hinauf zu seinem Himmel zu richten, zum höhern Ziele, das uns allein gesetzt ist, während die andern Geschöpfe der Erde nur den Staub des Bodens sehen. Darum gab er uns zum Begleiter auf den verschlungenen Pfaden unsers dunkeln Wandelsterns die heilige Stimme des Gewissens mit und sein Wort, damit sie uns führen, wenn wir sonst Niemanden „fragen" können. Darum entrollt er vor dem denkenden Geiste das

tiefe Buch der Natur und das noch tiefere der Geschichte und jede
Stimme von dort und alle Sprache von hier zeigt es immer aufs neue
in Flammenschrift, wie das Menschengeschlecht bestimmt ist zur Gotteskindschaft, daß ihm auf die Dauer und wahrhaft hienieden schon nichts
genüge, als das „was des Vaters ist" und nur die Einheit mit dem
Göttlichen den vollen Frieden der Seele gebe.

Ist aber das Menschenleben ein Hingang zum Vater, Geliebte,
so haben wir auf dem Wege zu ihm seine Werke zu wirken. Das heißt,
über der Zeit nicht die Ewigkeit vergessen, über der „Welt und ihrer
Lust" nicht versäumen „das Eine was Noth thut", in dem nie ruhenden
Kampfe der Sünde gegen das Göttliche sich nicht zum Knechte der
Sünde machen, sondern in Wahrheit, Lauterkeit und Treue allewege
ihm nachringen, der da gesagt hat, „ihr sollt heilig sein, denn ich bin
auch heilig".

Ist das aber „zum Vater gehen", Christenbrüder, wenn so Viele
ihren Geist verschließen der Einsicht und der Weisheit, die in der
stillen Entwicklung der Zeit in immer reicherer Fülle den Geschlechtern
der Menschen zuströmt, ihr Dasein zu veredeln und zu verschönern,
oder die gar, ohne daß die äußerste Noth sie unerbittlich dazu zwingt,
selbst ihre Kinder abhalten von den Stätten, wo dem Geiste die rechte
Nahrung gereicht wird? Ist das „zum Vater gehen", wenn Andere
ihre kleinen Wünsche nicht erheben über das Richtige und Vergängliche, sondern immer mehr versinken in dem Staube der Erde, in den
eiteln Sorgen des Lebens, als ob sein Ziel nur Haben und Besitzen,
nur Mehren und Aufhäufen solchen Gutes sei, das doch nicht einmal
vor dem Grabe schützt? Ist das „zum Vater gehen", wenn jene fort
und fort das Herz vom flüchtigen Sinnenreiz, vom Taumel sündiger
Genüsse umstricken lassen, des Hauses Wohl, der Seele Heil der bösen
Leidenschaft zum Opfer bringend, wie wenn die „Freude nie in Traurigkeit verkehrt" werden könne; oder wenn endlich diese mit Zwietracht,
mit Haß, mit argem Streit ihr und der Ihrigen Leben vergiften, daß
vor ihrer Lieblosigkeit der Engel des Friedens weinend das Antlitz
verhüllt, die nicht einmal heilige Eide an ihrer beschworenen Pflicht
halten können, also daß du meinest, nicht unter Kindern eines Vaters
zu sein, die sich auf dem Weg zum Vater wissen, sondern in jener
„Welt" der Sünde wie sie unser Evangelium zeichnet, die sich „freuet",
wenn Andre „weinen und klagen".

Und doch, Geliebte, „über ein Kleines", verstehet es recht, „gehen"
wir nicht mehr zum Vater, sondern sind wir bei dem Vater. Alle,
alle, auch die die Wahrheit nicht wollen, die sich im Staube der Erde

verlieren, die da nur dem Genusse fröhnen, die dem Haß und der
Zwietracht statt der Liebe dienen. Sagt, wird da, wenn sie vor den
Vater treten, auch von ihnen gelten: „eure Traurigkeit soll in Freude
verkehrt werden?"

II. Ja „ich gehe zum Vater", dieß tiefe Wort des Herrn es gibt
nicht nur dem Leben seine rechte Bedeutung, sondern auch dem
Leiden seine rechte Weihe. Angesichts der erschütternden Wen-
dung, die des Heilandes Geschick nahm, war der Jünger Herz voll
Trauerns geworden. Wie der Herr sie aufrichten wollte, „wußten sie
nicht, was er rede", so verdunkelte der Schmerz des Augenblicks das
Auge des Geistes. Da fügte er hinzu „ich gehe zum Vater", und dieses
Bewußtsein sollte „die Traurigkeit in Freude verkehren".

Denn der Gedanke, der „Vater" im Himmel ist es, der dem zu ihm
kommenden Kinde Schmerz und Leid schickt, kann im Christenherzen
trostlose Trauer nicht aufkommen lassen. Der „Vater" schickt sie ja.
Ehe das Heil in Christo der Welt erschienen, konnte allerdings der
finstre Wahn den Frieden der Seele stören, die himmlischen Götter
sähen neidvoll auf das irdische Glück herab und vor ihrer Mißgunst
könne menschliches Wohlsein nie lange ungestört bleiben. Oder wie
eine ausgeartete Einbildungskraft auch im Volke Israel dann und
wann sich fürchtete, Schmerz und Leid des Lebens sei vom Zorn des
strafenden Gottes verhängt. Wir aber, die wir wissen, daß das Leben
ein Gang zum Vater ist, erkennen darin zugleich die Weihe dessen,
was der im engen Gesichtskreise des Kindes befangene Menschenblick
Schmerz und Leiden nennt, indem wir verstehen, daß sie für den
Guten nicht Strafe, sondern nur Erziehungsmittel sind in der Hand
des Höchsten, die zu ihm führen sollen. Da ist die ganze Welt ein
heilig Gotteshaus und darin, wie Freude und Lust, so auch Schmerz
und Leid seine Diener, die da an keinen hinantreten, der ihrer helfenden Hand nicht bedarf.

Oder wer in das eigene Herz, wer in den Entwicklungsgang der
Menschheit je tiefere Blicke gethan, sollte der hieran zweifeln? In
verzärtelnder Elternliebe verzogen, wäre jener Jüngling da in Schlaffheit und Trägheit zu Grunde gegangen, hätte nicht zu rechter Zeit das
schwere Leid vielleicht ewiger Erbentrennung ihn an die eigene bessere
Kraft gewiesen. Jenes Haus dort es wäre in der Lust und im Übermuth des Wohlstandes auf Irrwege gerathen, wenn nicht ein ungeahnter
Schlag des Unglücks es erinnert, daß nur auf dem Boden der Arbeitsamkeit, der Mäßigung, der Demuth dauernder Segen erwachse. Jenes
Herz es hätte in der Leidenschaft des Zornes, des Hasses, der Eitelkeit

noch lange lange seinen eigenen und des Nächsten Frieden gestört, hätte nicht, ach wer weiß wie bitteres Seelenleid sie an die „Liebe" gemahnt und an des Apostels Wort: „wenn ihr stille wäret, so würde Euch geholfen". Und — blicket einmal in die größern Verhältnisse des Lebens! Aus dem Schmerze, der am Kreuze verblutete, ist für die ganze Menschheit der Friede geflossen; Gemeinden und Völkern ist die Noth die Schule des Heils geworden, in der ihre Einsicht sich läuterte, ihre Kraft sich übte, ihr Wesen sich veredelte, und endlich ihre „Trauer in Freudigkeit sich verkehrte".

Dabei überseht es auch hier nicht das andere tiefbedeutsame Wort unsers Evangeliums „über ein Kleines". Es ist um kurze Zeit zu thun, so ihr nur selbst des rechten Sinnes seid, die ihr seufzet unter des Lebens Leiden auf dem Gang zum Vater und ihr werdet nicht mehr denken an die Angst, wenn ihr die heilsame „Frucht der Gerechtigkeit" erkennet, die daraus erwachsen. Darum, was auch das Leben bringe, der Vater sendets, zu dem wir gehen, Er auch euch, denen jetzt das Vaterland die Söhne ruft zum edeln Ehrendienst. Was euch Trauer bringt, es soll ihnen ein Erziehungsmittel sein, das über „ein Kleines" zur Freude sich verkehrt. Darum, wie der Apostel sagt, ihr alle, die da Leid tragen, „richtet wieder auf die lässigen Hände und die müden Beine und thut gewisse Tritte mit euren Füßen, daß (auch unter der Last des Leides) nicht Jemand strauchele wie ein Lahmer, sondern vielmehr gesund werde".

III. Denn auch im Leide „gehn wir zum Vater" und dieses tiefe Wort des Herrn es gibt endlich auch dem Scheiden seine rechte Hoffnung. „Ihr habt nun Traurigkeit" ruft der Herr den vom Wehe der Trennung ergriffenen Jüngern zu, „aber ich will euch wieder sehen und euer Herz soll sich freuen und eure Freude soll Niemand von euch nehmen. Denn ich gehe zum Vater" und „will", verheißt er an einer andern Stelle, „daß wo ich bin auch die Meinen seien".

So wiederholt uns das heutige Evangelium die herrliche Wahrheit, die uns schon das offene Grab der verflossenen Ostern mit Siegesfreudigkeit verkündete, und die der in solcher Herrlichkeit lange nicht dagewesene Frühling mit den tausend Sinnbildern seiner Blüthenpracht selbst dem kalten zweifelnden Herzen so nahe legt. Nicht nur über dem Dasein diesseits des Grabes waltet die allmächtige Hand des lebendigen Gottes, auch jenseits desselben ist sein Reich, in dem Tod und Untergang nur Namen sind, die neues edleres Dasein bedeuten. Darum wenn jener allgewaltige Schnitter, den der Herr der Saaten zu jeder Stunde des Tages ausschickt, daß er die Garben in seine

Scheune sammle, ohne Erbarmen sein hartes Werk vollzieht; wenn neben dem lebensmüden Haupte die blühende Knospe, neben des Mannes Kraft der Mutter zarte Sorge unter seiner Sichel fällt; wenn hier dem Einen, dort dem Andern „die Stunde kommt", ehe er und wir es gemeint: es kann wol nicht anders sein, als daß wir „weinen und klagen und traurig sind"; aber in aller Traurigkeit dürfen wir es nicht überhören das Wort des Herrn, das er zum letzten Abschied sprach: „ich gehe zum Vater" und „ich will euch wieder sehen und euer Herz soll sich freuen" und diese „Freude soll Niemand von euch nehmen".

So verklärt sich die Sehnsucht des Herzens, in dem bei allem Glück der Erde ein Heimweh nach dem Himmlischen sich regt, die Ahnung der Seele, daß sie zur Vollkommenheit bestimmt sei, die Mahnung des Gewissens, das uns drängt, nach Heiligung zu ringen und an die höhern Güter des Lebens das Leben selbst zu setzen, der Schmerz des Abschieds am offenen Grabe unserer Lieben im stillen Worte unsers Evangeliums „ich gehe zum Vater" zur freudigen Gewißheit des Wiedersehens, die dem Scheiden seinen Stachel und dem Grabe seine Schrecken nimmt. Der Stein an des Grabes Thüre ist jetzt nur noch die Gränzmarke, die die Zeit hüben von der Ewigkeit nicht trennt durch eine Kluft, da kein Leben hinüberkommen kann, sondern die beide verbindet, als einen und denselben Weg, der zum Vater führet, auf dem die Geschlechter der Menschen fort und fort zu ihm gehen, um an dessen Ziele die dunkeln Räthsel alles Daseins einst gelöst zu sehen und in einer „Freude, die Niemand von ihnen nehmen wird", von demselbigen Tage an ihn den Herrn des Lebens „nichts mehr zu fragen".

Und will Euch, trauernde Herzen, doch die Zeit bis dahin lange währen, übersehet es auch hier nicht, Geliebte, das schöne Wort unsers Evangeliums, das vor unserm eigentlichen Texte steht „über ein Kleines". „Über ein Kleines, so werdet ihr mich nicht sehen und aber über ein Kleines, so werdet ihr mich sehen; denn ich gehe zum Vater."

Gewiß, Geliebte, es ist ein theuerwerthes Wort, das Wort unsers heutigen Evangeliums: „ich gehe zum Vater". Es giebt dem Menschenleben seine rechte Bedeutung, dem Leiden seine rechte Weihe, dem Scheiden seine rechte Hoffnung. O, so lasset uns wachen und beten, daß wir nicht in Unverständniß und in Herzenshärtigkeit sprechen mögen „was ist das, das er sagt, wir wissen nicht was er redet", vielmehr das heilige Wort auch an uns seine Wahrheit erfülle, auf daß auch unsre „Traurigkeit in Freude verkehrt werde" und unsre „Freude Niemand von uns nehme!" Amen.

Rogate.

„So ihr den Vater etwas bitten werdet in meinem Namen."

(1866.)

Gnade sei mit uns und Friede von Gott dem Vater und unserm Herrn Jesu Christo! Amen.

Dem rechten Menschenherzen, geliebte Christenbrüder, ist kaum etwas natürlicher als das Gefühl der Abhängigkeit von einer höheren Macht. Dasselbe mußte schon in der ersten Jugend des Menschengeschlechtes bei dem ersten Einblick in die Kräfte der Natur, durch welche es sein Dasein bedingt erkannte, bei der stets wiederkehrenden Erkenntniß seiner Ohnmacht dagegen erwachen und durch das immer tiefere Verständniß seines eigenen Wesens immer mehr zum rechten Bewußtsein kommen. Wenn der Mensch sah, wie fern am Himmel die leuchtenden Gestirne ihre stillen Bahnen wandelten, wie ohne sein Zuthun der wechselnde Kreislauf der Jahreszeiten immer wiederkehrte, wie er nicht im Stande war, den zerstörenden Kräften der Natur Einhalt zu thun, oder den segnenden Stillstand zu gebieten, da konnte es nicht anders sein, als daß in ihm die Überzeugung endlich festwuchs, es walte über der Sinnenwelt ein höheres Wesen, in dessen allmächtiger Hand auch sein kleines Dasein stehe. Das, meine Lieben, ist die älteste und erste Offenbarung Gottes an die Menschenwelt, wie der Apostel Paulus sagt dadurch, „daß Gottes unsichtbares Wesen und seine ewige Kraft wird ersehen an den Werken der Schöpfung", oder wie der Psalmist ausruft: „die Himmel erzählen die Ehre Gottes und die Veste verkündigt seiner Hände Werk".

Dieses Bewußtsein der Abhängigkeit von der höhern Macht über ihm ist die nie versiegende Quelle des Gebetes im Menschenherzen. Geläutert werden allerdings seine, oft von dunkeln Erdenstoffen getrübten Wellen durch den Strahl der Gottesliebe, die die wiedergeborne Seele erleuchtet und zum rechten Ziele geleitet, durch den Geist der Gotteserkenntniß und das Verständniß der Menschenbestimmung, die Er uns gelehrt und immer aufs neue lehrt, der den Seinen den Tröster, den Geist der Wahrheit sendet. Denn wie das gesammte Menschenleben nach seinem Ursprung und nach seiner Bestimmung, nach seiner „Trauer" und nach seiner „Freude" die volle Klarheit erst durch ihn erhalten, der da „Leben und unvergängliches Wesen an das Licht gebracht", so hat er auch das heiligste Vorrecht der Seele, das Gebet,

aus dem dunklen Schutte todter Werkheiligkeit, unter dem es der
Menschenwahn begraben, befreit und zurückgeführt auf jene reine lichte
Höhe „des Geistes und der Wahrheit", von der es, wie der Stern in
die finstre Nacht, leitend und tröstend hineinleuchtet in die Irrpfade
des Lebens.

Denn in jener Erstarrung, in der des Herrn Geist, den Mose einst
Israel offenbart hatte, zu des Heilandes Zeit durch todte Werkheiligkeit gefesselt lag, war auch jene heilige Erhebung der Seele, die über
Welt und Zeit zum Ewigen sich aufschwingt, dem ertödtenden Buch-
stabendienste anheimgefallen. Herzlose Worte, ohne Andacht, an die
keine Gedanken sich knüpften, zu festbestimmter Zeit immer wieder
gesagt, wie der Sklave dem strengen Herrn die knechtische Arbeit verrichten muß, das hielten Jesu Zeitgenossen für Verkehr mit Gott, wiewohl schon Jesaias sie strafte: „meine Seele ist feind euren Opfern,
ich bin derselbigen überdrüssig und ob ihr schon viel betet, höre ich
euch doch nicht, denn eure Hände sind voll Blutes". Siehe, „dieses
Volk nahet sich mir mit seinem Munde und ehret mich mit seinen
Lippen, aber im Herzen ist es ferne von mir". In welchem tiefen
Gegensatz steht hiezu des Herrn Gebet! Das ist, wo wir es finden,
nie etwas anders, als die andächtige Erhebung des Gemüthes zu dem
Vater, dem allmächtigen und milden Geber dessen, was seine Menschen-
kinder bedürfen. Das ist nie äußere leere Form, sondern immer der
Ausfluß des lebendigen Bedürfnisses nach dem, „der ihn gesandt hat";
immer das Aufleuchten der Seele nach den göttlichen Zielen, wie die
Flamme des Lichtes stets zum Himmel hinaufstrebt.

Und dieses Gebet hat den Herrn begleitet durch sein Leben voll
Arbeit und voll Segen, hat seine Arbeit geheiligt, und ihren Segen
vermehrt; es hat seine Freuden verschönert und seinen Leiden den himmlischen Trost gegeben. Betend finden wir ihn in der Einsamkeit der
Wüste auf der freien Höhe des Berges, am Beginn des Mahles und
wenn er dem Kranken die Heilung bringt; in allen Lagen des Lebens
ist es sein treuester Begleiter. Das Gebet hat er seinen Jüngern
hinterlassen und allen denen, die ihm nachfolgen wollen. „Meine
Seele sehnet sich nach dem lebendigen Gott" spricht daher das rechte
Christenherz mit dem Psalmisten und „du hast mich geschaffen nach
dir hin" mit dem alten christlichen Weisen, „so ruhet denn meine Seele
nicht, bis sie Ruhe findet in dir".

Ohne Gebet daher, Geliebte, giebt es keine rechte Gottesverehrung,
keine wahre Religion; es ist der Lebenskeim der Frömmigkeit, ihr
innerstes Wesen spricht in ihm sich aus. So echt, so tief, so wahr dein

Gebet ist, so echt, so tief, so wahr ist dein Glaube und dein Verhältniß zu ihm dem Allheiligen, dem „Vater, der dich gesandt hat".

Von welcher Bedeutung es daher sein müsse, daß das Gebet würdig und von rechter Art sei, liegt nahe. Wohl uns, daß der Herr uns dar- über den unzweideutigsten Aufschluß gegeben.

Lied 257, 1, 6: Ich komme vor dein Angesicht.

Evangel. Joh. 16, 23—30.

Und an demselben Tage werdet ihr mich nichts fragen. Wahrlich, wahrlich, ich sage euch: So ihr den Vater etwas bitten werdet in meinem Namen, so wird er es euch geben. Bisher habt ihr nichts gebeten in meinem Namen. Bittet, so werdet ihr nehmen, daß eure Freude vollkommen sei. Solches habe ich zu euch durch Sprüchwort geredet. Es kommt aber die Zeit, daß ich nicht mehr durch Sprüchwort mit euch reden werde, sondern euch frei heraus verkündigen von meinem Vater. An demselben Tage werdet ihr bitten in meinem Namen. Und ich sage euch nicht, daß ich den Vater für euch bitten will. Denn er selbst, der Vater, hat euch lieb, darum, daß ihr mich liebet, und glaubet, daß ich von Gott ausgegangen bin. Ich bin vom Vater ausgegangen, und gekommen in die Welt; wiederum verlasse ich die Welt, und gehe zum Vater. Sprechen zu ihm seine Jünger: Siehe, nun redest du frei heraus, und sagst kein Sprüchwort. Nun wissen wir, daß du alle Dinge weißt, und bedarfst nicht, daß dich Jemand frage. Darum glauben wir, daß du von Gott ausgegangen bist.

Auch das vorgelesene Evangelium, wie alle seit dem Ostertage, ist genommen aus jener weihevollen Abschiedsrede des Herrn, durch die er seine Jünger vorbereitete auf seinen Hingang zum Vater. Eben hat er die Traurigkeit, die darüber ihr Herz erfüllt, gemildert durch die Verheißung, sie wieder zu sehen und daß diese Freude Niemand von ihnen nehmen werde, nachdem er früher bereits, in unserm letzt- sonntäglichen Evangelium verkündet, daß wenn er heimgegangen, der Tröster zu ihnen kommen werde, der Geist der Wahrheit, der sie in alle Wahrheit leiten solle. Jetzt fügt er für die schwere Zeit der Trennung ein zweites Trostwort hinzu: „wahrlich, wahrlich, ich sage euch, so ihr den Vater etwas bitten werdet in meinem Namen, so wird er es euch geben", und „bittet, so werdet ihr nehmen, daß eure Freude vollkommen sei".

Da habt ihr, geliebte Christenbrüder, in unverkennbarem Bilde nicht nur des Gebetes Segen, sondern auch die heilige Weisung, wie das rechte Gebet beschaffen sein müsse. In einer Zeit, die, fast wie in den Tagen des Herrn, mit den schwersten Versuchungen an die heran- tritt, die seine Wege wandeln wollen, laßt uns heute bei dem letztern verweilen und an den Worten des Evangeliums

so ihr den Vater etwas bitten werdet in meinem Namen

lernen, wie seine Kinder zu ihm beten.

„Herr zeige mir deine Wege und lehre mich deine Steige; leite mich in deiner Wahrheit und unterweise mich. Denn du bist Gott, der mir hilft; täglich harre ich deiner und Keiner wird zu Schanden, der deiner harret." Amen.

I. Bittet in seinem Namen, d. h. zunächst den Blick zum Him= mel gerichtet. „Ich bin vom Vater ausgegangen und gekommen in die Welt; wiederum verlasse ich die Welt und gehe zum Vater", so lesen wir im heutigen Evangelium. Und das hängt geistig auf das engste zusammen mit dem tiefen Worte „so ihr den Vater etwas bitten werdet in meinem Namen, so wird er es euch geben". Nicht die sicht= bare Welt, nicht der Staub der Erde, spricht darin der Herr, ist eure wahre Heimath; das Reich der Wahrheit, der Sittlichkeit, des gött= lichen Lebens, wie es vom „Vater" ausgeht, ist euer rechtes Ziel; wer aber zu diesem bestimmt ist, der darf sich nicht verlieren in die nich= tigen Güter des Staubes und der unsterbliche Geist, wenn er betend sich über die Schranken des sinnlichen Daseins hinausschwingt, um versunken in des Unendlichen Anschauen von den Wassern des ewigen Lebens zu trinken, muß mehr als je seines Ursprungs und seines heiligen Zieles eingedenk dann „sein in dem was des Vaters ist".

In Christi Namen bitten heißt denn in seiner Sache, in seinem Geiste, in seiner Nachfolge, im Dienste seines Reiches bitten. „Ich bin vom Vater ausgegangen und gekommen in die Welt, wiederum ver= lasse ich die Welt und gehe zum Vater"; im innigsten Verkehre mit ihm, den die Seele in ihrem stillsten Heiligthume pflegt, den Blick zum Himmel, zu ihm richten und als Bürger seines Reiches sich fühlen, das schafft, daß die „Freude vollkommen sei". Und so hat der Herr in der That die Seinen gelehrt in dem wahrhaft einzigen Gebete, das er seinen Jüngern gegen den todten Buchstabendienst ihrer Zeitgenossen gab, im heiligen Vaterunser. Alle Bitten sind da auf geistige Güter, auf Göttliches gerichtet; auf der Seele Heil, auf des Herzens Frieden; „dein Reich komme, dein Wille geschehe", darin tritt sein Inhalt nach den himmlischen Zielen am klarsten hervor, alles übrige in sich zu= sammenfassend. Nur eine Bitte, die Bitte um das tägliche Brod geht auf die Noth und die Bedürfnisse des sinnlichen Lebens, Zeugniß ablegend, daß auch dieses, wenn es getragen und durchgeistigt ist von heiliger Liebe, ein Theil des Gottesreiches ist und das arme Menschen= herz auch sein Erdenleid bringen könne vor den himmlischen Vater „in seinem Namen".

Wie bei solchem Gebete die „vollkommene Freude" der gläubigen

Seele komme, indem sie grade dadurch sich erhebt über die Schranken der Unvollkommenheit, ihr habt es erfahren, die ihr je „in seinem Namen" gebeten. Der Gedanke an Gott, vor den du im Geiste trittst, macht das Herz lauter und rein. Wer in seine Herrlichkeit die Seele versenkt, vor dem sinkt hinab der Staub der Erde und ihre Nichtigkeit. Wer vor den Thron seiner Heiligkeit tritt, der kann nicht mehr jagen nach unredlichem Gute; wo die Bitte nach „seinem Reich" das Herz wahrhaft erfüllt, da findet der Eigennutz keine Nahrung mehr, die Ehrsucht keinen Boden, der Zorn keinen Raum, keine böse Leidenschaft eine Stelle. Die „Welt und ihre Lust" verklärt sich zum „Trachten nach dem Reiche Gottes" und die Furcht vor der „Traurigkeit" zum „Glauben", daß alles was geschieht „von Gott ausgegangen". Wie der Herr im Evangelium sagt: „betet; daß eure Freude vollkommen sei".

Und solche Bitte zu solcher Freude bedarf nicht, daß sie viele Worte mache. Ja oft ist das das innigste und tiefste Gebet, wo das Wort auf der Lippe verstummt. Der Scheideblick des Vaters zum Himmel, wenn der Sohn in die Ferne zieht; das thränenvolle Auge der Mutter, die am Krankenbett des Kindes kaum den stammelnden Laut um das verlöschende Leben zu sprechen vermag; die freudige Zuversicht des Kriegers, dem im Todesgrauen der Schlacht des Psalmisten Wort das Herz durchbebt: „ob tausend fallen zu meiner Seite und zehntausend zu meiner Rechten, ich sitze doch unter dem Schirme des Höchsten und bleibe unter dem Schatten des Allmächtigen"; jede fromme Empfindung, jeder heilige Entschluß, jede Regung der Liebe, jeder lebendige Wunsch für sein Reich: es ist ein reinigender Wellenschlag des Gebetes in seinem Namen, in dem, wie der Apostel sagt, „der Geist uns vertritt mit unaussprechlichem Seufzen", auf daß „unsre Freude vollkommen werde".

II. Darum „bittet in seinem Namen", d. h. zunächst den Blick zum Himmel, auf seines Reiches Güter, gerichtet, dabei aber, und das übersehet nicht, eingedenk der Erde Unvollkommenheiten. „Es kommt die Zeit", spricht der Herr in dem heutigen Evangelium, „daß ich nicht mehr durch Sprüchwort mit euch reden werde, sondern euch frei heraus verkündigen von meinem Vater". Jetzt aber ist noch die Zeit des Sprüchwortes, d. h. für uns, die wir im Staube wandeln, in der wir oft, wie das Auge in der Dämmerung der Frühe, das rechte Ziel nicht erkennen, nicht verstehen, „was zu unserm Frieden dient". So wird unsre Bitte oft zu einer Bitte gegen die Natur der Dinge, die hienieden Vollkommenes nicht kennt, und damit eine Bitte nicht „in seinem Namen".

O, daß doch das alle jene bedächten, die in ihrem Gebete nur das Eitle, das Nichtige und damit das Vergängliche vor Augen haben, aber doch wollen, daß es ein Dauerndes und Vollkommenes werde! Sie bitten um ungetrübtes Glück und vergessen, daß die Erde dieses nicht kennt; sie bitten, daß die Krankheit nie einkehre in ihr Haus und vergessen, daß des Menschen Leben ist wie die Blume des Feldes, die am Morgen blühet und am Abend welk ist. Sie bitten, daß des Geschickes Lauf nach ihren Wünschen sich richte und vergessen, daß ja alle Menschen den Anspruch hätten. Siehe, der Sturm, der deine Saaten zerstört, jenseits der Berge reinigt er die Luft vom Hauche des Todes. Der Gewinn, der trotz deiner Bitte dir nicht zufällt, ist bestimmt, in einem andern Kreise Quellen höhern Lebens flüssig zu machen. Der Krieg, den dein Gebet nicht abwenden konnte, er hat den Zweck, ein neues edleres Völkerleben zu gründen und was du beschränkten Blickes als Zerstörung ansiehst, soll neuen Grund legen zu „seinem Reiche".

Denn das ist bei der Unvollkommenheit unsers Seins, wo der Herr nur „durch Sprüchwort zu uns redet", der Gang seiner heiligen Geschicke. Alles umfaßt er, das Große wie das Kleine, mit seiner göttlichen Weltordnung, und einem Jeglichen weiset er seine Stelle darin an, wir aber kennen so oft seine „Gedanken und seine Wege" mit nichten und übersehen in unserm Bitten, daß, wenn es erhört würde, die Natur der Dinge sich ändern müßte, ihre Ordnung aber nicht uns allein, sondern Allen zu gute kommen soll. „Ihr wisset nicht, was ihr bittet", so mußte einst der Herr der Jünger Anliegen zurück= weisen, so wird er oft, der Vater, grade in seiner Liebe uns unsre Bitten versagen müssen, weil der Erde Unvollkommenheiten die Gewährung nicht gestatten.

Darum bitte, bitte, mein Bruder, den die Noth des Lebens drückt, um Erleichterung; bitte, wenn Gefahr dir droht, um Rettung; wenn du eines deiner Theuren zu verlieren fürchten mußt, um sein Leben; wenn dunkle Wolken über das Vaterland heranziehen, um Segen für seine Krieger, bitte, wie der Apostel sagt, ohne Unterlaß, aber dabei vergiß nie, daß die von ihm gesetzte Ordnung und die Natur der Dinge, die du so wenig kennst, deine Bitte vielleicht unerfüllbar machen, dann aber auch die Nichterfüllung derselben, weil es nicht eine Bitte in seinem Namen war, doch „von Gott aus= gegangen".

III. Das führt uns auf ein Drittes, das ihr heute nicht übersehen möget; bittet in seinem Namen, d. h. voll Ergebung in Gottes heilige Rathschlüsse. „Er selbst, der Vater, hat euch lieb", spricht

der Herr im heutigen Evangelium, und wird euch geben, „daß eure
Freude vollkommen sei". „Nun wissen wir, daß du alle Dinge weißt",
antwortet die gläubige Seele, und darum „glauben wir", daß Alles
was uns trifft „von Gott ausgegangen ist". „Dein Wille geschehe"
betet das rechte Christenherz nicht vergebens alle Tage.

Ja „er selbst, der Vater, hat uns lieb", wo diese Überzeugung im
Herzen wohnt, da fehlt auch die Ergebung in das, was der Vater
sendet, nicht. Da ist jedes Gebetes Anfang und Ende, die gesammte
Stimmung, aus der es hervorgegangen, das tiefe Wort des Herrn „nicht
mein, sondern dein Wille geschehe". „Welch eine Tiefe des Reichthums,
beides der Weisheit und der Erkenntniß" spricht das Herz was immerhin kommen mag und „bedarf" nicht, daß es weiter „frage". „Die Wege
des Herrn sind eitel Güte und Wahrheit denen, die seinen Bund und
Zeugniß halten", ruft es der Sorge und dem Zweifel zu, wenn sie
doch hie und da das bleiche Haupt erheben. „Befiehl dem Herrn deine
Wege und hoffe auf ihn, er wird es wohl machen."

Das ist ein Gebet in seinem Namen, Geliebte. Weil es das Geheimniß seiner „unbegreiflichen Gerichte" nicht kennt, so fügt es immer
hinzu, „nicht wie ich, sondern wie du willst". Weil es den Gang der
Geschicke nicht wie Er, „der alle Dinge weiß", auf Jahrtausende
hinaus durchsieht, so überläßt es ihm die Zukunft mit heiterem Vertrauen. Darum liegt in jeder rechten Christenbitte zugleich die kindliche
Ergebung, wenn Er, der Vater, in seiner „Liebe" sie versagen sollte;
was dann die Seele aufrichtet, ermannt, tröstet, ihr den Frieden giebt;
wie es, wenn er Erhörung gnädig gewährt, sie das Glück tragen, gebrauchen, verklären lehrt.

Das alles umfaßt das tiefe Wort „nicht mein, sondern dein Wille
geschehe", des Gebetes „in seinem Namen" herrliche Krone. Und darum
wird ein jedes, das aus diesem Geiste kömmt, gewiß erhört. Denn,
wer so beten kann, der hat den Sieg errungen über Welt und Schicksal,
der ist auch, wenn ihm das Liebste von der Seite gerissen wäre, seligen
Trostes und Friedens gewiß. Und wenn er auch nicht durchzubringen
vermöchte durch das dunkle Sprüchwort, in dem der Herr hienieden
zu ihm redet, „er vernimmt doch die tröstende Stimme, die einst zu
Paulus sprach: laß dir an meiner Gnade genügen". Wenn auch die
Unvollkommenheit der Erde nicht aufhört um der kurzsichtigen Wünsche
des Einzelnen willen, die Seele wird erquickt, das Herz befestigt und
Trost und Kraft zieht ein in die zagende Brust.

Das, Geliebte, ist das Gebet in seinem Namen: den Blick zum
Himmel gerichtet, eingedenk zugleich der Unvollkommenheiten der Erde

und darum voll Ergebung in seine heiligen Rathschlüsse. Und wie spricht der Herr: Wahrlich, wahrlich, ich sage euch, so ihr den Vater etwas bitten werdet in meinem Namen, so wird er es euch geben. O, so lasset uns beten lernen, auf "daß wir nehmen und unsre Freude vollkommen sei". Amen.

———

Exaudi.

Das Exaudievangelium über den Gustav=Adolf=Verein.

(1866.)

"Die Ernbte ist groß, aber wenige sind der Arbeiter. Darum bittet den Herrn der Ernbte, daß er Arbeiter in seine Ernbte sende", so rufst du, Herr und Heiland, heute uns, wie einst deinen Jüngern zu. O so hilf, Vater im Himmel, daß diese Stimme heute und immerdar offene Ohren und gehorsame Her=zen finde und wir es verstehen, wenn der Prophet zu uns spricht: "brich dem Hungrigen dein Brod, und die, so im Elend sind, führe ins Haus; so du einen nackend siehst, so kleide ihn und entzeuch dich nicht von deinem Fleisch". Amen.

Der heutige Sonntag, geliebte Christenbrüder, heißt nach der Ordnung der alten Kirche "Exaudi". Das ist ein lateinisch Wort und bedeutet "höre". Der Sonntag aber führt seinen Namen davon, daß an ihm der Gottesdienst begann mit dem Gesang des siebenten Verses aus dem 27. Psalm "höre, Herr, meine Stimme wenn ich rufe, sei mir gnädig und erhöre mich". Wie hier die bekümmerte Seele sich an den Vater wendet um Hülfe und Trost in ihrer Noth, so wendet sich heute, am Exaubisonntag, ein Gesandter des Vaters an uns, den er, der Herr, der die "Herzen und die Nieren" prüft, ausgeschickt hat in alle Lande, um zu sehen, ob das heilige Wort von der thätigen Liebe, das er nicht müde wird in die Seelen seiner Menschenkinder zu säen, auf Felsen gefallen, oder unter Dornen, oder auf ein gut Land, und an den Früchten, die es trägt oder — nicht trägt, die "Seinen" zu er=kennen. Dieser Gesandte des Herrn, der heute vor uns tritt, daß er uns "bitte in seinem Namen", ist, wie ich schon am vorigen Sonntag andeutete, die evangelische Stiftung des Gustav=Adolf=Vereins.

Da kann nun ein rechtes evangelisches Herz nicht anders, als dankbar mit dem Apostel auszurufen "freuet euch in dem Herrn, alle=wege, und abermals sage ich euch, freuet euch". Nun erkennen wir es

in der That mit unserm letzten Evangelium wie „er selbst, der Vater,
uns lieb hat" und uns unaufhörlich „giebt, daß unsre Freude voll=
kommen sei". Denn ob wir von unserm Vereine uns in die Vergangen=
heit führen lassen oder in die Gegenwart, immer verkörpert sich in ihm
das schöne Wort jenes Evangeliums wo der Herr spricht: „er selbst,
der Vater, hat euch lieb, darum, daß ihr mich liebet und glaubt, daß
ich vom Vater ausgegangen bin".

Oder blickt, wohin euch der Name unsers Vereins, der Name
Gustav Adolf führt, zurück in die Zeit vor dritthalb Jahrhunderten.
Nach langer dunkler Nacht war es endlich aufgegangen das segens=
reiche Licht der Kirchenverbesserung und hatte, schnell wie der Blitz
aufgeht vom Aufgang bis zum Niedergang, seine Siegesbahn durch=
messen durch alle gebildeten Lande unseres Erdtheils. In dem Mutter=
lande namentlich, in Deutschland, hatte sie die Mehrzahl der Herzen
für sich gewonnen. In den reichen Städten freute sich das Bürger=
thum des gereinigten Evangeliums, an den blühendsten Hochschulen
führte sein Licht den Wissenschaften neue Nahrung zu; allwärts er=
wachte neues sittliches Leben; überallhin, in den Palast und in die
Hütte des Landmanns drang es freudig begrüßt. Aber auch der
Gegensatz blieb nicht aus. Der „Fürst dieser Welt" begann den Kampf
um die angegriffene Herrschaft. Es brach ein schwerer Krieg aus, der
dreißig Jahre Deutschlands Fluren verwüstete. Es ging in Erfüllung,
was Luther im schönen Liede gesungen: „Der alt böse Feind Mit
Ernst ers itzt meint, Groß Macht und viel List Sein grausam Rüstung
ist, Auf Erd ist nicht seins Gleichen". Den Waffen des Feindes und
ach, dem Mangel an Einigkeit in der eigenen Mitte und weil es an
einem Haupte fehlte, das zu leiten und zu ordnen verstand, schien die
evangelische Kirche unterliegen zu müssen. Schon weheten die siegenden
Fahnen der Gegner hoch oben am Meere.

Siehe, da erfüllte sich abermals das Wort des Herrn: „ich will sie
doch heilen und gesund machen und das Gefängniß Israels wenden".
Seine Treue erweckte den Schwedenkönig Gustav Adolf, daß er des
bedrängten Gotteswortes sich annahm. Mit Heeresmacht kam er über
das Meer und der Herr war mit ihm, daß sein Schwert siegte und
die Furcht vor ihm herging, bis er in dem entscheidenden Kampfe in
der Nähe jener Stadt, aus der unsre Väter zuerst die Schriften über
Kirchenverbesserung nach Hause brachten, als Sieger das Leben ließ.
Es war im Jahre 1632. Mit seinem Blute aber hatte er der evan=
gelischen Kirche Rettung und Freiheit gebracht. Durch seine Sendung
hatte „der Vater" aufs neue gezeigt, wie er seine Kirche „lieb habe",

und nicht mit Unrecht ruft uns daher der Verein, der seinen theuren Namen trägt, indem er uns jenes Bild der Vergangenheit aufrollt, das Wort des Apostels zu: „Freuet euch in dem Herrn allewege".

Doch nicht weniger nahe tritt es uns, wenn wir uns von unserm Vereine führen lassen in die Gegenwart. Dort war es Waffengetöse und Kriegsgeschrei, was uns umgab, hier ist es das Wort des Friedens und der Gruß der Liebe, die in ihm uns umfangen. Blickt hin: 200 Jahre nach dem Tode des großen Königs wogt das Schlachtfeld abermals von einer unermeßlichen Schaar. Aber jetzt sind es festlich geschmückte Menschen, die dem für die Freiheit der evangelischen Kirche gefallenen Helden, auf der Stelle wo er die große Seele ausgehaucht, ein würdig Denkmal setzen. Und wie eine große That sich auch darin als göttlich zeigt, daß sie nie aufhört, nach allen Richtungen hin und immerbar Großes und Göttliches zu wirken, so rief jene Feier in der Seele eines der edelsten evangelischen Männer den Gedanken wach, für die, jetzt zwar nicht vom Schwerte des Feindes, wohl aber in vielen Theilen von schwerer Noth bedrängte evangelische Kirche die Liebe derselben aufzurufen und dadurch zu sorgen, daß der „glimmende Docht nicht verlösche und das zerstoßene Rohr nicht zerbreche". Und auf seinen Ruf traten gottbegeisterte Männer, allmälig aus immer weitern Kreisen zusammen und aus den Liebesgaben, die sie zusammen= legten, wurde ein Strom des Segens für Tausende und aus dem Altar ihres Dankes zugleich ein Denkmal für den großen König dauernder als Stein und Erz. Sagt, war das nicht wieder eine Erfüllung des schönen Wortes aus dem Evangelium vom vorigen Sonntag: „er selbst, der Vater, hat euch lieb, darum, daß ihr mich liebet und glaubet, daß ich von Gott ausgegangen bin". Und „wahrlich, wahrlich, ich sage euch, so ihr den Vater etwas bitten werdet in meinem Namen, so wird er es euch geben".

Und diesem Vereine der erbarmenden Liebe, der bereits seit 1839 seine segensvolle Thätigkeit entwickelt, war unser Vaterland verschlossen länger als zwei Jahrzehnte. So lange bis unsers Kaisers Gerechtig= keit, den Gott dafür segnen wird, erkannte, daß was „vom Vater aus= gegangen und gekommen in die Welt" der evangelischen Kirche zum Segen sei, der Kirche seines Reiches nicht ferne bleiben dürfe, damit „ihre Freude auch vollkommen sei". Und so haben auch wir „die Stimme gehöret, die uns gerufen" und sind Glieder geworden des großen Liebesbundes und rufen heute auch darum dankbar mit dem Apostel aus: „ja freuet euch in dem Herrn allewege und abermal sage ich euch: freuet euch".

Lied 311, 1, 6: Allen Menschen und auch mir.

Wenn aber der Tröster kommen wird, welchen ich euch senden werde vom Vater, der Geist der Wahrheit, der vom Vater ausgehet, der wird zeugen von mir. Und ihr werdet auch zeugen; denn ihr seid von Anfang bei mir gewesen. Solches habe ich zu euch geredet, daß ihr euch nicht ärgert. Sie werden euch in den Bann thun. Es kommt aber die Zeit, daß, wer euch tödtet, wird meinen, er thue Gott einen Dienst daran. Und solches werden sie euch darum thun, daß sie weder meinen Vater noch mich erkennen. Aber solches habe ich zu euch geredet, auf daß, wenn die Zeit kommen wird, ihr daran gedenket, daß ich es euch gesagt habe. Solches aber habe ich euch von Anfang nicht gesagt; denn ich war bei euch.

Im vorgelesenen Evangelium, es ist wieder ein Abschnitt aus der oft erwähnten letzten heiligen Weiherede des Herrn, zeigt der Herr seinen Jüngern die nächste bevorstehende Entwicklung des Gottesreichs. Für dieses aber wirken und kämpfen will auch unser Verein und darum, wie lehrreich, ist das Evangelium zugleich ein Zeugniß für ihn. Wohlan, so laßt uns das näher erwägen, indem wir

bie Stimme des Exaudievangeliums über die evangelische Stiftung des Gustav-Adolf-Vereins

kennen lernen.

Ja wir erfahren es aufs neue, daß „der Gerechten Pfad glänzet wie ein Licht und leuchtet wie der Tag". O so hilf, daß auch wir dieses Pfades wandeln und in der That zeugen, daß der Geist, der von dir ausgegangen, der Geist der Wahrheit und der Liebe auch unter uns wohne! Amen.

I. Die Stimme unsers Evangeliums über den Gustav-Adolf-Verein: vernehmet da zuerst das Schmerzenswort: „sie werden euch in den Bann thun. Es kommt aber die Zeit, daß, wer euch tödtet, wird meinen, er thue Gott einen Dienst daran."

Diese Vorhersagung des Herrn, die den ersten Zeiten der Kirche galt, sie hat sich auch an den Bekennern der Reformation erfüllt. Denn der uralte Kampf der Finsterniß gegen das Licht, er hat selten heißer gebrannt als damals. Vor wie nach der Zeit, da der Herr Gustav Adolf erweckte und sein siegreiches Schwert über das Meer führte zur Rettung der schwer bedrängten evangelischen Kirche, hat es nicht gefehlt an Menschen, die da „meinten, Gott einen Dienst zu thun", wenn sie die andersgläubigen Brüder verfolgten. Das war die Mär-tyrerzeit des gereinigten Evangeliums. Da haben viel tausend Lehrer und Hörer desselben die Heimath verlassen müssen, vertrieben von finstrer Unduldsamkeit Derer, die Gewalt über sie hatten; andre haben freudig ihr Leben für ihre Überzeugung dargegeben; so daß, wo im sechzehnten Jahrhundert das Licht des Evangeliums hell strahlte, oft nur hie und da mühsam kaum noch einzelne Funken glimmen.

Solches aber, wie unser Evangelium sagt, haben die Feinde des Wortes „darum gethan, daß sie weder meinen Vater noch mich erkannt". Ihm aber sei Dank, daß diese Zeiten finstern Glaubenshasses vorüber sind. Jene Verfolgungssucht, die an der fremden Kirche sich also „ärgert", daß sie mit Feuer und Schwert sie bekehren will, hat dem wahrhaft christlichen Geiste gegenseitiger Anerkennung Raum gegeben und wenn sie auch im Einzelnen noch wirksam sein möchte und aller dings hie und da den alten „Bann" erneuern will, das christliche Volk, welcher Kirche es auch angehört, es erkennt immer mehr die Wahrheit des schönen Wortes der heiligen Schrift, „daß Gott nicht ansieht die Person, sondern in allerlei Volk, wer ihn fürchtet und recht thut ihm angenehm ist". Auch außer den Ländern, wo sie die Mehrzahl in sich schließt, kann in unserer Zeit die evangelische Kirche überall — nur in einem Lande, in Spanien, nicht — ihre Bekenner sammeln, und das Evangelium frei verkünden und von „der Wahrheit zeugen".

Darin aber tritt ihr so oft entgegen die bittere Noth des Lebens. Mangel und Armuth lasten schwer, schwer auf so vielen Gemeinden, namentlich solchen, die zerstreut unter andern Kirchengenossen des Segens eines großen hülfreichen Gemeinverbandes entbehren. Man ches Häuflein evangelischer Bekenner ist Meilen weit von einander getrennt — wir kennen eines von 1200 Seelen, das sich auf 26 Meilen in der Runde vertheilt — und muß sich zu einem kleinen Gotteshause halten und zu einem Diener des Evangeliums. In so vielen andern fehlt es an der Kirche, und wo die Kirche ist, an der Schule, und wo beide sich finden, an dem Friedhof, und da trifft es sich dann wohl, daß herzlose Unduldsamkeit den Gottesacker der andern Kirche nicht öffnen will für den evangelischen Bruder, so daß der dadurch gedoppelte Schmerz oft eine Tagereise wandern muß und noch mehr, bis er ein Grab findet für seinen lieben Todten. Ach, daß ihr sie doch sehen könntet, die vielfache Noth, die weithin über die Erde evangelisches Leben verkümmert und nicht zu freudigem Gedeihen kommen läßt, wie sie weiter herausschaut aus verfallenen Kirchen, aus morschen Pfarr und Schulhäusern, aus den alles Schmuckes entbehrenden Gottes diensten, aus dem Elend der Geistlichen und Lehrer, ihr würdet meinen, „den Gräuel der Verwüstung" zu sehen, von dem der Herr gesprochen. Vier Millionen evangelischer Christen sind nicht im Stande, für ihre kirchlichen Bedürfnisse genügend zu sorgen und sind deßhalb in Gefahr,

ihrem Glauben untreu zu werden und den Verfuchungen, die an fie
in diefer Beziehung herantreten, zu erliegen.

Doch „euer Herz erfchrecke nicht"; auch unfre Nothleidenden können
mit Israel fagen: „fie haben mich oft gedränget von meiner Jugend
auf; die Pflüger haben auf meinem Rücken geackert und ihre Furchen
lang gezogen, aber fie haben mich nicht übermocht". Aus den 77 Millionen Evangelifchen, die auf der Erde wohnen, wird den Bedrängten
der rettende Stern aufgehen. Wie fagt unfer Evangelium weiter?

II. Wenn aber der Tröster kommen wird, welchen ich
euch fenden werde vom Vater, der Geist der Wahrheit, der vom
Vater ausgehet, der wird zeugen von mir. Und diefer Tröster, Geliebte, allerdings nicht der einzige, aber auch er ist einer, ist unfer
Gustav-Adolf-Verein, „vom Vater gefendet", wie fein Urfprung lehrt,
und „vom Vater zeugend", wie wir an feinen Früchten erkennen. Erfüllt fich doch an ihm das fchöne Wort des Propheten: „Du wirst fein
wie ein gewäfferter Garten, und wie eine Wafferquelle, der es nimmer
an Waffer fehlt. Und foll durch dich gebaut werden, was lange wüste
gelegen ist und wirst Grund legen, der für und für bleibet und follst
heißen ‚der die Lücken verzäunet und die Wege beffert, daß man da
wohnen möge'."

Oder hebet eure Augen auf und fehet was da gefchieht! Männer
und Frauen, Jünglinge und Jungfrauen, Gelehrte und Ungelehrte,
Einzelne und ganze Gemeinden, Wohlhabende und folche, die felbst
der Unterstützung bedürfen, fie treten zufammen zum Gotteswerk der
Unterstützung nothleidender Brüder. Sie wollen, was an ihnen liegt,
ihn ausfenden „den Tröster" „in feinen Namen", daß er den Nothleidenden mittheile, daß er die Zerstreuten fammle, daß er die Zweifelnden ermuthige. Daß auch für fie am Sonntag das Gotteshaus fich
öffne, daß auch für fie am Tag des Herrn heiligender Glockenruf ertöne,
daß auch ihre Kinder eine Schule in fegensreiche Zucht und Lehre nehme,
daß auch für ihre Todten ein Friedhof fich erfchließe, der die in dem
Herrn Gestorbenen in feine Ruhe aufnehme.

Ja „wenn aber der Tröster kommen wird" — fiehe er ist gekommen
und kommt immer wieder in unferm Gustav-Adolf-Verein. In den
ersten fechzehn Jahren feines Bestandes hat unfer Verein die Noth
und das Elend der Kirche mit einer Million Thalern mildern können;
die zweite Million Thaler ist fchon in fechs Jahren darauf voll geworden. Ist das nicht, wie der Prophet fagt: „vor dir wird man fich
freuen, wie man fich freuet in der Erndte". Ist das nicht ein laut-
redend Zeugniß, daß der Tröster in der That „ausgegangen fei vom

Vater?" Hat er doch im letzten Rechnungsjahre 723 hülfsbedürftige Gemeinden mit fast 196 000 Thalern unterstützen können, 53 Gemeinden und fast 17 000 Thaler mehr als im frühern Jahr. 20 000 Thaler haben außerdem die, im Anschluß an den Gustav-Adolf-Verein bestehenden Frauenvereine an Liebesgaben im Dienste des Gottesreichs ausgegeben. Wie sagt der Herr: „an ihren Früchten sollt ihr sie erkennen".

O, daß unser Blick doch erfassen könnte das große Saat- und Arbeitsfeld unserer Vereinsthätigkeit! Jene 230 Kirchen, die bereits durch seine Thätigkeit erbaut sind; — welch' eine Fülle der Lehre und des Trostes wird daraus in gottverlangende Herzen fließen. Oder jene zahlreichen Schulen, die mit seiner Hülfe ins Leben traten und erhalten werden! Jene vielleicht fern am Rheine, wo in zehn Jahren die zuwandernde Gemeinde so sich mehrte, daß aus 25 schulbesuchenden Kindern deren 350 wurden, oder jene noch ferner in der Weltstadt in Frankreich, wo mit Hülfe des Vereins 42 Schulen 3700 deutschen evangelischen Kindern Unterricht und Erziehung gewähren, die sonst auf der Straße in Sünde und Elend verkommen würden.

Und dazu, Geliebte, giebt freudigen Sinnes der Reiche aus seinem Wohlstande, der Arme seinen Pfennig, die Wittwe ihr Scherflein. Auf dem Sterbebette gedenken fromme Herzen des „Trösters". Durch Vermächtnisse sind im letzten Jahre dem Verein allein 29 000 Thaler zugefallen. Und wie der Mensch auch hier nicht vom Brode allein lebt, davon hat die letzte große Vereinsversammlung ein rührend Zeugniß erfahren. In einer Stadt in Norddeutschland lebte vor 30 Jahren ein glücklich Brautpaar; sie wollten bald ihr Hauswesen gründen und da schenkte der Bräutigam der Braut eine Bibel. Es war ein theures schönes kostbar ausgestattetes Buch; es sollte die Hausbibel werden. Aber ehe er sie noch gebrauchen konnte, legten sie den Bräutigam zur Ruhe in das stille Haus unter den grünen Rasen. — Siehe, die Jahre vergehen; am Rande des eigenen langerbeteten Grabes kommt die Braut und bittet: ihr Leben gehe zu Ende, es möge die Bibel einer armen evangelischen Kirche geschenkt werden, die keine habe. Sie hatte sie nicht benutzt, sondern eine andere gebraucht, jene aber vor Augen gehabt — wir können denken, mit welchen Empfindungen; es sollte ja die Hausbibel werden. Sie haben das heilige Buch einer Gemeinde in Österreich geschickt; was meint ihr, welcher Segen wird wol darauf ruhen?

III. Doch höret ein drittes Wort, das unser Evangelium über den Gustav-Adolf-Verein heute uns zuruft: „Solches habe ich zu euch

geredet, daß ihr daran gedenket" und „ihr werdet auch
zeugen". Denn auch wir, Geliebte, sind Glieder der evangelischen
Kirche, und so eins leidet, so leiden wir mit und so einem Hülfe Noth
thut, sind wir berufen, auch mit Hand anzulegen. Wir Evangelischen
in Siebenbürgen vor vielen andern. Denn durch des Vaters Gnade
sind wir seit jeher im vollen Besitz der Gleichberechtigung mit allen
übrigen Kirchen und hat das niederdrückende Gefühl, nur geduldet
zu sein mit seinen heiligsten Anliegen, unsre Seele nie belastet. Dazu
haben wir durch der Väter Fleiß und Treue fast überall Schulen und
Kirchen und wo die Noth der Zeit an ihre Thüren klopft, da sind die
Brüder draußen schnell bereit mit der rettenden That. Viel, vielmal
hundert Gulden kommen jährlich mehr an unsre armen Gemeinden
von draußen herein, als wir an sie hinausschicken; ihre Liebesgaben
an uns haben in den zwei letzten Jahren nicht weniger als 3906 Gulben betragen, in 21 Jahren an 59 unserer Gemeinden mehr als
10 000 Thaler.

Und doch giebt es noch etwas Höheres und Besseres, Geliebte,
was uns aus unserer lebendigen Theilnahme an unserm gottgesandten
Vereine erwächst, als diese sichtbaren Mittel, die unsrer Armuth zu
Hülfe kommen. Wie sagt das Evangelium? Der „Tröster zeuget vom
Vater". Die Mitgliedschaft im Gustav-Adolf-Verein stärkt in unsrer
Kirche das Bewußtsein, daß sie nicht allein stehe in ihrem „Trachten
nach dem Gottesreich". Und an dem Glauben der Brüder wächst der
eigene Glaube; und an ihrer Liebesflamme entzündet sich die eigne
Liebe und die gegenseitige Handreichung mehrt die Einheit im Geiste
und in dieser Einheit und in dieser gemeinschaftlichen Arbeit keimt in
tausend Seelen, wo es bereits todt schien, neues Verlangen nach dem
Göttlichen und das Schwankende wird gestärkt und dem Schwachen
kommt neue Kraft, daß es auffliegt „mit Flügeln wie die jungen Adler".
Ja der evangelische Verein der Gustav-Adolf-Stiftung er ist für Gebende
und Empfangende ein „Tröster vom Vater gesandt", ein „Geist der Wahrheit, der vom Vater zeuget", der um nahe und ferne Glaubensgenossen
das Band der Liebe schlingt und überall frisches Leben in seinem Dienste
erweckt und die Hoffnung nie zu Schanden werden läßt. Oder was
glaubt ihr, jener Silberkelch, den im verflossenen Jahre die Brüder in
Kallesdorf von den Jünglingen und Jungfrauen aus Kamenz in der
Lausitz in Ostdeutschland erhalten haben, wie wird er ihnen fort und
fort zurufen: „wenn die Armen seufzen, siehe so ist der Herr auf,
ihnen zu helfen"; darum stehet und haltet fest an dem Einen, „das
Noth thut".

Darum: auch uns ruft heute das Evangelium zu: „solches habe ich zu euch geredet, daß ihr daran gedenket und auch zeuget von mir". Geliebte, uns vor vielen andern. Wir sind die erste Gemeinde der Zahl nach in unserm Kreise, sollen wir es nicht auch im evangelischen Geiste erbarmender Liebe sein? In der That, unsre Gabe war vor zwei Jahren die erste, wie sie sein soll; im letzten ist sie um ein Dritt= theil gesunken und wir sind nicht mehr die erste des Kreises. Sollte unsre Liebe so viel schwächer geworden sein, oder unsre Dankbarkeit gegen Gott, oder unser Bewußtsein, was wir der heiligen Sache unserer Kirche schuldig sind? Ich kann es nicht glauben. Heute und in die nahen Festtage, wo wir die Sendung des heiligen Geistes feiern, wer= den Ehrenmänner unsrer Gemeinde euch aufs neue um milde Gaben bitten; helfet, helfet, auch auf der kleinsten Gabe ruht Gottes Segen, daß sich wieder an uns erfülle das Wort unsers Evangeliums: „und auch ihr werdet zeugen, denn ihr seid von Anfang an bei dem Vater gewesen".

Meine Brüder, es ist heute der Sonntag Exaudi; da betet, wie wir vernommen, die Seele: „Herr, höre meine Stimme, wenn ich rufe; sei mir gnädig und erhöre mich". Das aber schließt ein, daß auch wir ihn hören, wenn er uns ruft! Amen.

Pfingsten.
Des Herrn Pfingstruf an seine Gemeinde.
(1866.)

Geist des Herrn, aus Deinen Höhen Sende Wahrheit uns und Ruh. Was uns Noth thut, was wir flehen, Ach wer hat es als nur Du? Unser Sehnen, unser Ringen Sucht nach Frieden, sucht nach Licht. Und die Welt kanns nicht bezwingen, Und die Erde stillt es nicht. Amen.

Mit dem heiligen Hochfeste, das uns heute in unserm altehr= würdigen Gotteshause versammelt hat, haben wir den Höhepunkt des Kirchenjahres erstiegen; der Tag der Pfingsten, er bildet den Schluß des christlichen Festkreises. Was wir seit den stillen Adventwochen sich vorbereiten sahen, es tritt nun in die Wirklichkeit; das Gottesreich, das der Herr in die Herzen seiner Jünger gepflanzt, es hat an diesem Tage zuerst äußere Gestalt angenommen, als Heilsanstalt der Kirche

eintretend in die Ordnungen der Menschheit, die sie insgesammt zu umfassen und dem Herrn zuzuführen die große Aufgabe erhalten. Was
uns mit den Schauern frommer Ahnung erfüllte, als wir den heiligen
Ruf ergehen hörten: „machet die Thore weit und die Thüren in der
Welt hoch, damit er einziehe, der König der Ehren", „die Nacht ist vergangen, der Tag ist herbeigekommen, Zeit und Stunde ist da aufzustehen
vom Schlafe"; was des Herzens stille Hoffnung erregte, als wir es
aufgehen sahen das „Licht, das da Erkenntniß des Heiles brachte allem
Volke" und der Sehnsucht der Frommen verkündigte „Ehre sei Gott in
der Höhe, Friede auf Erden und den Menschen ein Wohlgefallen"; was
uns zu freudiger Überzeugung erwuchs, als wir dort am Ostermorgen
den Stein „gewälzt sahen von des Grabes Thür"; was uns aus den
tiefen Evangelien seit jenem Tage immer wieder mit frischer Zuversicht
erhob, daß der heilige Gottesgeist endlich Wohnung machen werde
unter dem Menschengeschlechte, um die Seinen in alle Wahrheit zu
leiten: siehe der Tag der Pfingsten hat es erfüllt, an ihm hat des
Herrn Geist sich verklärt zum Geist der christlichen Gemeinde und hat
den Tag der Pfingsten gemacht zum Gründungstag seiner Kirche, die
„die Pforten der Hölle nicht erschüttern" sollen.

Und fragt ihr, Geliebte, wie mochte das zugehen durch einen Kreis
von Männern, die ihr vor kurzem erst so zaghaft und schüchtern gesehen,
die da die Thüren verschlossen aus Furcht vor den Juden, deren Herz
voll Trauerns war, weil sie ihn, den Herrn, nicht mehr sehen sollten:
die Schrift sagt uns nichts weiter als daß der Geist es gewirkt, der
heilige, von ihm ausgegangene Gottesgeist, der die bis dahin so furchtsamen und unsichern Jünger zu einem neuen Leben der Erkenntniß
und des Muthes wiedergebar. Wie aber alles Wirken des Geistes und
jede Wiedergeburt zu einem neuen Leben in seinen Anfängen und in
seinen innersten Tiefen unerklärlich ist, so auch die große Heilsthatsache,
durch die der göttliche Geist die Kirche als äußere Pflanzstätte des
innern Gottesreichs gründete, von deren Wachsthum und Fruchtsegen
des Propheten Wort gelten sollte: „ich will Wasser gießen auf die
Durstigen und Ströme auf die Dürren, ich will meinen Geist auf deinen
Samen senden und meinen Segen auf deine Nachkommen, daß sie
wachsen sollen wie Gras, wie die Weiden an den Wasserbächen".

Und wie bedeutungsvoll ist es, daß dieser Stiftungstag der christlichen Kirche grade auf Israels Pfingsten gefallen. Das war das frohe
Fest der Erndte, an dem die Erstlingsbrode aus der neuen Frucht der
Ähren dem segnenden Gotte zum Dankopfer dargebracht wurden. Siehe
nun brach ein Tag an, wo ein anderes Feld „weiß war zur Erndte"

und als Schnitter gingen hinaus die Jünger des Herrn, und die Lehre
des Auferstandenen, die sie verkündeten, war ein neuer Same in die
Furchen der Zeit und an ihren Früchten sollten neue Geschlechter der
Menschen erwachsen und ein neues Leben und Streben für die Menschheit beginnen. Und so ist es in der That gekommen. Die Gründung
der christlichen Kirche, die wir heute feiern, sie ist wie ein ragender
Markstein in der Entwicklung des Menschengeschlechtes. Was die Zeit
seither an bildenden und frei machenden Kräften hervorgebracht, sie
hat den ersten Grund dazu gelegt; sie hat die Rohheit der Völker ge-
bändigt, die die alte, sittlich verfallene Welt in Trümmer schlugen, sie
hat die Keime des Edeln, die im Alterthum vorhanden waren, gerettet,
sie hat dem Menschengeschlecht das Bewußtsein seiner Einheit gegeben
und den Geist zur Freiheit und Gotteskindschaft erzogen. Selbst in
ihren Verirrungen und Verunstaltungen, in welche menschliche Zuthaten
sie bald herabzogen, ist doch immer ein Strahl des Gottesgeistes in ihr
lebendig geblieben und hat seine tröstende seligmachende Kraft bewährt
an allen, die ihn in reine Herzen aufgenommen.

Und der Herr, der durch seinen heiligen und heiligenden Geist seine
Kirche gegründet hat, er hat sie auch gerettet und befreit aus den Banden
der Menschensatzungen, die ihre Schöne verunstalteten und ihren
Segensstrom hemmten. Auch jetzt noch kommt er hier im Sturmes-
brausen, dort im sanften Säuseln des Abendwindes, hier in feurigen
Zungen, dort im milden Worte der Liebe, um Wohnung zu machen
unter den Seinen und die Geister zum Vater zu führen. Und an dem
Tage, da er seine Kirche gestiftet, spricht er insbesondere vernehmlich zu
allen, die da hören wollen, das „Wort des Vaters, der ihn gesandt hat".

Und darum schmückte und schmückt die Christenheit zum Theil jetzt
noch festlicher als je die Häuser, wo seine Ehre wohnt. Die grünen
Maien, die sie aufpflanzt vor Häuser und Kirchen, sie sollen ein Zeichen
sein des geistigen Frühlings, der frisch in den Herzen aufgeht am Geburtstage seiner Kirche, der geistigen Mutter Aller und durch das frische Laub
hindurch soll um so tiefer dringen die Stimme seiner heiligen Mahnung.

So laßt denn auch uns sie heute hören, wie das Festevangelium sie
uns ans Herz legen wird.

Lied 145, 1: O heil'ger Geist lehr bei uns ein.

Evangel. Joh. 14, 23—31.

Wer mich liebet, der wird mein Wort halten, und mein Vater wird ihn
lieben, und wir werden zu ihm kommen und Wohnung bei ihm machen. Wer aber
mich nicht liebet, der hält meine Worte nicht. Und das Wort, das ihr höret, ist
nicht mein, sondern des Vaters, der mich gesandt hat. Solches habe ich zu euch

geredet, weil ich bei euch gewesen bin. Aber der Tröster, der heilige Geist, welchen mein Vater senden wird in meinem Namen, derselbe wird es euch Alles lehren und euch erinnern alles deß, was ich euch gesagt habe. Den Frieden lasse ich euch, meinen Frieden gebe ich euch. Nicht gebe ich euch, wie die Welt giebt. Euer Herz erschrecke nicht und fürchte sich nicht. Ihr habt gehöret, daß ich euch gesagt habe: ich gehe hin und komme wieder zu euch. Hättet ihr mich lieb, so würdet ihr euch freuen, daß ich gesagt habe: ich gehe zum Vater; denn der Vater ist größer denn ich. Und nun habe ich es euch gesagt, ehe denn es geschieht, auf daß, wenn es nun geschehen wird, ihr glaubet. Ich werde hinfort nicht mehr viel mit euch reden, denn es kommt der Fürst dieser Welt und hat nichts an mir. Aber daß die Welt erkenne, daß ich den Vater liebe und ich also thue, wie mir der Vater geboten hat, stehet auf und laßt uns von hinnen gehen.

Während die heutige Festepistel, die vor unserer Predigt verlesen worden, uns die Geschichte der Entstehung der ersten christlichen Gemeinde und damit der Kirche selber erzählt — wir sehen darin, wie die Jünger einmüthig bei einander sind, wie sie unter der zahlreich zum Feste in Jerusalem versammelten Menge zum ersten Mal das Wort der christlichen Predigt erheben und getrieben vom Geiste Jesum von Nazareth „den Mann von Gott mit Thaten und Wundern und Zeichen bewiesen" verkünden, so daß breitausend Seelen sich taufen ließen, die erste Christengemeinde; — während also die Epistel die Gründung der christlichen Kirche erzählt, legt uns das Evangelium in großen Zügen, ich möchte sagen den Inhalt dieser Kirche vor die Seele, d. h. es zeigt, welcher Geist jene Heilsgemeinschaft, die damals am Tage der Pfingsten gegründet worden, durchdringen und erfüllen und so dem heiligen Ziele, eine Pflanzstätte des Gottesreichs auf der Erde zu sein, immer näher führen solle. Das Evangelium ist dadurch für alle Zeiten zu einer heiligen Mahnung für die gesammte Kirche geworden, wie der treue Vater am Geburtstage des Kindes demselben die ewigen Ziele zu zeigen nicht müde wird. Darum laßt uns heute in dieser Mahnung des Evangeliums

des Herrn Pfingstwort an seine Gemeinde
verstehen lernen.

Ja wir verstehen es heute, wenn Du durch Deinen Propheten zu uns sprichst: „ich will euch ein neues Herz und einen neuen Geist geben und will das steinerne Herz aus eurem Fleisch wegnehmen. Ich will meinen Geist in euch geben und will solche Leute aus euch machen, die in meinen Geboten wandeln und meine Rechte halten". O, so hilf, daß es also geschehe. Amen.

I. Des Herrn Pfingstwort an seine Gemeinde im Festevangelium — bemerkt da zunächst: „der Tröster, der heilige Geist, welchen mein Vater senden wird in meinem Namen, derselbige wird euch Alles lehren". Dieses Wort unsers Herrn, das in seiner Tiefe noch von so Vielen nicht verstanden wird, hängt auf das innigste zusammen mit jenem, das wir an einem der letztverflossenen Sonntage hörten: „ich habe euch noch viel zu sagen, aber ihr könnt es jetzt nicht tragen". Die treibende und bewegende Grundkraft des Christenthums und damit der rechten Kirche ist hierin bezeichnet, das ist der heilige Geist des Fortschrittes, der in ihm unaufhörlich wirksam sein soll. Versteht es wohl, zu seinen Jüngern, da er von ihnen Abschied nimmt — denn auch dieses Evangelium ist jener letzten Rede des Herrn entnommen, die uns seit Ostern immer den Inhalt unserer Erbauung gegeben hat — zu seinen Jüngern sagt der Herr nicht: da ich von euch scheide, wißt Ihr nun Alles und könnt nun Alles, sondern, erst „der Tröster der da kommen wird, wird euch Alles lehren"; auch sie sollen noch fortschreiten in Erkenntniß und Thatkraft und Heiligung und wie dieß in der That der Fall gewesen, zeigt eben das Pfingstfest, an dem ihnen zum ersten Mal das rechte Verständniß aufging und der rechte Muth kam, das Wort vom Kreuze zu verkünden.

Was hier den Jüngern gesagt ist, Geliebte, es gilt auch seiner Kirche, die an jenem Pfingsttage von den Jüngern gegründet worden. Ihr hat der göttliche Stifter übergeben sein Wort und seine Wahrheit, die allerdings die Vollendung selbst sind und einer Fortentwicklung und Höherbildung nicht bedürfen. Aber das menschliche Verständniß derselben ist nie vollendet, sondern immer mehr oder weniger umhüllt vom Staub der Erde, am freien Himmelsflug gehindert vom menschlichen Irrthum. Und eben deßhalb darf sie nie stille stehen, sondern muß immer tiefer zu dringen suchen ins Verständniß des Gottesworts, immer mehr ringen in ernster sittlicher Arbeit, daß seine Fülle allseitig Gestalt gewinne im Leben und Jegliches ihrer Glieder immer völliger wird in dem was „er uns gesagt hat".

Und wer die Entwicklung der christlichen Kirche kennt, der sieht voll Freude, wie sich das herrliche Wort unsers Evangeliums an ihr erfüllt hat: „der heilige Geist wird euch Alles lehren". Wie der in fruchtbaren Boden gelegte Keim sich stille entwickelt, allmälig in Stamm und Zweige auswächst, so hat sie im stillen Gang der Jahrhunderte einen Wahn der Menschheit nach dem andern mit der Leuchte fortschreitender Erkenntniß, die ihr aus dem immer tiefer verstandenen Worte des Herrn erwuchs, vertrieben und an dessen Stelle die Wahrheit gesetzt. So ist ihrem „heiligen Geiste" allmälig die Sklaverei erlegen, so hat sie die Ehe geheiligt, rechte Kinderzucht ins Leben gerufen,

der bürgerlichen und staatlichen Ordnung die segnende Bahn bereitet,
das reinigende Feuer der Wissenschaften entzündet und genährt; so
will sie, die rechte, von seinem Geiste erfüllte Kirche auch heute noch
auf allen Gebieten des menschlichen Wissens, Strebens und Handelns,
daß sein tiefes Wort „er wird euch Alles lehren" immer mehr und mehr
zur Wahrheit werde.

Und darin, Geliebte, liegt eine jener tiefen grundsätzlichen Ver-
schiedenheiten unserer evangelischen Kirche von den andern, die die
Entwicklung nur bis zu einem gewissen Punkte zulassen und meinen,
von da an gebe es keinen Fortschritt weiter, die das Leben deßhalb in
Fesseln schlagen möchten, weil sie kurzsichtig meinen, sie seien schon
am Ziele angelangt, am Ziele, das sie mit einem längst vergangenen
Jahrhundert abschließen. Wohl uns, daß wir das Pfingstwort unsers
Evangeliums besser verstehen: „der heilige Geist wird euch Alles lehren",
d. h. so lange des Menschengeschlechtes Dasein auf Erden währt, darf
sein Ringen, daß der heilige Geist immer mehr Wohnung bei ihm
mache, nicht aufhören und ist der Fortschritt nie am Ziele.

II. Doch mitten in dieß unaufhörliche Ringen und Arbeiten aus
dem Dunkel zum Licht, aus dem Staube zum Himmel tönt um so
trostreicher ein zweites Pfingstwort des Herrn an seine Gemeinde: den
Frieden lasse ich euch, meinen Frieden gebe ich euch. Und
zwar ausdrücklich „nicht gebe ich euch wie die Welt gibt". Denn sie,
die Welt, gibt nur Schein und Tand und flüchtigen Schimmer, die
„Lust, die zugleich mit ihr vergeht", Güter, die nicht bleibend sind, die
die tiefste Sehnsucht der Seele nicht befriedigen, wo daher immer des
Propheten Wort gilt: „Friede, Friede und ist doch kein Friede". Der
Friede aber, den der Herr gibt und den Seinen „lassen" will, er wächst
hervor aus dem Bewußtsein des Geistes, das sich in seinen Zielen und
Strebungen eins weiß mit dem Vater, das in seinen irdischen Arbeiten
sich fühlt als Haushalter Gottes, das in den mitstrebenden Brüdern
gleichberechtigte Mitgehülfen am Baue des Gottesreichs sieht, demnach
in all ihren, sei es auch Irrthümern und Fehlern den unvergänglichen
Strahl des Göttlichen nicht übersehen kann, der doch auch dort leuchtet,
und das diesem zugewandte Herz immer mit erbarmender Liebe dahin
zieht. Ja des Herrn Friede, er wächst hervor aus der Liebe, die da
„sein Wort hält" und wurzelt in der unerschütterlichen Überzeugung,
daß die auch „der Vater liebt" und mit dem Sohne „kommt und Wohnung bei ihr macht". Und darum ist eben hier, wie die Schrift sagt,
„des Friedens kein Ende".

Ja wie über der Krippe in Bethlehem himmlische Heerschaaren in die dunkle Nacht das weiſſagende Wort hineinriefen: „Friede auf Erden“, ſo ſtrahlt als leuchtender Stern über den erſten Anfängen der Kirche das heilige Wort des Herrn: „den Frieden laſſe ich euch, meinen Frieden gebe ich euch“, und der Gründungstag der Kirche er iſt zugleich ein Hochfeſt des Friedens. Daß ſie dem armen Menſchenherzen, das, hier bedrängt durch die Noth des Lebens, dort blutend aus den Wunden, die es ſich ſelbſt geſchlagen, in Irrthum und Sünde und böſer Leiden=ſchaft ruhlos umherirrt, nicht kennend den „Vater“ noch den, den „er geſandt hat“, den Weg zu jener erquickenden Lebensquelle zeige, aus der die unverſieglichen Ströme des Friedens fließen, das iſt ihre Auf=gabe, das ihre Beſtimmung. Sie iſt in Wahrheit vorzugsweiſe eine Heilsanſtalt des Friedens und daß ſie an ihrem Stiftungstage ſich deß insbeſondere bewußt werde, daran mahnt immer aufs neue das ſchöne Wort unſers Evangeliums.

O daß doch die Völker der Erde, die alljährlich das freundliche Feſt der Pfingſten feiern, einmal darauf achteten! „Meinen Frieden gebe ich euch“ ruft es ihnen auch heute zu; ſie aber ſtehen voll Haß und feindlicher Mordbegier einander gegenüber und wollen ſich „deß nicht erinnern, das er ihnen geſagt hat“. Doch wozu beſchuldigen wir die Völker, wenn wir ſelbſt unſer eigenes Herz nicht bezwingen können, ſelbſt überhörend des Herrn Pfingſtwort an ſeine Gemeinde? Oder hat er ſeine Wohnung ſchon aufgeſchlagen in unſrer Mitte, „der Friede“, den „er uns laſſen“ will? Iſt es heimiſch in unſern Herzen, das Wohl=wollen gegen den Bruder, das, wie der Apoſtel ſagt, „nicht eifert, ſich nicht ungeberdig ſtellt, ſich nicht erbittern läßt, das Alles verträgt und ſich nicht der Ungerechtigkeit freuet?“ Oder wo er fehlt, dieſer Friede, dieſe heilige Stille im Herzen, fragen wir, ängſtlich beſorgt um das Heil, ob nicht wir Schuld ſind daran, ob wir das Wort, das uns zum Frieden gemahnt und das nicht der Menſchen, ſondern „des Vaters“ war, gehöret, oder den „Tröſter“ eigenſinnig von uns geſtoßen, da er erbarmend kam, Wohnung bei uns zu machen, ob es „heiliger Geiſt“ iſt, der uns auch jetzt noch erfüllt und uns auf den lieb= und friebloſen Wegen feſthält, die „der Welt“ gefallen? Oder wenn wir dieſer Frage ſcheu ausweichen und die Hand nie aufs Herz legen, nie die Stimme des Gewiſſens hören wollen, ſagt, wie ſoll „der Tröſter, der heilige Geiſt“, der Geiſt des Friedens denn zu uns kommen; wie mögen wir heute würdig feiern das Feſt der Gründung ſeiner Kirche, der der Herr verheißen: „den Frieden laſſe ich euch, meinen Frieden gebe ich euch“.

III. Und doch eben weil er dieſes thun will, ruft der Herr in unſerm Feſtevangelium heute noch ein drittes Pfingſtwort ſeiner Gemeinde zu:

„euer Herz erschrecke nicht und fürchte sich nicht". Denn, wie er weiter unten hinzufügt, „es kommt der Fürst dieser Welt und hat nichts an mir". Gewiß, ein rechtes Trost- und Freudenwort grade für die Tage, die so dunkel sind, als die unsern. Und zwar gilt es zunächst am Gründungstage der Kirche, ihr der Kirche selbst. Und der, die da ruhet auf dem Grunde des Evangeliums insbesondere, Geliebte! Es ist derselbe Trost, den ihr der Herr bei einer andern Gelegenheit zuruft: „fürchte dich nicht du kleine Heerde, es ist des Vaters Wille dir das Reich zu geben". Sahen wir doch schon am vorigen Sonntag, wie fast wunderbar der Herr sie gerettet und wie er auch heute noch nicht müde wird, den Tröster zu ihr zu schicken, daß er die „Lücken verzäune" und die Wege ebne, und die Verwundeten verbinde und die Gefallenen wieder aufrichte; der Tröster, der in diesen Tagen in seinem Namen bittend auch in unsere Thüren treten wird, daß auch wir uns „erinnern alles dessen das er uns gesagt" und Zeugniß ablegen, wie wir „den Vater lieben". Und so lange dieser Geist der Liebe noch herrschet in seiner Gemeinde, der da über sich selbst nicht das Ganze vergißt, der da bei jedem Wechsel der Dinge eins bleibt in „der Liebe des Vaters" und in dem „Halten an seinen Geboten", so kann auch seine Kirche getrost mit dem Psalmisten ausrufen: „wenngleich die Welt unterginge und die Berge mitten ins Meer sänken, so fürchten wir uns nicht und soll dennoch die Stadt Gottes sein lustig bleiben mit ihren Brünnlein, da die heiligen Wohnungen des Höchsten sind".

Doch das Pfingstwort des Herrn an seine Gemeinde in unserm Festevangelium „euer Herz erschrecke nicht und fürchte sich nicht", es gilt jeder göttlichen Ordnung in den menschlichen Dingen, wo sie bedroht ist durch „den Fürsten dieser Welt". Die höhern Güter des staatlichen und des Volkslebens, sie stehen nicht weniger unter seinem starken Schirme und wenn auch Feinde gegen sie erstehen, die früher ihre Freunde waren, sie werden ihnen nichts anhaben, so jene nur in der That erfüllt und getragen sind von dem „heiligen Geiste", der gesandt ist vom Vater. Denn das Göttliche, in welcher Gestalt immer es auf der Erde erscheine, es ist unüberwindlich; hat doch das Häuflein der Jünger, der nach dem Tode des Herrn so Ängstlichen und Furchtsamen, weil sie „den Vater liebten und sein Wort hielten", am Pfingstfest die Kirche gegründet, gegen die alle Herrlichkeit der alten Welt nur Rauch und Schatten ist.

Ja „euer Herz erschrecke nicht und fürchte sich nicht", so spricht der Herr in seinem Pfingstgruße zugleich zu jedem Einzelnen von uns, so wir ihn selbst nur lieben und sein Wort halten. Allerdings „seine

Wege sind oft nicht unsre Wege und seine Gedanken nicht unsre Gedanken", aber immer „so viel der Himmel höher ist als die Erde" höher
und besser als die unsern. Wie sagt der Herr im heutigen Evangelium
„daß die Welt erkenne, daß ich den Vater liebe und ich also thue, wie
mir der Vater geboten hat, stehet auf und lasset uns von hinnen gehen",
das hieß entgegen dem Tod am Kreuze. Und siehe, dieses Kreuz ist
der Grundstein der Kirche geworden, deren Gründung wir heute dankbar feiern, denn „Er gibt nicht wie die Welt gibt". Auch wenn diese
es nicht verstehet, ist Er bei den Seinen, ihr Schirm und Schild. Im
stillen Kreise des Hauses oder draußen im Sturme der Schlacht, ihm
ists kein Unterschied; immer siehet sein Auge auf uns und bewahret
sein Aufsehn unsern Odem und alle Macht „der Welt hat nichts an
uns", wenn es also sein heiliger Rathschluß ist. Wie es im alten
schönen Kirchenliede heißt: „denn der Herr steht überm Staube Alles
Irdischen und spricht: Stütze dich auf mich und glaube, Hoffe, lieb und
—fürchte nicht".

O, daß wir es denn hörten das Pfingstwort des Herrn an seine
Gemeinde! Siehe also spricht er zu uns: „der Tröster, der heilige
Geist, wird euch Alles lehren" — wohlan weisen wir ihn nicht vielleicht
selber zurück, wie er in Schule und Kirche und Leben zu uns kommt?
— „meinen Frieden lasse ich euch" — sind wir aber nicht vielleicht selbst
seine Todfeinde? — endlich „euer Herz erschrecke nicht und fürchte
sich nicht", — ist das aber möglich, wenn es die „Welt" mehr liebt als
„den Vater"? O, so lasset ihn zu uns kommen und ihn Wohnung bei
uns machen, damit wir rechte „heilige" Pfingsten feiern. Amen.

V. nach Trinitatis.
(Bußtag.)
Ein evangelisch Wort in erwerbloser Zeit.
(1866.)

„Dir danke ich mein Leben, Gott, der du mirs gegeben, Ich
danke dir dafür! Du hast durch Huld bewogen, Mich aus dem
Nichts gezogen, Durch deine Güte bin ich hier. Was mir in
diesem Leben Noch nützt, wirst du mir geben; Du gibts, ich hoff
auf dich. Dir, Vater, bir befehle Ich meinen Leib und Seele;
Herr segne und behüte mich! Amen.

Als wir am letzten vierteljährlichen Bußtage — es war am Sonntag nach Ostern — hier unsre Herzen zum Himmel erhoben, da war es das schöne Wort des Evangeliums „Friede sei mit Euch" das uns erbaute. Seit jener Zeit, im Flusse so weniger Wochen, wie hat sich die Welt geändert! Grade das köstliche Gut des Friedens, des Friedens nach außen, wir haben es nicht mehr; gegen die Angriffe starker Nachbarn muß das Schwert uns zu schützen suchen; zahlreich stehen der Heimath fern auch unsre Brüder und Söhne tausend Gefahren gegenüber und tausend schwere Nachtheile und Verluste an mannigfaltigen Gütern des Lebens drohen auch denjenigen, die dem unmittelbaren Schauplatz des Krieges ferne sind. Dazu die schönen Hoffnungen des Frühlings, die am verflossenen Bußtage noch mit ihrer Blüten Pracht und Aussicht die Seele entzückten, wie sind sie zum Theil schon vernichtet, daß die herabgespannte Erwartung bereits mit mancher bangen Sorge in die nächste Zukunft sieht. Das Alles, geliebte Christenbrüder, mehrt aufs neue jene dunkle Klage, die allerdings nie verstummt, die Klage über den Druck der Zeiten, über die schweren Tage, unter welchen die Gegenwart seufze; wie das ehrliche Auskommen jetzt kaum mehr möglich sei und die Sorge in hundert Gestalten immer stürmischer und stürmischer fast an jede Thüre poche. Wie leicht, sprechen sie, haben es die Väter gehabt; da war überall des Erwerbes die Fülle, jetzt aber je mehr wir arbeiten, desto näher kommt die Armuth.

Es ist kein Zweifel, die Klage über die Schwere der Zeiten sie ist nicht unbegründet, wenn auch der gewöhnliche Sinn ihre Ursache und ihre Bedeutung nicht da sucht, wo sie sind. Auch geben wir zu, daß in der nächsten unmittelbaren Vergangenheit das Leben einfacher und leichter dahingeflossen; in jenen alten Tagen aber, die weit hinter uns liegen, war es oft und oft gewiß nicht der Fall. Auch unsere Väter sind in der Schule der Noth groß gewachsen; harte Entbehrung hat sie gestählt; ja grade sie ihr Herz stark und ihren Sinn tüchtig gemacht, daß sie ausharrten in Zeiten des Leidens, von denen dieß Geschlecht keine Vorstellung hat. Wie oft hat sich an ihnen erfüllt das Wort der Schrift: in der einen Hand den Pflug, in der andern das Schwert. Damals, wo in jedem Jahre fast der wilde Feind an unsrer Grenze stand, hatte der Einzelne nicht nur für sich zu sorgen, wie jetzt gerne so viele thun; auch das Allgemeine nahm seine Kraft in Anspruch. Die Hallen unsrer altehrwürdigen Kirchen, die grauen Mauern unserer Burgen würden es erzählen, wenn auch unsre Zeitbücher darüber schwiegen, was die Väter gethan, daß wir im Schatten ihrer Werke

ruhen können. Und wenn der Krieg mit der Theurung und die Theurung mit der bösen Seuche abwechselte, wenn lange Monate hindurch
aller Wandel und Verkehr still stand, daß Gras und Unkraut wuchs
in den Gassen der Städte und der Dörfer und doch der wilde Feind
das Land brandschatzte und Weiber und Kinder in ferne Knechtschaft
schleppte: gewiß da würden die von solchen Leiden damals fast Er-
drückten, wenn sie den ruhigen Gang unserer Tage sehen könnten, und
wie im Ganzen ein Jeglicher doch des wohlerworbenen Eigenthums
sich freuen kann, sie würden die Zeit preisen, der solches zu sehen und
zu genießen vergönnt sei.

Aber, wendet vielleicht eine Stimme ein, es mag sein; doch die
größere Noth der Vergangenheit macht die Schwere der Gegenwart
nicht leichter. Gewiß nicht; aber ein Blick auf jene läßt diese leichter
tragen und richtiger beurtheilen und, was nicht das Geringste ist, die
rechten Mittel zur Abhülfe ernstlicher ins Auge fassen. Denn wenn
wir sehen, daß es zu allen Zeiten auch böse Tage gab, in denen
die Noth des Lebens, der Mangel, die Armuth, die bittere Sorge
schwerer als sonst an die Geschlechter der Menschen herantrat, so
liegt es nahe zu fragen: wie überwanden sie denn damals so schwere
Geschicke; was trug sie hinüber über jenes dunkle Meer von Kummer
und Elend?

Geliebte, die Antwort muß uns wieder führen auf das „Eine was
Noth thut". Denn das Menschenleben mit allen seinen Bedürfnissen
und Leiden ist ein Ganzes und alle seine Noth und all' sein Jammer,
ob sie den Leib betreffen oder die Seele, sie wachsen im tiefsten Grunde
aus einer Wurzel, der Sünde oder der Gottentfremdung.

Und hierauf wieder mit doppeltem Ernste den Blick zu richten
mahnt abermals der heutige Bußtag. Und denen, die da klagen über
den Druck der Zeit und die Schwere der Tage, rufet er zu mit dem
Worte des Propheten: „wie murren denn die Leute im Leben also!
Ein Jeglicher murre wider seine Sünde". „Darum lasset uns forschen
und suchen unser Wesen und uns zum Herrn bekehren. Denn wir, wir
haben gesündigt und sind ungehorsam gewesen, darum hast du uns
billig nicht verschonet". Denn auch Ungemach und böse Zeit und Er-
werblosigkeit und harte Tage sind in des Herrn Hand und er schickt
sie denen, die sie verdienen.

Weiter hierüber zu sprechen, soll uns das heutige Evangelium die
Veranlassung geben.

Lied 242, 1, 3: Der Herr ist meine Zuversicht.

Evangel. Luc. 5, 1—11.

Es begab sich aber, da sich das Volk zu ihm drang, zu hören das Wort Gottes, und er stand am See Genezareth und sahe zwei Schiffe am See stehen; die Fischer aber waren ausgetreten und wuschen ihre Netze; trat er in der Schiffe eines, welches Simonis war, und bat ihn, daß er es ein wenig vom Lande führte. Und er setzte sich und lehrte das Volk aus dem Schiff. Und als er hatte aufgehört zu reden, sprach er zu Simon: fahret auf die Höhe und werfet eure Netze aus, daß ihr einen Zug thut. Und Simon antwortete und sprach zu ihm: Meister, wir haben die ganze Nacht gearbeitet und nichts gefangen; aber auf dein Wort will ich das Netz auswerfen. Und da sie das thaten, beschlossen sie eine große Menge Fische und ihr Netz zerriß. Und sie winkten ihren Gesellen, die im andern Schiff waren, daß sie kämen und hälfen ihnen ziehen. Und sie kamen und füllten beide Schiffe voll, also, daß sie sanken. Da das Simon Petrus sahe, fiel er Jesu zu den Knien und sprach: Herr, gehe von mir hinaus, ich bin ein sündiger Mensch. Denn es war ihn ein Schrecken angekommen und alle, die mit ihm waren, über diesen Fischzug, den sie mit einander gethan hatten; desselben gleichen auch Jacobum und Johannem, die Söhne Zebedäi, Simonis Gesellen. Und Jesus sprach zu Simon: fürchte dich nicht, denn von nun an wirst du Menschen fangen. Und sie führten die Schiffe zu Lande und verließen alles und folgten ihm nach.

Das vorgelesene Evangelium versetzt uns in die Tage der ersten öffentlichen Lehrthätigkeit unsers Herrn. Auch damals war eine böse Zeit. Denn eben damals hatte der Vierfürst Herodes Johannes den Täufer ins Gefängniß geworfen und enthaupten lassen, weil er das Wort seiner Wahrheit fürchtete. Nicht minder schwer lastete der Druck der Römer, die eigentlich des Landes Oberherrn waren und deren Zöllner dort standen, auf allem Volke. In so schwerer Zeit, die aber die Herzen um so eher dem Rufe des Göttlichen öffnen mußte, fing der Herr an das Wort Gottes zu verkünden in der freundlichen Landschaft am See Genezareth, die in jenen Tagen sein Lieblingsaufenthalt war. Da zeigt uns ihn denn das Evangelium auf dem Schiffe, von dem aus er das Volk lehrt, mitten unter Männern aus eben diesem Volke, Schiffern und Fischern nach ihrem Gewerbe, die mit ihrer Hände schwerer Arbeit ihr täglich Brod verdienten. Die Art und Weise, wie das im heutigen Evangelium geschah, so wie der gesammte reiche anderweite Inhalt desselben sei uns denn im Zusammenhang mit unserer einleitenden Betrachtung und im Sinne des heutigen Buß=tags, der Leib und Seele in den Dienst des Herrn stellen will, Veranlassung

      ein evangelisch Wort in erwerbloser Zeit zu sprechen.

      „Siehe, des Herrn Hand ist nicht zu kurz, daß er nicht helfen könnte, aber eure Untugenden scheiden euch und euren Gott von einander", so ruft dein Prophet auch uns zu, Allheiliger. O, so laß uns ihn hören und besser werden! Amen.

I. Ein evangelisch Wort in erwerbloser Zeit denn, wohlan es spricht zu uns zunächst werdet doch nicht müde. Sagt, meint man nicht den ganzen Jammer der in so vieler Richtung hin erwerblosen und bedrängten Gegenwart zu hören, wenn Simon im vorgelesenen Evangelium klagt: „Meister wir haben die ganze Nacht gearbeitet und nichts gefangen". Schon denkt er nicht mehr daran, einen weiteren Versuch zu machen, die verlorne Mühe der vergangenen Nacht hat ihn entmuthigt; es bedarf des Herrn Wort, doch noch einmal das Netz auszuwerfen, daß er einen Zug thue.

Wie steht da auf einmal das volle Bild ach so vielfältiger Leibes- und Seelennoth vor dem Blicke des Kundigen! „Wir haben die ganze Nacht gearbeitet und nichts gefangen". Die ganze Nacht, nein oft lange Tage und Wochen und Jahre voll harter Mühe und Arbeit und doch kein Erfolg! Wie oft ziehen wir die schweren Furchen da draußen auf dem Acker umsonst, wenn dann der kalte Strahl des Frostes die frohe Saat verdirbt, oder des Hagels verderblich Geschoß aus dunkeln Wolken die Auen verwüstet! Wie fließt der heiße Schweiß der Werkstatt so oft vergeblich, wenn ungekannte Entwicklungen in fernen Ländern in ihren letzten Schwingungen alle unsre Anstrengungen fruchtlos machen und selbst redlich verdienten Wohlstand in ihren verderblichen Strö- mungen begraben! Wo selbst die fleißige Hand am Schlusse des Jahres kaum so viel erworben, daß sie berechtigte Bedürfnisse befriedigen könne und das Auge auf dem Meere des Lebens eine frohe Hoffnung nach der andern in das dunkle Wellengrab muß sinken sehn, bis das Schiff beinahe der ganzen Segenslabung beraubt, ein Spiel von Wind und Wogen wird. Ja, auch wenn wir, weil es unsrer Aufgabe abseits liegt, nicht gedenken der ähnlichen kummervollen Erfahrung auf dem Arbeitsfelde geistiger und sittlicher Bildungsziele, es ist oft nicht anders: „Meister, wir haben die ganze Nacht gearbeitet und nichts ge- fangen".

Doch unmittelbar daneben steht auch des Herrn Wort: „werfet eure Netze aus, daß ihr einen Zug thuet". D. h. werdet doch nicht müde. Siehe, so lesen wir, die Fischer wuschen ihre Netze, die wohl verunreinigt waren vom Schlamme des Meeres, wiewohl sie nichts gefangen; und auf des Herrn Wort warfen sie sie sofort wieder aus. So soll es in jedem Leben sein. Der Beruf, der deine nächste Lebens- aufgabe bildet, und die Arbeit desselben darf dich nie mit Mißmuth erfüllen. Wenn er auch die gehofften Früchte nicht trägt, müde dürfen wir nicht werden. Lag es nicht vielleicht an uns, daß die Saat nicht gedieh? Am Mangel an Einsicht, an Treue der Wartung, an ausharrender Geduld? Und wenn unser Gewissen uns keiner Schuld zeihen kann, nun so können wir um so freudiger immer wieder an die rechte ernste Arbeit gehen, mit der es ist, wie mit dem Regen des Himmels. Der fällt zu allen Zeiten des Jahres herab auf die Erde, auch wenn die im Froste des Winters sich seinen segnenden Tropfen verschließt; er kommt immer und immer wieder, bis er endlich in der dunkeln Scholle den schlafenden Lebenskeim wach ruft. So ist es mit der rechten ernsten Arbeit des Berufs, die nicht müde wird. Sie hat an und für sich schon eine befreiende und stärkende Kraft. Auch wenn bisweilen der Nutzen in äußerm Erfolge ausbleibt und der Gewinn lange säumt, wer die Hände nicht unthätig in den Schoß legt, sondern frisch ans Werk geht mit ungebrochenem Muth, der erhält sich wenigstens das Herz wacker, den Blick frei, die Seele rein, daß er nicht auf den dunkeln Wegen des Wahns und des Aberglaubens dem Verstande Hohn spricht, sondern das was der Erde gehört, sucht auf dem Wege, auf dem es allein zu finden und selbst in schwerer Zeit dem Erwerbe nachgeht in redlicher, treuer, nie ermüdender Arbeit.

II. Ein evangelisch Wort in erwerbloser Zeit, es ruft uns ferner zu: fahret auf die Höhe. So sprach der Herr zu Simon und seinen Genossen; fort von dem engen und niedrigen Ufer wies er sie, hinaus auf die offene See, wo dem Blick die Wasserwogen sich mit dem Himmel zu berühren scheinen, da würden sie „einen Zug thun". Wie reich er ausfiel, wie reich dadurch die erfolglose Arbeit der vergangenen Nacht entschädigt wurde, haben wir im Evangelium gehört.

„Fahret auf die Höhe, daß ihr einen Zug thuet", so ruft der Herr in des Wortes tieferer Bedeutung Allen zu, die eine erwerblose Zeit mit ihren bittern Sorgen heimsucht. Und da bewahrheitet sich wieder, dessen wir alle Sonntag aufs neue inne werden, daß wie in jedem Thautropfen der ganze Himmel sich spiegelt, aus jedem Wort des Herrn das ganze Menschenleben nach seinen heiligen Zielen uns entgegentritt.

„Fahret auf die Höhe, daß ihr einen Zug thut", d. h. hier, wenn die bittere Sorge in den versiegenden Quellen des gewohnten Erwerbes an dich herantritt, so erhebe dich über sie, indem du sie bezwingst, nicht nur durch nie ruhende und vermehrte Arbeit, wie wir das schon gesehen haben, sondern auch dadurch, daß dir die Noth werde zu einer

Schule geistig-sittlicher Selbstprüfung und Veredlung. Siehe die
Klage über der Zeiten Druck wird immer schwerer, wie kommt es denn,
daß damit zugleich das Leben von der Einfachheit der Väter sich immer
mehr entfernt? Daß in Kleidung, in Einrichtung, in Genuß und Bedarf jenes Maß von allen Seiten überschritten wird, das doch in
frühern Tagen, wo das Leben leichter war, genügte und befriedigte?
Wenn der Erwerb zum Nothwendigen nicht hinreichen will, warum
wird er verschwendet auf das Unnöthige und Überflüssige? Warum
steigt der Geist aus den Niederungen eitler Prunksucht nicht hinauf zu
der reineren „Höhe" edlerer Welt- und Lebensanschauung um dort inne
und stark zu werden, daß er das Nutzlose abschaffe und sich mit der
edeln Einfachheit früherer Zeiten begnüge?

Aber die gewöhnliche Menge macht es verkehrt. Wenn die Zeit
schlecht ist, so umgibt sie sich gerne mit dem täuschenden Schein des
Wohlstandes; wenn die Sorge heimlich nagt, so will sie sie betäuben
durch niedrigen Sinnengenuß. Den Becher der Lust will sie leeren,
bevor das Ende kommt. „Morgen können wirs nicht mehr, darum
laßt uns heute leben", so lautet da das böse Wort. Und das Alles
deßhalb, weil sie geistig unfrei ist, gebunden in gemeinen Zielen und
Strebungen, ein Knecht der eigenen Lust und fremden Vorurtheils;
weil sie sich nie hinaufwagt auf die ragende Höhe des Lebens, um
Umschau zu halten über den Gang und den Inhalt desselben, um zu
erkennen, daß man in ungewöhnlicher Zeit auch Ungewöhnliches thun
und leiden müsse, daß man sich nie ungestraft von der Sitte der Väter
entferne und der Werth und die Würde des Daseins nicht in Flitter
und Glanz, „in Purpur und köstlicher Leinwand" bestehe, sondern
darin, daß man die Zeit erkenne, darin man heimgesucht sei, daß man
in sie sich schicke mit Weisheit, Selbstbeschränkung und Mäßigung, in
allen Fällen aber Herz und Sinn frei hält für jene Freuden und Genüsse, die nicht abhängig sind vom Eiteln und Vergänglichen, weil sie
strömen aus der unversieglichen Quelle eines reinen Gemüthes und
eines gebildeten Geistes.

III. Ein evangelisch Wort in erwerbloser Zeit, es ruft uns heute
endlich noch zu folget ihm nach. „Und sie führeten die Schiffe zu
Lande und verließen Alles und folgeten ihm nach", so lesen wir von
Simon und seinen Gesellen Jacobus und Johannes, die von dem
Augenblicke an seine treuesten und ersten Jünger wurden.

Ihm nachfolgen, das ist denn auch in erwerbloser Zeit eine Haupt-
bedingung, so wir anders die Zeit selbst recht bestehen wollen. Zwar

schon im Nichtmübewerden in treuer Arbeit, im Hinausfahren auf die Höhe der Selbsterkenntniß und der Würdigung der rechten, bleibenden Lebensgüter liegt eine Nachfolge des Herrn, aber die Forderung hier umfaßt mehr, viel mehr. Sie sagt: vertrauet auf den Herrn. Er weiß, was uns nützt und ob wirs auch nicht erkennen, so ists zu unserm Heil, wenngleich der Strom des Segens nicht immer so voll fließt, daß er unserm Wunsch gemäß aus dem Ufer gehe. Auch Mangel und Noth und schwere Zeit, sie sind Erziehungsmittel in der Hand des Herrn; treten sie an uns heran, so ists mit seinem Willen. Wenn nur wir dabei das Unfre thun, dann können wir getrost das Weitere ihm über- lassen. Wie wir im Evangelium lesen: „sie verließen Alles und folgten ihm nach" voll treuen Gottvertrauens, so spricht der Psalmist: „Sei stille dem Herrn und warte auf ihn; befiehl ihm deine Wege, er wird es wohl machen".

Und darum heißt „ihm nachfolgen" in erwerbloser Zeit zugleich sich „nicht fürchten", wie der Herr im Evangelium dem Simon zurief am Anfang einer neuen, für ihn dunkeln Lebensbahn. Wie beängstigend auch scheinbar die Zukunft sich gestalten mag, wie unbedeutend auch der Fleiß der Werkstatt sich lohne, wie kärglichen Ertrag hier und dort das Feld auch verheiße, ja wie manchen Hauses treuer Helfer oder fast einzige Stütze im gefahrdrohenden Dienste des Vaterlandes ferne weilen muß, daß die Zurückgebliebenen kummervoll sprechen mögen: „was werden wir essen, womit werden wir uns kleiden": um so ernster ruft unser Evangelium „folget ihm nach", d. i. fürchtet euch doch nicht, der treue Gott lebt noch. Wie der Prophet spricht: „der Herr ist gütig und eine Veste zur Zeit der Noth und kennt die so auf ihn trauen". Ja Er, der Israel durch das Meer und die Wüste geführt, der aus den schlichten Fischern des heutigen Evangeliums seine Boten gemacht, daß sie die Menschheit zu ihm bekehrt, der unsre Väter in viel, viel schwererer Zeit gnädig geschirmet und erhalten, der an einem Jeglichen auch unter uns so reichlich und so oft fast wunderbar seine Gnade be- wiesen: Er wird auch fortan sorgen, daß uns nicht gebreche das was Noth thut. Denn er ist der Gott, der helfen will und kann und wie im Evangelium, als die Zeit kam, die Schiffe sanken unter der Last des Fischzugs, so gibt er den Seinen immerdar, wenn sie die Prüfung recht bestehen, überschwänglich, daß sie oft über des Herrn Gnade und die eigene Unwürdigkeit ein Schrecken ankommt.

Wie ihm nachfolgen grade in erwerbloser Zeit endlich auch heiße: bienet einander, ein Jeglicher mit der Gabe, die er empfangen hat, das sei heute nur kurz angedeutet. „Sie winkten ihren Gesellen, die im andern Schiff waren, daß sie kämen und hülfen ihnen ziehen". Ja wie viele Noth grade in schwerer Zeit würde weniger sein, wenn die Men= schen sich gegenseitig hülfen und dieneten! Daß wir es denn beherzigten das evangelische Wort in erwerb= loser Zeit, Geliebte. Es lautet: werdet nicht müde in treuer Arbeit, fahret auf die Höhe edlerer Welt= und Lebensanschauung, in die die überflüssigen nichtigen Bedürfnisse der Eitelkeit und Genußsucht nicht hinaufragen, folget ihm nach, d. h. trauet auf den Herrn, fürchtet euch nicht, dienet einander. Sagt selbst, könnte es bei solchem Geiste eine harte Zeit geben? Heute aber ist Bußtag, der uns zur Einkehr ruft auch auf diesem Gebiete. Im Evangelium aber lesen wir, daß sich „das Volk zu ihm gedrängt, zu hören das Wort Gottes". Sollen wir nicht auch also thun? Amen.

VI. nach Trinitatis.

„Sei willfertig deinem Widersacher."

(1866.)

Gnade sei mit uns und Friede von Gott dem Vater und unserm Herrn Jesu Christo! Amen.

„Wir haben die ganze Nacht gearbeitet und nichts gefangen", dieß ergreifende Wort aus dem Evangelium vom vorigen Sonntag, geliebte Christenbrüder, mahnt es uns nicht tiefbedeutsam und vorbildlich an das nie endende Wehe, das auf dem Menschengeschlecht ruhet! Nicht nur an die Noth des Erwerbs und die Sorgen der Nahrung, die so wenig Glücklichern erspart bleiben, sondern auch an die Rastlosigkeit und Vergeblichkeit so vielfachen andern Strebens, an das ewige Ringen nach wirklichen und vermeintlichen Gütern, an die dunkle Nacht tausend getäuschter Hoffnungen, die so oft trotz aller Arbeit auf Einzelnen und ganzen Geschlechtern liegt. Nicht umsonst spricht das schöne alte Kirchen= lied zu uns: „ein jeder Tag hat seine Plage, ein jedes Herz hat seine Klage, ein jedes Haus hat seine Last".

So ist es gewesen seit dem Anfang der Zeiten und so wird es blei= ben bis ans Ende. Wie manches Volk, wie manches Geschlecht ist über die Erde gewandelt und untergegangen im Sturm der Tage! Kaum daß hie und da ein stummes Denkmal von ihrer Arbeit und von ihrem Leide spricht! Wie die Wellen des Meeres kommen und gehen und die

Kreise, die des Steines Wurf auf der Spiegelfläche macht, schnell wieder
verschwindend ineinanderfließen und du nicht weißt, was die dunkle
Tiefe birgt, so deckt Schweigen und Öde viele schwere Noth und Jammer
vergangener Tage in untergegangenem Völkerleben.

Und ist es heute in diesem nicht nur, auch in den Geschicken des
Einzelnen anders? Allerdings, das Leben ist reicher, die Welt größer,
das Ziel freier geworden, als in alten Tagen, aber damit auch die
Mühe größer, auch das Leid tiefer, auch der Schmerz der bewußten
Entbehrung bitterer. Nicht sei hiemit hingedeutet auf die schmerzlichen
Gegensätze unermeßlichen Reichthums und jammervollster Armuth, die
bei denselben Ansprüchen an das Leben nie einander so gegenüberstanden, als gerade jetzt: aber daß bei allem Fortschritt in äußerer Beherrschung der Naturgewalten doch die sittlichen Mächte so oft noch im
Niedergang sind, daß die edlern Güter des Lebens nicht überall an der
Stelle stehen, wo sie stehen sollten, daß die Sünde noch oft so allgewaltig herrscht und die Geißel des Verderbens schwingt über ganzen
Geschlechtern, das ist es, was so manchem edlern Herzen die Bitterkeit
des Leides vermehrt, das in den eigenen besondern Lebenskreisen nun
einmal nach der Natur der Erdendinge Niemandem ausbleibt.

Und doch, wie wohl müßte dem Menschen sein, dessen Leidensquelle
nur von außen flösse, dessen Gewissen ihm Zeugniß gäbe, daß er nicht
selber Schuld sei an dem was ihn drücke! Ein solches Bewußtsein hebt
mehr als die Hälfte der Last auf, und wie dunkel auch das Gewölk sei,
das den Himmel umzieht, es kann die Sonne des Heils nicht ganz ver-
decken. Das ist aber eben das Schmerzliche, da liegt die brennende
Wunde, daß in den weitaus meisten Fällen der Noth und des Übels
das bange Herz sich sagen muß: mein ist die Schuld; weil ich vor dem
Herrn meinem Gotte gesündigt, trifft mich nun die wohlverdiente Strafe.

Eine reichere Quelle, wie der Freuden einerseits, so der Leiden und
insbesondere der selbstverschuldeten andererseits, giebt es aber nicht, als
das Verhältniß, in dem der Mensch zum Menschen steht. Denn Niemand kann diesem sich entziehen. Angewiesen auf die Genossenschaft
mit den Brüdern mußt du mit und unter ihnen leben; an ihrem Wesen
bildet sich ein Theil deines Wesens; dein Wohlergehn es ist, zu welch
großem Theil, durch sie bedingt. Daher zählt Luther nicht mit Unrecht
fromm Gemahl, fromme Kinder, fromm Gesinde, gute Freunde, getreue
Nachbarn zum täglichen Brod, ohne das der Mensch nicht leben kann.

Und gerade hieraus, woher die reichsten Blüthen edeln Lebensglückes
dem Herzen aufgehen sollen, welche unaussprechliche Fülle von Jammer
fließt ihm oft! Allerdings nicht ohne die eigene schwere Schuld. Denn

gerade in diesem Falle, wenn es das erste und heiligste Gebot des Herrn, das Gebot der Liebe ernst nähme und recht verstünde und treu übte und nie bei Seite legte, das Leben müßte bald anders sich gestalten und mancher Pfad, der jetzt durch Dorngesträuch und Steingeröll sich böse hindurchwindet, würde dann stehen im Blüthenschmucke des Friedens und der Freude.

Unter den schweren Versuchungen nun, die in dem Verhältnisse zu den Nebenmenschen unheilbringend an den Menschen herantreten, wo, wenn du ihnen unterliegst, des Leibes jammervolle Fülle unausbleiblich ist, ist die Unversöhnlichkeit dem Sinne, der dieser Welt angehört, ebenso häufig als unheilvoll. Des Zornes Tochter und des Hasses Schwester gießt sie Verderben oft über ganze Geschlechter aus.

Lied 326, 1, 4, 6: Herr, deine Sanftmuth ist nicht zu ermessen.

Evangel. Matth. 5, 20—26.

Denn ich sage euch: es sei denn eure Gerechtigkeit besser denn der Schrift-gelehrten und Pharisäer, so werdet ihr nicht in das Himmelreich kommen. Ihr habt gehört, daß zu den Alten gesagt ist: du sollst nicht tödten; wer aber tödtet, der soll des Gerichts schuldig sein. Ich aber sage euch: wer mit seinem Bruder zürnet, der ist des Gerichts schuldig; wer aber zu seinem Bruder sagt: Racha, der ist des Raths schuldig; wer aber sagt: du Narr, der ist des höllischen Feuers schuldig. Darum wenn du deine Gabe auf dem Altar opferst und wirst allda eindenken, daß dein Bruder etwas wider dich habe, so laß allda vor dem Altar deine Gabe und gehe zuvor hin und versöhne dich mit deinem Bruder; und als-dann komm und opfere deine Gabe. Sei willfertig deinem Widersacher bald, dieweil du noch bei ihm auf dem Wege bist, auf daß dich der Widersacher nicht dermaleinst überantworte dem Richter, und der Richter überantworte dich dem Diener und werdest in den Kerker geworfen. Ich sage dir: wahrlich, du wirst nicht von dannen heraus kommen, bis du auch den letzten Heller bezahlest.

Das vorgelesene Evangelium bildet einen Abschnitt aus jener tief-bedeutsamen Rede des Herrn, die unter dem Namen der Bergpredigt bekannt ist. Ihr wißt, wie der Heiland darin seinen Jüngern die Grundzüge des neuen, von ihm zu stiftenden Gottesreiches darlegt im Gegensatze zu dem todten Gesetzeswerke, in dessen starren Fesseln jenes Geschlecht dem sittlichen Tode entgegenging. Und das ist der tiefinnere Unterschied zwischen beiden, zwischen der „Gerechtigkeit der Pharisäer und Schriftgelehrten" und dem „neuen Gebote", das der Herr den Seinen gibt, daß sie dort sich beruhigen, wenn sie den alten geschrie-benen Buchstaben hatten, der ihnen allerdings die groben Verletzungen von des Nächsten Leben und Besitz und Ehre verbietet, der Herr aber die Besserung und Wiedergeburt des Herzens will durch den heiligen

11*

Geist unerschöpfter Gottes- und Menschenliebe. Daraus fließt dann nicht nur wie „den Alten gesagt ist: Du sollst nicht tödten", sondern jener milde Sinn des Wohlwollens, der den Nächsteu nicht einmal kränken will und wenn bennoch Irrthum und Leidenschaft Herzen trennen möchte, die für einander schlagen sollen, gerne die Hand zum Frieden bietet und ihm die Seele öffnet, dadurch zugleich eine jener Quellen des Unheils, die dem Menschen so oft aus eigener Schuld fließen, an seinem Theile verschließend.

Das Alles, Geliebte, faßt unser Evangelium in dem schönen Worte zusammen

      „sei willfertig deinem Widersacher"

und dabei laßt denn heute unsere Andacht verweilen.

    „Es sei denn eure Gerechtigkeit besser, denn der Schriftgelehrten und Pharisäer, so werdet ihr nicht in das Himmelreich kommen". O so hilf, daß sie besser werde. Amen.

I. „Sei willfertig deinem Widersacher" ruft uns das Evangelium zu, denn bedenke: auch du bedarfst der Verzeihung. Davon geht auch das Evangelium aus. „Wenn du deine Gabe opferst und wirst allda eingedenk, daß dein Bruder etwas wider dich habe", es geht also von der Überzeugung aus, daß Niemand sei, der dem Nächsten nicht Veranlassung zum gerechten Unwillen gegeben und demnach seiner Vergebung bedürfe, wenn er vor den Herrn treten wolle. Und so ist es: ein Gewissen, das sich nicht selber täuschen will, wird immer wieder mit dem Psalmisten sprechen müssen: „wer kann merken, wie oft er fehle; verzeihe mir, Herr, auch die verborgenen Fehler".

„Verzeihe mir, Herr" — aber die Kinder dieser Welt fühlen und sprechen nicht so. Denn so mächtig ist in ihnen die Selbstsucht und die Eitelkeit und das Bewußtsein der eigenen Vorzüge und so todt die Liebe, daß sie meinen, sie selbst seien untadelig und hätten nie die Nachsicht, die Milde der andern nöthig; dafür eben seien sie um so mehr berechtigt, über Alles was sie von Andern mit Recht oder Unrecht kränkt, unversöhnlich zu zürnen. Wie können sie über ein rasches Wort, das sie einmal unabsichtlich getroffen, lange lange bitter grollen, aber die harte Rede, mit der sie hier den Einen meistern, dort den Andern zurechtweisen, die versteht sich von selbst, die muß man hinnehmen. Wenn auch nur ein Blick, eine leise, vielleicht gar mißverstandene Andeutung ihre Empfindlichkeit verletzt, da können sie den Frieden auf Zeitlebens brechen; aber mit schnellem Tadel, mit hartem Urtheil, mit unzartem Wesen von sich aus nehmen sie es nicht genau. Daher dann jenes

heftige, unbulbſame Eiferern, das nichts Anderes neben ſich hören, ver-
ſtehen, ertragen, gelten laſſen will, das Alles als eine Beleidigung aufnimmt und indem es meint, ſelber vollkommen zu ſein, nichts vergeben
und nichts vergeſſen will. Auch „die Gerechtigkeit der Phariſäer" machte
es ſo.

Welch' eine Verblendung, Geliebte; welch' eine heilloſe Verirrung
ſollen wir ſagen ſchwerer des Verſtandes oder des Gewiſſens. Tauſend-
facher Streit und Unfrieden würde weniger in der Welt ſein, wenn doch
ein Jeglicher zu rechter Zeit „eingedenk' wäre, daß auch ſein Bruder
etwas wider ihn habe", d. i. daß auch er ſeiner Verzeihung bedürfe.
Daß doch ein Jeglicher die Lücken in ſeinem Wiſſen, die Flecken in
ſeinem Leben, die Schäden in ſeinem Herzen, ſeine Thorheit und
Schwachheit und Verſchuldung vor Gott und Menſchen bedächte; für-
wahr er würde milde und verſöhnlich ſein gegen die Brüder. Das
unchriſtliche: ich kann ihm nicht verzeihen; ich will nichts mehr von ihm
wiſſen, würde man nicht ſo oft mit Entſetzen hören müſſen. Wenn nun
dir die Menſchen nicht verziehen, mein unverſöhnlicher Freund; wenn
Gott dir nicht verziehe! Und du beteſt doch alle Tage: „Herr vergib
uns unſere Schuld, wie wir vergeben unſern Schuldigern". Und alle
Tage läßt er ſeine Sonne neu aufgehen über dich und trägt dich in ſeiner
Barmherzigkeit und alle Tage tragen dich deine Nebenmenſchen mit
ihrer Liebe und Nachſicht und nur du weiſeſt jene „Weisheit" trotzig fort,
von der der Apoſtel ſagt, daß ſie „kommend von oben', ſei friedſam,
gelinde, die ſich ſegnen laſſe, voll Barmherzigkeit und guter Früchte".

II. Darum ſei willfertig deinem Widerſacher, auch beßhalb, weil
du nicht weißt, wie lang du noch bei ihm auf dem Wege biſt.
Da iſt nie ein Augenblick zu verlieren, denn der nächſte kann ſtets der
letzte ſein. Darum ſagt unſer Evangelium ſo ernſt: „wenn du deine
Gabe vor dem Altar opferſt und wirſt allba eingedenk, daß dein Bruder
etwas wider dich habe, ſo laß allba vor dem Altar deine Gabe und
gehe zuvor hin und verſöhne dich mit deinem Bruder und alsdann
komm und opfere deine Gabe. Sei willfertig deinem Widerſacher, bieweil du noch mit ihm auf dem Wege biſt".

Denn, gewiß, Geliebte, es kommt der Tag, und jedenfalls bald,
wo Einer von euch beiden, ihr oder euer Gegner dieſen Weg nicht mehr
wandelt. Schon unter dem Einfluſſe dieſes Gedankens, wenn er recht
lebendig in dem Herzen wurzelte, wie müßte die Macht der verſöhnen-
den Liebe im Leben wachſen! Und zwar nach einer doppelten Richtung
hin. „Sei willfertig deinem Widerſacher", ſagt unſer Evangelium,
„bieweil du mit ihm noch auf dem Wege biſt". Beide ſeid ihr nur

Pilgrime und Gäste hienieden; beide habt ihr das „Ziel nicht errungen",
sondern geht ihm erst entgegen; an beiden haben daher der Erde Unvollkommenheiten und Mängel ihr volles Theil. Aber dein unversöhnlich
Herz denkt nie daran, daß die Ursache, aus der du dem Bruder zürnest,
gleich einer Krankheit ist in seinem geistig-sittlichen Wesen, die du mit
Nachsicht aufnehmen und heilen mußt, wie du doch den leiblich Erkrank-
ten mit freundlicher Milde pflegst. Weißt du denn, ob das, was dich
schmerzt, in der That so böse gemeint war? Siehe, nicht umsonst nennt
die Sprache den Haß, den Zorn, die Herrschsucht, die Unverträglichkeit,
den Geiz und jene vielen bösen Geister sonst noch, die das Leben vergiften, Leidenschaften; sie will damit ausdrücken, daß die von ihnen
erfüllte Seele unfrei, krank ist und damit eher dein Mitleid und deine
Hilfe verdient, als deinen Gegensatz und deine Abneigung. Darum
sagt ein Weiser unserer Tage ebenso wahr als schön: „und wenn dich
Jemand kränkt, so merk' es und versteh' Es ist ihm selbst nicht wohl,
sonst thät' er dir nicht weh".

Doch unser Evangelium betont ebenso sehr: „sei willfertig deinem
Widersacher, dieweil du bei ihm auf dem Wege bist". Die rasche
Flucht der Zeit will es dir damit zu Gemüthe führen, „daß du die
Sonne nicht untergehen lassest über deinem Zorne", denn wer weiß, wer
sie morgen wieder aufgehen sieht. Es ist um ein Kleines zu thun, so
kommt der Tod und macht Frieden, wenn du keinen machen wolltest;
wie mächtig auch die Flamme des Hasses und des Zornes lobere, er
löscht sie, daß kaum ein kleines Aschenhäufchen die Stelle bezeichnet,
wo sie verheerend brannte. Verheerend, Geliebte, dein Glück und sein
Glück. Denn wo Haß und Feindschaft mit dem dunkeln Strome der
Unversöhnlichkeit die Gemüther einmal trennt, da ist das Leben vergiftet, wie wenn der Mehlthau auf die Saaten fällt. Und du wolltest
die Verantwortlichkeit auf dich nehmen, auch nur eines Herzens Frieden
zu rauben durch deine Unversöhnlichkeit? Und der Gedanke, wie bald
es nicht mehr schlagen wird, wie schnell der Tag kommen kann, da du
nicht mehr im Stande sein wirst, ihm die Hand der Liebe zu reichen,
der Hinblick auf dein und sein nahes Ende, nicht einmal der könnte dich
zum Frieden stimmen?

Ja das tiefe Wort des Mannes Gottes, das schon vor Jahrtausenden gesagt ist, es gilt auch hier: „Herr lehre uns bedenken, daß wir
sterben müssen, auf daß wir weise werden". Bedächten wir es nur
immer. Dann würde die sündige Weise, die die Kinder dieser Welt beherrscht: Auge um Auge, Scheltwort wider Scheltwort, Zorn gegen
Zorn, die sündige Weise, die sie beherrscht, daß sie nicht einmal vor

den Altar des Herrn treten, oder ach unversöhnt vor ihn treten, Raum
geben der apostolischen Mahnung: „laß dich nicht das Böse überwinden,
sondern überwinde du das Böse" in dir und dem Bruder, so lang „du
bei ihm noch auf dem Wege bist".

III. Sei willfertig deinem Widersacher ruft uns das Evangelium
heute endlich zu, weil sonst die Strafe nicht ausbleibt. Es ist
ein ernstes und schweres Wort, das es zu uns am Schlusse spricht:
„auf daß dich der Widersacher nicht dermaleinst überantworte dem
Richter und der Richter überantworte dich dem Diener und werdest in
den Kerker geworfen. Ich sage dir: wahrlich, du wirst nicht von bannen
herauskommen, bis du nicht auch den letzten Heller bezahlest".

Wer kennt sie nicht, die erschütternden Zeugnisse, die das Leben hiefür in Fülle bietet? Die unheilvolle Saat des Bösen, die aus dem
Boden des unversöhnlichen Sinns so üppig wächst! Vom verletzenden
Wort, das man mit Vorbedacht zu des Nächsten Unehre redet, vom
heimlichen Ärgerniß, das man mit ingrimmiger Freude ihm bereitet,
der stillen Kränkung, die man mit schadenfrohem Sinn ihm zufügt, bis
zur frevelnden That, die die verruchte Hand anlegt an Haus und Hof
und Leben des Widersachers, daß der Richter dazusehen und mit
schwerer Buße an Ehre, an Freiheit und Leben das verletzte Recht
sühnen muß, daß wörtlich in Erfüllung geht das Wort des Evangeliums,
das dem unversöhnlichen Sinne den Diener und Kerker in Aussicht
stellt. Doch wenn er der menschlichen Strafe auch entginge, dem Gerichte Gottes entgeht er nicht. Beginnt es doch schon in dem Urtheil
der Menschen. Siehe, wie sie vom harten, lieblosen Rachgierigen sich
abwenden, wie kein Besserer in nähern, innigen Verkehr mit ihm treten
will, wie sie ihn fast dem schädlichen Thiere gleich meiden und er so
oft einsame Pfade gehen muß, wo andere im Kreise der Liebe sich
freuen. Und in dieser Vereinsamung, Geliebte, erfüllt sich das alte
Wort, daß nicht nur die Untreue, sondern auch die Lieblosigkeit, der
Haß, der harte Sinn den eigenen Herrn schlägt. Könnten wir hinein-
sehen in die Seelen, in ihre Veröbung, in ihre Freudlosigkeit, wie der
Unfriede ihnen alles verbittert, daß ihr Dasein, wie ein Weg in kalter
Nacht mühselig sich hinschleppt, wir würden Erbarmen mit ihnen haben.
Und erst nun, wenn das Gewissen, das lange schweigende, endlich doch
erwacht, erwacht vielleicht zu spät, wenn der „Widersacher schon nicht
mehr bei ihnen auf dem Wege ist"; wenn die bleiche Gestalt des Ge-
haßten und Verfolgten, vielleicht am ruhlosen Lager der langen Nacht,
in der einsamen Stunde des schwachen Alters vor ihnen steht mit der
vorwurfsvollen wehmüthigen Miene: du hast mich um das Glück des

Lebens gebracht; wenn dann die Ursache des Zornes und des Hasses
plötzlich in anderm Lichte erscheint und es mit entsetzlicher Klarheit
aufs Herz fällt, wie man um elender kleinlicher Sache willen und
weil man das eigne böse Wesen nicht bezwingen konnte, mit dem
Nächsten den Haber begonnen, oder nicht gestillt und ihn und sich in
Sünde und Unrecht und Jammer gestürzt; und wenn man es dann fast
nicht verstehen kann, wie man die dargebotene, so oft dargebotene Hand
nicht erfaßt und den Groll in Liebe begraben habe; wenn dann das
einzige Gefühl des Lebens der Vorwurf, die Reue, die bittere Scham
vor sich selbst ist: dann, Geliebte, dann vollzieht sich eine Strafe, die
schwerer ist als alles Gericht der Menschen, aus der der Schuldige nicht
herauskommt, bis er nicht den letzten Heller bezahlt.

Und nach diesem Gericht des Gewissens, Geliebte, kommt einst ganz
gewiß das Gericht der Ewigkeit, wo vor ihm, der das Gewissen als
seinen Diener uns gegeben, wird offenbar werden, ob „unsre Gerechtigkeit besser gewesen, als die der Pharisäer" und wie wir verstanden sein
heilig Wort: „selig sind die Sanftmüthigen, selig sind die Friedfertigen,
denn sie werden Gottes Kinder heißen". „Wer aber mit seinem Bruder
zürnet" und ihn unversöhnlich hasset, „der ist des höllischen Feuers
schuldig".

Darum „sei willfertig deinem Widersacher"; denn auch du bedarfst
der Verzeihung, wer weiß wie lang du noch mit ihm auf dem Wege bist
und dem unversöhnlichen Sinne bleibt Gericht und Strafe nicht aus, so
spricht Gottes Wort. Und, Geliebte, „Himmel und Erde werden vergehen, aber das Wort Gottes vergehet nicht!" Amen.

VIII. nach Trinitatis.

„An ihren Früchten sollt ihr sie erkennen."

(Trauergottesdienst für weil. Seine Hochwürden den Herrn
Bischof D. G. P. Binder.)

(1867.)

Deine Verheißung ist es, Vater im Himmel, die durch den
Propheten zu uns spricht: „die Lehrer aber werden leuchten wie
des Himmels Glanz und die so viele zur Gerechtigkeit weisen,
wie die Sterne immer und ewiglich". Siehe denn, Deine Gnade,
Allerbarmer, hat unsre Kirche und unser Volk gewürdigt eines

Lehrers nach deinem Herzen: o so hilf, daß wir das erkennen und sein Gedächtniß unter uns Früchte trage, die Dir wohlgefallen. Amen.

Ja, unsre heutige Andachtsstunde sie kann nicht anders beginnen, als mit jenem herrlichen Prophetenworte, das in demselben Zusammenhang schon neulich von dieser Stätte zu euch sprach: „die Lehrer aber werden leuchten wie des Himmels Glanz und die so viele zur Gerechtigkeit weisen, wie die Sterne immer und ewiglich". Denn was damals nur in kurzer Andeutung geschah, die wehmüthige bankerfüllte Hinweisung auf das reiche gottgesegnete Leben, das von der obersten Leitung unserer Kirche vor wenig Wochen zu seines Herren Freude eingegangen, das soll nach der Anordnung unsrer hochlöblichen Oberkirchenbehörde heute in allen Kirchen unsers Heimathlandes eingehender sich wiederholen; der große Verlust, der unsre Landeskirche durch den Tod weiland Sr. Hochwürden G. P. Binder, Doctors der Theologie, Ritters des k. ö. Leopoldsordens, Bischofs der evangelischen Landeskirche A. B. in Siebenbürgen getroffen, ist heute in feierlich ernster Weise den Gemeinden auch von dieser Stätte bekannt zu geben. Und indem wir das heute hier thun, geliebte Christenbrüder, werden wir nicht nur zugleich dem Zuge unserer Herzen folgen, sondern auch jenes Segens theilhaftig werden, der dem rechten Menschen und Christen immer nahe tritt, wenn ihm ein Blick gestattet ist auf ein Leben, das vom Geiste des Göttlichen so tief durchdrungen und erfüllt war, als das jenes wahrhaft hochwürdigen Mannes, dessen irdischen Pilgergang wir zunächst wollen kennen lernen.

Georg Paul Binder, dessen Urgroßvater einem ehrenwerthen sächsischen Bauernhause in Schaas entstammt, wurde geboren in Schäßburg, den 22. Juli 1784. Unter der Obhut eines würdigen Vaters, der später Pfarrer in Keisd war und dem eben von der Hochschule zurückgekehrten Sohne zu dessen tiefem Schmerze allzufrühe wegstarb, unter der liebevollen Leitung einer trefflichen Mutter, der es vergönnt war, bis in ihr hohes Greisenalter sich des liebevollen Sohnes zu freuen, wuchs der Knabe auf, den die lindenbekränzte Schule der Vaterstadt seinerzeit in ihre geistererziehende Pflege nahm. Dort schon zog er die Augen der Lehrer und die Hoffnungen der Freunde der Bildung auf sich und begab sich, nachdem er das Gymnasium in Schäßburg im Jahre 1803 ehrenvoll absolvirt, zunächst auf die Rechtsschule der Unitarier nach Klausenburg, dann im Mai 1804 auf die Hochschule nach Tübingen. Bis zum Juni 1807 weilte er dort, mit den ernstesten

Studien fast auf allen Gebieten des Wissens ernst beschäftigt und vom Wohlwollen der ausgezeichnetsten Lehrer jener ausgezeichneten Schule theilnahmsvoll gefördert. Nach seiner Rückkehr aus dem deutschen Mutterlande erhielt er im Juli 1808 eine Lehrerstelle am Schäßburger Gymnasium, dessen Rector er im Jahr 1822 wurde und fast 9 Jahre blieb. In diesen 23 Jahren seines Schuldienstes ist er vielen hundert Schülern Wegweiser zu höherm geistig-sittlichem Leben gewesen und hat namentlich die Anstalt, an der er wirkte, innerlich neu gegründet. Wenn von jener Schule seitdeß sich ein reicher Segensstrom ergießt, unser kirchliches und bürgerliches Leben befruchtend, ihm gebührt nächst Gott der Dank dafür, der durch die Macht seines Wissens, durch die erziehende Kraft seines Wortes, durch den gesammten unwiderstehlichen Einfluß seines edeln Wesens Säemann wurde einer Geistessaat und Pfleger eines Geisteslebens, an dessen Frucht Tausende erstarkt sind und Tausende sich laben.

Im Mai 1831 wurde der Entschlafene Pfarrer in Schaas, im Jan. 1840 in Keisd — damit sich auch dort erfülle an ihm das Wort der Schrift „siehe du hast Viele unterwiesen und lasse Hände gestärket; deine Rede hat die Gefallenen aufgerichtet und die bebenden Kniee hast du bekräftigt". Es war nur eine Stimme im Volk und in der Kirche, als im Sommer 1843 der Tod den hochwürdigen Mann, der damals an der Spitze der Kirche stand, J. Bergleiter, abrief, wer da werth sei, sein Nachfolger zu werden: sie berief einmüthig G. P. Binder dazu.

Was der Vollendete als Bischof unserer Landeskirche in dieser seiner fast 24jährigen Amtswaltung erstrebt und gethan, wird nicht nur in den Büchern ihrer Geschichte leben, so lange sie lebt, sondern ist auch in tausend und tausend Herzen, die jenes Segens theilhaftig geworden, unvergänglich eingegraben. Den entsetzlichen Sturm, der 1848 und 1849 Vaterland und Kirche traf, hat er treulich mitbestanden; die ehrende Auszeichnung unsers Kaisers und Herrn, die ihn seit 1850 zierte, hat ihm die Allerhöchste Anerkennung dafür ausgesprochen. In den Angelegenheiten der Verfassung und Neugestaltung unserer Kirche ist der unermüdete Mann seitdeß sechsmal am kais. Hoflager gewesen; seiner treuen Sorgfalt verdanken wir mit, daß das heilige Recht derselben zu neuer Geltung gekommen und insbesondere auch die für ihren Bestand so wichtige und unsre Gemeinden so tief berührende Zehntfrage eine gerechte Lösung erhalten. Darum war, als vor 9 Jahren die Kirche den Tag seines 50jährigen Dienstantrittes festlich beging, die Stimmung so gehoben, der Dank so freudig, darum aber auch die Wehmuth so groß, als das höhere Greisenalter anfing, seine Rechte auch an jenem Geiſte geltend zu machen, darum der Schmerz ſo innig, als Gott, ſein Gebet erhörend, den treuen Diener am Morgen des 12. Juni durch den Todesengel abrufen ließ.

Uns aber, geliebte Chriſtenbrüder, die wir „nicht ſehen auf das Vergängliche, ſondern auf das Unvergängliche", ziemt es in der Erinnerung und Anſchauung eines ſolchen Lebens zu wachſen in Früchten der Erkenntniß und der Gerechtigkeit, damit auch dieſes Zeugniß gebe, welche Hand den Baum deſſelben habe pflanzen helfen.

Lied 203, 1: Es wolle Gott uns gnädig ſein.

Evangel. Matth. 7, 15—23.

Sehet euch vor, vor den falſchen Propheten, die in Schafskleidern zu euch kommen; inwendig aber ſind ſie reißende Wölfe. An ihren Früchten ſollt ihr ſie erkennen. Kann man auch Trauben leſen von den Dornen, oder Feigen von den Diſteln? Alſo ein jeglicher guter Baum bringt gute Früchte; aber ein fauler Baum bringt arge Früchte. Ein guter Baum kann nicht arge Früchte bringen und ein fauler Baum kann nicht gute Früchte bringen. Ein jeglicher Baum, der nicht gute Früchte bringet, wird abgehauen und ins Feuer geworfen. Darum an ihren Früchten ſollt ihr ſie erkennen. Es werden nicht alle, die zu mir ſagen: Herr, Herr! in das Himmelreich kommen; ſondern die den Willen thun meines Vaters im Himmel. Es werden viele zu mir ſagen an jenem Tage: Herr, Herr, haben wir nicht in deinem Namen geweiſſaget? Haben wir nicht in deinem Namen Teufel ausgetrieben? Haben wir nicht in deinem Namen viele Thaten gethan? Dann werde ich ihnen bekennen: ich habe euch noch nie erkannt, weichet alle von mir, ihr Übelthäter.

Es iſt kein Zweifel, Geliebte, bei der Bedeutung des heutigen Tages, der da der Anſchauung jenes würdigen Lebens gewidmet iſt, welches wir ſo eben in ſeinem äußern Entwicklungsgange haben kennen lernen, tritt aus dem vorgeleſenen Evangelium nichts ſo bedeutſam hervor, als das tiefe Wort

„an ihren Früchten ſollt ihr ſie erkennen"

und darum laßt uns in ſeinem Spiegel jenes Leben noch weiter kennen lernen, um daraus auch für uns Erhebung und Belehrung zu ſchöpfen.

„Ein guter Baum kann nicht arge Früchte bringen" — o ſo laß auch dieſe Andachtsſtunde dazu beitragen, daß unſer Leben reich werde an „guten Früchten". Amen.

I. An ihren Früchten ſollt ihr ſie erkennen" wohlan denn: der heimgegangene gute Hirte unſerer Kirche war ein Hoheprieſter des Lichtes und ſein Leben war erfüllt von Früchten des Lichtes. Tief erfüllt von der heiligen Überzeugung, daß der Menſchengeiſt ein Hauch von Gott ſei, wußte er, daß die Erlöſung deſſelben von den Banden des Irrthums und der Sünde, daß ſeine Annäherung an die Voll-

kommenheit des Vaters nur aus dem Boden rechter Erkenntniß wachsen
könne. Auch wurzelte er mit seinem ganzen Wesen so tief in den
Grundsätzen der evangelischen Kirche, daß er nicht anders konnte, als
bis zum Tode der freien Forschung und des niemüden Fortschrittes
thätiger Jünger zu sein. Vor seinen hellen Augen endlich lagen die
Bücher der Geschichte zu klar aufgeschlagen als daß er hätte verkennen
mögen, wie nur das Gemeinwesen, nur das Volk, nur die Kirche Bestand und Zukunft hat, die da ruhen auf dem ewigen Grunde der
Wahrheit, die da heimisch sind in den Reichen edler menschenwürdiger
Bildung und in nichts zurückbleiben, was die Einsicht und Erkenntniß
mehren mag, diese Mächte, die vor vielen andern „Thaten thun" und
die Welt überwinden.

Darum war sein Leben dem Lichte und seiner Verbreitung geweiht.
Ein wahrhaftiger „Prophet" des Herrn hat er dafür gewirkt dort in
der Stille einer edeln Lehrerthätigkeit, die Hunderte von Schülern für
die Wahrheit und ihren opferreichen Dienst begeisterte, hier in der
freudigen Predigt des göttlichen Worts, das die Wahrheit selber ist,
oder da er an der Spitze der Kirche und Schule stand, indem er beispiel-
gebend selbst im Greisenalter voranschritt und immer heimischer wurde
im Reich der Wissenschaft, die Genossen des Amtes aneiferte, den
Strebsamen Wege wies und Alles fördern half, daß Wissen und Bildung,
daß Licht und Wahrheit in immer vollern Strömen Volk und Kirche
veredle und segne, damit doch „das zerstoßene Rohr nicht zerbreche und
der glimmende Docht nicht verlösche" und allüberall „ein guter Baum
gute Früchte bringe". Und das war das Große und Seltene und Über-
wältigende in dem Reichthum seines Wissens, in der Tiefe seiner Gelehrsamkeit, in der ihn von Allen Keiner, Keiner überragte, daß da,
wie du es wohl nicht selten finden magst, nichts Todtes, Unfruchtbares
war, sondern die Schätze der Kenntnisse eben jene lebendige Erkenntniß
und Einsicht in das Wesen, das Ziel und die Bedeutung des Lebens
bewirkten, die ihn vorzüglich geeignet machten an der Spitze der Geister
und der evangelischen Kirche zu stehen, die es versteht das Wort des
Apostels: „der Buchstabe tödtet, aber der Geist macht lebendig".

Darum, Geliebte, ist und insbesondere bei denen, die ihm näher
gestanden und den reichen Schatz seiner Erkenntniß und seines Wissens
kannten, die Klage so schmerzlich, daß mit seinem Heimgang für uns
eine Sonne des Lichtes untergegangen. Wie viele, sprechen sie nicht
mit Unrecht, würden reich werden, wenn sie sich theilen dürften in
sein Wissen und Können. Das aber ist Menschen nicht gegönnt; Einsicht und Kenntniß läßt sich nicht veräußern oder vererben von einer

Hand zur andern. Und uns, die wir voll Verehrung und Dankbarkeit
aufschauen, bleibt nur übrig, in eigener Thätigkeit und Kraftanstrengung
aus dem reichen Quell des Lichtes und des Lebens zu schöpfen, den
sein unablässig aufwärts strebender Geist uns eröffnet, den Weg ihm
nachzuwandeln, den er vorangegangen, auf daß ein Jeglicher in den
Kreisen seiner Thätigkeit sich abwende von der Finsterniß und am Baume
seines Lebens reich werde an gottgefälligen Früchten des Lichtes.

II. Denn „an ihren Früchten sollt ihr sie erkennen", so mahnt das
heutige Evangelium, sein Leben aber war zugleich reich an Früchten
der Berufstreue. Seinem Geiste war das tiefe Wort des Apostels
zum vollen Verständnisse gekommen: „dafür halte uns Jedermann,
nämlich für Christi Diener und Haushalter über Gottes Geheimnisse.
Nun suchet man nicht mehr an den Haushaltern, denn daß sie treu
erfunden werden". Dieses Bewußtsein im Dienste des Höchsten zu
stehen mit der Aufgabe für sein Reich „zu wirken, so lang es noch Tag
ist", ist eine treibende Kraft seines Lebens gewesen von frühe an. Daraus erwuchs jene rastlose amtliche Thätigkeit, die die Werke des Berufs trieb nicht um des Brodes, nicht um der Ehre willen, sondern
um der Pflicht, um Gottes willen; die die Zeit ansah für ein kostbares,
von dem Herrn anvertrautes Gut, von dessen Verwendung einst Rechenschaft gegeben werden solle. Noch lebt die Erinnerung in seiner Vaterstadt, wie er als Lehrer und Leiter der Schule, die seines Geistes Werk
war , den größern Theil des Jahres noch im Dunkel des frühen
Morgens zur ragenden Höhe hinaufgestiegen, die Arbeit der Bildung
und Erziehung zu beginnen, wie er dem Schüler, dem die öffentlichen
Stunden der Schule nicht hingereicht, wenn keine andere Zeit sich fand,
während des Mittagtisches ergänzenden Unterricht ertheilt, wie oft sein
nie rastender Fleiß die Stunden der Nacht zum Tage umgewandelt,
damit das Werk der eigenen Fortbildung nicht ruhe. Und als ihn das
Vertrauen der Kirche an ihre Spitze berufen und er die doppeltschwere
Verantwortlichkeit des Pfarramtes und des Bischofamtes tragen
mußte, weil, wem viel gegeben ist, von dem auch viel gefordert wird,
als er mitten unter den Trümmern einer stürzenden Zeit selbst an
seinem Lebensabend, wie Paulus einst von sich sagte, „mehr arbeiten
mußte als Andere": da, mit welcher Hingebung trug er die Last, mit
welcher Gewissenhaftigkeit trieb er fortwährend das Werk! Wie er
allsonntäglich an heiliger Stäte das göttliche Wort predigte, wie er
begeisternd und erhebend die berufenen Boten des Evangeliums zu
ihrem ehrwürdigen Berufe weihte, wie er in der obersten Verwaltung
der kirchlichen Angelegenheiten unsers Volkes mit seiner tiefen Einsicht

raftlos thätig war, wie er unfre heiligften Rechte wirkfam vertrat vor
den Großen der Erde und dem Throne feines Kaifers und mit gleicher
Treue es achtete in dem geringften feiner Untergebenen, wie er immer
und jederzeit „Allen Alles fein“ wollte, daß das Licht des Evangeliums
überall in feiner ungetrübten Klarheit leuchte und der Lebensbaum
der evangelifchen Kirche auch hier an feinen guten Früchten erkannt
werde: das, Geliebte, — wohl dem, der das herrliche Bild aus eigener
Anfchauung kennt — wird leuchtend fortleben im Gedächtniß unferer
Kirche und mit Gottes Hülfe zu feiner Nachfolge begeiftern. Und
nichts legte er allen benen, die er zu Dienern des Evangeliums weihte,
mit größerm Eindrucke ans Herz, als eine folche Berufstreue, die an
ihren Früchten erkenntlich fei und nichts fiel dem theuren Manne an
feinem Lebensabend fchwerer, als daß die matte Kraft dem noch immer
hochftrebenden eifrigen Geifte nicht mehr folgen wollte.

Uns aber, Geliebte, die er auch zu den Seinen gezählt, deren guter
Hirte er lange treue Jahre gewefen, ziemt es heute diefen Zug aus
feinem Lebensbilde doppelt feft ins Herz zu fchließen. Nicht Jeder ift
berufen, auf der Höhe des Lebens zu ftehen, aber jeder ift berufen, das
Arbeitsfeld, das er erhalten, mit ganzer Kraft und Treue zu bebauen
und zu pflegen, auf daß „ein guter Baum nicht arge Früchte bringe“.

III. Denn „an ihren Früchten follt ihr fie erkennen“, fagt das
heutige Evangelium, nun denn der heimgegangene gute Hirte unfrer
Kirche war endlich ein Hohepriefter der Liebe und fein Lebensbaum reich an Früchten der Liebe. Wie wenig Andre hatte er es erkannt
und lebte in feinem Herzen das Wort diefes Evangeliums: „Es werden
nicht Alle, die zu mir fagen Herr Herr, in das Himmelreich kommen,
fondern die den Willen thun meines Vaters im Himmel“; es lebte in
ihm des Meifters Wort: „baran will ich erkennen, ob ihr meine Jünger
feid, daß ihr Liebe habt unter einander“, das Wort feines Apoftels:
„wenn ich mit Menfchen- und mit Engelzungen rebete und hätte der
Liebe nicht, fo wäre ich ein tönend Erz, oder eine klingende Schelle.
Und wenn ich weiffagen könnte und wüßte alle Geheimniffe und alle
Erkenntniß und hätte allen Glauben, alfo daß ich Berge verfetzte
und hätte der Liebe nicht, fo wäre ich nichts“. Darum wenn wir
den Reichthum feiner Erkenntniß bewundern, wenn wir ftaunend
hinauffchauen zu der Höhe feines Wiffens, und voll Verehrung uns
erheben an feiner Berufstreue, die im Kleinen und Großen gleich un-
ermüdlich war: die edelften Blüthen des edeln Lebens trieb doch die
Liebe, die herrlichften Früchte reifte fie; ihr heiligender Odem durch-
brang und befeelte fein ganzes Wefen und ftellte die gefammte Kraft

des reichen Geistes in den Dienst des Göttlichen, daß es dort „in seinem Namen Thaten thue". Darum hatte er nie sich im Auge, oder die vergänglichen Güter der Erde; daß das Gottesreich je mehr und mehr komme mit seinem Frieden und mit seinem Segen, das trieb er an Allem und in Allem. Darum konnte ihn nie der Menschen Zorn und Beleidigung erbittern; still und segnend ging er weiter seine Bahn, wie die Sonne dort oben, die sich nicht kümmert, ob das kurzsichtige Geschlecht der Staubbewohner hier unten ihrer Gaben Werth auch recht versteht. Und wo das schwere verantwortungsvolle Amt ihn zu Strafen zwang, es that ihm immer selbst am wehesten. Um so wohler dagegen war ihm, wo er ungehindert dem Zuge seines liebreichen Herzens folgen konnte. Wie viele Arme und Verlassene sind getröstet von seiner Schwelle gegangen, wie viele Thränen, namentlich auch nothleidender Amtsgenossen hat er gestillt, ohne daß je die linke Hand wußte, was die rechte that! Ja die Liebe, die göttliche, sich selbst vergessende, den Brüdern dienende Liebe war ein Grundzug seines edeln Lebens; sie machte den großen Mann, der an der Spitze der Kirche stand, dessen Name weithin geehrt durch den halben Erdtheil genannt wurde, demüthig wie ein Kind, gefällig im tiefsten Ernste, heiter bei allen Mühen; sie gesellte zu dem Geiste, der alle Reiche des Wissens beherrschte, jenes reine und tiefe Gemüth, das am Einfachen und Lieblichen seine Freude hatte und nichts wahrhaft Menschliches sich fremd erachtete.

Daß ein solches Leben nur auf dem tiefsten Grunde der Gottesfurcht ruhen konnte, ist selbstverständlich. Ihm dem Herrn Herrn hatte er Alles anheimgestellt und selbst Zeiten, wo Alles zu wanken schien, konnten ihm den schönen Frieden der Seele nicht rauben und das Vertrauen nicht erschüttern, daß doch Gott die Welt regiere und Er Alles herrlich hinausführen werde, wenn wir nur selbst sorgten, daß wir „ein guter Baum gute Früchte brächten und nicht Trauben lesen wollten von den Dornen".

So hat er, Geliebte, der siebenundzwanzigste Bischof unserer evangelischen Landeskirche als Lehrer, als Seelsorger, als Oberhirte in ihrer Mitte und für sie ein langes segensvolles Leben gehabt. Nie hat sie in Einem Manne mehr begraben; Keines Gedächtniß wird dauernder und leuchtender sein als das seine. Denn „an ihren Früchten sollt ihr sie erkennen"; der Baum seines Lebens aber ist, wie kein zweiter, erfüllt mit Früchten der edelsten Bildung, der gewissenhaftesten Berufstreue, der reichsten Liebe, und dieser Lebensbaum wurzelte in jenem rechten Grunde wahrhafter Gottesfurcht, die sich nicht begnügte mit

dem „Herr Herr sagen", sondern „den Willen that ihres Vaters im
Himmel".

Und darnach, so wir seiner würdig sein wollen, lasset auch uns
ringen, Geliebte, daran in treuer Erinnerung an ihn unser Herz erheben
und stärken! Das wäre ein Gedächtniß seines Lebens wie es ihm wohlgefallen würde. Denn was dem leiblichen Auge sich darstellt, ist wechselnd
und vergänglich; was Er aber im Reiche des Geistes geschaffen und
erstrebt, ist bleibend und unvergänglich; „das ist eine Aussaat fürs ewige
Leben nicht bloß für den seiner sterblichen Hülle entbundenen Geist,
sondern auch für die, über welchen die Sonne eines solchen Lebens
geleuchtet hat". Amen.

IX. nach Trinitatis.

Einige Hauptbedingungen, ohne welche die Wohlfahrt eines Reiches nicht gedeihen kann.

(Des Kaisers Geburtstag.)

(1867.)

„Siehe, ich will sie heilen und gesund machen, und will sie
des Gebets um Treue und Frieden gewähren" so hast du, Herr
des Himmels und der Erde, deinem Volke verheißen für alle
Zeit. O, so erhöre unser Flehen, das heute zu dir hinaufsteigt:
segne den König, segne das Vaterland! Amen.

Als wir vor einem Jahre den Geburtstag unsers Allerdurchlauch-
tigsten Kaisers und Landesherrn, wie heute festlich begingen, da waren
es neben der Freude, die jener Tag immer in treuen Bürgerherzen
weckt, Gefühle tiefer Wehmuth, die uns erfüllten. Denn grade auf ihm,
unserm kaiserlichen Herrn und dem Vaterlande, das hülfesuchend auf
ihn sah, lag damals die Hand des Geschickes schwer. Ein blutiger
Krieg verwüstete das Reich, mitten in seinem Herzen stand der siegende
Feind; der Dinge Ausgang war nicht abzusehen, so daß damals unsre
Andachtsstunde ein christlich Trostwort in schwerer Landesnoth zu
sprechen sich gedrungen fühlte und an der Stelle des Propheten sich
erhob: „wer darf denn sagen, daß solches Alles geschehen ohne des
Herrn Befehl?" Was der Lauf der Monde seither gebracht, ist zwar
nach manchen Beziehungen tröstlicher; aber die bittre Hand, die unserm
Kaiser und Herrn so schwere Wunden schlug, sie ruhet noch immer

nicht. Der Friede, der eben vor Jahresfrist angebahnt wurde, ist zwar den blutenden Völkern zum Heile ins Leben getreten; auch unsre Söhne und Brüder sind von den todtbringenden Schlachtfeldern zurückgekehrt, auf denen sie damals dem Verderben in tausend Gestalten entgegenstanden, aber jener Friede, theuer erkauft, hat den jahrhundertalten Zusammenhang unsers Reiches mit seinem Mutterlande gelöst und eine reiche Provinz dem Feinde dahingeben müssen. Und nach den Schrecken des Kriegs hat der Todesengel der bösen Seuche seinen entsetzlichen Umzug gehalten und von einem Ende des Reiches bis zum andern Trauer gebracht in tausend Familien. Dazu wie schwer und langsam geht das Werk der innern Versöhnung der vielen und vielsprachigen Völker des großen Reiches vor sich; wenn in unsern Theilen auch allmälig Beruhigung in die Gemüther einkehrt und die neu gelobte Achtung des Rechtes dieser Beruhigung Dauer verheißt, draußen in den andern Gebieten des Staates ist ach noch immer fast „Jedermanns Hand wider die andere" und die Eintracht der Geister und damit die gedeihliche Entwicklung des Rechtes und der Wohlfahrt Aller kommt viel langsamer und später, als der Vaterlandsfreund wünschte und hoffte. Wie der Prophet klagt „Friede, Friede und ist doch kein Friede!"

Das Alles mag heute, wo zum achtunddreißigstenmal über dem hohen Leben das Jahr seinen Kreislauf beginnt, am Tage der Freude dem landesväterlichen Herzen auch die trübe Wolke der Schwermuth heraufführen; doch auch der rein menschliche Kummer ist im verflossenen Jahr nicht ausgeblieben. Unter den Kugeln barbarischer Feinde, tausend Meilen fern von der Heimath, ist ihm ein theures Bruderleben verblutet, und die ganze Fülle der eigenen kaiserlichen Macht hat dem Verlassenen keine Hülfe gewähren können. Mitten in dem Glanze des goldnen Palastes mußte ein andres liebes Verwandtenleben, eine liebliche Jungfrau strahlend in Jugendschönheit, dem Flammentode zum Opfer fallen und daß gleichzeitig ein jubelndes Volk dem gesalbten Haupte die Krone aufsetzte, konnte den schweren Gegensatz des herben Geschickes nur um so schwerer machen. Wie wird sich auch da wieder bewährt haben das Wort des weisen Königs Salomo: „wenn das Herz traurig ist, was hilft da die äußerliche Freude!"

So ist das Loos ernsten Wechsels, das nun einmal mit dem Geschicke der Sterblichen verknüpft ist, im verflossenen Jahr auch dem Leben unseres erhabenen kaiserlichen Herrn, dessen Geburtstag wir in rechter Bürgertreue heute festlich begehen, nicht fremd geblieben. Und indem wir deſſen grade heute theilnahmvoll gedenken, ſteigt um ſo inniger das Gebet unſrer Herzen zum Himmel empor, daß Gottes Vatergüte fortan ſeinem Leben ferne halte Leib und Störung, oder was Leib und Seele kränken mag, damit er der hohen Aufgabe der Krone, die ihm geworden, Recht zu erhalten, der Völker Heil und Wohl zu mehren, und in den Segnungen des Friedens das ganze Reich den Zielen edlerer menſchenwürdiger und gottgefälliger Entwicklung zuzuführen, ganz und ungetheilt ſich widmen könne.

Freilich, ſoll dieſes Ziel, des Reiches Wohl allüberall, erreicht werden, ſo muß zu des Kaiſers edlem Willen der Völker eigene und thatkräftige rechtſchaffene Hülfe kommen. Wie in einem Hauſe eines Gliedes Treue und namentlich des Hauptes zwar viel vermag, alle aber die mitwirkende Hand bieten müſſen, wenn das Haus in der That gedeihen ſoll: ſo und noch mehr iſt das in einem Staatsweſen, in einem Reichsleben der Fall. Und daran eben mahnt uns der Tag, den wir heute feſtlich begehen, ernſt genug. Iſt doch grade unſre Zeit raſch mit dem ſcharfen Urtheil zur Hand gegen die, die da hoch ſtehen und will ſie allein verantwortlich machen für all die vielfache Noth und Ungebühr, die das Leben bringt. Darin aber, meine Brüder, liegt ein ſchweres Unrecht und ein chriſtlich Herz ſollte ſich beß nie ſchuldig machen. Was Allen Heil bringen ſoll, zu dem müſſen Alle helfen und in einem Reiche insbeſondere kann die gemeinſame Wohlfahrt nicht gedeihen, wo die Glieder voll Zwietracht das Haupt allein laſſen.

Die weitere Verfolgung dieſes Gedankens wird ohne Zweifel der Bedeutung des heutigen Tages entſprechen.

Lied 415, 1, 2, 7: Gott, beiner Stärke freue ſich.

Evangel. Luc. 16, 1—9.

Jeſus aber ſprach zu ſeinen Jüngern: Es war ein reicher Mann, der hatte einen Haushalter; der ward vor ihm berüchtiget, als hätte er ihm ſeine Güter umgebracht. Und er forderte ihn und ſprach zu ihm: Wie höre ich das von dir? Thue Rechnung von deinem Haushalten; denn du kannſt hinfort nicht mehr Haushalter ſein. Der Haushalter ſprach bei ſich ſelbſt: Was ſoll ich thun? Mein Herr nimmt das Amt von mir. Graben mag ich nicht; ſo ſchäme ich mich zu betteln. Ich weiß wohl, was ich thun will, wenn ich nun von dem Amt geſetzt werde, daß ſie mich in ihre Häuſer nehmen. Und er rief zu ſich alle Schuldner ſeines Herrn und ſprach zu dem Erſten: Wie viel biſt du meinem Herrn ſchuldig? Er ſprach: Hundert Tonnen Öl. Und er ſprach zu ihm: Nimm deinen Brief, ſetze dich und ſchreib flugs fünfzig. Darnach ſprach er zu dem andern: Du aber, wie viel biſt du ſchuldig? Er ſprach: Hundert Malter Weizen. Und er ſprach zu ihm: Nimm deinen Brief und ſchreib achtzig. Und der Herr lobte den ungerechten Haushalter, daß er klüglich gethan hätte. Denn die Kinder dieſer Welt ſind klüger denn die Kinder des Lichts in ihrem Geſchlecht. Und ich ſage euch: Macht euch Freunde mit dem ungerechten Mammon, auf daß, wenn ihr nun darbet, ſie euch aufnehmen in die ewigen Hütten.

Die Gleichnißrede des vorgeleſenen Evangeliums eröffnet uns lehrreiche Blicke in eine Haushaltung, welche abwärts geht, weil die Genoſſen und Gehülfen des Hauſes den Herrn desſelben in ſeinem Beſtreben nicht unterſtützen, das Geſammtwohl zu fördern. In einem Reiche iſt es nicht anders. Der größte König, der weiſeſte Herrſcher, der beſte Fürſt vermag allein nicht Alles; ſoll das Reich blühen, ſo muß vieles dazu kommen von Seiten der Völker und der Untergebenen, ſonſt iſt alle Sorge, die auf dem Throne ſich abmüht, vergebens. So laßt uns denn zur Feier des heutigen Tages an der Hand unſers Evangeliums kennen lernen

einige Hauptbedingungen, ohne welche die Wohlfahrt des Reiches nicht gedeihen kann.

Du, Vater im Himmel, ſetzeſt ſie ein, die „Könige, Gerechtigkeit anzurichten und die Fürſten, das Recht zu handhaben“. O, ſo hilf deinem Volke, daß es zu ihnen ſtehe in Allem, was dir wohlgefällt! Amen.

I. Einige Hauptbedingungen, ohne welche die Wohlfahrt eines Reiches nicht gedeihen kann, wohlan denn unſer Evangelium weiſt zunächſt hin auf der Vorgeſetzten Gewiſſenhaftigkeit. Es iſt kein Zweifel, der reiche Mann im Evangelium wollte ſein Hausweſen wohl beſtellen. Darum, weil er allein ihm bei ſeinem Umfang nicht vorſtehen konnte, übertrug er wichtige Verwaltungsgeſchäfte einem Haushalter. Er war berechtigt von dieſem zu fordern und vorauszuſetzen, daß er ſeine Schuldigkeit thue, daß er wachſamen Auges ſorge, was dem Hausweſen nütze und fernhalte jeden Schaden. Aber ſeine Gewiſſenloſigkeit ließ es anders kommen. Statt dem Herrn die Güter zu erhalten, brachte er ihm ſie um; des Hauſes Wohlfahrt ward ſchwer geſchädigt, weil ſein Vorgeſetzter ſeine Schuldigkeit nicht that.

Sehet da, Geliebte, zugleich ein Bild, wie es in ganzen Reichen und Staaten zugehen mag, wo der Vorgeſetzten Gewiſſenhaftigkeit fehlt. Denn ein Staatsleben insbeſondere nach ſeiner heutigen Aufgabe umfaßt beinahe zahlloſe Bedürfniſſe und Ziele und Kräfte. Allerdings mag ſie ein großer Geiſt von der Höhe des Thrones in ihren großen Zügen alle überſehen und würdigen, aber die Ausführung deſſen, was da Noth thut, ſteht nicht in Eines Menſchen Zeit und Macht. Darum ſtehen um den Thron des Königs die Statthalter und

Amtleute und Richter und Obrigkeiten, daß sie dem Verordneten des
Herrn als Vorgesetzte hülfen in des Reiches Haushaltung, zur Aufrecht-
haltung des Gesetzes, des heiligen, zum Schutze des Guten, zur Strafe
des Bösen, zur Förderung alles dessen, was Förderung verdient in
Bildung, Gesittung und Wohlfahrt Aller. Das heißt es, wenn der
Apostel so ernst mahnt, daß „die Obrigkeit Gottes Dienerin ist, dir
zu gut".

Darum steht denn, meine Brüder, eines Reiches Wohlfahrt so sehr
in der Gewissenhaftigkeit seines Vorgesetzten. Des besten Königs Einsicht und Wille und Thatkraft gelangt nicht ans Ziel, wenn jene ihm
nicht treu zur Seite steht. Der reiche Mann im Evangelium verlor
seine Güter, weil der gewissenlose Haushalter sie ihm umbrachte. Die
Vorgesetzten sollen eben voran sein in rechter Erkenntniß der Zeit und
alles dessen, was zum wahren Frieden dient. Sie sollen voran sein in
rechtem Willen, in rechter Gesetzesachtung, die nicht ansieht die Person,
sondern die „Gerechtigkeit, die Völker und Reiche erhöhet". Sie sollen
voran sein in treuer opferwilliger Hingebung für das Ganze, die nicht
das Ihre sucht, sondern das gemeine Beste. Wenn solchen Geistes
voll die Vorgesetzten den Thron umgeben und ihr „Licht leuchten lassen
vor dem Volke, daß es ihre guten Werke sehe," und in rechter gewissen-
hafter Treue allüberall die ihnen anvertraute Haushaltung führen,
wahrlich, da ruht des Reiches Wohlfahrt auf gutem Grunde.

Wohl denn dem Könige, Geliebte, den Gott segnet, daß er solche
Vorgesetzte zur Seite habe, solche an der Spitze seiner Völker und in
der Mitte seiner Länder. Die schwere Last der Krone wird ihm leichter
werden und der Völker Heil unter seiner Weisheit gedeihen, wie die
segensreiche Frucht gedeiht unter dem reifenden Strahle des Sommers.
Und daß doch, wen des Volkes Vertrauen, oder seines kaiserlichen
Herrn Wort auf den Stuhl der Obrigkeit erhoben, heute mit doppeltem
Ernste der hohen Verantwortlichkeit gedächte, die auf jedem jedem liegt,
daß er die theuren „Güter des Rechtes und des Vertrauens nicht um-
brächte" und daß einst auch an ihn das Wort aus unserm Evangelium
ergehen wird: „thue Rechnung von deinem Haushalten".

II. Einige Hauptbedingungen weiter, ohne welche die Wohlfahrt
nimmer gedeihen kann, so laßt euch denn von unserm Evangelium
ferner hinweisen auf der Bürger Arbeit. Wodurch der ungetreue
Haushalter sich und seinen Herrn mit ins Unglück gebracht, das geht
aus dem Evangelium zweifellos hervor, er hatte nicht gearbeitet und
wollte nicht arbeiten. Ja als er vom Amte gesetzt war, da dachte er

lieber an Trug und List als an Arbeit. „Was soll ich thun“, sprach
er bei sich selbst; „graben mag ich nicht und schäme mich zu betteln“.

Setzt den Fall, geliebte Christenbrüder, daß solche Scheu vor der
Arbeit, solche Verachtung derselben herrschende Lebensanschauung
würde in einem Volke oder in einem Reiche, was würde des besten
Herrschers Willen, seine tiefste Einsicht, seine rastloseste Thätigkeit zur
Wohlfahrt des Ganzen vermögen? Es wäre, wie wenn der Säemann
die fruchtverheißenden Körner ausstreute in die Wüste, wo der heiße
Sand sie begräbt, oder in die kalten Wogen, wo die Tiefe sie ver-
schlingt. Da ist allüberall nur die Öde und fröhliches Gedeihen nimmermehr.

Allerdings hat es in der grauen Vorzeit Völker und Reiche gegeben, die die eigentliche Arbeit als des freien Mannes unwerth be-
trachteten. Da mußte der Sklave das Feld bauen, der Sklave das
Haus besorgen, ja er das Kind erziehen. Aber grade hierin lag zugleich ein Grund des baldigen Siechthums und endlichen Untergangs
jener Staaten. Wie reich ausgestattet sie auch waren in Natur und
Menschenwelt, wie Großes sie auch auf vielen Gebieten des Lebens
geleistet, der Tag kam, wo der Herr das „Amt von ihnen nahm“ und
es andern Geschlechtern übertrug, wo das Haus ihres Glückes in
Trümmer fiel, weil es nicht auf dem Grund der Arbeit ruhte.

Andere Völker und andere Zeiten kamen, aber das uralte Gesetz,
daß eines Reiches goldner Boden die Arbeit sei, blieb dasselbe, ja kam
immer zu größerer Bedeutung. In unsern Tagen sind Staaten in be-
klagenswerthem Falle untergegangen, weil die Mehrzahl ihrer herrschenden Geschlechter sich der Arbeit geschämt, und andere sind aus ge-
ringen Anfängen zu beneidenswerther Wohlfahrt gestiegen, weil sie in
Arbeitslust und Arbeitskraft alle andern überragt haben. „Gute Arbeit
gibt herrlichen Lohn“, das Wort der Schrift wird auch für ganze
Völker und Staaten immer mehr zur Wahrheit, und an den Segen
der Arbeit knüpft sich die herrliche Verheißung: „füllet die Erde und
machet sie euch unterthan“.

Nun denn, wo ein arbeitskundiges, ein arbeitsfrohes Volk den
Thron umgibt, durch seiner Hände Schaffen und seines Geistes Wirken
und Denken — denn das ist auch Arbeit — die edlen Absichten des
Herrschers fördert, da muß die Wohlfahrt doch gedeihen. Da wird
lebendig das schöne Bild des großen Denkers aus unsern Tagen:
„Tausend fleißge Hände regen Helfen sich in munterm Bund, Und in
feurigem Bewegen Werden alle Kräfte kund. Meister rührt sich und
Geselle In der Freiheit heilgem Schutz, Jeder freut sich seiner Stelle,

Bietet dem Berächter Trutz. Arbeit ist des Bürgers Zierde, Segen ist
der Mühe Preis; Ehrt den König seine Würde: Ehret uns der Hände
Fleiß". Ja, da wandeln sich Wüsten in Gärten um und auf der
länderverbindenden Straße kommen und gehen die gewinnreichen
Lasten. Da tritt die gewaltige Naturkraft in den Dienst des Menschen
und macht ihn zum Herrn der Schöpfung. Da schlägt die Wissenschaft
ihre Wohnung auf mit ihres Reichthums Fülle und kommt die Kunst
mit ihren erhebenden Werken das Leben zu schmücken. Da ist die
bleiche Noth mit ihrem Gefolge von Sünde und Entwürdigung ferne
und für jedes wahre Bedürfniß sind die Mittel der Befriedigung da.
Da schlingt sich im friedlichen Wetteifer der Arbeit ein Band des
Friedens um die Völker und erhebt die Seelen zum Bewußtsein rechter
Menschenwürde, Freiheit und Sittlichkeit. Ja Heil, dreimal Heil dem
König, dessen Thron mit ruht auf der Arbeit seiner Völker; er hat in
in ihr die beste Hülfe zur Wohlfahrt des Reiches!

III. Unter den Grundbedingungen aber, ohne welche diese nicht gedeihen kann, zeigt uns das Evangelium endlich allüberall Frömmigkeit. Dem Hause in unserm Evangelium und seinen Genossen und allen,
mit denen es in Verbindung steht, fehlt grade diese durchweg. Daß
der gewissenlose Haushalter nicht von ihr erfüllt und getragen war,
lehrt jeder Zug seines Wesens. Aber auch des reichen Herrn Schuldner
waren ferne von ihr, denn sie geben sich willig her, mit dem Haushalter im Bunde den Herrn zu ihrem Nutzen zu betrügen. Ja, auch
„der reiche Mann" selbst zeigt, daß er zu „den Kindern dieser Welt"
und nicht zu „den Kindern des Lichts" gehört, indem er für die Sünde
des „ungerechten Haushalters" noch ein lobendes Wort hat. Nun dafür
„brachte dieser ihm eben seine Güter durch". Wie die Schrift sagt:
„der Gottlosen Güter versiegen".

Geliebte, wie für eines Hauses, so ist für eines Reiches Wohlfahrt
der tiefste und sicherste Grund die Frömmigkeit. Wo er fehlt, da arbeitet
der treueste Herrscher umsonst und die Krone, die seine Völker ihm
aufgesetzt, wird ihm zur Dornenkrone. Da herrscht die Ungerechtigkeit,
der Zorn, der Unfriede, die Werke des Fleisches und die „Kinder des
Lichtes" werden zum Raube den „Kindern der Welt". Wie schon Salomo
sah und sagte: „wenn die Gerechten überhand haben, so gehet es sehr
fein zu, wenn aber die Gottlosen aufkommen, wendet es sich unter den
Leuten".

Der Gottlosigkeit wehren, die Gottseligkeit mehren heißt daher
nicht nur das eigene, sondern das gesammte Wohl auf dem sichersten
Wege fördern. Das ist zugleich das allein dauernde Mittel zum Ziele;

Ränke und böse List, wie die Welt sie liebt, zerfließen im entscheidenden Augenblick wie der Schaum auf der Welle. Wo Frömmigkeit die Seelen regiert, da ist das Unheilvollste in menschlichen Dingen, die Willkür ausgeschlossen, und die Furcht Gottes der leitende Stern des Lebens. Da weiß auch der Große und Mächtige, auch „der reiche Mann", daß er, wie der Apostel mahnt, „auch einen Herrn im Himmel hat, bei dem ist kein Ansehn der Person" und der einmal „Rechnung fordert von eines Jeglichen Haushalten". Da vernimmt der Vorgesetzte das Wort der Schrift: „höret ihr Machthaber, merket ihr Richter auf Erden. Euch ist die Obrigkeit gegeben vom Herrn und die Gewalt vom Höchsten. Er wird euch fragen, wie ihr handelt und forschen was ihr ordnet; denn ihr seid seines Reiches Amtleute". Da lebt in dem Herzen der Untergebenen die Stimme von oben: ein Jeglicher sei unterthan dem Gesetze und der Ordnung um' Gotteswillen; und daß alles Gesetzes Erfüllung die Liebe ist und alle Freiheit des Christenmenschen sich erst recht bethätigt in dem Ringen nach dem Göttlichen und in stetem Fortschritt auf den Wegen des Lichts. Und wo dieser Geist nicht hilft, da ist alles andre umsonst. Die gewissenhafteste Obrigkeit kann dem Gesetz nicht Achtung verschaffen, alle Strafe und alle Aufsicht dem Laster nicht wehren, wenn nicht der fromme Sinn das Recht schützt und dem Fuße Halt gebietet auf dem Weg der Sünde. Der Ertrag der Arbeit mag alle Reichthümer aufspeichern und in alle Ecken und Enden „Purpur und köstliche Leinwand" bringen, der Friede Gottes und damit das höchste und das allein dauernde Heil kommt damit noch nicht. Den bringt nur das fromme gottesfürchtige Herz. Und dreimal Heil dem Herrscher, dem fromme Herzen zahlreich schlagen in seinen Landen!

Wollt ihr denn am Geburtstage unsers Kaisers und Herrn euch recht bewußt werden, wie wir alle miteinander seine Mühe und Treue unterstützen sollen, damit allen seinen Völkern und Ländern Heil erwachse, wohlan das heutige Evangelium hat uns einige Hauptbedingungen gezeigt, ohne welche die Wohlfahrt eines Reiches nicht gedeihen kann. Es ist der Vorgesetzten Gewissenhaftigkeit, der Bürger Arbeit, allüberall Frömmigkeit. Wo diese drei um einen Thron sich schaaren und Wohnung machen in einem Lande, da krönt gewiß der Segen von oben des Herrschers redliches Ringen. O, daß doch auch die Feier des heutigen Tages unsre Herzen erwärme, zu wachsen an jenen Gütern! Amen.

XII. nach Trinitatis.

Einige Züge aus dem Lebensbild eines treuen Haushalters.

(1865.)

Gnade sei mit uns und Friede von Gott dem Vater und unserm Heiland Jesu Christo! Amen.

Als an einem der letztverflossenen Sonntage das Evangelium uns das mahnende Wort zurief: Thue Rechnung von deinem Haushalten, war es das ernste Bild des ungetreuen Haushalters, das uns als warnende Veranlassung jener Aufforderung entgegentrat. Es ist nicht anders möglich, als daß bei dem Anblick seiner Handlungsweise tiefer Schmerz, ja gerechte Entrüstung das Herz jedes bessern Menschen erfülle. Der reiche Mann hatte ihm, wie aus der Erzählung hervorgeht, dem Armen, sein Vertrauen geschenkt; er mißbrauchte es; jener hatte ihn zum Verwalter seines Vermögens eingesetzt, er brachte ihm die Güter durch; ja, als der Herr ihn aufforderte, Rechnung zu thun, da fügte er ihm absichtlich und geflissentlich noch größern Schaden zu. Tritt es da nicht wieder in seiner Wahrheit hervor, das Wort der heiligen Schrift: „eine jegliche Sünde ist, wie ein scharf Schwert und verwundet (den Thäter), daß Niemand (ihn) heilen kann?"

Und doch war der ungetreue Haushalter aufgewachsen im Hause Israel; er hatte aus dem Gesetze Mosis gelernt das siebente Gebot: du sollst nicht stehlen. Gewiß hatte, da er ins Leben hinaustrat, des Vaters ernste Rede ihm ans Herz gelegt, daß nur treue Hand durchs ganze Land gehe, gewiß einmal die fromme Mutter in die weiche Kinderseele die liebevolle Mahnung gelegt: „wandle vor Gott und sei fromm und siehe zu, daß du in keine Sünde willigst, noch thust wider Gottes Gebot". Ja, in seiner eignen Brust lebte doch der Wächter, den Er, der Allheilige, keinem seiner Kinder versagt hat, das Gewissen, das ihm sagen mußte, seine Hand mit ungerechtem Gute beflecken, das sei die wirkliche und schwere „Schande", vor der er sich zu hüten habe. Und dessen ungeachtet trat er nicht ein in die „ewigen Hütten", wo die „Kinder des Lichts" wohnen, sondern lieber in den „Dienst des ungerechten Mammons", dem man doch nicht „dienen" kann, wenn man nicht den wahren und rechten Herrn, Gott, zuvor „verlassen" hat.

Dieser Zwiespalt, in dem man trotz besserm Wissen das Schlimmere thut, trotz der heiligen Bestimmung der Sünde anhängt, muß einen

um so schmerzlichern Eindruck auf jedes wahre Christengemüth machen,
da er sonst in der Natur sich nicht findet. Sie, meine Brüder, ist wahr
und treu, wohin wir auch blicken. Ihr, die der tägliche Beruf mit der
milden Mutter verkehren läßt, möget es sagen: die Sonne verwandelt
ihre leuchtenden Strahlen nie in Finsterniß und der milden Mondnacht
sanftes Licht will nie die reifende Glut des Tags ersetzen. Wie der
Herr einst gesprochen: „so lange die Erde stehet, soll nicht aufhören
Same und Erndte, Frost und Hitze, Sommer und Winter, Tag und
Nacht", also geschieht es und die Kräfte, die er, der Allmächtige am
Anfang in sie gelegt, sie wirken ohne Unterlaß ihrer Bestimmung treu
zum Heile des Ganzen. Die Wurzel des Baumes, das Blatt am
Zweige, sie kommen nie in Widerspruch mit ihrer Aufgabe; die tausend
Kräfte, die im Erdenschoß leben und im Luftreich weben, wirken im
Einklang zu dem großen Ziele, damit Alles geschehe, was das Leben
erhält und fortbildet und wiedergebärt. Daher, meine Brüder, jener
beruhigende, friedenerzeugende und jeder Zeit erhebende Eindruck, den
der Anblick der Natur und der Einblick in ihre gesetzmäßige Thätigkeit
auf den denkenden Menschen macht. In ihre Stille flüchtet sich, wem
das Geräusch des Lebens zu schwer wird; ihre unwandelbare Ordnung
erquickt das Herz, das in dem wilden Gewoge der menschlichen Leiden=
schaften und Sünden mit Leid sehen muß, wie gar oft die „Kinder
dieser Welt" dem Herrn ihrem Gott und dem eigenen bessern Selbst
untreu werden.

Wohl dem Menschengeschlechte, daß neben ihnen doch noch immer
eine kleine treue Schaar sich findet, die da beharren wollen in der „Kind=
schaft Gottes", die es im Herzen fühlen, „was für ein groß Ding es sei
um einen treuen Haushalter" und die eben solche sein und immer mehr
werden wollen in den ihnen angewiesenen Kreisen des Lebens. Ihr
versteht es von selbst, meine Brüder, daß ein solches Streben nach
einer treuen Haushalterschaft im Gottesreiche nicht mit einer oder der
andern guten That zufrieden ist, sondern alles Sinnen und Thun des
Menschen zu ergreifen und zu veredeln sich die Aufgabe stellt. Sie
umfaßt das ganze Leben, die ganze Seele mit all ihren kleinen und
großen, verborgenen und öffentlichen Regungen, Wünschen, Versuchen
und Arbeiten, damit diese, wie der Apostel das ausdrückt „je mehr und
mehr reich werde in allerlei Erkenntniß und Erfahrung" und ihr ge=
sammtes Thun „lauter und unanstößig sei, erfüllet mit Früchten der
Gerechtigkeit", immer geleitet von dem aus dem „Lichte" gebornen
Geiste, daß wir in allem, was wir thun, hienieden schon sein müssen in
dem, was des Vaters ist, daß wir sein Werk zu wirken berufen sind,

und daß man, wie schon der Apostel sagt, „an den Haushaltern eben nicht mehr sucht, denn daß sie treu erfunden werden".

Es ist leicht begreiflich, daß das Bild eines solchen treuen Haushalters noch in höherm Maße beruhigend und erhebend dem im Kampfe gegen die Sünde oft fast zagenden Christengemüthe entgegentreten muß, als der Anblick der still waltenden, ewig wahren und treuen Natur. Darum wollen wir heute bei einem solchen Bilde weilen.

Lied 214, 1, 5: Herr Jesu Gnadensonne.

Evangel. Marc. 7, 31—37.!

Und da er wieder ausging von den Grenzen Tyrus und Sidon, kam er an das galiläische Meer, mitten unter die Grenze der zehn Städte. Und sie brachten zu ihm einen Tauben, der stumm war, und sie baten ihn, daß er die Hand auf ihn legte. Und er nahm ihn von dem Volk besonders, und legte ihm die Finger in die Ohren, und spützte, und rührte seine Zunge. Und sahe auf gen Himmel, seufzte und sprach zu ihm: Hephatha, das ist, thue dich auf. Und alsobald thaten sich seine Ohren auf, und das Band seiner Zunge ward los, und redete recht. Und er verbot ihnen, sie sollten es Niemand sagen. Je mehr er aber verbot, je mehr sie es ausbreiteten, und verwunderten sich über die Maaße, und sprachen: Er hat Alles wohl gemacht; die Tauben macht er hörend, und die Sprachlosen redend.

Die Erzählung des vorgelesenen Evangeliums gehört in den Kreis jener zahlreichen Darstellungen, in welchen der Herr nicht nur durch das Gotteswort seiner Lehre von der Buße und Belehrung, sondern auch durch die Gotteskraft seiner heilenden Thaten als Retter seiner Zeitgenossen erscheint. Es ist bekannt, wie die große Menge in dem Irrthum ihrer Herzen sich zunächst diesen zuwandte. Um die „Zeichen" zu sehen, die er thäte, gingen ihm so viele nach; ein „Zeichen vom Himmel" begehrten Andere von ihm; nach solchen Thaten wollten sie ihn wiederholt zum König machen. Er aber, der Heiland, war nicht gekommen, daß er sich dienen lasse, sondern daß er andern diene; nicht ein „Reich dieser Welt" wollte er gründen, sondern in den Herzen der Menschen den „Morgenstern" heraufführen, der die lange Nacht der Sünde und des Wehes vertreibe. Denn dazu hatte ihn der Vater gesandt in die Welt, daß er das ewige Leben bringe allen denen, die sein Wort annähmen.

Wie er die Aufgabe, die ihm zu Theil geworden, löste, davon zeugt sein Leben, sein Tod, seine Lehre, die auch heute noch allein die Menschheit „frei zu machen" vermag. Und mit welcher „Treue" er sich als „Haushalter" Gottes fühlte und die „Werke des Vaters zu wirken" suchte, „so lang es noch Tag" war, wie er im Tempel und in der Wüste, im

Kreise der Jünger und in den dichten Schaaren des Voltes, als Genosse froher Festfreude und als helfender Theilnehmer im schwersten Leide immer nur nach Verwirklichung des einen Gottesreiches gestrebt, darüber, meine Brüder, leset und verstehet die Berichte der Evangelisten in ihren einfach großen ewig ergreifenden Darstellungen seines heiligen Lebens.

Selbst in der geringsten That seiner Wirksamkeit tritt diese Treue fast rührend hervor. Auch im heutigen Evangelium ist es nicht anders, wiewohl es nur die einfache Schilderung enthält, wie der Herr einen armen taubstummen Kranken geheilt. So laßt denn nach ihr

einige Züge aus dem Lebensbild eines treuen
Haushalters

zu unserer eigenen Erhebung und Stärkung uns in dieser Andachts-stunde vergegenwärtigen.

Du aber hilf, Vater, daß Dein Wort auch jetzt unsers Fußes Leuchte sei und ein Licht auf unsern Wegen! Amen.

I. Und da der Herr wieder ausging von den Gränzen Tyrus und Sidons, erzählt unser Evangelium, brachten sie zu ihm einen Tauben, der stumm war, und baten ihn, daß er die Hand auf ihn legte. Und Er sah auf gen Himmel, seufzte und sprach: Thue dich auf. „Er sah auf gen Himmel", erkennet darin, meine Brüder, den ersten Zug unsers Evangeliums aus dem Lebensbild eines treuen Haushalters.

Denn, wie der Apostel sagt, „alle gute und vollkomnene Gabe kommt von oben herab, von dem Vater des Lichtes" und „wo der Herr nicht das Haus bauet", fügt der Psalmist hinzu, „da arbeiten umsonst die daran bauen". Wie tief der Blick des Menschen auch in das Innere der Natur gedrungen sei, wie sehr seine Einsicht ihre Kräfte beherrsche und zu seinem Dienste zwinge, seine Macht ist doch immer nur eine endliche und beschränkte. Über ihm und unabhängig von ihm waltet Er, der Allmächtige, der die Feuerflammen und die Wasserfluthen regiert, der „das Herz der Menschen lenkt" und „die Gedanken der Völker wendet". Darum lehret schon die Schrift: „so ist nun weder der da pflanzet, noch der da begießet etwas, sondern Gott, der das Gedeihen gibt". „So Er spricht, so geschieht es; so Er gebietet, so stehet es da".

Darum als er den Kranken heilen wollte, „sah" der Heiland „auf gen Himmel". Ihm nach thut es, wer ein treuer Haushalter im Gottesreich sein will, eingedenk, daß mit seiner Macht nichts gethan, und bei allem unserm Beginnen eben alles nur an Gottes Segen ge-legen ist.

Erwägt dabei noch Eins. Gott ist nicht nur der Allmächtige, sondern auch der Allheilige. Als er den Menschen „sich zum Bilde" schuf, da wollte Er, daß auch dieser nach Heiligkeit ringe. „Werdet vollkommen, wie der Vater im Himmel vollkommen ist" ruft uns die Schrift zu. Dahin weist schon des Leibes Gestalt den Menschen. Während die Thiere des Feldes gebückten Hauptes nur den Boden sehen, verlieh ihm Gott, daß er mit erhobenem Antlitz den Blick zum Himmel richten könne. Bei allem Sinnen und Thun daher zuerst sich fragen: ist, was du vorhast, auch Gottes würdig, stimmt es mit seiner Heiligkeit, mit deiner Bestimmung überein, darfst du als Gottes Kind dabei dein Auge zum Vater erheben, als Haushalter zum Herrn hinaufblicken, das ist wahrhaftes und wirkliches Christenleben.

Darum hat unser Evangelium es aufgezeichnet vom Heilande: Und er sah auf gen Himmel.

Thun wir desgleichen, meine Brüder? Und wenn je, so mahnt uns jetzt die Zeit dazu. Ihr hörtet es, wir stehen am Anfang eines neuen Schuljahrs. Wohlan denn, ihr Kinder, denen morgen die Schule sich aufthut, sehet auf gen Himmel und betet in der frommen Einfalt eurer Herzen, daß der himmlische Vater euren Eingang und euren Ausgang in jenen Räumen segne. Sehet auf gen Himmel, ihr Lehrer, daß ein Hauch seines Geistes Euch erfülle, damit ihr stark im Ernst und in der Liebe würdig seiet, die Dolmetscher seines Wortes zu sein an ihnen, denen der Herr vor Allen sein Himmelreich versprochen. Sehet auf gen Himmel, ihr Eltern, und werdet inne, daß ihr eure Lieblinge habt von ihm, dem himmlischen Vater, um sie ihm zuzuführen und daß das nicht geschehen kann, wenn ihr ihnen die Stätte verschließt, wo in den empfänglichen Boden des jugendlichen Herzens die Saat des Göttlichen gesäet werden soll; ja werdet inne, daß der kleine, doch immer sehr zweifelhafte Vortheil, den ihr durch die Kräfte der Kleinen erwerbet, nicht werth ist des Schadens, des schweren, den sie an Leib und Seele dadurch davontragen. Sehet endlich auf zum Himmel ihr, denen der Herr das Amt in die Hände gegeben, zu wachen und zu sorgen, daß das zerstoßene Rohr nicht zerbreche und der glimmende Docht nicht verlösche; zum Himmel lasset uns aufsehen alle alle, damit auch durch unser Mitwirken am Werke der Schule immer mehr „Blinde sehen" und „Taube hören" und wir so als treue Haushalter erfunden werden im Gottesreich.

II. Und da der Herr aufgesehn gen Himmel, erzählt unser Evangelium weiter, seufzte er und sprach zu dem Taubstummen: thue dich auf. Und alsobald thaten sich seine Ohren auf und das Band seiner

Zunge ward los und redete recht. Und Er, der Herr verbot ihnen, sie sollten es Niemand sagen.

Sehet da, Geliebte, in unserm Evangelium einen weitern Zug zu dem Bilde eines treuen Haushalters.

Dem gewöhnlichen Sinne, den „Kindern dieser Welt", wird er freilich überraschend genug sein. Sie, die nie „gen Himmel sehen", sondern nur auf das, was der Erde gefällt, verstehen es schwer, warum man nicht selber der Herold seiner Thaten und seiner Ehren sein solle. Obenan „über Tische zu sitzen, auf den Gassen gegrüßt und mit Titeln gefeiert zu werden" war schon bei vielen Zeitgenossen Jesu, die „sich selbst erhöhten", hervorragendes Lebensziel. Und doch ist dieses Verbot des Heilandes „sie sollten es Niemand sagen", ebenso natürlich im Gottesreich als richtig. Es ist der Ausdruck der Demuth, die da weiß, daß sie Alles was sie ist und hat, nur durch die Gnade des Vaters ist und hat, die da versteht, daß wenn sie auch Alles gethan, was sie vermochte, sie dem Ziele noch fern sei, die in Allem was sie thut, nicht das Ihre sucht, sondern wie sie vollende den Willen des Vaters, und die eben deßhalb, weil sie „Alles was sie vermag", nur „durch den vermag, der sie mächtig macht, Christus", bei Allem dankbar bekennet: „nicht uns, Herr, nicht uns, sondern deinem Namen gib Ehre".

Welch' ein Reich des Friedens und der stillen Seligkeit würde doch bald erstehen, wenn es viele solche treue Haushalter gäbe, Geliebte! Wenn Niemand mehr nach eitler Ehre geizig wäre, wenn Niemand mehr nur deßhalb redete oder handelte, damit die Leute von ihm redeten, wenn Niemand mehr meinte, sein Glanz werde erhöht dadurch, daß er Andere in Schatten stelle! Warum machen sie es nicht, wie der Sonnenstrahl, der selbst unscheinbar nur den Gegenstand erleuchtet, auf den er fällt? Und der Herr im Evangelium nach der Heilung des Taubstummen „er verbot ihnen, sie sollten es Niemand sagen!"

Auch nach einer andern Richtung hin mahnt dieß Wort den treuen Haushalter im Gottesreich an eine häufig versäumte Pflicht. Erinnert es ihn, das Gute, das er thut nicht voll Rühmens auszubreiten, so erkennt er daraus noch mehr, über das zu schweigen, was von dem Nächsten Anstoß und Ärgerniß geben kann, wenn nicht unbedingt die höhere sittliche Pflicht es anders gebietet. „Wer bist du, daß du einen fremden Knecht richtest", spricht er mit dem Apostel, „er steht oder fällt seinem Herrn". Darum sucht er, was er auch höre, wie der Katechismus fordert, zu entschuldigen und Alles zum Besten zu kehren und wenn die böse Rede nun hinüber und herüberfliegt, so „verbietet er es doch den Seinen, daß sie es Niemand sagen". O, wie viele Nachbarn

würden ſich noch in Güte vertragen, wie manches Freundſchaftsband
würde noch ungelöſt ſein, wie manche Ehe ſtünde noch heilig und un-
verletzt, wenn ſie gehört hätten auf das Wort unſers Evangeliums:
„Und er verbot es ihnen, ſie ſollten es Niemand ſagen"!

III. Die Menge aber am Schluſſe unſeres Evangeliums verwunderte ſich über die Maaße und ſprach: Er hat Alles wohl gemacht; erkennet darin, meine Brüder, einen dritten Zug deſſelben aus
dem Bilde eines treuen Haushalters.

Es iſt kein Zweifel, am innigſten wird in dieſes Wort des Dankes
und des Jubels eingeſtimmt haben der Geheilte ſelber. Wie manches
Jahr mochte der Unglückliche in ſeinem bejammernswerthen Zuſtande
gelebt haben; dennoch hatte er die Hoffnung nicht verloren. Nun, da
„ſeine Ohren ſich aufgethan" und „das Band ſeiner Zunge los war"
ſtimmte auch er ein: „der Herr hat Alles wohl gemacht". Das Leid
einer langen Vergangenheit trat zurück hinter dem Glücke der Gegenwart und aller Schmerz der verfloſſenen Tage verſank im Gefühl der
Freude, die ihm Gott jetzt gegeben. Und wir freuen uns beß mit ihm;
denn das Herz frei und friſch erhalten in Sturm und Nacht, daß es
wenn der Tag wieder aufgegangen, auch neuer Freude ſich erſchließen
und dankbar ausrufen könnne: der Herr hat Alles wohl gemacht, das
iſt ächter treuer Sinn eines chriſtlichen Haushalters.

Und in dieſem dankbar zufriedenen Herzen, das gerne in jenes
Jubelwort ausbricht, liegt zugleich die Zuverſicht, daß der Herr auch
ferner Alles wohl machen werde, wenn nur das, was wir ſelbſt thun,
dem Herrn wohlgefällig iſt. Wer jenes Wort des Dankes einmal aus
vollem Gemüthe auszuſprechen gelernt, der freuet ſich auch ferner der
höhern Führung und iſt getroſt. Denn er hat es nun erfahren: „die
Wege des Herrn ſind eitel Güte und Wahrheit denen, die ſeinen Bund
und Zeugniß halten". Darum, wenn er etwa auch eine ſchwere Haushaltung uns anvertraut hätte, wir zagen nicht. Ob wir „ſchon wandern
im finſtern Thale, fürchten wir doch kein Unglück, denn er iſt bei uns,
ſein Stecken und ſein Stab tröſtet uns". Dünkt uns, ſeine Hülfe verziehe lange: „harre doch auf ihn, liebe Seele; gewiß er kommt zu
ſeiner Zeit", und „wird deine Gerechtigkeit hervorbringen wie das Licht
und dein Recht wie den Mittag". Wenn dann die Noth, die dir
drohte, an deinem feſten Sinn mit Gottes Hülfe ohne Schaden
vorüberging; wenn ein Freund, der ſich im Mißverſtändniß von dir
wandte, wieder zu dir zurückkehrt; wenn ein Kind, das du verloren
gabſt, ſich wieder dem Vaterhauſe zuwendet; wenn Verblendete, die
nur am Staube der Erde ihre Luſt hatten, wieder die Strahlen des

himmlischen Lichtes sehen, und Taube, deren Ohren dem Gotteswort, wer weiß wie lange, verschlossen waren, aufs neue seine Stimme hören; wenn, wie so oft im Leben, das Unerwartete, Bessere geschieht und sich immer und immer bewahrheitet, daß „Er Alles herrlich hinausführt": dann mischt wohl auch der Schwankende das schwache Wort seines Dankes in den Jubel der Zuversicht, mit dem der treue Haushalter jederzeit ruft: „der Herr hat Alles wohl gemacht".

Ja so ist es meine Brüder: wer in allen Lagen des Lebens auf= sieht gen Himmel, wer bei seiner Werke Gelingen nicht sich, sondern Gott die Ehre gibt, wie der Heiland, da er es ihnen verbot, daß sie es weiter sageten, der ist ein treuer Haushalter in seines Herrn Dienst und sein Leib und seine Freude verklärt sich im Wort des Dankes und der Zuversicht: „Der Herr hat Alles wohl gemacht". O, daß es auch unter uns so wäre! Amen.

———

XIII. nach Trinitatis.

Ein Bild aus alten Tagen.

Predigt vor der Schulweihe in Schäßburg.

(1890. 31. Aug.)

Herr, unser Gott, du bist „unsre Zuversicht und Stärke, eine Hülfe in den großen Nöthen, die uns getroffen haben. Darum fürchten wir uns nicht, wenn gleich die Welt unterginge und die Berge mitten ins Meer sänken. Wenn gleich das Meer wüthete und wallete und von seinem Ungestüm die Berge einfielen: den= noch soll die Stadt Gottes fein lustig bleiben mit ihren Brünn= lein, da die heiligen Wohnungen des Höchsten sind". O, so sei uns nahe, Vater, mit diesem Geist der Zuversicht, mit dem dein heiliges Wort der Frommen Herz zur Höhe führt und laß sich erfüllen auch an dieser Stunde und an dem Werk dieses Tages deine Verheißung: „Wir segnen euch, die ihr vom Hause des Herrn seid!" Amen.

„O, Herr, hilf, o Herr laß wohl gelingen! Gelobt sei, der da kommt im Namen des Herren! Wir segnen euch, die ihr vom Hause des Herrn seid" — das war das heiße Gebet, das der innige Gruß, den einst jener bedeutungsvolle Weihepsalm Israel darbrachte, als dieses seinen zweiten Tempel, nach der harten Gefangenschaft, aus der

sie heimgekehrt, „ein Wunder vor unsern Augen", wie sie rühmten,
dem Herrn, seinem Gott, erbaut hatte. „O, Herr hilf, o Herr, laß
wohl gelingen; wir segnen euch, die ihr vom Hause des Herrn seid",
laß das denn, meine liebe Gemeinde, zugleich den ernsten Gruß sein
im Namen deiner Kirche, den ihr Sendbote, dein Sohn, dir darbringt,
den du gerufen, daß er mit dir den Vater bitte um Weihe und Segen
für das Werk der Jugendbildung, das deine Treue ins Leben gerufen,
weil sie nicht will, daß dich und die nachkommenden Geschlechter das
schmerzliche Wort des Propheten treffe: „Ach, mein Volk verdirbt darum, daß es nicht lernen will".

Und zur ernsten Vorbereitung für diese Weihestunde sind wir heute
in dies altehrwürdige Heiligthum gekommen, in dem bei jedem neuen
Schritt in die frische Gegenwart die Stimme der vergangenen Jahrhunderte mahnend zu uns spricht: „gedenke der vorigen Zeit bis daher
und betrachte, was er gethan hat an den alten Vätern". Ja, „gedenke
der Zeit bis daher", zu wem spräche dieses ernste Wort in diesem
Augenblick eindringlicher, als zu mir! Siehe, „die Steine reden" und
rufen das Bild vergangener Zeiten lebendig vor meine — vor eure
Seele. Wie ich als Kind einst an des treuen Vaters, an der liebevollen Mutter Hand hieher ins Gotteshaus gekommen und dort an den
Stufen des Altars Ahnung des Göttlichen die junge Seele durch-
schauerte, deren erste Keime im frommen Gebet der Mutter im Herzen
aufgegangen. Und wie im Knaben die stille Betrachtung dieser Bilder
und Bibelstellen ein neues Geistesleben wach rief und der Jüngling,
dem treuer, pflichtfreudiger Lehrer Hand die Bahn zur Höhe wies,
allsonntäglich hier am evangelischen Wort gottbegnadeter Seelsorger
sich erbaute! Dann wurde mir selbst des Herrn Gnade zu Theil, daß
ich, zuerst grade an diesem Sonntag, dem 13. nach Trinitatis, vor
48 Jahren, zu dir, meine liebe Gemeinde, sprechen konnte von dieser
Stätte, um nach 21 Jahren freudiger Arbeit im Verein mit Besten
jener Zeit dort auf der heiligen lindenbekränzten Höhe von dieser
selben Stätte für reiche Liebe und Güte den Dank des Scheidenden
darzubringen zugleich mit seinem Gebete, daß Er, der Herr Herr,
dich immerfort segne mit rechter Erkenntniß, mit edler Willenskraft,
mit frommer Liebe!

Ja „gedenket der vorigen Zeit bis daher" — ich kann nicht anders!
Und nun stehe ich wieder auf derselben Stelle, um nach der Vorbereitung dieser Stunde in der Pflicht meines Amtes jenes Werk seiner
Bestimmung zu übergeben, das deine Einsicht und Treue zur, wie wir
bitten, segensreichen Bildungsstätte des künftigen Bürgerthums dieser

Stadt erbaut hat. Und da ist mir, als ginge der Geist des barmherzigen Samariters, von dem uns das heutige Evangelium erzählt
— es ist ja der Abglanz vom Geist unsers Herrn und Meisters —
durch unsre Mitte und lege segnend die Hand auf euer Werk. Denn
es ist aus seinem Geiste erwachsen. Ihn „jammerte des Volkes", das
ist die Wurzel, aus der es stammt. Wie schwer ist doch der Weg der
Lebenskreise, deren Söhne das neue Schulhaus erziehen soll! Wie oft
führt er durch die Wüste; wie viele sinken „halbtodt" dahin, ehe sie das
erstrebte Ziel sehen! Wie gleichgültig gehen viele vorüber an den
Müden und haben keinen Tropfen Öl für die blutenden Wunden!
Das soll in eurer Mitte nicht so sein, geliebte Christenbrüder, darum
habt ihr die neue Schule gebaut, daß sie Waffen schaffe und Rüstung
zum rechten Kampfe im Leben, daß auch das kommende Geschlecht denselben bestehe mit Sieg und Ehren, wie ihn die Väter einst bestanden.
Und damit wollt ihr zugleich einen Theil des Dankes ihnen abtragen,
den Treuen, die in Kirche und Schule, in bürgerlichen Ordnungen und
Gütern der Gesittung euch ein so reiches Erbe hinterlassen haben, daß
ihr an ihm erstarkt, aus seinem Geiste die Kraft geschöpft habt zu neuem
Schaffen in ihrem Sinne.

So schließen sich auf der Höhe dieser Stunde Vergangenheit und
Gegenwart zusammen und eröffnen neue Quellen der Kraft für die
Zukunft.

Wir wollen uns aus ihnen erfrischen.

Lied 145, 1: O heil'ger Geist.

2 Könige 13, 14—19, 25.

Elisa aber ward krank, daran er auch starb. Und Joas, der König Israels,
kam zu ihm hinab und weinte vor ihm und sprach: Mein Vater, mein Vater,
Wagen Israels und seine Reiter. Elisa aber sprach zu ihm: Nimm den Bogen
und die Pfeile. Und da er den Bogen und die Pfeile nahm, sprach er zum
Könige Israels: Spanne mit deiner Hand den Bogen; und er spannte mit seiner
Hand. Und Elisa legte seine Hand auf des Königs Hand und sprach: Thue das
Fenster auf gegen Morgen; und er that es. Er aber sprach: Ein Pfeil des Heils
vom Herrn, ein Pfeil des Heils wider die Syrer; und du wirst die Syrer
schlagen zu Aphek, bis sie aufgerieben sind. Und er sprach: nimm die Pfeile.
Und da er sie nahm, sprach er zum Könige Israels: schlage die Erde; und er
schlug dreimal und stand stille. Da ward der Mann Gottes zornig auf ihn und
sprach: Hättest du fünf- oder sechsmal geschlagen, so würdest du die Syrer geschlagen haben, bis sie aufgerieben wären; nun aber wirst du sie dreimal
schlagen. Joas aber kehrte um und nahm die Städte aus der Hand Ben-
Hadads, des Sohnes Hasaels, die er aus der Hand seines Vaters Joahas genommen hatte mit Streit. Dreimal schlug ihn Joas und brachte die Städte
Israels wieder.

Es ist eine bedeutungsvolle Geschichte aus dem Leben des Reiches Israel, die uns die vorgelesene Schriftstelle vor die Seele geführt hat. Auch wenn Manche von euch sie vielleicht schon lange nicht mehr gehört oder gelesen hätten — unsre Väter waren heimischer auf dem Felde —: in den großen, ergreifenden Zügen, in welchen sie ewige heilige Wahrheiten verkündet, spricht sie sofort zu jedem Herzen und erfüllt sich daran das Wort des Apostels: solches ist euch zum Vorbild und zur Warnung geschrieben. Ihr wißt, wie nach Salomos Tod sein Reich zerfiel und die Bruderstämme sich trennten, als ob aus eines Voller Zwietracht je Heil für dasselbe erblühen könnte. Nun freuten alle Feinde sich seines Habers; eben war das Reich Israel wieder hart von den Syrern bedrängt, die die Städte jenseits des Jordans ihm schon genommen hatten. Diese Lage, in der der König schon an jeder Hülfe verzweifelte, schildert in kurzen, aber um so gewaltigern Strichen unser Text. Geliebte, es ist

ein Bild aus alten Tagen — zugleich ein Gotteswort
für die Gegenwart;

laßt uns dasselbe der Bedeutung dieses Tages entsprechend tiefer an-schauen, es will Antwort geben zu dieser Stunde.

Du aber, Vater, segne dein heilig Wort an unsern Herzen. Hilf, daß auch durch dieses dein heiliger Geist Wohnung mache unter uns. Dann wird unsre Hand aufthun „das Fenster gegen Morgen", woher die rechte Hülfe kommt, und den „Bogen spannen", auf dem „der Pfeil des Heils" vor dir liegt! Amen.

I. Wohlan denn, unser Bild aus alten Tagen, was zeigt es uns, — zunächst ein Bild schwerster Bedrängniß. An der Grenze des Reiches Israel stand wieder der Feind aus Mitternacht. Schon unter dem Vater des Königs Joas war er siegreich ins Land gedrungen, hatte die Streiter desselben, wie der Prophet klagt, „umgebracht und sie gemacht, wie Staub beim Dreschen". Nur noch fünfzig Streitwagen konnte damals der König ins Feld stellen; nun sah er von keiner Seite Rettung, und der Prophet Elisa, der bisher seines Reiches Stütze gewesen, war todtkrank. Gewiß wir verstehen es, wenn unser Text erzählt: „der König kam zu ihm und weinte".

Meine Brüder, wer kennt nicht in unsern Tagen, allerdings nicht Bedrängniß solcher Art, aber doch harte, harte Noth, die auf Tausenden schwer drückt. Denn unser Leben ist in eine noch nie dagewesene Zeit außerordentlicher, die Welt umgestaltender Wandlungen gefallen. Wo ist sie hin — wir Ältern haben sie noch alle gekannt — jene Stille, jenes ruhige Gleichmaß der Tage, wo alles Leben in festgeschlossenen Ordnungen sich bewegte, wo der Sohn in Kenntniß und Arbeit beruhigt in den Wegen des Vaters bleiben konnte und fröhlicher Wohlstand die hergebrachte Thätigkeit beglückte! Ein Sturm hat das Alles hinweggefegt und noch immer wächst sein Brausen. Hineingebrochen ist er in die alte Abgeschlossenheit auch unsers Lebens und hat tausend neue Kräfte inmitten desselben und rings um dasselbe entfesselt. Die alten Ordnungen der Arbeit, des Erwerbes, des Verkehrs sind dahingefallen; andere Mittel, andere Aufgaben, andere Ziele traten an ihre Stelle. Mit grausamer Nothwendigkeit schreitet das Neue durch die Geschlechter der Menschen und liebt es, was ihm entgegensteht, zu zermalmen. So sehn wir uns plötzlich hineingestellt in den Wettbewerb mit einer ganzen Welt, die uns früher so fern lag und so fremd war und in seinem Gefolge klopft die Noth, die harte, heute an diese Pforte, morgen an jene, die früher ihren zermalmenden Fußtritt nie gekannt. Auch du, theure Gemeinde, kannst davon erzählen. Wo ist die fröhliche Zahl der Meister, die einst allsonntäglich in diesen Gestühlen dem Gotteswort lauschten? Wie viele hat der erbarmungslose Kampf aufgerieben, in die Fremde getrieben; wie viele sitzen einsam in der stillen Kammer und weinen, wie Israels König in unsrer Schriftstelle, vor ihrem Vater über ihr Elend!

Doch der Mensch lebt nicht vom Brod allein; auch Güter, die höher sind, als das leibliche Leben, sehen wir vom Sturm der Zeit in die Fluth jener Bedrängniß hineingerissen. Neue Gedanken schreiten einher in der Rüstung der Wissenschaft, wie sie sagen, die alles Bestehende zerstören wollen. Alte Grundlagen der Gesellschaft, der Familie, des Staates, des Rechtes, der Religion, von denen aus die Menschheit seit Jahrhunderten zur Höhe gestiegen, sollen plötzlich nichtig sein und selbst in die Hütte des kleinen Mannes trägt das fliegende Blatt die verlockende Lehre der neuen Versuchung, die Haß bringt in Kreise, welche sich bis dahin vertrugen, Gesellschaftsklassen von einander scheidet, welche doch für Leben und Tod auf einander angewiesen sind. So gesellt sich zur äußeren Noth die viel viel größere innere, die Trennung der Gemüther, die Gleichgültigkeit oder Abneigung der Herzen, daß sie endlich hart werden, wie die des Priesters und Leviten, die am Halbtodten kalt vorübergingen, und von einander nichts mehr wissen mögen. Ach, wer thut da auf „das Fenster gegen Morgen", daß doch wieder der warme Sonnenstrahl der Liebe, des Vertrauens die Seelen erhelle!

Gewiß, Geliebte, es ist eine schwere Zeit, wenn die Armuth durch die Gaſſen ſchreitet, „wie ein Gewappneter", und alte liebe Ordnungen, die bisher des Lebens Grundſtein waren, in Trümmer fallen. Aber Heil dann der Gemeinde, die ſtark genug iſt, ſich doch den innern Frieden zu bewahren, die es nicht vergißt, daß Unfriede noch mehr zerſtört, nicht überſieht, daß das beſondere Wohl jedes Einzelnen doch nur gedeihen kann auf dem Boden der Eintracht. Und Segen, Segen allen denen, die hiezu wirken und damit eine Bedingung ſchaffen — die Väter kannten und ſchufen ſie — daß Noth und Bedrängniß ſich wieder zum Heil wende. „Mein Vater, mein Vater", wir weinen vor dir!

II. Und ſiehe ſeine Gnade zeigt uns in unſerm Bilde aus alten Tagen neben der Noth und Bedrängniß zugleich das Bild freu-diger Rettung zu ernſter Mahnung für die Gegenwart. Wie be-deutungsvoll! Der König kommt zum todtkranken Propheten und klagt und weint. Eliſa ſpricht: Handle! „Nimm den Bogen und die Pfeile"! Rüſte dich! Nimm alle Kraft zuſammen! „Thue das Fenſter auf gegen Morgen" — dort ſtand der Feind — „ſchieße". „Schlage die Erde mit den Pfeilen", zum Zeichen, daß dein Volk aufſtehe und ihr einmüthig den Feind beſtehet! Der König thats und was war der Erfolg? Er ſchlug den Feind dreimal und brachte die verlornen Städte wieder an das Reich zurück.

Geliebte, findet ihr da nicht das große Geſetz des Lebens, heute ebenſo gültig, wie zu Israels Zeit, daß Noth und Bedrängniß nicht weicht vor feiger Klage, ſondern nur durch friſche freudige That über-wunden werden kann?

Und blicket tiefer: des Königs Ermannung zu ſolcher That findet ihren erſten Anſtoß in ſeiner Erinnerung an die Väter. Im ſchwerſten Leid, wo er keinen Ausweg mehr ſieht, gedenkt er ihrer: „Streitwagen Israels und ſeine Reiter", wo ſeid ihr? Und an dieſem Punkt faßt der Prophet ſein Herz. So „ſpanne denn auch du mit deiner Hand den Bogen", ruft er ihm zu, wie jene es gethan, und legte ſeine Hand auf des Königs Hand. Und der, in dieſem Sinne begonnenen That folgte der Sieg.

Ja, eine würdige Vergangenheit iſt eine Quelle immer neuen Lebens. Und dich, meine theure Gemeinde, hat der Herr damit ge-ſegnet. Du gehörſt einem Volke an, das die größten Könige des Vaterlandes gerühmt haben als Stützen des Reichs, als Zierde der Heimath. Seine Söhne ſaßen unter den Räthen des Fürſten, deine Sendboten waren nicht die letzten im Rath deines Volkes. Die Mauern und Thürme, die deine Bäter erbaut und mehr als einmal mit ihrem Blut vertheidigt, waren ein Bollwerk des Baterlandes. Aus deinen Werkstätten, aus deinen Schulen ist ein Strom von Gesittung hinausgegangen weit hinein in das Land. Und wenn es bisweilen scheinen möchte, es wolle Abend werden: schon die Erinnerung an die Bäter, an ihre Einsicht, ihre Arbeit, ihren Muth, ihre Ausdauer, ihr Verständniß der Zeit, ihre Treue gegen Fürst, Bolk und Baterland muß neue Thatkraft wecken. „Wagen Israels und seine Reiter"!

Ihr übersehet dabei nicht, Geliebte, welch' eine Fülle von Mitteln und Kräften die Gegenwart selbst bietet. Ja, wir sehen und empfinden es, wie schwer die Zeit ist, aber wir verkennen auch nicht, wie groß und herrlich sie zugleich ist. Immer tiefer ins Innere der Natur bringt der Menschengeist und stellt die Kräfte derselben in seinen Dienst. Mit ihrer Hülfe verdoppelt er den Ertrag des Ackers, vertausendfacht er die arbeitende Menschenhand, überwindet im Fluge Raum und Zeit und schafft Werthe und Wohlstand, von denen die Bäter keine Ahnung hatten. Wohlan denn, wir wollen nicht Fremdlinge bleiben in der Gegenwart! „Thue das Fenster auf gegen Morgen", lasset es ein in vollen Strömen das Licht der rechten Erkenntniß, daß es die Nebel verscheuche, die unsern Blick gebunden halten, daß es auch unsre Kraft stärke, auch unsrer Arbeit Theil gebe an den großen Errungenschaften der Zeit, an der sich erfüllt das Wort des alten Propheten: „es soll nicht durch Heer oder Kraft, sondern durch meinen Geist geschehen".

Aber alles Erfolges tiefste Bedingung, die sicherste Hülfe in Noth und Bedrängniß ist Leben in Gott, Frömmigkeit, Religion. Ihr kennt das ernste Wort des Propheten: „Was murren denn die Leute im Leben also; ein Jeglicher murre über seine Sünde". Im letzten Grund ist immer sie „der Leute Verderben". Wer diesem entfliehen, aus ihm sich retten will, der kehre um zum Vater. Eine Gemeinde, ein Bolk, deren Leben in Gott wurzelt, die seine heiligen Gebote vor Augen und im Herzen haben, deren Arbeiten und Schaffen, deren Verkehr und Sitte, deren häusliches und öffentliches Leben je mehr und mehr jene Gestalt annimmt, die unser Herr und Heiland Jesus Christus von den Seinen forbert, die daher auch gerne die Stätten besuchen, wo sein heiliges Wort geprebigt wird — und wo finden sich weihevollere, als dein Gotteshaus dort auf der freien Bergeshöhe, als dieses altehrwürdige, das deine Treue vor kurzem so edel hergestellt hat —: eine solche Gemeinde, ein solches Bolk, meine Brüder, geht aus jeder Noth, aus jeder Bedrängniß immer neu gekräftigt hervor. Frage nicht, mein zweifelnder Freund, wie mag solches zugehen. Die

Erfahrung zeigt es. Noch nie hat die Gottlosigkeit auf die Dauer Bestand gehabt; wo aber die Gotteskraft des Evangeliums des Geistes
Licht ist, da findet er auch die Wege, die Zeit zu verstehen, die Um-
stände zu gestalten, das Böse zu überwinden. Darum arbeiten die
Besten und Größten unsrer Zeit so ernst daran, dem Volke die Religion zu erhalten. Ich bin, Geliebte, in der Pflicht meines Amtes in
allen Gemeinden unseres Volkes gewesen und habe Einblick gethan in
sein inneres Leben; überall, wo Gedeihen und Fortschritt sich fand,
da stand Religion und Kirche in Achtung; von Gleichgültigkeit und
Abneigung dagegen erzählten schmerzlich öde Höfe und verfallene
Häuser.

Du aber, theure Gemeinde, willst nicht von denen sein, die da
weichen. Darum hast du in die Reihe deiner Erziehungsanstalten ein
neues Schulhaus gestellt. Du erkennst die Zeit, darin wir heimgesucht
sind und willst das nachkommende Geschlecht rüsten gegen die Noth
derselben. So thaten es die treuen Väter zu ihrer Zeit. Als Luther
sein gewaltiges Sendschreiben „an die Bürgermeister und Rathsherrn
in deutschen Landen" von Aufrichtung der Schulen schrieb, da stand
sie bereits in ihrer Mitte und der Bürger bildungsfreundlicher Sinn
bekundete sich, da sie am fleißigen Lehrer ein Übriges thaten. Und
darum setzten sie das Schulhaus dort oben hinauf auf die Höhe, neben
die Kirche, hart an den schirmenden Ring der Stadtmauer, zum Bollwerk von Stein die Waffen des Geistes und sind nicht müde geworden,
von Geschlecht zu Geschlecht, ja grade wenn die Noth der Zeit am
heftigsten drängte, diese Rüstung immer stärker zu machen. Denn sie
verstanden wohl Luthers Wort: „das ist einer Stadt bestes und aller-
reichstes Gedeihen, Heil und Kraft, daß sie viel feiner, gelehrter, ver-
nünftiger, ehrbarer, wohlgezogener Bürger hat". Und dazu helfen
fromme und gute Schulen, „ein Pfeil des Heils vom Herrn" wie unser
Text sagt, ein Pfeil des Heils im Kampf wider Noth und Bedrängniß,
im Kampf gegen Irrthum und Sünde.

Darum, theure Gemeinde, ist deine Freude an diesem Tag über
das neue Werk, das deine Treue geschaffen, gerecht. Es ist der Väter
würdig, und gibt Kunde, daß wie sie, so auch du die Macht des Geistes
kennst, und seine Wege wandeln willst, willst, daß auch die nach uns
kommen, bleiben sollen in dem, was die Väter waren, eine Gemeinde
der Gesittung und Bildung, evangelischen Geistes, festhaltend an jenen
Lebensgütern, die ihr Dasein stark gemacht und verschönert, voll edeln
einträchtigen Bürgersinns, unwandelbar in der Treue gegen Fürst und
Volk und Vaterland und darum in aller Noth und Bedrängniß

unverzagt entgegenharrend dem Tag, da „das Licht dem Gerechten immer wieder aufgehen muß und Freude den frommen Herzen"!

Und dazu segne Er, der Herr Herr, in seiner Gnade auch diesen Tag und diese Stunde! Amen.

Ja es steht in deinen Händen, Vater; deß sind wir fröhlich und stellen unsre Zuversicht auf dich allein und deine Gnade.

Bleibe du nur bei uns mit der Kraft deines Evangeliums, daß es immer mehr werde ein Licht auf unsern Wegen, eine Kraft zum Leben, die nicht zulasse, was deinem heiligen Willen zuwiderläuft und wider das Gewissen ist.

Segne dazu ihn, Vater, deinen Gesalbten, den du gesetzt hast auch zum Schirmherrn deiner Kirche und sein ganzes erlauchtes Haus und laß der Gerechtigkeit und des Friedens Fülle immer mehr unter seinem Scepter wohnen.

Hilf, daß durch seine Räthe und alle Obrigkeit, auch dieser Stadt, dein Wille je mehr und mehr geschehe.

Gib überall treue Lehrer in Kirche und Schule; segne alle redliche Arbeit; sei nahe allen denen, die dich suchen und hilf überall, wo es Noth thut, in Leid und Freude, im Leben und im Sterben, nach deiner unaussprechlichen Gnade, Vater, um Jesu Christi, deines lieben Sohnes, unseres Herren und Hei-landes willen! Amen.

„Der Gott aber aller Gnade, der uns berufen hat zu seiner ewigen Herrlichkeit in Christo Jesu, der-selbige wolle euch, die ihr eine kleine Zeit leidet, vollbereiten, stärken, kräftigen, gründen. Dem-selbigen sei Ehre und Macht von Ewigkeit zu Ewigkeit"! Amen.

XIV. nach Trinitatis.

Sind denn nicht zehne rein geworden?

(1865.)

„Erheb ihn ewig, o mein Geist, Erhebe seinen Namen; Gott unser Vater sei gepreißt Und alle Welt sag: Amen! Und alle Welt fürcht ihren Herrn, Und hoff auf ihn und dien ihm gern, Und dank ihm ewig!" Amen.

Wie in der Natur auf die Saat die Erndte folgt, auf die heiße Arbeit des Sommers die Sammelfreude des Herbstes, so folgt auf das schöne Evangelium von der Liebe, das uns am vorigen Sonntag erbaute, heute das nicht minder schöne von der Dankbarkeit. So hat es der in der Kirche waltende heilige Geist geordnet; nicht durch Zufall ist jene Auswahl von kleineren Abschnitten aus dem Leben des Herrn entstanden, die vorzugsweise an Sonn- und Feiertagen der christlichen Gemeinde zu frommer Anregung und Belehrung dienen sollen; sondern sowie sie zunächst die großen Heilsthatsachen der Geburt, des Leidens und Sterbens, der Auferstehung des Heilandes, des Antritts und der Fortführung seines Lehramts, endlich die Gründung der Kirche hervorheben, so wollen sie in diesen kleinern Kreisen wieder, indem sie die bedeutendsten und ergreifendsten Ereignisse aus dem Leben des Herrn uns vorführen, den vollen Kranz christlicher Tugenden im anschaulichen Beispiel zur Lehre und Nachahmung der heilbegierigen Seele darbieten. So war es, um nur ein wenig zurückzublicken, am elften Sonntag nach Trinitatis das Bild der Demuth und Bußfertigkeit, die uns in der Gestalt und im Worte des Zöllners: „Gott sei mir Sünder gnädig" entgegentrat; in schönem Anschluß daran lehrte uns der Sonntag darauf, als der Herr den Taubstummen heilte, aufsehn gen Himmel und verbot uns, daß wir weder von unsrer Ehre noch von Andrer Sünde etwas weiter sageten, sondern ihm es anheimstellten, der da „Alles wohlgemacht", dann kam das Evangelium von der Liebe und heute ist es das von der Dankbarkeit. Ihr seht, es ist auch hier „keine Sprache noch Rede, da man seine Stimme nicht höret".

Und was könnte zugleich natürlicher sein, meine Christenbrüder, als nach dem Evangelium von der Liebe das Evangelium von der Dankbarkeit? Wie im Frühling der warme Sonnenstrahl den Grashalm aus der Erde ruft, wie am Hauch der milden Lenzlüfte die Blüthe sich entfaltet und Gras und Blüthe das nicht lassen können: so muß im rechten Christenherzen auf die Wohlthat die Dankbarkeit, auf den Erweis frommer Liebe die fromme Vergeltung folgen. Gewiß, es kann nichts menschlich Schöneres und Reineres geben, als das, jene Gesinnung nämlich und jene Bereitwilligkeit, das empfangene Gute gebührend anzuerkennen und diese Empfindung dem Wohlthäter und der Welt auf eine würdige Art zu äußern. Selbst unter rohen und ungebildeten Völkern hat die Dankbarkeit immer für eine Tugend gegolten; es giebt nichts Häßlicheres, als einen undankbaren Menschen, rufen schon die alten Weisen warnend ihrer Jugend zu.

Wie alles Edle und Hohe ist auch der göttliche Strahl der Dankbarkeit im Herrn und Heiland zur schönsten Erscheinung gekommen.
Es ist jener Zug in seinem Lebensbild, der in allen Veranlassungen
und bei jeder Gelegenheit wiederkehrt. Wenn er das Brod bricht, so
dankt er seinem himmlischen Vater; wenn er dem Kranken helfen soll,
sieht er dankend zum Himmel; die Freude seiner Nebenmenschen heiligt
er durch Dank; Dank erfüllt sein Herz, wenn er seine Jünger um sich
erblickt, denen sein Vater „offenbart" hat, was er „den Weisen und
Klugen verborgen". Seines heiligen Geistes Hauch ist es, wenn der
Apostel die Gemeinden so ernst mahnt: „seid dankbar in allen Dingen",
„und saget Gott Dank alle Zeit für Alles".

Und doch — wie wenig dieser göttliche Geist der Dankbarkeit die
„Kinder dieser Welt" durchdrungen und erfüllt habe, zeigt schon das
Sprichwort „Undank ist der Welt Lohn". Unter einem alten Volke
des Morgenlandes geht bereits die trübe Mahnung: Thue das Gute,
wirf es ins Meer, freilich zugleich mit dem erhebenden Troste: weiß
es das Wasser nicht, weiß es der Herr. So sehr, meine Brüder, vermag der Mensch sein eigenes Wesen zu verläugnen, wenn er den Geist
Gottes von sich weist, während selbst das Hausthier, dem wir mit
Freundlichkeit begegnen, dem wir für unsern Nutzen sein Futter reichen,
uns dankbare Liebkosungen entgegenbringt, scheint manches Menschenherz aus Stein zu sein, in dem der warme Strahl der göttlichen und
menschlichen Liebe mit aller Fülle ihrer Wohlthaten kein entgegen-
kommendes Leben, keine warme menschliche Regung abzugewinnen
vermag. Und solcher kalten Gemüther, sei es daß der Leichtsinn sie
nicht zum Bewußtsein ihrer Pflicht kommen läßt, oder die Selbstsucht
verhärtet, oder der Hochmuth verführt, gibt es so viele, daß schon eine
alte Weisheit den trostlosen Grundsatz aufstellen konnte, immer so zu
handeln, daß man Dank verdiene, doch nie auf denselben zu rechnen,
damit nicht die erfahrene Undankbarkeit das Herz zu schmerzlich ver-
wunde.

Die betrübende Erfahrung, die zu solchem Grundsatz geführt hat,
begegnet uns auch im Evangelium. Und wie das Evangelium des
vorigen Sonntags nicht nur das erhebende Evangelium über die Liebe,
sondern zugleich das schmerzliche Evangelium über die Lieblosigkeit
war, so stellt uns das heutige nicht nur ein schönes Vorbild der Dankbarkeit, sondern noch mehr ein abschreckendes Beispiel der traurigsten
Undankbarkeit dar.

Lied 239, 1, 2: Mein Herz, ermuntre dich zum Preise.

Evangel. Luc. 17, 11—19.

Und es begab sich, da er reisete gen Jerusalem, zog er mitten durch Samaria und Galiläa. Und als er in einen Markt kam, begegneten ihm zehn aussätzige Männer, die standen von ferne und erhoben ihre Stimme und sprachen: Jesu, lieber Meister, erbarme dich unser! Und da er sie sahe sprach er zu ihnen: gehet hin und zeiget euch den Priestern. Und es geschah, da sie hingingen, wurden sie rein. Einer aber unter ihnen, da er sahe, daß er gesund geworden war, kehrte er um und pries Gott mit lauter Stimme und fiel auf sein Angesicht zu seinen Füßen und dankte ihm. Und das war ein Samariter. Jesus aber antwortete und sprach: sind ihrer nicht zehn rein geworden? Wo sind aber die Neune? Hat sich sonst keiner gefunden, der wieder umkehrte und gäbe Gott die Ehre, denn dieser Frembling? Und er sprach zu ihm: stehe auf, gehe hin; dein Glaube hat dir geholfen.

Es ist aufs neue das schöne Bild des Helfers in schwerster Noth, in dem uns das vorgelesene Evangelium den Heiland zeigt. Die entsetzlichste der Krankheiten, der Aussatz, der den davon Heimgesuchten ausschloß von aller menschlichen Gesellschaft, hat zehn Männer ergriffen; nur von ferne dürfen sie dem vorübergehenden Heiland nahen und die bittende Stimme erheben: lieber Meister, erbarme dich unser. Eine Verpflichtung, das zu thun, hatte der Herr nicht; um so größer war die Wohlthat, die er den Kranken erwies, als er ihnen in seiner Barmherzigkeit dennoch half. Sie konnten in der That mit dem Psalmisten ausrufen: „deine Gnade, Herr, hat uns gerettet".

Denn gerettet waren sie, Alle, die den Heiland „von ferne stehend" gebeten; sein „Erbarmen" machte sie rein, da sie sich auf den Weg zum Priester begaben. Wie verschieden aber ist der Eindruck, den das auf die Geretteten macht! Einer unter ihnen siehet kaum, daß er gesund geworden, so entbrennt sein Herz in Dankbarkeit; er kehrt mitten auf dem Wege um, preist Gott mit lauter Stimme, fällt auf sein Angesicht zu des Herrn Füßen und dankt ihm. Und die übrigen? Von ihnen schweigt das Evangelium, die zogen ihres Weges weiter und werden sich wohl, dem Leben und den Ihrigen zurückgegeben, des neuen Glückes gefreut haben; aber daß sie dem Herrn gedankt hätten, davon steht nichts in unserm Text. Zehne hatte der Heiland geheilt, zehn Glückliche gemacht und nur einer davon dankbar; nur einer fand sich, der wieder umkehrte und Gott die Ehre gab!

Gewiß ein schmerzliches Mißverhältniß. Nicht umsonst rief Jesus erschüttert dadurch aus: „Sind ihrer nicht zehne rein geworden? Wo sind aber die Neune?"

Wie sollte, geliebte Christenbrüder, dieses Verhältniß in unsern Tagen, wie namentlich jenen göttlichen Veranstaltungen gegenüber sein, welchen das Menschengeschlecht seine gesammte Wohlfahrt verdankt?

Einen Blick hierauf zu thun, legt uns das Evangelium so nahe, daß
wir in dieser Andachtsstunde noch einige Augenblicke verweilen wollen
bei dem Worte des Herrn

**Sind ihrer denn nicht zehne rein geworden; wo sind aber
die Neune?**

Wie das Sonenlicht die Pflanze zu sich zieht, so willst Du,
himmlischer Vater, durch Liebe und Wohlthat die Herzen Deiner
Menschenkinder gewinnen; o, so laß sie doch offen sein dem
Strahle Deiner Gnade, auf daß Du nicht die harten Seelen
heimsuchen müssest mit Noth und Schmerz, damit sie endlich
erkennen, daß Du es seiest, dem die „Ehre" gebühre! Amen.

I. Sind denn nicht zehne rein geworden; wo sind aber die Neune,
so spricht oft klagend, geliebte Christenbrüder, das **Elternhaus**. Das
Elternhaus; — wessen Herz schlägt nicht freudig auf, wenn es diesen
Namen hört, wessen Seele geht nicht über, wenn vor ihr das Bild
der Stätte steht, wo einst ihre Wiege sich geschwungen! Wie immer
das Leben sich gestalte, ob es Reichthum bringe oder Armuth, Hoheit
oder Niedrigkeit, Lust oder Leid, das Elternhaus und sie, die Träger
der ehrwürdigsten Namen, Vater und Mutter, sie stehen im reinen
und guten Menschenherzen immer an der ersten Stelle und die Ehrfurcht, die Liebe gegen sie ist unmittelbar ein Abglanz jener Verehrung
und jener heiligen Scheu, die die Seele gegenüber ihm, dem Allwalten-
den und Allheiligen, erfüllt. Denn die Eltern stehen vor uns als die
ersten und natürlichen Stellvertreter Gottes. Durch sie schenkte seine
Allmacht uns das Leben. Sie lehrten die kleinen Kinderhände sich
falten zum Gebet. Sie pflanzten den Keim des Göttlichen in das junge
Herz. Sie trugen die Hülflosen auf ihren Armen; sie wachten über den
Kranken bange Nächte hindurch; ihrer Hände Arbeit schaffte den Hülflosen Nahrung; ihre treue Sorge hielt die leicht Verführbaren auf dem
rechten Wege; wo hatte der Kinder Leid und Freude ein volleres Verständniß, eine richtigere Theilnahme als im Elternherzen?

Darum ist es ein Gebot Gottes: Du sollst Vater und Mutter ehren,
auf daß es dir wohl gehe und du lange lebest auf Erden. Und wenn
die Pflicht der Dankbarkeit überhaupt die leichteste und dem Menschenherzen natürlichste ist, so ist die gegen die Eltern dem Herzen angeboren.
Und alle edlen Geschlechter der alten und der neuen Zeit haben in die
Übung dieser Pflicht die höchste Ehre gesetzt.

Und doch, meine Brüder, hören wir durch alle Lust und alles Leid
der Gegenwart bisweilen die klagende Stimme des Elternhauses: Sind

denn nicht zehne rein geworden, wo sind aber die Neune? Das heißt
hier: wo sind sie, die ich erzog und hinausstellte ins Leben, daß sie
dort sich mit Ehren behaupten, die an meiner Liebe stark wurden und
von meinen Wohlthaten sich das Haus bauten; wo sind sie nun, da ich
ihrer Hülfe brauche; warum „stehen sie nur von ferne" und überlassen
dem „Fremdling", wozu ihre Hand und ihr Herz berufen ist und was
uns nur von ihrem Herzen und ihrer Hand wohl thut?

Ja, wer sollte es für möglich halten, das Kindesherz erkaltet für
die Noth der Eltern und die Hand hebt sich nicht, oder doch nur langsam und unwillig auf, wenn es ihre Unterstützung gilt. Welch ein
Schmerz, wenn das die Kinder in ihrer Jugend und Thorheit machen;
doch welch ein zweischneidig Schwert muß erst durchs Elternherz gehen,
wenn man das an ihnen in den Jahren reifen Verständnisses erleben
muß! Und wie viele erleben es und bricht ihr Herz daran! Wenn sie,
die Eltern, sehen müssen, wie in den späten Jahren allmälig der Kinder
Gemüth gegen sie erkaltet, wie sie ihnen zur Last werden; wie anfangs
nur der Blick, dann das Wort, dann die That die innere Entfremdung
weist. Wie sie, die einst die Herren waren im Hause und den Ehrenplatz einnahmen, nun nur „von ferne stehen" dürfen; wie auf sie, die
einst befahlen, jetzt kaum Jemand hört und Jedermann nur fühlen läßt,
daß sie eine Last geworden, und überflüssig fürs Leben.

Meine Brüder, ich hoffe nicht, daß das in unserer Gemeinde, in
unsern Häusern geschehen könne. Denn sonst, wenn Menschen schwiegen,
müßten die Steine schreien, ja des Elternhauses Steine den steinharten
Kinderherzen erzählen die Wohlthaten, die sie von den Eltern genossen,
bis sie wieder „umkehrten und gäben Gott die Ehre". Denn Gott will,
daß wir sie ehren, der in seinem heiligen Worte uns so ernst mahnt:
„Liebes Kind, pflege deines Vaters im Alter und betrübe ihn ja nicht,
so lang er lebet und halte ihm zu gut, ob er kindisch würde und ver-
achte ihn ja nicht, daß du geschickter bist. Denn wer seinen Vater verläßt, der wird geschändet und wer seine Mutter betrübt, der ist ver-
flucht vor dem Herrn. Des Vaters Segen bauet den Kindern Häuser,
aber der Mutter Fluch reißt sie nieder".

II. „Sind denn nicht zehne rein geworden: wo sind aber die Neune",
so hören wir zu dieser unsrer Zeit oft klagen ferner die bürgerliche
Ordnung. Das heißt in ihrem Munde: wo sind denn meine Söhne,
die ich schirmte und meine Kinder, denen ich Recht verschaffte; habe ich
nicht alle an meiner Brust genährt und ihnen Frieden gegeben; siehe
aber, jetzt achten sie mein nicht und treten mich mit Füßen.

Geliebte Christenbrüder, das ist ein ungemein ernstes und schweres Wort, wiewohl manche in der Gedankenlosigkeit ihres Herzens es überhören oder nicht verstehen mögen. Möchte doch unsre Andachtsstunde beitragen zu seiner Würdigung und zu seinem Verständniß. Die Sache aber ist diese. Es ist ein Wort alter Weisheit und lebt in unsrer aller Munde: Ordnung erhält die Welt. Wo aber Ordnung sein soll, da kann nicht Jeder machen, was Er will, sondern was der gemeinsame und verständige Wille Aller festsetzt. Darum nennt man eben den Ausdruck desselben das Gesetz, das da Jeglichem feststellt, was er zu thun oder zu lassen habe, das Recht, das da richtet Jedermanns Füße auf den rechten Weg. Und damit nun dieser rechte Weg leichter bestimmt und leichter eingehalten werde, hat die Einsicht und die Erfahrung der Väter das große Feld des menschlichen Lebens und der menschlichen Thätigkeit in viele kleinere Theile getheilt, damit die in denselben Zusammengehörigen dort ihre Einsicht und ihre Kraft vereinen, um dem Ziele des Lebens: möglichste Vervollkommnung und möglichstes allgemeines Wohlsein immer näher zu kommen. So sind die Gemeinden, so in den Gemeinden die Einrichtungen der Nachbarschaften, der Zünfte, der Bruderschaften und wie all die andern Gliederungen der menschlichen Gesellschaft heißen, entstanden; alle aber umfaßt der Staat mit seinem höchsten Gesetze und an der Spitze aller steht die dahin verordnete Obrigkeit und eine jede hat nach der Schrift die Aufgabe, in ihren Kreisen „Gerechtigkeit anzurichten und das Recht zu handhaben". Alle diese Einrichtungen und Anstalten und Rechtsverhältnisse bezeichnen wir mit dem einen Namen bürgerliche Ordnung.

Der Segen dieser bürgerlichen Ordnung, wie er sich an einem Jeglichen ohne Ausnahme erweist, liegt so nahe, daß es keiner weitläuftigen Ausführung bedarf. Wie die Luft den Menschen von allen Seiten umgibt und er ohne sie nicht leben könnte, so ist es mit der bürgerlichen Ordnung. Ohne sie würden die Menschen in einem Krieg Aller gegen Alle leben. Die bürgerliche Ordnung hemmt den Arm des Mörders, sie schützt Jedem von uns sein Eigenthum, seine Ehre; das gesammte Dasein des Menschengeschlechtes wäre nie über die niedrigste Stufe der Rohheit hinausgekommen und müßte unrettbar wieder dahin versinken ohne sie.

Und wie dankt ihr nun eine große Zahl derer, die doch täglich, ja stündlich sich ihres Schutzes erfreuen? Wir wollen nicht reden von denen, die in offenem Krieg gegen sie die Strafe der Verbrecher auf ihr schuldiges Haupt herabziehen; von so vielen andern gilt das schmerzliche Wort des Herrn: der mein Brod ißt, tritt mich mit Füßen. Es

will ja bald Niemand mehr der bürgerlichen Ordnung sich fügen. Das
Gesetz scheint da zu sein, daß man es nicht achte und das Recht, um
es auf die Seite zu schieben. Wie viele müssen es mit Leib erfahren,
daß das Eigenthum nicht mehr heilig ist; wie viele folgen, wenn das
Gesetz irgend eine That oder ein Unterlassen für das allgemeine Wohl
gebietet? Es ist bald soweit gekommen, daß man den Ungehorsam als
einen Erklärungs- und Entschuldigungsgrund des Verfalles von hundert
guten Einrichtungen und Anstalten ausgibt und sich — fast dabei
beruhigt. Kaum daß hie und da ein Getreuer eine Ausnahme macht.

Aber, Geliebte, „sind denn nicht zehn rein geworden; wo sind denn
die Neune?" Wohlan denn, ich will nicht weiter gehen, denn ich spreche
zu Christen, bei denen es genügt, daß sie den Schaden kennen. Wir
alle genießen des Segens der bürgerliche Ordnung, so laßt uns auch
alle helfen, sie aufrecht halten, eingedenk des Wortes der Schrift: „seid
unterthan aller menschlichen Ordnung um des Herrn willen" und der
göttlichen Mahnung, die der Psalmist uns gibt: „so sie meine Ordnungen entheiligen und meine Gebote nicht halten, will ich ihre Sünde
mit der Ruthe heimsuchen und ihre Missethat mit Plagen".

III. „Sind denn nicht zehne rein geworden; wo sind aber die
Neune", so müssen endlich oft fragen Kirche und Schule. Wenn wir
beide Heilsanstalten hier zusammenfassen, so geschieht das, weil sie nach
ihrem Ursprunge, nach ihren Zielen, nach ihren Lebensbedingungen und
nach der Art ihrer Wirksamkeit in nächster Verwandschaft stehen. Auch
nach ihrer Bedeutung für die Menschengesellschaft. Wenn wir die
bürgerliche Ordnung mit dem starken Arme vergleichen, der diese leitet
und schützt, so können wir in der Kirche und Schule das Herz sehen,
das mit seinem Blute den Arm nährt und stark macht, oder, um die
Sache durch ein anderes Bild zu veranschaulichen, Kirche und Schule
sind jener geweihte Altar, auf dem die göttliche Gnade jenes heilige
Feuer fort und fort erhält, dessen Licht dem Menschengeschlechte im
Dunkel der Erde seine himmlische Bestimmung zeigt und dessen Wärme
es vor Tod und Erstarrung in Wahn und Sünde behütet.

Oder welcher Mensch ist, der sein höheres geistiges und sittliches
Leben nicht mit der Schule und Kirche verdanke? Hat nicht jene dem
jungen Geiste die Welt der Erkenntniß aufgeschlossen und durch ein,
wenn auch noch so geringes Wissen vermehrte Kraft verliehen, die sich
in vermehrtem Wohlstand und Wohlsein seines Wesens ausspricht?
Und wird die Kirche je müde, die Arbeit der Schule in ihrer Art fort-
zusetzen, die Herzen zu erwärmen für das Wahre und Gute, den Seelen

dazureichen das Brod des Lebens, die Betrübten zu trösten, die Gefallenen wieder aufzurichten, zu bauen am Gottesreich ohne Unterlaß,
mit dem denen die nach ihm streben, wie Ihr wißt, alles andere zufällt.

Und doch, sagt es selbst, wie viele bleiben nur „von ferne stehen"
und vermeiden die Stätten des Heiles! Zwar unsre Jugend, wer
freuete sich nicht darüber, besucht zahlreicher, als vor wenigen Jahren,
die Schule; aber noch immer fehlen doch so viele darin. Zu jedem
Confirmandenunterricht kommen noch immer angehende Jünglinge und
Jungfrauen, die kaum lesen können. Die Räume dieses Gotteshauses
sie sind, mindestens im Hauptgottesdienste am Sonntag selten leer;
aber bei der Zahl unserer Gemeinde, müßte man meinen, dürften doch
oft wenigere Stellen unbesetzt sein. Wie viele gibt es doch auch in
unserer Mitte, die zu selten „Gott die Ehre geben" und ihm hier, wo
seine Ehre wohnt, „mit lauter Stimme danken". Sind aber nicht alle
dazu berufen; wo sind denn die andern? Ist nicht für alle das Wort
des Psalmisten geschrieben: „das ist ein köstlich Ding dem Herrn danken
und lobsingen deinem Namen, du Höchster".

Übersehet noch Eins nicht, meine Brüder, bei dem Worte unsers
Evangeliums: wo sind aber die Neune? Die Liebe und die Frömmigkeit unserer Väter hat für Kirche und Schule jährlich wiederkehrende
sichtbare Zeichen der Dankbarkeit angeordnet. Beide Anstalten werden
zum Theil grade dadurch erhalten. Was wir da ihnen geben, geben
wir gradezu uns und unsern Kindern. O so lasset doch solche Gaben
der freien Liebe reichlich fließen, und wo die Leistungen in gebotener
Ordnung an euch herantreten, werdet nicht unwillig darüber. Sehet,
die wackern Väter haben Gott gerne darin die Ehre gegeben; wir erfreuen uns desselben Segens; soll das strafende Wort des Herrn auch
auf uns Anwendung finden: Sind denn nicht zehne rein geworden;
wo sind aber die Neune?

Ja, lasset uns wachen und beten, damit so schweren Vorwurf nie
nie in unserer Mitte erheben könne ein Elternhaus, nie die bürgerliche
Ordnung, nie Schule und Kirche. Dann wird unsre Gemeinde in
wahrhafter Dankbarkeit diesen Heilsanstalten gegenüber Gott die Ehre
geben! Amen.

XV. nach Trinitatis.

„Trachtet am erſten nach dem Reiche Gottes."

(1867.)

„Die Gnade ſo ich euch erzeigen will, wird ſein wie eine Thauwolke des Morgens" und „wie ein Abenbregen", ſo haſt du verheißen, Vater im Himmel, deſſen „Barmherzigkeit mit jedem
Tage neu wird". Siehe denn, bemüthig und im Staube beten
wir dich an, daß du das Wort deiner Verheißung auch hier in
deinem Volke erfülleſt, daß du Leben ſchaffeſt und Wohlthat die
Fülle. O, ſo bleibe auch weiter bei uns mit deiner Liebe, mit
deiner Kraft und Stärke, damit es nicht „Abend werde" unter
deinem Volke, ſondern „dein Reich je mehr an das Licht komme"
und der Strom deines Lebens alle Seelen erfriſche! Amen.

Wie es mir immer wehe iſt, geliebte Chriſtenbrüder, wenn ich durch
höhere Amtspflichten verhindert am Tage des Herrn euch von dieſer
heiligen Stätte das Evangelium nicht predigen kann, ſo war das vorzugsweiſe der Fall heute vor zwei Wochen, da unſre Kirche den Gemeinden das Evangelium vom barmherzigen Samariter verkündet.
Denn an jenem Sonntag erfüllte ſich das fünfundzwanzigſte Jahr, ſeit
ich im öffentlichen Dienſte unſrer Kirche zum erſtenmal vor der Gemeinde, bamals meiner lieben Vaterſtadt, das Gotteswort geprebigt
und es iſt nicht anders möglich, als daß in jenen Tagen und Wochen
der Geiſt oft zurückſlog in die Vergangenheit, die erſte Wegſtrecke zu
überſehen, die der Wanderer und ſein Volk und ſeine Kirche in einem
ſo viel Altes zerſtörenden und nach ſo viel Neuem ringenden Viertel-
jahrhundert zurückgelegt. Ach, wie hat ſich bei allem Leide, das die
Zeit gebracht, doch allüberall bewährt ſeine Verheißung: „Die Gnade,
ſo ich euch erzeigen will, wird ſein wie eine Thauwolke des Morgens
und wie ein Abenbregen". Siehe mitten im Sturze der Zeiten ſtehet
ſie noch, „die Stadt Gottes ſein luſtig mit ihren Brünnlein, da die
Wohnungen des Allerhöchſten ſind" und durch allen Sturm der Gegenwart hört die fromme Seele und ſieht bewährt des Herrn Wort: „ich
habe dich je und je geliebt, darum habe ich dich zu mir gezogen aus
lauter Güte".

Der Wanbrer aber, der vor fünfundzwanzig Jahren auszog in
ſeines Herrn Dienſt, welche Wandlung hat ihn getroffen! Ein neuer
Ruf iſt an ihn ergangen. Aus der Stille des freunblichen Thales, wo

er des Herrn Herde geweidet, soll er hinaufsteigen die ragende Höhe, wo die Stürme oft so heftig brausen und die Wolken oft so dunkel ziehen. Wie kann die bange Seele da anders, als besorgt aufschauen zu ihm und vertrauensvoll hoffen wieder auf sein Wort: „meine Gnade wird sein wie eine Thauwolke des Morgens und wie ein Abendregen".

Und da brennt mir das Herz, geliebte Christenbrüder, daß ich nicht anderes kann, als dabei zugleich euch den warmen Dank darzubringen, wie ihn der neuerliche Beweis eurer Liebe hervorruft. Denn wie auch der feierliche Empfang, den ihr dem heimkehrenden Seelsorger am Abend des vergangenen Sonntags bereitet, vor allem das Gefühl tiefer Wehmuth erwecken mußte, ob des Gedankens an das Scheiden aus solcher Gemeinde: in solchem Augenblicke ziemt es, die persönlichen Empfindungen zurückzudrängen und die Sache als solche ins Auge zu fassen. Da aber brannten in den Lichtern an den hellen Fenstern die Flammen der Liebe, da sprachen die Kränze, von frommen Händen gewunden, die Sprache der Treue; da klang in dem Jubel der Kinder, in den freudigen Grüßen, in der Stimme der Glocken, in der Harmonie der Töne, in der ernsten Männerrede allüberall wieder die Liebe zur Kirche, der heiligen Mutter, die das kleine Menschenleben mit seinen besten Gütern schmückt und in den flammenden Augen und in den klopfenden Herzen konnte man es überall lesen das stille Gelübde: „ich und mein Haus wir wollen dem Herrn bienen", zu dem du uns hast führen helfen und wir wollen treu bleiben dem Gotte unsrer Väter, damit er uns treu bleibe, wie er es den Vätern gewesen, daß er auch ferner zu uns mit dem Propheten sprechen möge: „ist nicht Ephraim mein trauter Sohn und mein theures Kind!" Und weil ich neben der Liebe und dem Wohlwollen zu mir diese Stimme in dem freudigen Empfange jenes Abends verstanden, rufe ich doppelt dankbar und bewegt euch heute das Wort der Schrift zu: wohlan, so „halte was du hast, damit dir Niemand deine Krone raube".

Denn „Eins, geliebte Christenbrüder, thut Noth" und immer nur Eins. Die eigene Erfahrung eines Vierteljahrhunderts im Lehramt der Schule und Kirche, jeder Einblick, den ich in ihrem Dienste gehabt habe in die Herzen der Menschen und in die Entwicklung der Zeiten, sie haben mich immer und immer wieder gelehrt: nur Eins ist Noth. Viele Jünglinge sah ich zu Grunde gehen mit den reichsten Anlagen des Geistes, in der Fülle alles Erdenglücks, weil sie nach jenem nicht fragten; viele Männer mußten dem Elend erliegen, weil sie über der Lust und der Last des Tages darauf vergaßen; viele Häuser sanken in Trümmer und alles Glück des Lebens floh ihre Stätte, weil sie für jenes Eine

ben Altar nicht in ihrer Mitte errichteten und über ganze Völker hat
die Nacht der Vergessenheit die dunkeln Schwingen ausgebreitet, weil
jenes Eine ihnen gefehlt.

Das heutige Evangelium wird uns tiefer in diesen Gedanken hinein-
führen.

Lied 271, 1, 3: Wohl dem, der beßre Schätze liebt.

Evangel. Matth. 6, 24—34.

Jesus sprach zu seinen Jüngern: Niemand kann zwei Herren dienen. Entweder er wird einen hassen und den andern lieben, oder wird einem anhangen
und den andern verachten. Ihr könnet nicht Gott dienen und dem Mammon.
Darum sage ich euch: sorget nicht für euer Leben, was ihr essen und trinken
werdet; auch nicht für euren Leib, was ihr anziehen werdet. Ist nicht das Leben
mehr, denn die Speise? Und der Leib mehr, denn die Kleidung? Sehet die
Vögel unter dem Himmel an: sie säen nicht, sie ernten nicht, sie sammeln nicht
in die Scheunen, und euer himmlischer Vater nähret sie doch. Seid ihr denn
nicht viel mehr, denn sie? Wer ist unter euch, der seiner Länge eine Elle zusetzen
möge, ob er gleich darum sorget? Und warum sorget ihr für die Kleidung?
Schauet die Lilien auf dem Felde, wie sie wachsen; sie arbeiten nicht, auch spinnen
sie nicht. Ich sage euch, daß auch Salomo in aller seiner Herrlichkeit nicht bekleidet gewesen ist, als derselben eins. So denn Gott das Gras auf dem Felde
also kleidet, das doch heute stehet und morgen in den Ofen geworfen wird;
sollte er das nicht viel mehr euch thun? O ihr Kleingläubigen! Darum sollt ihr
nicht sorgen und sagen: was werden wir essen? Was werden wir trinken?
Womit werden wir uns kleiden? Nach solchem allen trachten die Heiden. Denn
euer himmlischer Vater weiß, daß ihr deß alles bedürfet. Trachtet am ersten
nach dem Reich Gottes und nach seiner Gerechtigkeit: so wird euch solches alles
zufallen. Darum sorget nicht für den andern Morgen, denn der morgende Tag
wird für das Seine sorgen. Es ist genug, daß ein jeglicher Tag seine eigene
Plage habe.

Welch ein Reichthum göttlicher Lebensweisheit breitet sich in dem
vorgelesenen Evangelium vor unserm Blicke aus, meine Brüder! In
welchen Gegensatz tritt es nach allen Richtungen hin zur entwürdigenden
Ansicht der gewöhnlichen Menge! Wie entscheidend ruft es der Doppel-
züngigkeit dieser Zeit zu: „Niemand kann zween Herren dienen. Entweder er wird einen hassen und den andern lieben, oder wird Einem
anhangen und den andern verachten. Ihr könnt nicht Gott dienen und
dem Mammon". Wie ernst warnt es vor dem Versinken in den Staub
der Erde: „ist nicht das Leben mehr, denn die Speise und der Leib mehr
denn die Kleidung?" In wie lieblichen Bildern führt es der Seele
vor: „sorget nicht; sehet die Vögel unter dem Himmel an, schauet die
Lilien auf dem Felde; seid ihr denn nicht viel mehr denn sie?" Ja
„sorget nicht", — ihr verstehet es recht, Christen, das heißt nicht: denket
nicht, versucht nicht in die Zukunft zu sehen, arbeitet nicht, plagt euch

nicht, ringet und kämpfet nicht, ach ohne das wäre unser Dasein nicht
Menschenleben und entbehrte wohl seiner edelsten Freuden und An=
regungen: aber das heißt es: sorget nicht ängstlich; geht über der Be=
kümmerniß über das, was der Erde gehört, nicht für das unter, „was
droben ist"; wisset, daß es über dem, was wir „essen und trinken und
womit wir uns kleiden sollen", auch eine höhere Ordnung von Zielen
und Arbeiten gibt, ohne die auch das, was die Sinnenwelt erhält und
ihre Güter gewährt, nicht bestehen kann; darum hebet eure Augen auf
und gehet nicht unter in der gemeinen Plage und Sorge des Tages,
sondern ringet nach dem „Einen was Noth thut".

Und dieses Eine, das Evangelium spricht es aus in dem tiefen
Worte
„trachtet am ersten nach dem Reiche Gottes und seiner
Gerechtigkeit".
So laßt uns denn dieses Wort heute zum Gegenstand unserer Be=
trachtung machen.

„O ihr Kleingläubigen", so rufst du auch uns zu, Vater im
Himmel. Ja, wer dein Werk treibt, der darf nicht bangen und
zagen. Wer auf dich harret, der kriegt immer neue Kraft, daß
er auffährt mit Flügeln wie die jungen Adler! Amen.

I. Das Wort des Evangeliums denn „trachtet am ersten nach dem
Reiche Gottes und nach seiner Gerechtigkeit", so laßt uns zunächst ver=
stehen lernen, was das heiße. Es ist kaum ein Zweifel, daß grade
dieser Ausspruch des Herrn den Kindern der Welt auffallend und un=
verständlich ist. Sie, deren „Dichten und Trachten" der Erde gehört,
fragen verwundert, wie mag das geschehen? Auch wenn sie nicht gradezu,
wie die schlimmste Art, dem Herrn absagen, um dem „Mammon zu
dienen", so nimmt doch das Bedürfniß des Staubes, was den Augen
gefällt, was die Sinne reizt, was der vergänglichen Stunde gehört,
ihren Geist und ihre Kraft vorzugsweise und „am ersten" in Anspruch.
„Was werden wir essen, was werden wir trinken, womit werden wir
uns kleiden", oder wie sie ihrer „Länge eine Elle zusetzen mögen", das
ist ihre „Sorge", das erfüllt die bangen Tage und Stunden ihr ganzes
Gemüth. Das tiefe Wort des Herrn „der Mensch lebt nicht vom Brode
allein" und die Lobpreisung des Mannes, der mit ihm einst am Tische
saß: „selig wer das Brod isset im Reiche Gottes", sie verstehen es nicht.

Ja mehr noch, ganze Zeitalter, ganze Stände haben es mißver=
standen. Schon in den ersten christlichen Jahrhunderten, als schwere
Verfolgung die junge Gemeinde des Herrn heimsuchte, da erschien die

Erbe und Alles, was ihr gehörte, der Sünde und dem Bösen verfallen.
Flucht aus der Welt, kam ihnen vor, könne allein zu Gott führen und
das „Trachten nach seinem Reiche" wurde jenem Geschlechte gleichbedeutend mit dem einsamen Aufenthalt in der Wüste, mit der unthätigen
Verborgenheit hinter kalten Klostermauern, mit peinlichen Büßungen
und Kasteiungen, die doch im besten Falle nur eine „äußerliche Zucht"
waren. Mit aus diesem Geiste erwuchs bald ein anderer schwerer
Wahn. Das Gottesreich, lehrten sie, sei in die Hand gegeben denen, die
da vom Gottesreich lehren und predigen sollten. Das Trachten nach
diesem Reiche bestehe zunächst im Gehorsam gegen die, die an der Spitze
der Anstalt stünden, die es auf Erden soll verwirklichen helfen. So
erwuchs eine Unfreiheit der Geister, eine Knechtung der Gewissen, die
Wahn und Sünde zur Herrschaft brachten durch lange dunkle Jahrhunderte, bis die Zeit sich erfüllte und dort in Wittenberg der Morgenstern wieder aufging, der die bange Seele vom Dienst des unrechten
Herrn befreite.

Da erschloß sich der Sehnsucht alles Volkes aufs neue das Verständniß des Schriftworts „trachtet am ersten nach dem Reiche Gottes
und seiner Gerechtigkeit". Und wer „Ohren hatte zu hören, der hörte".
Das aber heißt es, daß, was die große Menge Welt nennt, der gläubigen
Erkenntniß und dem frommen Herzen nicht zerfällt in ein Diesseits und
Jenseits, das die dunkle Kluft des Grabes trennt, über welcher erst das
rechte und eigentliche Gottesreich beginnt. Vielmehr, die Gesammtheit
der Schöpfung, wie sie aus Gottes Hand hervorging und durch die von
ihm in die Dinge gelegten Gesetze und Kräfte sich fort und fort erneuert,
ist ein großes Ganzes, das das Siegel seiner Allmacht und Weisheit
und Heiligkeit trägt. Und das ist der große heilige Gedanke, der darin
seinen Ausdruck gefunden, das ist das heilige Ziel, das durch alles Sein
verwirklicht werden soll, daß alles Sinnliche und Stoffliche diene dem
Geiste, und alle endlichen Geister ringen nach der Einheit mit ihm, dem
Unendlichen und in Allem, was sie denken und thun und wollen und
fliehen, seinen Willen zur Geltung bringen und der Sünde absterben.
Nicht nur hier oder dort, in diesem Thun, in jenem Unterlassen, heute
eifrig, morgen träge oder gar nicht, oder immer so, daß du „zwei Herren
dienest": nein immer, ganz, allüberall ihm dem „Herrn Herrn".

Darum ist das „Reich Gottes" im engern Sinne Sache des Geistes,
des Herzens, des Gewissens. Es hat nichts zu thun mit „Speise und
Kleidung" oder richtiger, es will auch darin den Herrn verherrlichen:
es besteht, wie der Apostel sagt, „nicht in Essen und Trinken, sondern in
Gerechtigkeit, in Friede und Freude im heiligen Geiste". Die ganze

Sinnenwelt ist ihm nur Mittel zur Förderung des Ewigen. Und dieses Reiches Mittelpunkt ist Christus, weil er eins war mit dem Vater und seinen Willen am reinsten der Menschheit offenbarte. Und das Reich selbst stehet in der Wahrheit und wer nicht in der Wahrheit steht, der steht nicht in Gottes Reich. In ihr erkennt dieses Reiches Bürger die ganze Welt als Gottes Werk, das Leben als Gottes Geschenk mit heiligen Zielen, jede Kraft für Gottes Werkzeug zu heiligen Zwecken. Und das Reich stehet ferner in der Liebe, die da den Brüdern dienet in Gott, in ihm ihre Pfade wandelt, in ihm die Sorgen der Erde bezwingt und die Welt nach seinem Gebote umgestaltet. Es steht endlich in Kraft und Hoffnung, die nicht „kleingläubig" weiß, daß der da die sittliche Ord= nung geschaffen, sie auch erhalten kann, und daß denen, die „Gottes Willen thun, alle Dinge müssen zum besten dienen". Von solchem Geist erfüllt sein, das heißt „trachten nach dem Reiche Gottes und seiner Ge= rechtigkeit".

II. Wohl, fragt manche bange Seele, die die Herrlichkeit des Herrn erkennt in diesem Bilde, wohl ist das der Morgenstern der rechten eigent= lichen Heimath, aber durch den Rauch und Staub der dunkeln Erde kann sein leuchtender Strahl nicht durchbrechen. Wer hier zum Ziele kommen will, der kann nicht immer des graden Weges wandeln und muß neben Gott oft noch andern schlimmen Mächten dienen. Ja, so sprechen die Kinder der Welt, und darum laßt uns heute weiter fragen vom Trachten nach dem Reiche Gottes und seiner Gerechtigkeit, was es für Folgen habe.

Das Evangelium gibt uns die Antwort: „trachtet am ersten nach dem Reiche Gottes und nach seiner Gerechtigkeit, so wird euch solches Alles, d. h. alles andre was ihr bedürfet, zufallen".

Geliebte, das ist ein tiefes, von der Menge noch immer wenig be= achtetes Wort des Herrn und doch kann allein sein rechtes Verständniß und seine Befolgung die Welt frei machen und ihr den Frieden geben. In ihm liegt die große Wahrheit, daß das Menschenleben mit all seinen Zielen einem heiligen Gesetze, dem der sittlichen Weltordnung, unter= steht und auch die Erdengüter, auf deren sinnlichem Grunde das Leben ruht, auf die Dauer nur gewonnen werden können von dem, der „Gott dienet und nicht dem Mammon" und nur ihm zum Segen gereichen.

Oder prüft einmal das Leben und blicket in seine Tiefe hinab unter die Oberfläche, an der das Auge der großen Menge haftet. Wir sehen, die ganze Menschenwelt strebt nach Wohlsein; der Drang darnach ist unvertilgbar der Natur eingepflanzt. Dieses Wohlsein ist zunächst be= dingt durch den Besitz der Erdengüter: „was werden wir essen, was

werden wir trinken, womit werden wir uns kleiden", der Frage entgeht
Niemand. Nun, mein Bruder, wie liesest du im Evangelium: „trachtet
am ersten nach dem Reiche Gottes und nach seiner Gerechtigkeit, so
wird euch solches Alles zufallen". Freilich die „Kinder der Welt" jagen
nach Schätzen und Gewinn auf dem Wege der List, des Truges, der
Unredlichkeit; sie „dienen dem Mammon"; oder die ängstliche Sorge
dafür raubt ihnen selbst den Frieden des Besitzes. Und doch, die Thoren,
der Weg zum Reiche Gottes führte sie sicherer zum Ziele! Denn welchen
Mächten folgt das, was der Erde gehört, ihr Gut und ihr Reichthum
am sichersten? Doch der verständigen Einsicht, der nimmermüden Arbeit, der Berufstreue, der Redlichkeit, der Genügsamkeit: — das aber,
Geliebte, sind ja grade Tugenden, die dem „Gottesreich" angehören und
wer darnach trachtet, dem fällt alles Andere, was er bedarf, von selbst
zu. Thu du nur deine Schuldigkeit in allen Dingen und diene durch
deine Arbeit ihm dem Herrn, der dir das Gebot gegeben: Du sollst
nicht stehlen, du sollst nicht lügen, du sollst nicht betrügen, und laß für
das Weitere ihn sorgen. „Schauet die Lilien auf dem Felde, sehet die
Vögel unter dem Himmel an"; sie thun, was sie ihrem Wesen nach zu
ihrer Erhaltung thun können; die Wurzel der Blume saugt den Thau
des Himmels ein, ihr Blatt öffnet sich fort und fort dem warmen
Sonnenstrahl; kein Vöglein ist so klein, daß es nicht die Schwingen
entfalte nach dem nährenden Körnlein, daß es nicht voll Emsigkeit baue
an dem schirmenden Nest: nun so thuet ihr, was ihr eurem Wesen nach
thun sollt und könnt, und ihr werdet erfahren, daß ihr „viel mehr seid
denn sie", erfahren, daß das „Trachten nach dem Gottesreich" nicht
nur zum Himmel hilft, sondern auch für die Erde nützt, weil der himmlische Vater den Seinen gibt, „deß sie bedürfen".

Aber höher noch als des Leibes Bedürfniß steht dem edlern Geist
die Achtung der Welt. Läuft doch selbst die gewöhnliche Menge ihr
nach, freilich, ach oft mit schlimmen Mitteln. Da will die Verläum-
dung den Bessern kleiner machen, der Neid den Großen stürzen. Mit
Trug und List und böser Sorge möchten sie gerne der eigenen „Länge
eine Elle zusetzen". Die „Kleingläubigen"! Warum „trachten sie nicht
nach dem Reich Gottes und seiner Gerechtigkeit"! Oder, wenn sie wirklich mit Selbstverläugnung thätig wären für der Brüder Wohl, wenn
sie ehrenhaft das Gemeinbeste förderten, wenn sie in der That voran
wären in allem Edeln und Guten: müßte nicht solches alles ihnen von
selbst zufallen? Wie sagt schon der Psalmist: „es ist umsonst, daß ihr
frühe aufsteht und hernach lange sitzet und esset euer Brod mit Sorgen,
denn seinen Freunden gibts Gott schlafend". Seinen Freunden, d. h.

eben denen, die nach seiner Gerechtigkeit trachten, fällt alles andre von selbst zu.

Ja es ist nicht anders! Wo findet ihr dauerndes Gedeihen der Arbeit, wohlerzogene Kinder im Hause, Frieden und Segen in der Ehe, Zucht und Bescheidenheit in der Jugend, Demuth und Glauben im Alter, Eintracht und Fortschritt in der Gemeinde, Kraft und Ehren im Volke: wo findet ihr mit einem Worte hienieden schon den Anfang des Himmels, als da wo Alt und Jung und Hoch und Niedrig, ein Jeglicher in seinem Berufe und in seiner Weise „trachtet am ersten nach dem Reiche Gottes und seiner Gerechtigkeit" und dem Herrn allein dienend, fern hält von sich die Sünde, die da ist der Leute Verderben.

Darum „trachtet am ersten nach dem Reiche Gottes und seiner Gerechtigkeit", siehe in dem einen Worte ist beschlossen der Segen für diese und das Heil für jene Welt. Und heute haben wir gesehen, was das tiefe Wort heißt und was für Folgen seine Beachtung hat. So lasset uns wachen und beten, daß das nicht umsonst geschehen, auf daß auch durch uns und in uns sein Reich komme; dann haben wir Alles was wir bedürfen! Amen.

XVI. nach Trinitatis.
Des Evangeliums (vom Jüngling zu Nain) Bußtagsmahnung.
(Vierter Bußtag.)
(1867.)

„Thut Buße, denn das Himmelreich ist nahe herbeigekommen", so ruft uns dein heilig Wort aufs neue zu, Vater im Himmel. O, so öffne die Augen unsers Verständnisses, daß wir erkennen, was zu unserm Frieden dienet; erfülle die schwachen Herzen mit deiner Kraft, daß sie dem Zuge zur „Höhe" folgen, sich immer mehr abwenden von dem vergänglichen Wesen, den guten Kampf gegen die Sünde kämpfen und Früchte bringen, die dir wohlgefallen. Amen.

Noch unter dem überwältigenden Eindruck des Evangeliums vom vorigen Sonntag treten wir, geliebte Christenbrüder, heute zusammen, um die nicht minder ernste Stimme des Tages zu hören, der uns heute in unser Gotteshaus geführt hat. Das tiefbedeutsame Heilswort: „trachtet am ersten nach dem Reiche Gottes und seiner Gerechtigkeit"

erfüllt noch immer unsre Seele. Wir verstehen sie nun heute ganz, die
liebreiche Frage des Herrn: „seid ihr denn nicht viel mehr, denn sie",
die „Lilien auf dem Felde und die Vögel unter dem Himmel?" Ja,
wir sind mehr denn sie, weil wir haben, was ihnen fehlt, den Geist
von Gott, der sich nicht kann genügen lassen was der Erde gehört, den
der Erde Bedürfnisse und Genüsse nie ganz befriedigen, der über die
kurze Spanne Zeit mit seinen Gedanken und Zielen hinaufreicht in die
Ewigkeit und für sein Ringen und Streben neben der gemeinen „Plage,
die jeglicher Tag bringt", Aufgaben kennt, die über die vergängliche
Sinnenwelt hinausgehen, und eben weil sie hinausgehen, dieselbe beherrschen. Ihr wißt es, ihr habt es verstanden, der vergangene Sonntag hat es uns gelehrt, es ist des Herrn heilig Gebot: „trachtet am
ersten nach dem Reich Gottes und nach seiner Gerechtigkeit."
    Und wenn wir in unsrer letzten Andachtsstunde erkannten, was
das tiefe Wort heiße und wenn wir inne wurden, was für Früchte seine
Befolgung trage, der heutige Sonntag fragt uns, ob wir es denn in
der That befolgen. Denn es ist der vierte, der letzte Bußtag in diesem
Jahre, der seine Gemeinde hier, im Hause, wo seine Ehre wohnt,
versammelt hat. Ein Bußtag, Geliebte, der letzte Bußtag, den die
Ordnung der Kirche über die gewöhnlichen Sonntage gestellt hat, damit er mit doppeltem Ernste mahne an das „Eine, das Noth thut", an
das „Trachten nach dem Gottesreiche". Darum ruft heute seine Stimme
die Seele so eindringlich zur Einkehr in sich selbst, zur Rückschau auf
den zurückgelegten Weg, zur Prüfung ob sie nicht „zween Herren ge-
dienet", ach ihn den rechten verlassend, seine Liebe verachtend und dem
falschen anhangend. Und wo wäre der Mensch, der hier keiner Schuld
sich bewußt wäre? In Reue und Schmerz müssen wir abermal bekennen mit dem Worte der Schrift: „wir haben gesündigt sammt unsern
Vätern, wir haben mißgehandelt und sind gottlos gewesen". Gottlos
gewesen, wiewohl er, der Herr, so freundlich und voll Liebe zu uns
war! Wiewohl es ohne Aufhören an uns erging sein Klagewort, in
dem er durch den Propheten ruft: „was habe ich dir denn gethan,
mein Volk, und womit habe ich dich beleidigt? Das sage mir!"
    Dank denn dir, Vater, Dank deiner Treue und Barmherzigkeit,
daß du nicht müde wirst, die Verirrten zu suchen und die Gefallenene
aufzurichten. Auch zu uns sprichst du wieder — siehe wir hören dein
Stimme: „so bekehret euch nun zu mir und ich will mich zu euch kehren.
Dann sollt ihr mein Eigenthum sein und ich will euer schonen, wie
ein Mann seines Sohnes schonet, der ihm dienet". Doch „verziehe nicht,
dich zu mir zu wenden und schiebe es nicht von einem Tag auf den

anbern"; benn bie Zeit eilt bahin wie ein Strom und was weißt bu, ob bu morgen noch ba fein wirst! Ja, wie ein Strom fliecht fie bahin; ehe bu ihrer recht inne wirst, ist fie entschwunden. Oder wer barüber fich täuschen wollte, ber lefe boch, was über der Zeiten Flucht braußen die Natur in Thal und Höhen schreibt. Welch ein Schauspiel voll Wehmuth bietet fich bem Blicke bar! Gestern noch prangte das Feld in golbnen Saaten, heute weht ber Herbstwind durch die Stoppeln. Wie lange ist es, daß bas junge Blatt, die frische Blüthe die zum Himmel strebenden Baumkronen schmückte, fiehe, wie balb find oder wären fie gebrochen unter bes allzufrühen Schnees Last! Der gesiederte Sänger frohe Schaar, die Feld und Wald belebten, fie find verstummt, oder hinweggeslogen von den Auen, wo der kurze Tag und die kalten Winde verkünden, baß der Sommer zu Ende ist. Und ba er, fast nur gestern noch, in feiner Fruchtbarkeit und Schöne über die Fluren schritt, aus bes Segens Füllhorn allüberallhin feine Gaben streuend, schien fein Reich nie enden zu follen; heute aber ruft fein Untergang uns zu: fiehe welch ein Bild von bir, o Mensch! Wie der Wollen Schatten über die Berge läuft, fo flieht auch beine Zeit bahin. Ehe bu bich versiehst, kommt bas Ende. Soll es nicht „ein Ende mit Schrecken" fein, fo erwache zur rechten Zeit und lehre um vom bösen Wege!

So gesellt fich zum ernsten Rufe des Bußtags heute die Stimme der Natur ba braußen und zu beiden tritt, damit das eitle Herz keine Entschuldigung habe, die eindringliche Mahnung des heutigen Evangeliums.

Lied 267, 1—3: Christen, unfer Leben eilt.

Evangel. Luc. 7, 11—17.

Und es begab fich barnach, daß er in eine Stadt mit Namen Nain ging; und feiner Jünger gingen viele mit ihm, und viel Volks. Als er aber nahe an das Stadtthor kam, fiehe, da trug man einen Todten heraus, der ein einiger Sohn war feiner Mutter; und fie war eine Wittwe, und viel Volks aus der Stadt ging mit ihr. Und ba fie der Herr fahe, jammerte ihn derselben, und sprach zu ihr: Weine nicht! Und trat hinzu, und rührete den Sarg an; und die Träger standen. Und er sprach: Jüngling, ich fage bir, fiehe auf. Und der Todte richtete fich auf, und fing an zu reden. Und er gab ihn feiner Mutter. Und es kam fie Alle eine Furcht an, und priesen Gott, und sprachen: Es ist ein großer Prophet unter uns aufgestanden, und Gott hat fein Volk heimgesucht. Und biese Rede von ihm erscholl in das ganze jüdische Land, und in alle umliegende Länder.

Es giebt kaum ein rührenderes, tiefer zu bem menschlichen Herzen sprechendes Evangelium als das eben vorgelesene. Und in welch'innigem

Zusammenhang steht es mit dem Leben der Natur da draußen! Wenn der Herbst einzieht in das Land und das Gras welk wird auf den Feldern und die gelben Blätter vom Baume fallen und die Reben=hügel ihre Pracht verlieren und die kalten Winde klagend über die öden Fluren wehen, siehe da kommt unser Evangelium mit dem er=greifenden Bilde des todten Jünglings, des Mutterschmerzes, des Leides, das die ganze Stadt darüber trug. Und in welch innigem Zu=sammenhange steht es mit der Bedeutung unseres Sonntags! Wie er herantritt an uns und uns zur Buße ruft, so tröstet das Evangelium die Zagenden: „weine nicht", so ruft es allen denen, denen im Ge=fühle ihrer Schuld bange ist vor dem Herrn, das tröstende Schrift=wort zu: „aber Er erbarmet sich über Alles, denn er hat Gewalt über Alles und übersiehet der Menschen Sünden, daß sie sich beßern sollen".

Und dabei laßt uns, geliebte Christen, noch einige Augenblicke ver=weilen, indem wir in dieser Andachtsstunde

die Bußtagsstimme unsers Evangeliums

zu Herzen nehmen wollen.

„Es ist ein großer Prophet unter uns aufgestanden und Gott hat sein Volk heimgesucht", so ruft Dein Evangelium heute auch uns zu, Herr, Herr! O so hilf, daß wir den Propheten hören und Dich, der sein Volk heimsucht, aufnehmen! Amen.

I. Die Bußtagsstimme unsers Evangeliums denn, sie ruft uns zu=nächst zu: der Erde Loos ist Unbestand. Kann es dessen ein schmerzlicheres Zeugniß geben, als was wir gleich am Anfang unseres Evangeliums gelesen haben? „Und es begab sich darnach, daß er in eine Stadt mit Namen Nain ging und seiner Jünger gingen viel mit ihm und viel Volks. Und als er nahe an das Stadtthor kam, da trug man einen Todten heraus, der ein einziger Sohn war seiner Mutter und sie war eine Wittwe". Und der Sohn, wie wir später lesen, war noch ein Jüngling, dem nach Menschengedenken eine lange Jahres=reihe noch gesetzt sein sollte und es ist kein Zweifel, daß der Verwittweten Hoffnungen auf ihm, dem einzigen Sohn, dem Sohn in Jugendkraft, standen. Siehe da kam die Hand, die auch die Jugendkraft bricht und der die Mannesstärke nicht zu stark ist und — „sie trugen einen Todten heraus, der ein einiger Sohn war seiner Mutter und sie war eine Wittwe".

In dem kurzen Worte welch ein erschütterndes Bild und welch eine erschütternde Lehre! Wenn die Kraft des Jünglings nicht die Gewähr der Dauer hat, was soll dann dauern in menschlichen Dingen?

Wenn der einzige Trost der Wittwe keinen Bestand hienieden hat, was soll dann von Bestand sein?

Nun, ihr kennt die Antwort, Geliebte, und wenn ihr sie nicht kenntet, das Evangelium ruft sie euch eindringlich genug zu: nichts was der Erbe gehört, ist unveränderlich und ewig. Da herrschen allüberall der Wechsel und die Vergänglichkeit; auf Dauerndes und Unwandelbares rechne Niemand. Wie am Himmel Wolkenschatten und Sonnenschein wechselt, so ist es mit den Geschicken der Menschen. Darum ist ein Thor und zeigt nur, wie weit sein Sinn von Christo steht und wie wenig er „nach dem Reiche Gottes trachtet", wer auf Erbenglück pocht und wer sich auf Erbengut verläßt. Siehe im reichen Kranze der blühenden Kinder rühmt sich hier im Stillen das frohe Elternherz des, wie es meint, unveränderlichen Glückes, und doch wer weiß wie bald — „da trug man einen Todten heraus, der war ein einziger Sohn seiner Mutter und sie war eine Wittwe". Ach, die Klage des Propheten Jeremias wird nie aussterben: „meine Kinder sind weg und nicht mehr vorhanden". Oder wenn der Vater „mit frohem Blick von des Hauses weitschauendem Giebel" überzählet der Scheunen gefüllte Räume und die Speicher vom Segen gebogen, wie leicht rühmt er sich stolzen Muthes, daß nun gefestiget gegen alles Unglücks Macht des Hauses Grund ihm dastehe. Siehe, da zuckt aus der Wolke der Strahl und ehe die flüchtige Stunde zu Ende geht, liegt die Arbeit langer Jahre in Staub und Asche da. Ja, Geliebte, wer an sich selbst der Erbe Unbestand nicht erfahren, wer in der eigenen kleinen Umgebung die täglichen Zeugnisse davon übersieht, nun dem ruft sie die Gegenwart erschütternd genug vor die Seele. Sehen wir doch in ihr Ordnungen des Lebens fallen, die Menschenalter lang für unerschütterlich galten; Throne stürzen über Nacht in Trümmer; in die Mitte des goldnen Palastes tritt die Flamme als Todesengel und gesalbte Häupter verschont das friedliche Geschoß nicht, daß sich immer aufs neue erfüllet das Wort des Evangeliums „da sie der Herr sahe, jammerte ihn derselbigen".

Darum, wie der Apostel warnt, „wer sich lässet dünken, er stehe, der sehe wohl zu, daß er nicht falle". Thut Buße, ruft uns das Evangelium zu und hänget das Herz nicht an Eitles. Verlaß dich nicht auf das, was dem Staube gehört, und sei gefaßt, daß jeder Augenblick dir nehme, was der Augenblick dir geben kann. Denn der Erde Loos ist Unbestand, so spricht auch das heutige Evangelium.

II. Überhört aber auch die weitere Bußstimme desselben nicht, wenn es zugleich zu uns spricht: doch mächtig ist des Herrn

Hand. Davon bietet das Evangelium nun allerdings ein ungemein erhebendes Zeugniß. Da der Herr die zum Tod betrübte Mutter sahe, „jammerte ihn derselbigen und sprach zu ihr: weine nicht. Und trat hinzu, rührete den Sarg an und sprach: Jüngling, ich sage dir, stehe auf. Und der Todte richtete sich auf und fing an zu reden. Und er gab ihn seiner Mutter".

Nun es ist gewiß, Geliebte, das heilige Entzücken des Mutterherzens, den raschen, hochfreudigen Übergang von unaussprechlichem Schmerze zu unaussprechlicher Freude vermag das schwache Menschenwort nicht auszudrücken. Aber grade das erweckt wohl in manchem bekümmerten Herzen das alte kaum vernarbte Leid aufs neue; daß er, seufzt es, doch gekommen wäre, der rettende Heiland, da wir unsere Lieben begraben mußten. Nun allerdings so, Christen, wie dort zu Nain, tritt er jetzt nicht mehr in unsre Mitte; aber die helfende und heiligende Macht, die von ihm ausgeht und vom Vater, sie hört auch heute noch nicht auf, Werke der Gnade zu wirken an und unter den Seinen. Siehe des Herrn Hand ist es, wenn er aus Feuersgluthen die zerstörten Wohnungen wieder aufbauen hilft und aus Schutt und Trümmern schöneres Leben erweckt. Seine Liebe hielt deinem Liebling, du einst kummervolle, nun hochfreudige Mutter, den fliehenden Odem zurück, da du bange und an menschlicher Hülfe verzweifelnd am Krankenbette betetest, daß die Blüthenknospe das gesunkene Haupt wieder erhob. Sein Trost sprach zu euch allen am offenen Grabe, ihr Trauernden: „weine nicht". Wenn das eitle Menschenherz es nur immer verstehen wollte, wenn der Herr zu ihm kommt und spricht: „ich sage dir stehe auf", es würde wohl inne werden und an sich erfahren die Wahrheit seiner Verheißung: „selig sind, die Gottes Wort hören und bewahren".

Ja „ich sage dir: stehe auf", so ergeht des Herrn Ruf auch heute noch an alle, die da versunken in ihren Sünden, die da geistig und sittlich tobt sind, welcher Tod viel schlimmer ist, als der leibliche; so ergeht er auch heute noch immerdar und erweist sich eben darin des Herrn Macht noch größer und heiliger, als in den Wundern der Erde. An alle tritt er heran zuerst im Geiste des christlichen Hauses, in der Zucht der christlichen Schule, in den Gnadenmitteln der christlichen Kirche, in den weisenden Ordnungen des bürgerlichen Lebens. Und wenn die Macht der Welt zu stark wird und die Oberhand gewinnt über die ringende Seele, so daß der Gute beinahe trostlos sie versinken sieht in Sinnenlust und Erdensinn und Sündendienst, um so mehr „jammert den Herrn derselbigen", daß er immer wieder sucht „zu retten was verloren ist". Wer kennt und nennt sie mit beschränktem irdischem Auge die tausend Wege, auf denen der Herr an sie herantritt! Zu dem, der dem Mammon dienet, spricht er das rettende Wort vielleicht in den Fluthen des Stromes, der seine Habe davonträgt, oder in dem Wurm der Seele, der mitten in "Purpur und köstlicher Leinwand" doch den innern Frieden zernagt. Zu dem Jüngling, der in Sinnenlust und Übermuth durch das Leben tobt und durch keine Ordnung sich will binden lassen, spricht ers vielleicht am Grabe des Vaters, oder wenn auch das nicht hilft, wird die Geschichte vom verlornen Sohne kommen und es ihn lehren. Dem Zorn- und Habersüchtigen klopft er mit dem Stabe der Liebe an das Herz, daß es sich erinnere des schönen Tages, wo noch die Sonne der Eintracht schien. Allen, die in ihren Sünden des Weges dahinwallen, zeigt er den Sarg von Nain, damit sie erkennen: "wer weiß wie nahe mir mein Ende" und — dann kommt der Tag des Gerichtes. In Allem aber, in Allem spricht die Stimme des Herrn: "ich sage dir, stehe auf", auf vom Schlafe der Sicherheit, auf aus dem Tod der Sünde und in Allem bewährt sich die "mächtige Hand des Herrn", der den geistig und sittlich Gefallenen ebenso helfen will, wie er dem sinnlichen Leben bei allem Unbestand der Zeit gern gibt, "das es bedarf".

III. Deßhalb eben ruft uns die Bußstimme des heutigen Evangeliums endlich zu: drum auf, das Herz zu ihm gewandt. Wie sehr dieses in unserm Evangelium geschieht, lehrt sein Schluß: "Und es kam sie alle eine Furcht an und priesen Gott und sprachen, es ist ein großer Prophet unter uns aufgestanden und Gott hat sein Volk heimgesucht".

Darauf kommt es an, Geliebte. Das ist, wie wenn der Acker seinen Schooß öffnet und willig aufnimmt das Samenkörnlein, das der Säemann wirft, daß es Wurzel schlagen könne im lockern Boden. Und dann kommt die Sonne am Himmel und zieht es auf zu sich und schickt ihm Thau und Regen zu seiner Zeit, bis die goldne Ähre des Ackermanns Herz erfreut. So muß die Menschenseele sich aufthun dem Herrn, das Herz sich zu ihm wenden, daß er komme Wohnung dort zu machen. Und wenn er nun kommt, sei es in Leid sei es in Freude, sei es in Wohlthun oder in Strafen, daß es zu seiner Zeit merke, "es sei ein großer Prophet aufgestanden und der Herr habe sein Volk heimgesucht".

O daß das doch geschehe allüberall in seiner Kirche und in seiner Gemeinde, Geliebte! Denn sonst finden wir den Weg zum Heile nicht. Wir müssen endlich inne werden, "mit unsrer Macht ist nichts gethan", was die Erde uns bieten kann, erhält wohl das sinnliche Leben; aber das ist nicht das Ganze. Und selbst diesem kann die schwache Menschenkraft nicht gebieten; wer mag das Haus schließen, aus dem die dunkle Wolke kömmt und der Frühreif und der Spätfrost, daß selbst die Starken „eine Furcht ankommt", wenn sie sehen müssen, wie hinfällig des Menschen Werke dahinsinken und der Tod die Erndte unter ihnen hält, wie es ihm gefällt. Was kann da Trost gewähren, als die Überzeugung, daß über alle dem doch einer steht, der sich seiner Kinder erbarmet und sie nicht verläßt in Leibes- und Seelennoth. Und zu den Verzagten, die die Schwere der Zeit drückt, spricht er freundlich im Evangelium vom vorigen Sonntag: sorget nicht, es ist genug, daß jeder Tag seine eigene Plage habe und zu benen, die unter der schweren Last der Sünde gebeugt sind, tritt er heute heran und ruft ihnen zu: „ich sage dir: stehe auf".

Darum erschließet ihm das Herz, meine Theuern, die ihr mit rechtem Ernste suchet, was zum Frieden dienet! Siehe, der „große Prophet" er wandelt auch unter euch; heute hat er ja wieder durch sein Evangelium zu euch gesprochen. Immer und immer wieder „sucht Gott sein Volk auch jetzt noch heim"; wie redet er im Bußtage, den er uns heute geschickt, so vernehmlich mit denen, die da hören wollen! Wessen Schuld ist es denn, wenn auch heute der Prophet noch rufen muß: „so bekehret euch doch nun von eurem bösen Wesen. Warum wollt ihr denn sterben, ihr vom Hause Israel?" Wenn, wie es jetzt wieder geschieht, Leichtsinn und des Herzens Verkehrtheit die erste Bildungsstätte zum Gottesreich, die Schule, nie besucht, wenn in mancher Ehe der Zwist nie aufhört, in manchen Häusern der Streit zwischen Eltern und Kindern immer sündhafter brennt? Ach, wann werden sie erkennen, daß Gott sie heimsucht, wann das Herz in Reue und Demuth ihm zuwenden?

Und doch tritt er auch heute an sie hinzu und rühret den Sarg, in den sie selbst ihr besser Theil gelegt, an und spricht: ich sage dir stehe auf! Wir haben sie gehört, die Bußtagsstimme des Evangeliums: der Erde Loos ist Unbestand, doch mächtig hilft des Herrn Hand, drum auf, das Herz ihm zugewandt! So laßt denn ein neues Leben Zeugniß geben, daß wir also thun wollen — „ich sage dir: stehe auf!" Amen.

———

XIX. nach Trinitatis.

(Bußtag.)

Des Evangeliums Bußtagsbild von der Sünde.

(1866.)

„Aus dunkler Nacht, Herr meines Lebens, willst du mich
erretten, Zu dir mich ziehn durch deines Geistes Macht, Heraus
mich reißen aus der Sünde Ketten! So wälze ab den Stein,
Senk Trost hinein Ins wunde Herz!" Amen.

Wie das Jahr in seinem stillen Gange unaufhaltsam dem Schlusse
zueilt, so tritt heute nach der altheiligen Ordnung der Kirche zum
letztenmal in demselben der Bußtag mit seiner ernsten Mahnung in
unsre Mitte. Wieder hören wir das Wort des Herrn: „das Himmelreich ist nahe herbeigekommen, so tretet doch ein, es ist Alles bereitet".
Aufs neue ruft uns der Prophet zu: „mache dich auf und werde Licht,
denn dein Licht kommt und die Herrlichkeit des Herrn gehet auf über
dir". Und aufs neue regt sich im stillen Herzen, selbst dort, wo sonst
die Last und die Unruhe des Tages die Gedanken selten dem Zuge des
Göttlichen folgen läßt, die fromme Sehnsucht nach dem Frieden, der
da nur jenen kömmt, die in seiner Wahrheit wandeln. Denn wo er
fehlt, da gibt die Erde umsonst ihre Güter, da häuft das Glück umsonst
seine Gaben; die Seele des Gottlosen ist, wie die Schrift sagt, „wie ein
ungestüm Meer, das nicht stille sein kann" und haben keine Ruhe und
keinen Segen.

Mit dem ernsten Worte des Bußtags, der da rufet zur Wiedergeburt in seinem Geiste und in seiner Liebe, stehn in tiefem Einklange
die Mahnungen der Natur, die zu jeder Zeit, jetzt aber insbesonders
so verständlich zum denkenden Geiste spricht. Wird sie doch auch dieses
Jahr nicht müde in ihren Segnungen! Seit Wochen ist eure thätige
Hand am Werke, ihre Gaben heimzuführen und Größeres, als wir
hoffen konnten, hat der Herr abermals an uns gethan. Wieder werden
wir inne, wie „Gottes Brünnlein Wassers die Fülle haben". Und daß
aus diesen Quellen fort und fort grabe uns neuer Segen strömt, muß
doch im frommen Herzen die Frage anregen: womit haben wir es
grabe verdient, daß seine Gnadenhand unsre Felder mit seinem Gute
krönt, das er andern versagt? Ist das nicht, meine Brüder, wie wenn
er mit seiner Liebe uns locken wollte, daß wir doch seine Wege wandelten und wer in der Irre gehe, umkehre und „Buße thue". O, daß

wir sie doch verstünden diese Sprache seiner Liebe, die mit dem Propheten zu uns spricht: so denke doch an mich und nimm es zu Herzen:
„meinest du, ich werde allerwege schweigen, daß du mich so gar nicht
fürchtest".

Doch nicht nur mit ihrem Segen, auch in ihren Wandlungen, die
jetzt vor unsern Blicken sich vollziehen, weist uns die Natur dahin, zur
ernsten Einkehr in uns selbst, zur Richtung des Geistes auf das „Eine,
das Noth thut". Das ewig wiederkehrende Bild des Wechsels und der
Vergänglichkeit entrollt sich wieder vor unsern Augen. Wieder spricht
die verdorrende Blume zum Menschen: siehe das bist du. Wieder
rauscht es ihm aus den fallenden Blättern des Baumes: vergehen
muß, was der Erde angehört. Und wenn die freundlichen Sänger des
Waldes, das beschwingte Volk der Lüfte unsre Felder und Wohnungen
verlassen und dem wärmeren Strahle der Sonne nachziehen, so fragt
der denkende Geist doch wohl: wo ist denn dein Ziel, wo deine andre
Heimath, wenn der sinkende Herbst deines Lebens dich von dieser
freundlichen Wirkungsstätte abruft? Und wenn da der Geist, wie wir
das auch am letzten Sonntag, da ich von dieser heiligen Stätte zu euch
sprach, vernahmen, aus den Sinnbildern der Natur, aus dem Worte
Gottes, aus seinem eigenen Wesen und den Gesetzen desselben die freudige Überzeugung schöpft, daß er, der Geist, zu einem Leben in Gott,
damit auch zu einem unendlichen Dasein fortschreitender Vervollkommnung bestimmt sei, dem des Leibes Tod keine Grenze setzen könne: da
wird zugleich der Schmerz des Bewußtseins lebendig, wie wir des
heiligen Zieles so gar unwürdig sind und ruft mit dem heutigen Tag
uns zu: aber siehe „eure Untugenden scheiden euch und euren Gott von
einander und eure Sünden verbergen sein Angesicht vor euch, daß ihr
nicht gehört werdet".

Eure Sünden, geliebte Christenbrüder! Das ist ein schwerbedeut-
sam ernstes Wort, das die Welt nicht gerne hört und selten nennt. Wie
der Sklave seine Knechtschaft sich zu erleichtern wähnt, wenn er seine
Gedanken von ihr fort richtet, so geht die Menge, je gewaltiger sie von
der Sünde Macht beherrscht wird, dem Namen um so ängstlicher aus
dem Wege. Sie will nicht, daß er sie aus ihrer Ruhe störe. Darum
ist sie mit allerlei Entschuldigungen zur Hand. Darum heißt sie Fehler,
Schwäche, Irrthum, verzeihlichen Leichtsinn, und was die Selbst-
täuschung sonst noch an Beschönigungen hat, was Abfall von Gott,
was sittlicher Tod, was Sünde und ihr Verderben ist. Darum kann
sie denn auch nicht verstehen, was das Evangelium vom Trost der
Sündenvergebung bringt und erfüllet sich so an ihnen das Wort der

Schrift: „sie kennen ben Weg des Friedens nicht und ist kein Recht in ihren Gängen; sie sind verkehrt auf ihren Straßen und wer darauf gehet, der hat nimmer keinen Frieden".

Wir aber, Geliebte, wir wollen ihn haben; und darum mahnt uns der heutige Bußtag so ernst an unsre Sünde und zugleich so lieblich an den Trost ihrer Vergebung.   So laßt uns denn seine Rede hören, wie das heutige Evangelium uns sie bringen wird.

Lied 156, 1, 5: Herr ich hab aus deiner Treu Mir zum Heil noch Zeit in Händen.

Evangel. Matth. 9, 1—8.

Da trat er in das Schiff und fuhr wieder herüber und kam in seine Stadt. Und siehe, da brachten sie zu ihm einen Gichtbrüchigen, der lag auf einem Bette. Da nun Jesus ihren Glauben sahe, sprach er zu dem Gichtbrüchigen: sei getrost, mein Sohn, deine Sünden sind dir vergeben. Und siehe, etliche unter den Schriftgelehrten sprachen bei sich selbst: dieser lästert Gott. Da aber Jesus ihre Gedanken sahe, sprach er: warum denket ihr so arges in euern Herzen? Welches ist leichter, zu sagen: dir sind deine Sünden vergeben; oder zu sagen: stehe auf und wandle? Auf daß ihr aber wisset, daß des Menschen Sohn Macht habe auf Erden die Sünden zu vergeben, sprach er zu dem Gichtbrüchigen: stehe auf, hebe dein Bett auf und gehe heim. Und er stand auf und ging heim. Da das Volk das sahe, verwunderte es sich und pries Gott, der solche Macht den Menschen gegeben hat.

Wie die Sendung des Herrn auf die Erde überhaupt den Zweck hatte, das Verwundete zu heilen, das Gebrochene aufzurichten und das Verirrte zurechtzuführen, so finden wir ihn auch im heutigen Evangelium helfend und segnend. Doch die leibliche Hülfe ist nur ein Bild der viel höhern sittlichen. Die schwerste Krankheit ist die Sünde; wer von ihr geheilt ist, der kann auch sonst des Lebens sich freuen. Und im Gichtbrüchigen unsers Evangeliums vollzieht der Herr die doppelte Heilung; an Leib und Seele wird der Kranke gesund, so daß das zahlreich zuschauende Volk „sich verwundert und Gott preist, der solche Macht den Menschen gegeben". Dadurch, Geliebte, wird

unser Evangelium ein rechtes Bußtagsbild von der
Sünde,

dessen Betrachtung den weitern Gegenstand unserer Andacht bilden soll.

Auch jetzt noch, Vater, ist die „Sünde der Leute Verderben", ach wir sehen es täglich. O, so laß uns doch zugleich auch das Wort der Buße hören, auf daß auch wir uns der Gnade erfreuen: „sei getrost, mein Sohn, deine Sünden sind dir vergeben". Amen.

I. Also ein Bußtagsbild unsers Sonntagsevangeliums, so erkennet denn darin zunächst die Macht der Sünde. „Und siehe", so lesen wir, „da brachten sie zu ihm einen Gichtbrüchigen, der lag auf einem Bette". Daß der Herr seine Heilung eine Sündenvergebung nennt, legt den Gedanken nahe, daß die Krankheit selbst eine Folge der Sünde gewesen. Denn das ist eben, wie der tiefe Seher aus der Gegenwart sagt, „der Fluch der bösen That, daß sie fortzeugend Böses muß gebären".

Der tiefste Grund der Sünde, Geliebte, ist nämlich Abfall von Gott und seinen heiligen Zielen. Ins Herz hat er jedem Menschen die Mahnung an die ewige Bestimmung geschrieben. In ernster Warnung spricht unaufhörlich die Stimme des Gewissens zu ihm. Nie versagt das Gotteswort die heilige Lehre. Und der abschreckenden Bilder Fülle bietet jeder Blick ins Leben. Ja wenn die Gewalt des Bösen dich schon mit heißer Hand berührt, die Erinnerung an ein ernstes Vaterwort, an das fromme Gebet, den segnenden Blick der Mutter, er fliegt noch im letzten Augenblick durch die bange Seele und ruft „stehe auf und wandle". Selbst den Gefallenen durchzittert noch in einsamer Stunde wie leiser Orgelklang der Gedanke an die selige Kindheit, da das Herz noch rein war und spricht zu ihm freundlich: so „hebe doch dein Bett auf und gehe wieder heim".

Und doch widerstehet die Welt der bösen Versuchung so schwer. Denn die Lust ist ihr Gott, nicht der heilige Vater im Himmel. Was diese reizt, was ihr gefällt, das will sie erreichen, nicht die göttlichen Ziele. Und darum sind ihre Gedanken, ihre Thaten Abfall von Gott, ein Verlassen seiner heiligen Ordnung, ein Durchbrechen seiner ewigen Gesetzgebung, das aus der Freiheit der Gotteskindschaft führt in die Knechtschaft der Sünde. Wähne doch ja nicht, wer das harte Wort des Fluches und Zornes über seine Lippen bringt, wer des Nächsten Grenzstein verrückt, wer den Bruder mit falscher Waare täuscht, wer Gottes Gaben zu niedriger Sinnenlust mißbraucht; wer um seines Vortheils willen die Wahrheit beugt, das Recht verletzt oder sich zum Werkzeug fremder Willkür hingibt, wiewohl bald laut, bald leise die innere Stimme dagegen Zeugniß ablegt: wähne doch ja Niemand, das sei ein unbedeutend Fehlen, ein leicht verzeihlich Irren, die Macht der Sünde ist es, in deren Dienst du trittst, die dunkle Nacht der Schuld, die deine Schritte bald ins Verderben führen wird.

Denn auch darin ist die Sünde der Nacht gleich, daß so lange sie das Menschenherz bestrickt, von ihr immer gelten wird das Wort der Schrift, daß sie sei der „Leute Verderben". Oder habt ihr nie hineingesehen in das Leben des Hauses, in dem die Sünde wohnte? Wenn auch äußerlich vielleicht schön und das Auge des Unkundigen bestechend, doch der Grund wankend und die Mauer, die nicht auf dem Boden der Arbeit und der Treue ruhten, stets zum Sturze, dem nie ausbleibenden, fertig! Und die Ehe, die nicht das reine Band der Liebe schloß, wie öde, wie unselig, welch eine Fülle des Jammers! Und die Kinder, die sie nicht erzogen in der Zucht und Vermahnung zum Herrn, wie werden sie bald voll Trotz und Ungehorsam der Eltern schwere Strafe sein! Und die Gemeinde und das Volk, in dem sie die Ordnung nicht mehr achten, der Väter einfache Sitte verlassen, die Macht der Bildung und des Fortschritts gering schätzen, immer nur auf die eigenen Wege sehen und das Gesetz des Herrn und sein heilig Wort vernachlässigen: nun der Tag wird nicht ferne sein, wenn auch von unkundigem Auge nicht bemerkt, wo die Nacht, die die Geister und die Seelen bedeckt, allüberall hereinbricht und in ihren Stürmen die ewige Gerechtigkeit offenbar wird, die da die Sünde immer zum Verderben führen läßt, so daß das bange Herz ängstlich zum Himmel schreit: „ach daß doch die Hülfe aus Zion käme und der Herr sein gefangen Volk erlösete".

II. Und da, Geliebte, zeigt uns das heutige Evangelium unmittelbar neben der Nacht und dem Verderben der Sünde zugleich den Strahl des rettenden Lichtes. Denn, als sie den Kranken zum Herrn gebracht, so lesen wir im Evangelium weiter, „da nun Jesus ihren Glauben sahe, sprach er zu dem Gichtbrüchigen: sei getrost, mein Sohn, deine Sünden sind dir vergeben".

„Sei getrost mein Sohn, deine Sünden sind dir vergeben", sieh da das Himmelswort, das Leid der schuldbewußten Seele stillend, den Strahl des Himmelslichts, die Nacht des tiefsten Elends erhellend. Wie durch des Menschen Schuld die Sünde hereinbricht und mit ihr das Verderben, so kommt durch die Gnade des Vaters die Vergebung und mit ihr die Rettung. Wie rührend ist es, wenn der Herr spricht „sei getrost, mein Sohn". So groß ist die Liebe des Vaters, daß auch das gefallene Kind noch immer sein Kind bleibt. Denn er ist „barmherzig und gnädig, gedulbig und von großer Güte" und „so fern der Morgen ist vom Abend, läßt er unsre Übertretung von uns sein". Wie es im Propheten Jeremias steht: „ist nicht Ephraim mein theurer Sohn und mein trautes Kind? Denn ich gedenke noch wohl daran, was ich ihm geredet habe: darum bricht mir mein Herz gegen ihn, daß ich mich seiner erbarmen muß, spricht der Herr".

Ja Vergebung der Sünde, du Morgenstern aus banger Finsterniß, so spricht zagend das schuldgedrückte Herz, wie soll ich dein theilhaftig werden? Nun wohlan, das Evangelium ruft dir zunächst zu „sei getrost, mein Sohn". Hoffe und zage nicht. Eins aber merke vor Allem. Die Sündenvergebung ist nicht ein äußerlich Werk; wie das Böse, das ein Anderer that, bir nicht zugerechnet werden kann, so kann deine Reinigung und Versöhnung mit Gott durch nichts geschehen, das außer bir ist. Was sie hie und da lehren, baß fremdes Verdienst, baß äußere Werke, Fasten. Wallfahrten, Almosengeben, ben Leib kasteien Sünden tilge und vor Gott gerecht mache, streitet mit Vernunft und Gottes Wort. Wie steht es in unserm Evangelium? „Da Jesus ihren Glauben sahe, sprach er: sei getrost mein Sohn, beine Sünden sind bir vergeben". Der Glaube allein ist es, ber dem Gefallenen Gottes Gnade wieder schenkt.

Das aber, Geliebte, verstehet ja recht. Dieser zur Sündenvergebung führende Glaube ist nicht ein bloßes äußeres Fürwahrhalten von That=sachen ober Lehrsätzen, sondern es ist die Hingabe des gesammten Wesens an das Heil in Christo, es ist, wie wir es von einem andern Standpunkte aus am Trinitatissonntag erkannten, das Ablassen vom Bösen, die Wiedergeburt im Geiste, das Ringen nach der Gotteskind=schaft, in ber, was ber Welt und bes Fleisches ist, stirbt, so baß bes Apostels Wort sich erfüllt: „ich lebe, boch nun nicht ich, sondern Christus lebt in mir".

Darum „sei getrost, mein Sohn, beine Sünden sind bir vergeben", b. h. wenn du bich selbst erkennest, wenn du beine Verirrung einsiehst, wenn du inne wirst ber unwürdigen Fesseln, in benen du schmachtest. Wenn die Reue beine Seele erfüllt, wie ber Psalmist schmerzvoll aus=ruft: „an bir mein Gott hab ich gesündigt und übel vor bir gethan; ach ich erkenne meine Missethat und meine Sünde ist immer vor mir". Aus ber Reue erwächst bann die Buße, aus ber Buße die Umkehr, die Wieder=geburt zu neuem rechtem Leben und selbst die Folge ber frühern Sünde, die ber Vater bem Kinde nicht erlassen kann, sie ist nur neue Mahnung, auf bem guten Wege um so fester zu wandeln. Aber ber Sündenschlaf ist aus; sie die da Böses gethan, thun es fortan nicht mehr und tröstend und heiligend klingt burch ben Schmerz ber Erinnerung an die ver-gangene Nacht das Wort bes Propheten: „Wo sich aber ber Gottlose bekehret von allen seinen Sünden, die er gethan hat und hält alle meine Rechte und thut recht und wohl, so soll er leben und nicht sterben".

III. Ja, „so soll er leben und nicht sterben", so spricht ber Herr und dieses Leben in ber Liebe sei das britte, was wir aus bem

Bußtagsbild unsers Evangeliums heute noch kennen lernen wollen. „Stehe auf und wandle", so rief der Herr dem Gichtbrüchigen zu. „Und er stand auf und ging heim", heißt es weiter daselbst. Das Wort der Gnade „deine Sünden sind dir vergeben", nahm nicht nur die Krankheit, wohl der Sünde Folge von ihm, sondern die einfache Bemerkung des Evangeliums „und er ging heim" läßt schließen, daß er fortan die Sünde gemieden. Denn hierher gehört, was der Herr bei einer andern Veranlassung sagte: „siehe zu, daß du hinfort nicht mehr sünbigest".

Und daran mögt ihr zugleich die Wirklichkeit und Wahrhaftigkeit der Sündenvergebung erkennen. Wo sie stattgefunden, ein Werk des heiligen Geistes, da ist, wie der Apostel sagt, „das Alte vergangen und Alles ist neu geworden". Neu in der Liebe zum Göttlichen, neu in der Furcht vor dem Bösen, neu in der Reinigung des Herzens von allem „Argen". Da verstummt das Wort des Zornes, der früher so gerne den Nächsten kränkte. Da schweigen Neid und Haß, die das Glück des Bruders so gerne störten. Da wird fremdes Eigenthum und fremde Ehre so geachtet wie die eigne. Da brennt das Herz in frommem Eifer, in allen Stücken dem Herrn zu dienen, wieder gut zu machen, was es in der Nacht der Sünde versäumt und durch ein Leben in Wahrheit, Gerechtigkeit, Treue und Liebe, in Geduld und Hoffnung zu zeigen, daß es in der That den Weg zur „Heimath" gefunden. Und wer da meint, in seinem Leichtsinn, in seiner Trägheit, in seiner Fleischeslust, in seinem Ungehorsam gegen Gottes Ordnung beharren zu können, gestützt auf das Wort unsers Evangeliums „sei getrost, deine Sünden sind dir vergeben", der „lästert" geradezu Gott und betrüget sich selbst und wird einst ein doppelt schwer Gericht über ihn ergehen.

Darum „stehe auf und wandle", so ruft das Evangelium allen, die da Theil haben wollen an der Vergebung der Sünde mit doppeltem Ernst zu. Sie kann ja nur aus der Besserung, rechter andauernder Besserung des eigenen Herzens hervorgehen. Sie ist nicht wie der Spruch eines menschlichen Richterstuhles, sondern ein neuer Lebenskeim in der Tiefe der Seele, der da sprießen und reifen läßt immer völligere Früchte in Gott. Siehe die Jugend, die ihr Hauch durchweht, wie sie wandelt in Züchtigkeit, Keuschheit, Gehorsam, Demuth! Siehe das Haus, das ihr Geist erfüllt, wie Alt und Jung das heilige Band der Liebe umschlingt! Siehe die Gemeinde, die nach ihr ringt und sie zu erreichen, gern zum Haus des Herrn kömmt, gern zu seinem heiligen Altar tritt, wie sie immer mehr heranwächst zum „guten Baum", der Nahrung „guten Früchten" gibt, so daß „das Volk, das

sie siehet, sich verwundert". Und aus dem erlöseten Herzen flieht die
Furcht vor der Zukunft und einzieht jener Friede, der der ver-
zeihenden Liebe des Vaters sicher, stärker ist als jeder Sturm und
gläubig den Herrn preist „wenn ich nur dich habe, so frage ich nichts
nach Himmel und Erde".

Wohlan denn, Geliebte, auch an uns ist des Vaters Ruf ergangen.
Auch durch den heutigen Bußtag spricht er zu uns. Im Evangelium
erkannten wir ja ein Bußtagsbild. Er zeigte uns die Nacht der Sünde
— leben wir noch immer in ihr? — den Strahl des Lichtes, das aus
derselben führen kann, — haben wir ihm Eingang verschafft in unsre
Seele? — das Leben in der Liebe, das die Sündenvergebung mit sich
bringt — haben wir seine in unsrer Mitte? O, daß es doch auch uns
gelte, sein heilig Wort: „sei getrost, mein Sohn, deine Sünden sind dir
vergeben"; darum „stehe auf und wandle"! Amen.

XX. nach Trinitatis.
Des Christen Trost in sündhafter Zeit.
(1866.)

Gnade sei mit uns und Friede von Gott dem Vater und
unserm Herrn Jesu Christo! Amen.

Unter den mannigfaltigen Früchten, welche der Menschengeist auf
dem Wege der fortschreitenden Erkenntniß gefunden hat, ist kaum eine
so segensreich, als die nach langer Forschung endlich unzweifelhafte
Einsicht, daß in der Sinnenwelt überall und nach allen Richtungen ein
Gesetz herrsche, das der allmächtige Schöpfer in die Stoffe und Dinge
gelegt und wodurch ihre Entstehung, ihre Erhaltung, ihre Entwicklung
und ihre gesammte Wirksamkeit bedingt ist. Da ist nirgend, wie vor
Jahrhunderten eine kindliche Weltanschauung meinte, der Zufall, das
Ungefähr, die da herrschen; nirgend eine geheime, übernatürliche, vielleicht finstere Macht, die der den Menschengeist entwürdigende Aberglaube auch heute noch in manchen Kreisen zu ihrer eigenen Schande
thöricht annimmt, sondern überall jene klare sichere Ordnung, die da
nach dem unabänderlichen Gesetze wirkt, durch dieses sich erhält und
nur durch seine Macht geleitet werden kann. Nach diesem Gesetze
wandeln die Gestirne des Himmels ihre ewigen Bahnen, kommen und
gehen zur bestimmten Stunde die Wellen des Meeres; solchen Gesetzen

gehorchen die Blitze und die Winde; sie senden den Thautropfen und leiten den Sonnenstrahl; nach ihnen steiget der Saft im nährenden Kornhalme und reift die Traube am Berggelände. Und eben dadurch unterscheidet sich der gebildete Geist von dem ungebildeten, daß jener diese Gesetze kennt, zu lenken und anzuwenden weiß und eben dadurch die Kräfte der Natur beherrscht und versteht. Wo die Unwissenheit nichts sieht, als eine ungestalte todte Masse, oder ein verwirrendes Spiel feindlicher Gewalten, da findet die Einsicht wundervolles Leben, da fließen ihr Quellen des Segens, da „erzählen ihr die Himmel die Ehre Gottes und verkündet die Veste seiner Hände Werk".

Dieselbe strenge Gesetzlichkeit aber, geliebte Christenbrüder, die dem Kundigen in der sinnlichen Natur begegnet, herrscht auch in der geistigen und sittlichen Welt. Auch dort waltet nicht ein blindes Schicksal, son-dern eine bestimmte, in Grund und Folge sich ewig äußernde Ordnung. Allerdings liegt sie oft tiefer und ist schwerer zu verstehen, als die in der Sinnenwelt zu Tage tretende. Wer durch äußere Mittel in ihr Wesen dringen will, der kommt nicht zum Ziele. Wer die Ereignisse der Zeit verstehen, die Zukunft fassen, überhaupt die geistigen Mächte kennen lernen mag, der fragt darum vergebens die geheimnißvolle Schrift des Sternenhimmels, hört umsonst auf das Rauschen des Waldes, sieht ohne Erfolg nach dem Flug der Vögel, auf den Zug der Wolken. Denn das Gesetz, das dort herrscht, liegt anderswo.

Das Reich des Geistes mit seinen Zielen gehorcht nämlich dem Ge-setz der sittlichen Weltordnung. Die erkennt als obersten Grundsatz an, daß das Gute, oder das Göttliche das Höchste sei und Alles nur dazu helfen solle, seine segnende Macht zu verwirklichen. So will näm-lich die gesammte Anlage des Menschengeistes; so spricht die Stimme des Gewissens, so mahnt das Wort Gottes in seiner heiligen Offen-barung und die gesammte Entwicklung des Menschengeschlechts ist nichts andres als ein ununterbrochenes, oft fast erschütterndes Zeugniß jenes alle menschlichen Thaten und Ereignisse beherrschenden Gesetzes. Im kleinen Geschick des Einzelnen macht es sich geltend, hier dem Herzen stillen Frieden verleihend, dort trotz „Purpur und köstlicher Leinwand" das köstliche Gut, die Seelenruhe vernichtend, und nicht weniger mächtig zeigt es sich in ganzen Völkern und Reichen, indem es diese stürzt und jene erhebt.

Doch eben darum, weil das Gesetz der sittlichen Weltordnung ein Reich der Freiheit umschließt, wird die schwache Einsicht oft irre an ihm. Während das Gesetz, das in den Stoffen wirkt, in seinen Folgen den Zwang, die Nothwendigkeit hat, gibt es Zeiten, wo das Gute und

Göttliche faſt kraftlos erſcheint. Wo unter dem vergiftenden Einfluß unheiliger Mächte alle altgefeſtigten Ordnungen weichen und ſelbſt ſie ſchwindet, die des Geſetzes Erfüllung iſt, die Liebe; wenn ſtatt der höhern Ziele, die ein Volksleben adeln, die Selbſtſucht einzieht und die niedrige Sinnenluſt, wie ſchon Moſes ſie zeichnete: „darnach ſetzte ſich das Volk zu eſſen und zu trinken und ſtunden auf zu ſpielen“; wenn ſelbſt das Vertrauen weicht, das den Menſchen an den Menſchen bindet und das Wort nur noch zur Verhüllung, nicht zum Zeugniß der Wahrheit dient. Wie ſchon der Prophet ausrief: „ſiehe das Himmelreich leidet Gewalt“.

Und doch, meine Brüder, gilt auch hier das Wort unſres Evangeliums vom vorigen Sonntag „ſei getroſt, mein Sohn“. Ja das Wort Gottes zeigt uns Licht und Ausgang auch in dieſen Zweifeln. Wer an ſeiner Hand die trüben Wirren des Kampfes durchmißt, den die Sünde gegen das Göttliche immer wieder erhebt, dem kann es an Zuverſicht und Troſt ſelbſt in ſündhafter Zeit nicht gebrechen.

So laßt uns im heutigen Evangelium darnach ſuchen.

Lied 291, 1, 5: Sei, Seele, ſtark und unverzagt.

Evangel. Matth. 22, 1—14.

Und Jeſus antwortete und redete abermal durch Gleichniſſe zu ihnen und ſprach: das Himmelreich iſt gleich einem Könige, der ſeinem Sohne Hochzeit machte; und ſandte ſeine Knechte aus, daß ſie die Gäſte zur Hochzeit riefen; und ſie wollten nicht kommen. Abermal ſandte er andere Knechte aus und ſprach: ſaget den Gäſten: ſiehe, meine Mahlzeit habe ich bereitet, meine Ochſen und mein Maſtvieh iſt geſchlachtet und Alles bereit; kommt zur Hochzeit. Aber ſie verachteten das und gingen hin, einer auf ſeinen Acker, der andere zu ſeiner Hantierung. Etliche aber griffen ſeine Knechte, höhnten und tödteten ſie. Da das der König hörte, ward er zornig, und ſchickte ſeine Heere aus, und brachte dieſe Mörder um und zündete ihre Stadt an. Da ſprach er zu ſeinen Knechten: die Hochzeit iſt zwar bereitet, aber die Gäſte waren es nicht werth. Darum gehet hin auf die Straßen und ladet zur Hochzeit, wen ihr findet. Und die Knechte gingen aus auf die Straßen und brachten zuſammen, wen ſie fanden, Böſe und Gute. Und die Tiſche wurden alle voll. Da ging der König hinein, die Gäſte zu beſehen; und ſahe allda einen Menſchen, der hatte kein hochzeitliches Kleid an, und ſprach zu ihm: Freund, wie biſt du herein gekommen, und haſt doch kein hochzeitliches Kleid an? Er aber verſtummte. Da ſprach der König zu ſeinen Dienern: bindet ihm Hände und Füße und werfet ihn in die äußerſte Finſterniß hinaus, da wird ſein Heulen und Zähnklappen. Denn viele ſind berufen, aber wenige ſind auserwählt.

Das vorgeleſene Evangelium enthält wieder eines jener köſtlichen Gleichniſſe, in welchem der Herr die Geſchichte des Gottesreiches zeichnet, oder den uralten ewigen Krieg, den im einzelnen Menſchen-

herzen sowohl als in ganzen Geschlechtern und Zeitaltern die Sünde
gegen das Göttliche führt. Wie wogt der Kampf so bange hin und
her! Ja, einen Augenblick scheint der Sieg der Sünde entschieden.
Denn nicht nur verachten so Viele den Ruf zur Hochzeit, d. i. zum
Gottesreiche, „Etliche griffen die Knechte sogar, höhneten und tödteten
sie". Und dennoch „der Fürst dieser Welt konnte ihm nichts anhaben"
und „sein Rath führte es wunderbar hinaus".

Auch in unsern Tagen stoßen die alten Gegensätze des Lichtes und
der Finsterniß heftiger als je aufeinander. So manches Herz zagt
bange; wohlan es findet in unserm Evangelium

des Christen Trost in böser, sündhafter Zeit.

Auch wenn Dunkel das Erdreich bedecket und Nacht die Völker,
lebst du Gott, unser Vater, im Lichte und lässest ihn wieder aufgehen am Himmel den Morgenstern. O, so führe ihn auch für
uns herauf und laß sie nicht wanken die Zuversicht, daß du doch
am Ende „den Arm des Gottlosen zerbrichst", die „Gottseligkeit
aber zu allen Dingen nütze" ist! Amen.

I. Wie sehr auch das Menschenherz sich gegen die Einladung des Herrn verstocke, er hört doch nie auf, dasselbe
zu sich zu rufen, das ist das erste, was uns im heutigen Evangelium
tröstend entgegentritt. „Der König", lesen wir, „sandte seine Knechte aus,
daß sie die Gäste zur Hochzeit riefen, und sie — wollten nicht kommen.
Abermal sandte er andere Knechte aus und sprach: saget den Gästen,
meine Mahlzeit habe ich bereitet, meine Ochsen und mein Mastvieh ist
geschlachtet und Alles bereit, kommt zur Hochzeit". Und wie sie auch
das verachteten, wie sie an den Knechten sich vergriffen, da hatte seine
Güte noch kein Ende und er sandte andere aus, daß sie zusammen-
brächten, wen sie fänden.

Sagt, meine Brüder, ist das nicht das Wort des Propheten: „es
sollen wohl Berge weichen und Hügel hinfallen, aber meine Gnade soll
nicht von dir weichen, spricht der Herr, dein Erbarmer". Und wie der
König im Evangelium immer und immer wieder die Gäste zur Hochzeit
ladet, so wird der himmlische Vater auch jetzt nicht müde, seine Menschenkinder zu sich zu rufen. Wohin der Blick fällt in den großen Tempel
der Natur, überall erhebt sie den Geist zu heiligen Gedanken, zu reinen
Gefühlen, zu edlen Gesinnungen, zu seligen Hoffnungen. Zu ihm,
dem Vater, führt ja das segensreiche Licht des Tages, die stillen Sterne
der Nacht, die Fülle der Gaben, die er alljährlich auf die Erde gießt,
die Schönheit, mit der er ihre Werke so herrlich bekleidet. Und wer

hier des Herrn Ruf nicht vernimmt, nun der kann ihn hören in den „Gedanken, die sich einander entschuldigen oder verklagen", er kann ihn verstehen in den Gängen seines eigenen Geschicks, in denen der Vater stets mahnend oder warnend, doch immer vernehmlich und liebevoll zu ihm spricht. Oder, wenn er die Einladung hier „verachtet", so tritt sie ihm entgegen in den großen Ereignissen der Weltbegebenheiten, die für den Denkenden nichts anderes sind, als eine große Tugendschule, ob der Herr mit Wohlfahrt und Gedeihen die Völker heimsucht, oder in den Wettern des Krieges die Noth an ihre Pforten pochen läßt, ob er ihnen Frieden sendet „unter dem Schatten des Weinstocks und des Feigenbaumes" oder ihr „Erbe den Fremden zutheilt" und die Gewaltigern „machet zu Herrschern über sie". Und wer auch des Rufes noch immer nicht achten mag, siehe dem wiederholt sie täglich das Evangelium von Christo, das da ist eine „Kraft Gottes, selig zu machen alle, die daran glauben", wie er denn auch an uns heute wieder den einladenden Ruf ergehen läßt: „Alles ist bereit, kommt zur Hochzeit".

Und doppelt ernst an uns, meine Brüder. Ja, wenn hier Alles schwiege, tausend Steine würden redend zeugen. Siehe, wie an Israels Volk, hat der Herr seine Gnade an uns bewiesen, unsre Väter hergeführt aus fernem Lande und sie erhalten und gesegnet Jahrhunderte lang. Diese Mauern, die sie gebaut, die Schulen, die sie gegründet, die Tempel, die sie aufgeführt, die Ordnungen, die sie geschaffen, die Freiheit, die sie ihren Nachkommen hinterlassen, die Reinheit des Evangeliums, dem sie Herz und Leben erschlossen, ist das nicht die Stimme des Herrn auch an dieses Geschlecht, den guten Geist zu wahren, der die Väter beseelte, sind das nicht seine Boten, gesandt grade an uns, mahnend: von Alters her ist für Euch Alles bereit, o so kommet doch; von Alters her seid ihr alle berufen theilzunehmen am Gottesreich, an seiner Bildung, an seiner Macht, an seinem Frieden; wollt ihr denn nicht mehr zu den „Auserwählten" gehören?

II. Wohl uns, Geliebte, daß hier das Evangelium zugleich einen weitern Trost bietet; er lautet: wie gewaltig die Sünde auch über die Geschlechter der Menschen herrsche, es gibt doch noch immer Herzen, die dem Rufe des Herrn folgen. Zwar die zuerst Geladenen in unserm Evangelium „verachteten" die Freundlichkeit des Herrn, und „gingen hin, der eine auf seinen Acker, der andere zu seiner Hantierung". Andere gar „vergriffen sich an den Knechten, höhneten und tödteten sie". Wie schmerzlich ist es, daß der Herr sprechen mußte; „die Hochzeit ist zwar bereitet, aber die Gäste waren es nicht werth". Dafür aber hörten andere den einladenden

Ruf; von den Straßen strömten sie zusammen und „die Tische wurden alle voll". Wie schon Jesaias vorausverkündigt: „gleichwie der Regen und Schnee vom Himmel fällt und nicht wieder dahin kommt, sondern fruchtet die Erde und macht sie fruchtbar und wachsend, daß sie gibt, Samen zu säen und Brod zu essen, also soll das Wort, das aus des Herrn Munde geht, auch sein".

Das ist nämlich ein Theil des göttlichen Ebenbildes am Menschen, daß die unaustilgbare Bestimmung eben zum Göttlichen die Grund=lage seines Wesens bildet. Die Empfänglichkeit dafür verläßt seine Seele nie; der Zug darnach ist ihr angeboren. Wie tief im Herzen des Wanderers die Sehnsucht nach der Heimath liegt und wo sie etwa die Lust des Weges oder der Reiz der Neuheit oder die ausgleichende Zeit in den Hintergrund drängte, mit gedoppelter Stärke erwacht, wenn die Noth des Tages, oder das Bild der Gegend oder das Liebeswort der fernen Angehörigen die theure Erinnerung im Geiste auffrischt: so hört im Menschengeschlechte die fromme Sehnsucht nach dem Göttlichen nie ganz auf. So sammelte sich um den Herrn die kleine Jüngerschaar, während die größere Menge der Geladenen ferne blieb. Und als später die Weisheit dieser Welt das schlichte Wort vom Kreuze verwirrte und die alte Finsterniß in neuen Formen hervortrat; als wieder ein Mittler=thum sich zwischen Gott und Menschen drängte und seine Knechte die Diener des Herrn höhneten und tödteten: da erlosch doch die Gemeinde Gottes nicht ganz und gar, sondern erhielt sich, hier in einsamen For=schern, dort in zerstreuten Bekennern, daß wie der König aufs neue rief durch jenen Gottesmann, dessen große geisterbefreiende That wir in wenigen Wochen abermals feiern werden, die Räume des gereinigten Heiligthums wieder voll wurden. Und seitdeß, wie sehr die schlimmen Mächte der Zeit, die Welt mit ihrer Lust, die Scheu vor dem Ernst, das Jagen nach dem, was äußern Nutzen schafft, die Wiedergeburt er=schwert und oft den Schmerzensruf erpreßt: „die Hochzeit ist zwar be=reitet, aber die Gäste waren es nicht werth", — des Herrn Labung findet doch auch offene und folgsame Herzen.

Und wir, meine Brüder, gehören wir zu ihnen? Ja, wenn wir hören auf des Herrn Ruf, auch in den Glocken der Kirche an jedem Sonntag ergeht er an uns; haben wir auch das rechte hochzeitliche Kleid an, d. h. die rechte Gesinnung, den rechten Eifer, die rechte Liebe? Versuchen wir ernstlich abzulegen den Leichtsinn, der den Ernst des Lebens nicht faßt, die Trägheit, die sich nie zu rechter That er=mannt? Sind wir redlich bemüht die Wahrheit zu finden, die Erkennt=niß zu mehren, den Willen zu reinigen, wie es im Evangelium vom

vorigen Sonntag hieß „aufzustehen und zu wandeln"? Lebt in unsern
Häusern die gute alte Sitte, fördern wir gerne die Heilsanstalten der
Schule und Kirche? Sind wir treue opferwillige Söhne des Gemeinwesens, oder trägt auch bei uns die Selbstsucht den Sieg über das
öffentliche Wohl davon? Wenn die gute Sache unser Zeugniß und
unsre Kraft fordert, treten wir hin mit dem Muthe der Gottesstreiter,
oder sehen wir zu wie „etliche des Herrn Knechte höhnen und tödten"?
Meine Brüder, wie lesen wir im Evangelium: „die Hochzeit ist bereit,
aber die Gäste waren es nicht werth".

III. Ach dann dürften wir um so weniger die Lehre übersehen, die
im Evangelium darauf folgt: wie sehr die Sünde auch eine Zeit
lang triumphirt, die Strafe bleibt nicht aus. Denn „da das
der König hörete", so lesen wir, „ward er zornig und schickte seine
Heere aus und brachte diese Mörder um, und zündete ihre Stadt an".
Und schickte die Knechte aus auf die Straßen, zur Hochzeit zu laden
wen sie fänden. „Und diese gingen und brachten zusammen, wen sie
fanden und die Tische wurden alle voll".

Denn so will es das Gesetz der sittlichen Weltordnung, das wir am
Eingang unserer Betrachtung berührten, daß Ungöttliches auf die Dauer
nicht bestehe und der Frevelthat die Strafe folge. Immer aufs neue
bewahrheitet sich das Wort des Psalmisten: „es ist noch um ein Kleines,
so ist der Gottlose nimmer und wenn du nach seiner Stätte sehen wirst,
so wird er weg sein". Wie stolz auch die Sünde sich blähe und wie
fest ihre Macht erscheine, es kommt ein Tag, wo das Maß voll ist und
das Verderben hereinbricht schnell, wie der Blitz aufgeht vom Aufgang
bis zum Niedergang. Wenn der große König dort oben duldet, daß
sie eine Zeitlang sein Wort verachten, und seine Knechte höhnen, endlich schickt er doch sein Heer aus und die gute Sache siegt wieder. Mag
immerhin Vorurtheil und Aberglauben die Wahrheit verfolgen, daß sie
scheu sich zurückzieht und die Verblendung schon jubelt: nun haben wir
aus dem Tage Nacht gemacht und die Propheten müssen schweigen:
„es ist ein Kleines", so schickt der König neue Herolde des Lichtes aus
und um das Reich der Finsterniß ist es geschehen. Es ist möglich, daß
bisweilen das Unrecht über weite Kreise die schwere Hand ausstreckt
und nur der eigenen Selbstsucht folgend nichts mehr neben sich anerkennen will, des Rechtes Vertheidiger höhnend und tödtend: um so
stärker ist der stille Widerstand der Herzen, bis ihr heimliches Wort
zu einem „Feuer" wird und zu einem Hammer, der nach des Propheten
Worten „Felsen zerschmeißt". Es mag bisweilen scheinen, daß hie und
da ein Haus gedeiht, das nicht auf dem goldnen Boden der Arbeit

ruht, daß es zunimmt, auch wenn nicht immer die Redlichkeit seine
Schritte leitet, ja daß es sich über viele sogar mit trotzigem Hohne
gegen des Herrn Ruf erhebt: aber fraget morgen nach und die „Armuth
hat es übereilt, wie ein Gewappneter" und kehret es nicht um von
seinem bösen Wege, so wird es ihm gehen, wie der Stadt im Evangelium, es wird wüste werden.

Denn das übersehet nicht, Geliebte, was dort steht; wenn die zu des
Herrn Reich Berufenen sich dieses Rufes „nicht werth" zeigen, so nehmen
andere ihre Stelle ein. Die Tische werden jedenfalls voll, aber andere
sind die „Auserwählten". Oder ohne Bild: im Leben und Verkehr der
Menschengeschlechter sind die voran und nehmen die erste Stelle ein,
die den göttlichen Zielen am eifrigsten nachtrachten, die in Arbeit,
Treue, Bildung, Gottesfurcht, Weisheit dem Rufe und der Bestimmung
des Herrn nachkommen. Und wenn wir da wieder den Blick auf uns
wenden und fragen, wie würde die Antwort ausfallen? Unsere Väter,
die Vergangenheit lehrt es allüberall, hörten auf die Ladung des
himmlischen Königs und darum segnete er sie; o so lasset uns „wachen
und beten", damit nicht an ihre Stelle statt unser andere Gäste gerufen werden müßten.

Gewiß, Geliebte, es ist ein erhebender Trost, den unser Evangelium
in böser sündhafter Zeit den zagenden Herzen entgegenbringt. Höret
ihn, die ihr ängstlichen Sinnes seid: wie sehr auch das Menschenherz
sich gegen den Ruf des Herrn verstocke, er hört doch nicht auf, dasselbe
zu sich zu laden, und auch wir, auch wir sind berufen. Und wie gewaltig auch die Sünde über die Geschlechter der Menschen herrsche,
es gibt doch noch immer Herzen, die dem Rufe des Herrn folgen; gehören wir zu diesen „Auserwählten"? O, daß es also wäre; denn,
wie sehr die Sünde auch eine Zeit lang triumphirt, die Strafe bleibt
nicht aus. O, so verziehe denn nicht länger, theure Gemeinde, sondern
siehe zu, daß du unter die „Auserwählten" gehörest. Oder soll es auch
von dir heißen: „Und der König sprach zu seinen Knechten: die Hochzeit
ist zwar bereitet, aber die Gäste waren es nicht werth"? Amen.

XXII. nach Trinitatis.
Ein ernstes Bild aus den Tiefen des Menschenlebens.
(1866.)

Gnade sei mit uns und Friede von Gott dem Vater und unserm Herrn Jesu Christo! Amen.

Das ernste Mahnwort unsers Evangeliums vom vorigen Sonntag „wenn ihr nicht Zeichen und Wunder sehet, so glaubet ihr nicht", ließ uns damals einen kurzen Blick werfen auf die Geschichte des Gottesreichs, damit wir auch an seiner Entwicklung und den darin hervorleuchtenden Zeichen und Wundern unsern Glauben an das Göttliche stärkten. Doch waren es damals nur die äußern Umrisse und Schicksale dieses göttlichen Reiches, die uns beschäftigten. Ebenso lehrreich aber ist der Blick in die innere Entwicklung desselben. Zeigt er doch, wie das Menschengeschlecht von trüben und sinnlichen Vorstellungen über die höchsten Fragen, die es beschäftigen, allmälig zu klarern und edlern gekommen, wie sein Bewußtsein über Ausgang und Ziel seines Daseins ein immer festeres und reineres geworden, wie es immer richtigere Einsicht in die Natur der Sinnenwelt und der höhern geistigen und sittlichen Güter errungen und nach den stets steigenden Urbildern der Erkenntniß seinen gesammten Zustand gehoben und veredelt. Es gibt nichts, geliebte Christenbrüder, was ein sprechenderes Zeugniß ablegte von den Fortschritten der Menschheit zu den Zielen des Gottesreichs, aber zugleich auch von der Bestimmung derselben zu diesen Zielen, als eine sei es auch nur flüchtige und dürftige Einsicht in seine innere Entwicklung.

Zu allen Zeiten ist der denkende Geist mit sich im Klaren gewesen, daß er nicht unabhängig auf der Erde schalte, sondern daß es eine höhere göttliche Macht über ihm gebe. Doch fern am Anfang der Tage sah eine unklare kindliche Auffassung diese Macht in den Gewalten der Natur selber und beteten darum die Sonne und den Sturmwind, das Feuer und das Wasser an. Andre Geschlechter wähnten, das Gute habe eine mächtige Gottheit und das Böse ebenso und das ganze Leben der Erde sei eigentlich nichts anderes als ein ewiger immer wiederkehrender Streit zwischen diesen Mächtigen des Lichtes und der Finsterniß. Wieder andre Geschlechter dachten sich ihre Götter in Menschenweise, irdischen Bedürfnissen unterworfen, irdischer Lust und irdischem Schmerze preisgegeben. Wie merkwürdig ist es daher, daß unter dem Volke Israel

die uralte Erkenntniß sich erhielt und immer zu größerer Reinheit und
Klarheit sich Bahn brach, die in Gott den Ur- und Allgeist sah, der
die ganze Welt erschaffen habe und nach seiner Allmacht und All-
weisheit regiere, jene höchste Wahrheit, die bekanntlich durch Christus
neues Licht und neues Leben erhalten. Von der unwürdigen sinnlichen
Vorstellung des Götzendieners, der den Stein anbetet, an welchen sein
Fuß zuerst am frühen Morgen gestoßen, bis zum tiefen Wort des
Herrn „Gott ist ein Geist, und die ihn anbeten, müssen ihn im Geist
und in der Wahrheit anbeten", welch ein Fortschritt in der innern Entwicklung des Gottesreichs und wie viele Jahrtausende liegen dazwischen!

Ja, welch ein Fortschritt, wenn wir auch auf ein anderes Gebiet
des Gottesreiches sehen! Wie das wahre Gottesbewußtsein dem größern
Theile des Menschengeschlechtes in der Sünde des Götzendienstes untergegangen war, konnte es nicht anders sein, als daß die Stämme und
Völker desselben sich nicht als zusammengehörig betrachten. Wo im
Wahne der verirrten Herzen die Götter selbst gegen einander kämpften,
da mußte das uralte Bewußtsein der Einheit allmälig erlöschen. So
sahen sich die verschiedenen Völker und Stämme, wenn sie nicht durch
das Band derselben Sprache, durch die Opfer desselben Altars zu-
sammengehalten wurden — ja auch dann oft nicht — als fremde und
damit als natürliche Gegner an, zwischen denen nur das Schwert
waltete, unter dem des Besiegten Druck und Knechtschaft harrte, bis
endlich der Herr kam, der dem sich selbst entfremdeten Geschlechte die
segensreiche Wahrheit wieder brachte, daß alle Menschen, wie Kinder
eines himmlischen Vaters, so unter einander Brüder und zu derselben
Freiheit seliger Gotteskindschaft berufen seien. Nur ein gemeinsamer
Feind erforderte fortan ihren gemeinsamen Kampf, die Sünde.

Im innigsten Zusammenhange hiermit steht es, wenn der Heiland
zu den Seinen spricht: „ein neu Gebot gebe ich euch, daß ihr euch unter
einander liebet". Zwar schon Moses hatte wie Gottes- so Nächstenliebe geboten, aber Israels Söhne fragten dennoch voll Stolz: „Wer
ist denn mein Nächster?" Darum weist Christus immer und immer
wieder auf die Liebe hin, jene Alles überwindende und zu dem Höchsten
strebende Macht des gottbegnadigten Herzens, die da wurzelt im Bewußtsein des gleichen Ursprungs, des gleichen Zieles, des gleichen
Bedürfnisses. Nicht mehr das Schwert solle herrschen unter den Geschlechtern der Menschen, nicht die Zwietracht, nicht der strenge Buchstabe des Rechtes, der da tödtet, sondern die Liebe, als ein frischer
Keim neuen göttlichen Lebens im neuen Gottesreich.

Doch wiel esen wir im Evangelium: „die Finsterniß nahm das Licht nicht auf". Wenn wir suchen und fragen, wie jener Keim des Lebens und der Liebe aufgegangen in so manchen Herzen, in so manchen Zeiten, so ruft der Prophet das uns schon bekannte Wort: "Hüter, ist die Nacht schier hin!" Auch das heutige Evangelium legt ein schmerzlich Zeugniß davon ab.

Lied 307, 1, 2: Hilf Jesu, daß ich meinen Nächsten liebe.

Evangel. Matth. 18, 23—35.

Darum ist das Himmelreich gleich einem Könige, der mit seinen Knechten rechnen wollte. Und als er anfing zu rechnen, kam ihm einer vor, der war ihm zehn tausend Pfund schuldig. Da er es nun nicht hatte zu bezahlen, hieß der Herr verkaufen ihn und sein Weib und seine Kinder und alles, was er hatte, und bezahlen. Da fiel der Knecht nieder und betete ihn an und sprach: Herr, habe Geduld mit mir, ich will dir Alles bezahlen. Da jammerte den Herrn desselben Knechts und ließ ihn los, und die Schuld erließ er ihm auch. Da ging derselbe Knecht hinaus und fand einen seiner Mitknechte, der war ihm hundert Groschen schuldig; und er griff ihn an und würgte ihn und sprach: bezahle mir, was du mir schuldig bist. Da fiel sein Mitknecht nieder und bat ihn und sprach: habe Geduld mit mir, ich will dir alles bezahlen. Er wollte aber nicht, sondern ging hin und warf ihn ins Gefängniß, bis daß er bezahlte, was er schuldig war. Da aber seine Mitknechte solches sahen, wurden sie sehr betrübt, und kamen und brachten vor ihren Herrn alles, was sich begeben hatte. Da forderte ihn sein Herr vor sich und sprach zu ihm: du Schalksknecht, alle diese Schuld habe ich dir erlassen, dieweil du mich batest; solltest du denn dich nicht auch erbarmen über deinen Mitknecht, wie ich mich über dich erbarmet habe? Und sein Herr ward zornig und überantwortete ihn den Peinigern, bis daß er bezahlte alles, was er ihm schuldig war. Also wird euch mein himmlischer Vater auch thun, so ihr nicht vergebet von euren Herzen, ein jeglicher seinem Bruder seine Fehler.

Das neue Gebot der Liebe, das, wie wir gehört, der Herr den Menschen gegeben und mit dem er die Verfassung des Gottesreiches, könnte man sagen, vollendet hatte, wie wird es gehalten im vorgelesenen Evangelium? Unter allen Gleichnißreden des Heilandes gibt es kaum eine erschütterndere als eben diese. Der König, der mit seinen Knechten rechnet und dem Schuldner die schwere Summe nachsieht, dieser wie zum Hohne dafür den Mitknecht, der in derselben Lage ihm gegenüber ist, unbarmherzig drängend, dann das Gericht des mit Recht zornigen Herrn, in der That es ist

ein ernstes Bild aus den Tiefen des Menschenlebens, das vom Gottesreich noch immer so ferne ist. Ihm näher zu kommen, laßt es uns heute eingehend betrachten.

"Herr, habe Geduld mit mir", so rufen auch wir heute schmerzerfüllt. Du aber, Vater, hilf, daß unsre Liebe reiner und reicher werde, so ist uns geholfen. Amen.

I. Im ernsten Bilde benn aus ben Tiefen bes Menschenlebens, bas uns bas heutige Evangelium vor bie Seele stellt, betrachtet zunächst bes Baters Liebe. Denn es ist ja selbstverständlich, in ber Gleichnißrebe unsers Evangeliums ist ber König ber himmlische Bater, bie Knechte, mit benen er rechnen will, sinb bie Menschenkinder. „Unb", so hörten wir, „als er anfing zu rechnen, kam ihm einer vor, ber war ihm zehntausenb Pfunb schulbig. Da er es nun nicht hatte zu bezahlen, hieß ber Herr verkaufen ihn unb sein Weib unb seine Kinder unb Alles, was er hatte unb bezahlen. Da fiel ber Knecht nieber unb betete ihn an unb sprach: Herr habe Gebulb mit mir, ich will bir Alles bezahlen. Da jammerte ben Herrn besselbigen Knechtes unb ließ ihn los unb bie Schulb erließ er ihm auch".

Welch ein Bilb, Geliebte. Der König hatte bem Knecht einen Theil seiner Vermögensverwaltung anvertraut. Als er Rechnung legte, fehlte ihm eine unermeßliche Summe, benn bie zehntausenb Pfunb bes Evangeliums sinb nach unserm Gelbe viele Millionen Gulben. Nach bem strengen Buchstaben bes Rechtes hätte er ihn unb sein ganzes Haus in bie Knechtschaft können verkaufen lassen; aber bie Bitte bes Unglücklichen rührte sein Herz, baß er ihm bie Schulb erließ. Sagt, kann man bie ergreifenbe Thatsache besser bezeichnen als mit bem kurzen Worte bes Apostels Johannes: „Gott ist bie Liebe".

Unb bie Geschichte bes Knechtes ist bie Geschichte ber Menschheit unb jebes einzelnen Menschenherzens. Wie ein voller Strom bes Segens ergießt sich seine Liebe burch bie ganze Schöpfung. Die Erbe ist voll ihrer Güter unb vom Himmel herab leuchten ihre „Zeichen unb Wunder". „Ein Tag sagt es bem anbern unb eine Nacht thut es kunb ber anbern. Da ist keine Sprache noch Rebe, ba man nicht ihre Stimme höre." Unb hochbegnabigt vor allen anbern Wesen steht mitten unter ben Werken ber Schöpfung als herrlichstes Zeugniß seiner Liebe ber Mensch ba, barum weil ihn Gott zu seinem Bilbe geschaffen. Das Auge, bas erhobenen Blickes ben Himmel sieht, bie Sinne, unerschöpflicher Freuden Quell unb Weg, ber Geist, ber bas Unenbliche unb Vollkommene zu benken, bas Göttliche zu ergreifen unb bie ewigen Ziele seines Daseins zu fassen vermag, sein ganzes Wesen, wie sprechen sie so laut unb vernehmlich mit bem Worte bes Herrn in ber Schrift: „ich habe bich je mehr unb mehr geliebet, barum habe ich bich zu mir gezogen aus lauter Güte".

Unb wie wirb ber Denkenbe in jebem einzelne Falle bieser Liebe unb Güte aufs neue inne. Wie ben Knecht im Evangelium, so stellt ber große König jeben Einzelnen auf bie ihm entsprechenbe Stelle, wie seine Anlagen, seine Kräfte, der geheimnißvolle Plan des Weltganzen es erfordert. Und meine nur ja nicht in Hochmuth und Eitelkeit des Herzens, daß du auf dem unrechten, zu niedrigen Platze seiest; ach daß du doch den, den du hast, mit rechter Treue ausfülltest! Aber wenn der Herr rechnet mit uns, wer bleibt nicht in seiner Schuld? Und da, da zeigt sich nun seine Barmherzigkeit. Sieh, das böse Wort, das du dort in ungerechtem Zorne sprachst, das den besten Freund dir nehmen mußte, wenn es zu seinen Ohren kam, er hat es ungehört verhallen lassen. Jene Nachlässigkeit in deinem Berufe, die, wenn sie offenkundig geworden wäre, dir die Achtung aller Guten hätte rauben müssen, hat er stille wieder gut zu machen dir Zeit gegeben. Die heimliche Sünde, deren dein schuldbewußtes Herz dich anklagt, hat er zugedeckt mit seiner Liebe. Ja, wir Alle, wenn wir prüfend in unser Herz blicken und uns nicht selbst täuschen, müssen bekennen, daß wir in der „Rechnung" vor unserm König nicht bestehen können, daß wir fort und fort tief in der Schuld seiner Gnade bleiben und nur durch seine Barmherzigkeit sind, was wir sind, darum fort und fort vor ihm niederfallen, ihn anbeten und sprechen müssen: „Herr, habe Geduld mit mir".

II. Und wir, wir, wie vergelten wir solche Liebe des Vaters? Nun sehet in unsers Evangeliums ernstes Bild aus den Tiefen des Menschenlebens und entsetzet euch da über des Menschenherzens Lieblosigkeit. „Da ging", so lesen wir im Evangelium, „derselbige Knecht hinaus und fand einen seiner Mitknechte, der war ihm hundert Groschen schuldig und er griff ihn an, würgete ihn und sprach: bezahle mir, was du mir schuldig bist. Da fiel sein Mitknecht nieder und bat ihn und sprach: habe Geduld mit mir, ich will dir Alles bezahlen. Er wollte aber nicht, sondern ging hin und warf ihn ins Gefängniß bis daß er bezahlete, was er schuldig war."

Ja, so ist es. Derselbige Knecht, der vor wenig Augenblicken vor dem König auf den Knieen gelegen mit der Bitte: Herr, habe Geduld mit mir, der drängte nun den Mitknecht zu derselben ängstlichen Bitte. Hatte er schon vergessen, wie ihm zu Muthe gewesen vor des Herrn Zorn? Und derselbe Knecht, dem der König zehntausend Pfund erlassen, wollte den Mitknecht um hundert Groschen zwingen. Hatte denn das große unvorhergesehene Glück auch nicht eine Saite seines Herzens milde gestimmt, daß ihm bei dem Mitknechte billig erschienen, was ihm soviel mehr zu Gute gekommen? Und derselbe Knecht, der auf sein Flehen „Herr, habe Geduld mit mir" bei dem König Erbarmen gefunden, hörte dasselbe Wort des Mitknechtes ohne Erbarmen und wollte nicht Geduld haben, sondern warf ihn ins Gefängniß, das ihm um der viel größern Schuld willen geschenkt worden war. Wo ist das bessere Gefühl, das durch solche Erbarmungslosigkeit nicht empört würde?

Und doch, meine Brüder, das sind Züge aus dem Menschenleben, wie sie auch heute vorkommen. Auch heute noch herrscht in so vielen Seelen die Selbstsucht, die nur sich kennt und dann die nothwendig daraus erwachsende Lieblosigkeit, die, wie der Reif die zarte Frühlings= pflanze, jeden Keim des Göttlichen tödtet. Und zwar fehlt es dem Lieblosen auch an beruhigenden Gründen nicht. Ich bin in meinem Rechte, spricht er, wenn er die Schuld mit Strenge einfordert, wenn er mit Zornrede die Zornrede erwidert, wenn er beleidigt die Hand zur Versöhnung nicht bieten will. Nun, auch der Knecht im Evan= gelium, der die hundert Groschen bezahlt haben wollte, war im „Rechte", und doch, was sagst du zu seiner That? Es gibt ein Höheres, als den Buchstaben des Rechtes, im Gottesreiche, das ist der Geist der Liebe, die da überall milde verfährt und nachsichtig und schonend, die da nicht trotzig auf den Schein pocht, den sie hat, sondern das Gewissen fragt, fragt: wie würde das dir in demselben Fall gefallen?

Und ach, wie oft ist dieß im Leben nicht der Fall! Wer Gelegen= heit hat, in die Tiefen desselben hineinzublicken, der meint oft in einen dunkeln Abgrund voll Sünde zu sehen. Wo um einer vereinzelten That der Leidenschaft willen langjährige Freunde sich trennen und keiner in seiner Herzenshärtigkeit zuerst die versöhnende Hand erheben will; wo in liebloser Ehe ein böses Wort die gern ergriffene Veranlassung wird, den Ernst und die Heiligkeit der Pflicht und des Eides von sich abzuschütteln; ja wo, fast das Entsetzlichste, das dem Menschen be= gegnen mag, das Kind dem Vater den Rücken kehrt voll Feindschaft, weil es ein wirkliches oder vermeintliches Unrecht nicht vergessen will, dem vielleicht alternden und kranken Vater, der es einst auf den Händen getragen, dessen flehenden Blick „habe Geduld mit mir" es hartherzig von sich abweist! Und er, der Vater im Himmel läßt täglich seine Sonne über ihm aufgehen; wenn er nun einmal spräche: „bezahle du mir, was du mir schuldig bist".

III. Wenn du aber also handelst, so muß er es sprechen, eben um der Gerechtigkeit willen, auf die du vielleicht übermüthig pochst. Blick hin, das ernste Bild unsers Evangeliums zeigt dir auch der Sünde Strafe. „Da aber die Mitknechte solches sahen, wurden sie sehr betrübt und kamen und brachten vor ihren Herrn Alles, was sich begeben hatte. Da forderte ihn sein Herr vor sich und sprach zu ihm: du Schalksknecht, alle diese Schuld habe ich dir erlassen, dieweil

bu mich bateſt; ſollteſt bu benn bich nicht auch erbarmen über beinen
Mitknecht, wie ich mich über bich erbarmt habe? Unb ſein Herr warb
zornig unb überantwortete ihn ben Peinigern, bis baß er bezahlte Alles,
was er ihm ſchulbig war".

Unb bas kann nicht anbers ſein, meine Brüber, ſo gewiß es eine
göttliche Gerechtigkeit gibt. Wir ſelbſt ſprechen uns jeben Tag bas
Urtheil, an bem wir beten „unb vergib uns unſre Schulb, wie wir ſie
vergeben unſern Schulbigern". Unb bie Stunbe bieſes Urtheils kommt
gewiß, benn „bas Himmelreich iſt gleich einem Könige, ber mit ſeinen
Knechten rechnen wollte". Daß bieſes Reich aber, bas Reich ber göttlichen Beſtimmung, ber göttlichen Ordnung, ber göttlichen Vergeltung
ſchon hienieben beginnt, wißt ihr. Unb bieſer Rechnung Vollzug iſt
in unſerm Evangelium nach einer boppelten Richtung geſchilbert.
Einmal „ba ſeine Mitknechte ſolches ſahen, wurben ſie ſehr betrübt unb
brachten es vor ihren Herrn". Im Urtheil ber Mitmenſchen vollzieht
ſich ſchon ein Gericht über ben Hartherzigen, Unverſöhnlichen, Lieblofen.
Sieh, wie über ihn ſein Haus, ſeine Genoſſen, ſeine Heimath ſeufzen,
wie jeber ſeine Schwelle meibet, ber ſie nicht betreten muß unb bie
eigene Sünbe gegen ihn zum Himmel ſchreit. Dann aber kommen bie
„Peiniger", benen ber Herr ihn „überantwortet". Denn einmal hört
bie Verblenbung boch auf; bie rechte Einſicht bleibt nicht ewig aus;
bas Gewiſſen erwacht, bie Reue kommt. Wenn auch nur bann, wenn
bie Noth ba iſt, bie ber Herr ſchickt, weil bu ber freunblichen Stimme
bes Glückes nicht folgteſt, wenn bie Krankheit bich aufs einſame Lager
legt unb nun bas Bilb bes armen Mitknechtes in ſtillen Stunben hinantritt, ben bu „würgteſt" um beiner „Groſchen" willen, während bir
ber König Tauſenbe von Pfunben geſchenkt. Unb wenn ſie ausblieben,
bie letzte ernſte Rechnung bleibt gewiß nicht aus, bie bann beginnt,
wenn ber Geiſt bieß Erbenkleib niebergelegt unb bamit alle Luſt unb
Eitelkeit bes Erbenſinnes aufhört, beſſen Lockungen bas Herz ver-
härteten gegen bes Nächſten Luſt unb Leib. Unb bavon ſteht im
Evangelium, wie bem unbarmherzigen Knechte, „alſo wirb euch mein
himmliſcher Vater auch thun, ſo ihr nicht vergebet von euren Herzen
ein Jeglicher ſeinem Bruber ſeine Fehler". Wie es an einem anbern
Orte ſteht: „ſelig ſinb bie Barmherzigen, benn ſie werben Barmherzigkeit erlangen".

Gewiß, es iſt ein ernſtes Bilb aus ben Tiefen bes Menſchenlebens,
bas einfache Gleichniß unſers Evangeliums. Wir ſehen barin bes
Vaters Liebe, bes Herzens Lieblofigkeit, ber Sünbe Strafe. Unb wer
es mit rechtem Sinne betrachtet, was kann er anbers als beten „Herr

habe Geduld mit mir", doch zugleich: ach hilf, daß ich die gleiche Geduld habe mit den Brüdern. Denn das Himmelreich besteht in der Liebe, die selbst große Schuld vergibt, besteht im Verzeihen und Vergessen, im neuen Leben und im Frieden, die daraus erwachsen.

Selige Zeit, wann wirst du einmal kommen? Amen.

XXIII. nach Trinitatis.

Ein neues Wort von den Segnungen der Kirchenverbesserung.

(1866.)

„Die Welt war todt, die Herzen arm, Das „Reich" war auf= gegeben; Da kam die Gluth, da ward es warm, Da braust ein Sturm ins Leben, Da brach entzwei die Todtengruft, Weht an die Brust mit Freiheitsluft.

„Und wie der böse Feind seither Will Gottes Werk zersplittern, Es hebt der Glaube stark und hehr Sein Haupt aus Ungewittern. Er singt und macht die Welt zu Spott: „Ein feste Burg ist unser Gott"". Amen.

Ja „ein' feste Burg ist unser Gott, ein' gute Wehr und Waffen", so steigt heute und in diesen Tagen aus Millionen dankbaren Herzen der besten und gebildetsten Menschen das tief empfundene Wort des Preises zum Himmel hinauf und je gewaltiger die Zeit mitten in schwerem Ringen zeigt, daß Alles, was mit des Herrn Geist im Wider= spruche steht, in Staub zerfallen muß, um so getroster sprechen auch wir mit dem frommen Psalmisten in freudigem Hinblick auf den Tag, den er uns wiedergebracht hat: „Gott ist unsre Zuversicht und Stärke, eine Hülfe in den großen Nöthen, die uns getroffen haben; darum fürchten wir uns nicht, wenngleich die Welt unterginge und die Berge mitten ins Meer sänken. Wenngleich das Meer wüthete und wallete und von seinem Ungestüm die Berge einfielen, dennoch soll die Stadt Gottes fein lustig bleiben mit ihren Brünnlein, da die heiligen Woh= nungen des Höchsten sind".

Denn heute, geliebte Christenbrüder, hat uns die heilige Ordnung unserer Kirche wieder das Hochfest der Erinnerung an ihren Ursprung gebracht. Wiewohl nämlich der denkende Geist von tausend Segnungen unseres kirchlichen Lebens auf diese Quelle zurückgeführt wird, — hie= her wenn das heilige Lied den begeisterten Herzen entströmt, hieher

wenn das reine Gotteswort in der Muttersprache die Seele erbaut,
oder das theure Bibelbuch in der eigenen Mundart uns offen steht,
oder Zucht und Unterricht der Volksschule des Volkes Zukunft, wie ihr
beutungsvoller Name sagt, in ihre erziehende Pflege nimmt: der heutige Tag führt auch in unmittelbarer äußerer Veranlassung auf jene
herrliche Großthat des christlichen Geistes hin, die dem gesammten
geistigen und sittlichen Leben der Christenheit neue Bahnen schuf.

Es war ja Ende Oktober 1517, als der Mann Gottes Dr. Martin
Luther in Wittenberg jene 95 Sätze an die Schloßkirche anschlug, in
denen er zu öffentlicher Belehrung die schwersten und gefährlichsten
Irrthümer der damaligen Kirchenlehre allem Volk warnend ans Herz
legte. Denn was hatten sie aus dem Gottesreiche des Herrn im Laufe
jener dunkeln Jahrhunderte gemacht? Seine reine und einfache Pre-
bigt, die einst die Herzen so gewaltig ergriffen, war verstrickt in ein
Irrgewinde unverstandener Formeln. Der Buchstabe hatte den Geist
getöbtet. Glaube und Aberglaube waren fast untrennbar in einander
verschlungen. Das Wort von der erlösenden Liebe hatte sich in die
starre Satzung von einer Buße umgewandelt, die das Herz nicht bessern
konnte, weil man es mit fremdem Verdienste im Todesschlaf der Sünde
gefesselt hielt und für Geld käuflich pries, was nur durch die Wiedergeburt des eigenen Wesens in schwerer sittlicher Arbeit errungen werden
kann. Eine drückende Bevormundung der Geister schlug jede Regung
zum Licht durch Kerker und Scheiterhaufen nieder, bis das tiefschmerz-
liche Klagewort des Propheten in Erfüllung ging: „Das ganze Haupt
ist krank, das ganze Herz ist matt".

Und doch, Geliebte, wie wir auch aus dem Evangelium vor 14
Tagen und 3 Wochen erkannten, das Göttliche ist unüberwindlich und
kann nie ganz unterdrückt werden. Das Licht vom Himmel läßt sich
nicht verdrängen. Als die Zeit erfüllt und die lange Nacht endlich
über war, da „ging er wieder auf, der Morgenstern". Was stille
in tausend Herzen glühte, die Sehnsucht nach dem Heile, kam endlich
zu Wort und That an jenem Segenstag, dessen Erinnerung wir heute
festlich begehen. Und von da an ließ die große Bewegung der Geister
sich nicht mehr zurückbrängen, die Kirchenverbesserung begann und
kam zum Abschluß. Die besten Männer der Zeit, die edelsten Kräfte
des deutschen Volkes stellten sich in ihren Dienst. Gegen den Bann-
fluch von Rom vertheidigte Luther in Worms vor Kaiser und Reich
siegend das reine Evangelium. Dafür stritten die Gelehrtesten seiner
Zeit mit der Macht ihrer Wissenschaft. Und die Städte und Ritter
und Fürsten schlossen sich nicht aus von dem Heilwerke, sondern brängten

sich wetteifernd dazu. Als die Gottesgelehrten auf dem Reichstag in Augsburg ihr Bekenntniß, oder die evangelische Confession übergeben sollten, woher die Evangelischen auch den Namen A. C. B. führen, da sprach der fromme Kurfürst Johann von Sachsen zu ihnen: das wolle Gott nicht, daß ihr mich davon ausschließet, ich will dieses auch mit bekennen. Wenige Tage früher hatte der heldenmüthige alte Markgraf Georg von Brandenburg dem Kaiser erklärt: ehe ich wollte Gott und sein Evangelium verleugnen, ehe wollte ich mir den Kopf abhauen lassen. Und der ritterliche Fürst Wolfgang von Anhalt sprach: ich habe für gute Herren und Freunde manchen Ritt gethan, warum sollte ichs meinem Herrn und Erlöser zu Ehren und Gehorsam nicht auch einmal thun und mein Leben daransetzen. Die Abgesandten von Nürnberg aber schrieben an ihre Mitbürger: „unseres Erachtens ist, nicht zu weichen, wir wollten denn eines Menschen Gnade höher anschlagen, als Gottes Huld".

Alle diese Männer, Geliebte, und Tausende mit ihnen und darunter auch unsere Väter, sie setzten freudig Leib und Leben, Gut und Ehre an die Erhaltung des reinen Evangeliums, weil sie den Segen kannten, oder auch nur ahnten, der daraus für alle Verhältnisse ströme.

Lied 206, 1: Wenn Christus seine Kirche schützt.

Evangel. Matth. 22, 15—22.

Da gingen die Pharisäer hin und hielten einen Rath, wie sie ihn fingen in seiner Rede; und sandten zu ihm ihre Jünger sammt Herodis Dienern und sprachen: Meister, wir wissen, daß du wahrhaftig bist und lehrest den Weg Gottes recht und du fragest nach Niemand, denn du achtest nicht das Ansehen der Menschen. Darum sage uns, was dünkt dich? Ist es recht, daß man dem Kaiser Zins gebe oder nicht? Da nun Jesus merkte ihre Schalkheit, sprach er: ihr Heuchler, was versucht ihr mich? Weiset mir die Zinsmünze. Und sie reichten ihm einen Groschen dar. Und er sprach zu ihnen: weß ist das Bild und die Überschrift? Sie sprachen zu ihm: des Kaisers. Da sprach er zu ihnen: so gebet dem Kaiser, was des Kaisers ist, und Gott, was Gottes ist. Da sie das hörten, verwunderten sie sich und ließen ihn, und gingen davon.

Das vorgelesene Evangelium zeigt uns den Herrn, wie so oft, verfolgt von den Angriffen seiner Gegner. „Sie hielten einen Rath, wie sie ihn fingen in seiner Rede". Doch was vermag menschlicher Wahnwitz gegen die Macht des Göttlichen? Wider seinen Willen trug er bei zur Verherrlichung des letztern und das Gottesreich ging siegend hervor aus den „Versuchungen" der Feinde.

Die Reformation oder die Kirchenverbesserung aber ist nichts anders als die Wiederherstellung des von der Sünde der Zeit zerstörten Gottes-

reiches. Darum faßt auch unser Evangelium einige bedeutungsvolle
Züge jener großen geisterbefreienden That in sich und in der Rede der
Feinde und in der ernsten Mahnung des Herrn findet der denkende
Geist überrascht

ein neues Wort von den Segnungen der Kirchenverbesserung.

Laßt uns denn heute der Bedeutung des Tages entsprechend hiebei
verweilen, und damit den Inhalt der letztjährigen diesbezüglichen An-
dachtsstunden weiterführen.

„Herr, wohin sollen wir gehen, du hast Worte des ewigen
Lebens", so rufen wir heute mit deinen Jüngern. O, so laß uns
sie verstehen und wandeln als solche, denen „die Nacht vergangen
und der Tag angebrochen". Amen.

I. Ein neues Wort von den Segnungen der Kirchenverbesserung,
— so verstehet es denn: sie hat uns befreit von der Knechtschaft
der Menschensatzungen. So sprechen, freilich in bösen Listen, die
Jünger der Pharisäer zu dem Herrn nach unserm Evangelium: „Meister,
wir wissen, daß du wahrhaftig bist und lehrest den Weg Gottes recht
und du fragest nach Niemand; denn du achtest nicht das Ansehen der
Menschen"; das Wort aber gilt in guten Treuen wie von dem Herrn,
so von der in seinem Namen vorgenommenen Kirchenverbesserung.

Ja „du lehrest den Weg Gottes recht, denn du achtest nicht das Ansehen des Menschen", das war Luthers und seiner Mitstreiter leitender
Stern und damit lösten sie die schwersten Fesseln, in welchen die Kirche
zu ihrer Zeit schmachtete. Waren doch Menschensatzungen an die Stelle
des Gottesworts getreten und der Buchstabe hatte den Geist getödtet.
Umsonst hatte Christus den Seinen verkündet: „kommt her alle zu mir,
die ihr mühselig und beladen seid, ich will euch erquicken", umsonst
verheißen: „so ihr etwas bitten werdet in meinem Namen, der Vater
wird es euch geben", durch den Einfluß des Heidenthums und altjüdischer
Einrichtungen hatte sich ein Priesterthum in der Kirche entwickelt, von
dem sie behaupteten, daß dieses allein die Gemeinschaft zwischen Christus
und den Gläubigen vermitteln könne und daß Niemandem die Pforte
des Gottesreichs sich aufthue, dem sie nicht der Priester öffne. Und an
des Priesterstandes Spitze stehe der Bischof von Rom, der Gottes
Stellvertreter auf Erden sei und als solcher die unbedingte Macht der
Sündenvergebung besitze und unfehlbar sei, der staubgeborne Erdensohn,
in Allem, was er thue und lasse. In dieser seiner behaupteten Macht-
vollkommenheit hatte er den Geistlichen die christliche Freiheit der Ehe

untersagt und allem Volke wider des Herrn ausdrücklich Gebot das heilige Abendmahl verstümmelt, hatte verboten, daß es in der Schrift lese, deren alleinige Auslegung er für sich in Anspruch nahm, ließ lehren, daß man hinter Klostermauern leichter zu der Seele Seligkeit gelangen könne, ja erklärte durch seinen Ausspruch einige Menschen für Heilige, die er neben Gott der Kirche zur Verehrung hinstellte, wiewohl doch der Herr ausdrücklich gesagt, Niemand sei gut, denn der alleinige Gott. Und diese Heilige, wie sie sie nannten, behaupteten sie, hätten mehr Gutes gethan, als ihr Bedürfniß grade erfordert, und daraus sei ein Schatz guter Werke entstanden, von dem der Bischof in Rom Sündern zur Versöhnung mit Gott Ablaß um Geld gebe. So und in vielem Andern hatte sich erfüllt, wovor der Apostel vorahnend seine Gemeinden so ernst gewarnt, als er sprach: „sehet zu, daß euch Niemand beraube, durch die Weltweisheit, durch lose Verführung nach der Menschen Lehre und nach der Welt Satzungen und nicht nach Christo". Es war eine Knechtschaft hereingebrochen über die Geister der Menschen, die die heiligen Ziele des Gottesreichs in unentwirrbares Dunkel verhüllte.

So möget ihr ermessen, Geliebte, welch' ein Segen es war, als die Kirchenverbesserung endlich wieder „den Weg Gottes recht lehrte" „nicht achtend das Ansehn der Menschen", sondern allein nach Gott und seinem Worte „fragend", wie Luther auf jenem großen Tage vor Kaiser und Reich in Worms heldenmüthig erklärte: „es sei denn, daß ich mit Zeugnissen der heiligen Schrift, oder mit öffentlichen hellen und klaren Gründen überwunden werde, sonst kann ich nicht anders". Und damit sank nach dem schönen Worte unseres Honterus „so viel Ärgerniß der menschlichen Satzungen", es sank die bis dahin für unüberwindlich gehaltene eherne Mauer, die die heilsbedürftige Seele vom Gotteswort trennte; der Freiheit der geistigen Entwicklung war wieder eine Gasse gemacht und das Größte und Edelste, was die Welt auf diesem Gebiete seither beglückt hat, verdanken wir dem Segen jenes Grundsatzes, daß kein Menschenansehn, nicht das Höchste, der freien, Gott zustrebenden Forschung eine Schranke sein dürfe.

II. Doch nicht nur von dem Bann der Menschensatzungen hat die Kirchenverbesserung den aufwärtsstrebenden Geist befreit, sie hat zugleich das Gewissen in sein heilig Recht wieder eingesetzt. Wie der Herr in dem heutigen Evangelium den ihn versuchenden Heuchlern zürnend zuruft: „gebt Gott was Gottes ist", Gottes Stimme in der Menschenseele aber zunächst durch das Gewissen spricht, so ist die Reformation wesentlich eine That des geängstigten und nach Frieben ringenden Gewissens gegen jene sündhafte Lehre, die damals die

Herzen verwirrte, der Seele Seligkeit könne errungen werden auch durch äußere todte Werke, von denen das Herz nichts wisse und wozu eine geistige und sittliche Wiedergeburt nicht erforderlich sei.

Dagegen wandte sich die Reformation an die Tiefen des Gewissens: „gebet Gott, was Gottes ist". Er will nicht euer Fasten, nicht euer Klostergelübbe, nicht euer Geld um Ablaß, er will euer Herz, daß ihr ihn „liebet von ganzem Gemüthe, von ganzer Seele, aus allen Kräften und den Nächsten als euch selbst", daß ihr euch bekehret von eurem bösen Wesen, daß ihr von neuem geboren werdet im Geist und in der Wahrheit. Und wie er von außen an euch herantritt und zu euch spricht durch die Natur, durch eure Schicksale, durch den großen Gang der Weltbegebenheiten, durch das heilige Wort seiner Offenbarung, so lebt sein Gebot noch unmittelbarer in uns, in jenem unauslöschlichen Bewußtsein des Guten und Bösen, das da ist ein Hauch seiner Wahrheit und Heiligkeit. Und nur das ist ein rechtes und volles Eigenthum des Geistes, was hervorgegangen ist aus den Tiefen dieses Gewissens, wo nicht ein äußeres Gesetz, ein Herkommen, eine fremde Macht, sei es Furcht, sei es Hoffnung, die Gesinnung oder die That bestimmt, sondern was im stillen Innern die Überzeugung geschaffen, die sich eins weiß mit ihm und die deßhalb eben anders „nicht kann". So sprach Luther auf jenem denkwürdigen Reichstag in Worms, als sie ihn zum Widerruf zwingen wollten: „ich kann und will nichts widerrufen, weil mein Gewissen in Gottes Wort gefangen ist und weder sicher noch gerathen, etwas wider das Gewissen zu thun". Und als wenig später die Anhänger der alten Kirche auf dem Reichstag in Speier durchsetzten, daß man die freie Verkündigung des reinen Evangeliums verbot, da protestirten die Anhänger desselben — und davon heißt unsre Kirche auch die protestantische — weil in Sachen des Glaubens nicht die Mehrheit, sondern nur das Gewissen entscheide, das dafür einst Rechenschaft geben wird vor Gott.

So hat die Kirchenverbesserung das Gewissen wieder in sein heiliges Recht eingesetzt und so der lang verbannten rechten Frömmigkeit abermals eine Heimathsstätte eröffnet in den Herzen der Menschen, damit aber zugleich der Gewissensfreiheit eine unzerstörbare Wohnung bereitet unter ihren Geschlechtern. Siehe während sie in alter Zeit Kerker und Scheiterhaufen zu Wächtern stellten neben den Glauben, die evangelische Kirche verschmäht sie. Für sich und alle andern will sie Glaubens- und Gewissensfreiheit, weil sie weiß, daß nur das gilt und Werth hat vor Gott, was offen und ohne Trug unter ihrem Schirme erwächst. Mit dem Apostel Paulus spricht sie: „der Gerechte wird seines

Glaubens leben" und wenn der Heuchler versuchend an sie herantritt, ruft sie ihm mit jenem frommen Fürsten zu: über die Gewissen hat sich Gott allein die Herrschaft vorbehalten, darum „gebet Gott, was Gottes ist".

III. Und nun, nur auf eins noch wendet in dieser Feststunde kurz den Blick, die Kirchenverbesserung hat endlich auch der bürgerlichen Ordnung die ihr gehörige Stellung zurückgegeben. „Gebet dem Kaiser, was des Kaisers ist", spricht der Herr in unserm Evangelium, ein Wort voll tiefer Bedeutung, das in den finstern Jahrhunderten vor der Reformation oft Gegenstand bösen Streites zwischen Priesterthum und Krone gewesen ist.

Denn als unter dem Einfluß mannigfacher Verhältnisse der Bischof von Rom an die Spitze der abendländischen Christenheit gekommen war und seine Behauptung, daß er Christi Stellvertreter auf Erden sei, in der Unwissenheit jenes Zeitalters vielfach Glauben fand, da lehrten sie, nur die damalige Kirche sei eine göttliche Ordnung auf Erden, und Alles, was nicht ihr angehöre, eigentlich ein Theil des Bösen, das eben deßhalb die Kirche bekämpfen und beherrschen müsse. Wie am Himmel zwei Lichter seien, Sonne und Mond, so seien auf der Erde zwei Gewalten, Priesterthum und Königthum, aber, wie die Sonne, so sei jenes das größere und dieses zu seinem Gehorsam bestimmt. Oder, wie der Leib dem Geist dienen müsse, so müsse alle weltliche Macht der Kirche dienen. Die Kirche aber war eben nach jener Lehre nicht die Gesammtheit der Gläubigen, die die Reformation wieder zu Ehren brachte, sondern das Priesterthum. So sanken alle Lebensgebiete neben diesem in dunkle Schatten und die bürgerliche Ordnung namentlich, das Recht des Staates, es galt, in seiner gesammten Entwicklung gehemmt, nur soweit, als jenes es zuließ. Viel Blut ist darüber und viele Thränen sind im Lauf der Jahrhunderte geflossen und die Geschichte erzählt, wie die Hoheit des Volksthums und des Bürgerthums in den Staub sank, wenn seine Könige und Fürsten im härenen Gewande Buße thun mußten, weil sie nicht Gottes Wort, sondern des Papstes Gebot übertraten.

Die Reformation brachte da erst die Rückkehr zu den natürlichen Grundlagen. „Gebet Gott was Gottes ist und dem Kaiser was des Kaisers ist". Sie befreite die Völker von der Tyrannei jener Priesteranmaßung. Sie lehrte das Evangelium wieder verstehen, wornach die bürgerliche Ordnung die Ziele der Gemeinde, des Staates ein unabhängiges Lebensgebiet für sich bilden, das zu seinem Dasein und Wirken die Eigenberechtigung in sich selbst hat. Auch sie sind demnach eine göttliche Ordnung, ihre Aufgabe, das Recht zu schützen und mit gemeinsamer Kraft die höhern Güter des Lebens allen zugänglich zu machen, ist eine tief sittliche. Und das erkannt zu haben und dem Volksleben und dem Bürgerthum dadurch edlere Ziele gesetzt, es gewissermaßen in das Gottesreich hineingezogen, es mit göttlichem Odem durchgeistigt zu haben, ist ein Verdienst der Reformation, das heute noch in tausend Segnungen fortwirkt.

Darum, Geliebte, verschließt euer Herz nicht dem neuen Worte von den Segnungen der Kirchenverbesserung. Sie hat uns befreit von der Knechtschaft der Menschensatzungen, sie hat das Gewissen in sein heiliges Recht wieder eingesetzt und der bürgerlichen Ordnung die ihr gehörige Stellung zurückgegeben. Und alle die Segnungen, die daraus strömen, sollen auch unser Theil sein. Wohlan sind sie es denn? Sind wir in der That evangelische Christen? d. h. sind wir aus der Knechtschaft der Menschensatzungen eingetreten in die „herrliche Freiheit der Kinder Gottes"; ist an der Hand seines heiligen Wortes seine Stimme in uns, das Gewissen, die bewegende Kraft unseres Lebens; betrachten wir die bürgerliche Ordnung als einen Theil des Gottesreiches, auch darin nach dem Göttlichen strebend? Meine Brüder, auch hier gilt das Wort eines frühern Evangeliums „an ihren Früchten sollt ihr sie erkennen". Amen.

XXIII. nach Trinitatis.

Der Abschiedssegen des scheidenden Seelsorgers.

(Abschiedspredigt in Agnetheln.)

(1867.)

„Was ist der Mensch, daß Du sein gedenkest, und des Menschen Sohn, daß Du dich sein annimmst", so stammelt heute abermals das bankerfüllte Herz, wenn es die Gnadenfülle übersiehet, mit der Du, Herr Herr, uns segnest. Ja „ich bin zu geringe aller Barmherzigkeit und Treue, die Du an mir gethan hast", so betet die demüthige Seele, die von Tag zu Tag aufs neue inne wird, daß „unsre Hülfe kommt von dem Herrn, von dem Hüter Israels, der schläft noch schlummert nicht". O, so bleibe auch weiter bei uns, Vater des Lebens; ja bleibe bei ihm, den du nun gehen heißest aus dieser Deiner Gemeinde, wo Du ihm eine Heimath voll Liebe, ein gesegnetes Arbeitsfeld für Dein Reich geschaffen, also daß ihm fast bange wird, wenn er des nahen Abschieds gedenket; o, bleibe bei ihnen, die Du Dir hier gesammelt, „daß Deine Gnade ihr Trost sei und Dein Reich durch sie gemehret werde". Ja, laß uns alle erfahren, was Du durch Deinen Propheten verkündigt, daß „die auf den Herrn harren, kriegen immer neue Kraft, daß sie auffahren mit Flügeln wie die jungen Adler, daß sie laufen und nicht ermatten, daß sie wandeln und nicht müde werden". Amen.

„Kommt, laßt uns anbeten und knieen und niederfallen vor dem Herrn. Denn er ist unser Gott und wir das Volk seiner Weide. Heute, so ihr seine Stimme höret, so verstocket eure Herzen nicht": also ruft uns mit den Worten des heiligen Sängers der heutige Sonntag zu, der uns zu dreifach ernster Andacht in unserm altehrwürdigen Gotteshaus versammelt hat.

Denn das Kirchenjahr, geliebte Christenbrüder, geht mit ihm zu Ende; ein neuer Ring von heiligen Festkreisen, geweihten Andachten und ehrwürdigen Ordnungen, bestimmt das Herz dem Himmel zuzuführen, schließt seine Kreise um den Stamm unsers Lebens und der denkende Christ kann die Frage nicht abweisen: wie benütztest du die Anstalten des Heils, die der Herr darin dir aufgeschlossen, wie hörtest du auf seine Stimme, die darin dir rief, wie nahmst du ihn auf, den König, dessen Einzug in sein Reich dir am Anfang dieses Kirchenjahrs so eindringlich verkündet wurde? Und mit diesem tiefernsten letzten Sonntag des Kirchenjahrs, der uns zum prüfenden Rückblick drängt auf das Saat- und Erndtefeld des sittlichen und religiösen Lebens, hat die fromme Sitte der Väter zugleich das Dankfest verbunden für den Segen der Erndte, den uns im verflossenen Jahre der Acker des Feldes gegeben. „Schmecket und sehet doch", ruft er uns zu, „wie freundlich der Herr ist; wohl dem, der auf ihn trauet." Auch diesmal hat er „seine Hand aufgethan und erfüllet Alles, was da lebet, mit Wohlgefallen". Wieder stand das Land voll Früchte, die er geschaffen. Wie zagten die Kleingläubigen, als die Saat im vergangenen Herbste so spät in die Erde kam, und die unstäte Schneehülle fast kein zartes Hälmchen fand, das sie hätte schirmen können! Doch „wenn Er spricht, so geschieht es und wenn Er gebeut, so stehet es da". Die warme Frühlingssonne holte nach, was, wie wir meinten, der Herbst versäumt; Frühregen und Spätregen kam zu seiner Zeit; des Sommers segnende Gluth reifte die goldenen Ähren, ja selbst die Last des, zu der Menschen Entsetzen lange vor dem Winter gefallenen Schnees, wie seit

langen Jahren nicht geschehen, konnte der Gaben Fülle in Berg und
Thal nicht schaden, weil seine Hand darüber wachte. Darum schlägt
unser Herz heute in kindlichem Danken dem Vater entgegen und rühmt
mit dem Psalmisten: „preiset den Herrn, denn er ist freundlich und seine
Güte währet ewiglich".

Doch auch höhern Segens noch, geliebte Christenbrüder, erinnert
uns der heutige Tag. Was unsre Gemeinde in diesem Jahre bisher
noch nicht festlich begehen konnte, das erhebende Gedächtniß an die
heilbringende Reformation der Kirche, siehe unser Sonntag hat es
uns gebracht. Und zwar dießmal ernster und einbringlicher als je.
Denn grade vierthalbhundert Jahre haben sich am letzten October
erfüllt, seit der Mann Gottes Dr. M. Luther dort im deutschen Mutterlande das gottbegnadigte Werk der Kirchenverbesserung begann, die
das Evangelium vom Wahn der Menschensatzungen befreite, das Gewissen in seine ewigen Rechte wieder einsetzte, die Kirche, die lange
geknechtete, der Gemeinde der Gläubigen wieder zurückgab, die Bibel
in die Hände alles Volkes legte, der bürgerlichen Ordnung die rechte
Stelle im Leben anwies, die geistererlösende Wissenschaft befreite,
Schulen schuf und damit dem Fortschritt und seiner edelsten Tochter,
der wahrhaft menschlichen Bildung und Wohlfahrt eine Bahn brach
und eine Macht verlieh, die seitdeß die Welt umgestaltet hat. Und ein
Hauch ihres Geistes hat auch unser Leben angeweht; ein Körnlein ihres
Fruchtsegens ist auch in unsrer Mitte aufgegangen. Seit die Väter,
— gesegnet sei ihr Andenken, — den Tag des neuen Lichtes mit heil-
begehrendem Herzen aufnahmen und die Seelen und die Schulen und
die Kirchen und das Gemeinwesen seinem Geiste öffneten, ist all das
Beste, was wir besitzen, Frucht aus dieser Wurzel und der Tag darum,
der uns die Erinnerung jener großen geistig-sittlichen Wiedergeburt
der Kirche wiederbringt, ein Tag boppelt festlicher Erhebung.

In den freundlichen Lichtglanz des zwiefachen Festes, das, ihr
wißt aus welchen Ursachen dießmal zusammenfallend, hier dem Herrn
den Dank darbringt für den Segen des Feldes, dort Lobpreisung für
das unaussprechliche Heil der Kirchenverbesserung, mischt für mich
heute seine dunkeln Schatten der Gedanke, baß ich als Euer Pfarrer
diesen Tag jetzt zum letztenmal mit Euch feiere. Ihr kennt es, Geliebte,
das Wort aus der Höhe, das in diesen Wochen an mich ergangen.
Gehe aus, spricht es zur mir, aus der neuen Heimath, die deines Herrn
Gnade dir vor kurzem gegeben; wie schwer es dir auch falle, du sollst
die Liebe lassen, die du dort gefunden, und die Herzen, die dort für
dich schlagen und die Treue, die dort an meinem Werk dir hilft. Ich

will, daß du fortziehest aus dem stillen Thale, wo der Friede weilt und die Ruhe wohnt, denn ich habe dich bestellt zum „Wächter auf Jerusalems Mauern", daß du daselbst sorgest und will dort deine Zeit und deine Hand haben. Darum auf und säume nicht! Säume nicht — wie schwer es dir auch falle! Nun, Geliebte, die Kirche ist die Mutter und die Herrin, wir sind die Kinder und die Knechte; wer darf auf ihren Ruf nicht hören? So bleibt auch mir nichts anders übrig, als daß ich heut ein frommes Wort des Abschieds zu Euch spreche! Ehe es aber geschieht, erhebet eure Herzen zu Gott.

Lied 56, 1, 4: In allen meinen Thaten.

Text: 1 Thessalon. 5. 5, 6, 11—15.

Ihr seid allzumal Kinder des Lichts und Kinder des Tages; wir sind nicht von der Nacht, noch von der Finsterniß. So lasset uns nun nicht schlafen, wie die andern, sondern lasset uns wachen und nüchtern sein. Darum ermahnet euch unter einander und bauet einer den andern, wie ihr denn thut. Wir bitten euch aber, lieben Brüder, daß ihr erkennet, die an euch arbeiten und euch vorstehen in dem Herrn und euch vermahnen. Habt sie desto lieber um ihres Werkes willen und seid friedsam mit ihnen. Wir ermahnen euch aber, lieben Brüder, vermahnet die Ungezogenen, tröstet die Kleinmüthigen, traget die Schwachen, seid geduldig gegen Jedermann. Sehet zu, daß Niemand Böses mit Bösem vergelte, sondern allezeit jaget dem Guten nach, beides untereinander und gegen Jedermann.

Die vorgelesenen bedeutsamen Textesworte gehören, wie wir vernommen haben, dem ersten Briefe Pauli an die Thessalonicher an. Dort hatte der Apostel bei seinem ersten Ausgang von Jerusalem aus das Evangelium verkündigt, und zwar mit solchem Erfolg, daß er von ihnen rühmen konnte, siehe nun bestehet es, „bei euch nicht nur im Wort, sondern in der Kraft, darum danken wir Gott alle Zeit für euch und gedenken eurer in unserm Gebet ohne Unterlaß". Und aus diesem Geiste der Liebe erwuchs, als der Apostel der jungen Gemeinde fern weilen mußte, der erhebende Brief; aus diesem insbesondere die ergreifende Stelle, die unsern heutigen Text bildet. Laßt mich davon Veranlassung nehmen

den Abschiedssegen des scheidenden Seelsorgers
an seine Gemeinde

daran anzuknüpfen.

Ja hilf, Herr, daß dein „Evangelium auch hier sei nicht nur in Wort sondern beides in Kraft und im heiligen Geiste" zum Zeugniß, daß sie auch hier „Kinder des Lichtes und Kinder des Tages" sind. Amen.

I. Der Abschiedsfegen des scheidenden Seelsorgers an seine Gemeinde, wohlan benn, er spricht sich zunächst aus in einem Wort der
Ermahnung. Und dieses Wort, Geliebte, es knüpft sich an jenen
reichen Erndtefegen, für den am heutigen Tage unsre Herzen
dankbar zum Himmel sich erheben. Wie hat sich doch wieder erfüllt
an uns das Lied des Psalmisten: „Gottes Brünnlein hat Wassers in
Fülle. Du tränkest ihre Furchen und lässest ihre Getreide wohl gerathen. Du krönst das Jahr mit deinem Gute und deine Fußtapfen
triefen von Segen“. Wie hat der treue Fleiß wieder seinen Lohn gefunden und selbst der Armuth darf nicht bange sein; sie wird bei Arbeit
und Genügsamkeit des Brotes nicht ermangeln.

Doch der Mensch, ihr wißt es, Geliebte, „lebt nicht vom Brod
allein“. Die vollen Scheunen, die reichen Vorrathskammern, der ge-
winnbringende Verkehr, der Nutzen der fleißigen Werkstatt, sie sind noch
nicht im Stande, dem Leben die volle Befriedigung zu gewähren. Die
kehrt nicht ein, außer wo Gottesfurcht die Seele erfüllt, wo Liebe im
Herzen wohnt und der Geist in rechter Erkenntniß seiner Abkunft und
seiner Bestimmung die Gaben der Erde braucht zu den Zielen des
Himmels. Und wer da gelernt hat, den Ruf des Herrn an seine
Menschenkinder recht zu verstehen, der erkennt auch in dem Segen der
Erndte des Vaters Ermahnung, die diese Wege weist. Siehe, spricht
sie, was das Feld dir schenkte, was der Acker dir brachte, mit all' deiner
Mühe und all' deiner Plage hättest du es nicht erzeugt. Seine Liebe
gab es dir ohne dein Verdienst. Und dafür will er, der milde Vater,
nichts anders, als deine Liebe, die du ihm und den Brüdern erzeigen
sollst. „Gib mir“, ruft er darin dir zu, „mein Kind, dein Herz, und laß
deinen Augen meine Wege wohlgefallen.“ Wie der Apostel heute in
unserm Text sagt: „Darum bauet einer den andern, tröstet die Kleinmüthigen, traget die Schwachen, seid geduldig gegen Jedermann; sehet
zu, daß Niemand Böses mit Bösem vergelte, sondern jaget allezeit dem
Guten nach.“

Ja, Geliebte, das wäre ein Erndtesegen, dessen Frucht bliebe für
alle Zeit, wenn einmal mit den vollen Garben des Feldes, wie das der
Herr doch will, die Eintracht einkehrte, wo bisher die Zwietracht als
schlimmer Gast gewaltet; wenn der Blick in die gesegneten Speicher
zugleich die Seele „in die Höhe“ führte, daß sie gedächte des Dankes,
den sie ihrem Herrn schuldet, und daß sie einmal inne würde, wie alles
Gut und alles Glück der Erde nichts ist, als Rauch und Schatten, wo
der Friede und die Liebe fehlt. O daß wir darum, wenn die Erde ihre
Gaben uns spendet, wie auch in diesem Jahre, nicht vergäßen, was

wir dazu zu thun haben, den linden Sinn, der „die Ungezogenen vermahnet und die Schwachen trägt", die Liebe, die „geduldig ist gegen Jedermann", die „nicht Böses mit Bösem vergilt", sondern ohne Verbitterung „Alles trägt und Alles hofft".

Gewiß, meine Brüder, dann würde auch das andere Wort der „Ermahnung" unsers Apostels die rechte Stätte finden, wo es heißt: „bauet Einer den Andern, jaget allezeit dem Guten nach gegen Jedermann". Wie der Herr dir geholfen, ruft uns die Ernte zu, so hilf du den andern. Wie viele Noth wartet auf Hilfe; ach, von den Brosamen, die von manchem Tische fallen, könnte viel Hunger gestillt werden! Wie viel „Schwaches würde noch stark werden", wenn wir es zu rechter Zeit trügen, wie der Herr uns trägt! Wie manche Heilsanstalt würde gedeihen, wenn wir bei des Herrn Segen daran gedächten, daß wir doch auch an ihr „bauen" hülfen! Und heute insbesondre, hat nicht jene trostreiche Stiftung wieder zu uns gesprochen, die da sorgen will, daß es unsrer Kirche nie an Lehrern fehle, und die auch Söhnen unsres Kreises auf der fernen Hochschule liebende Mutter ist *).

Darum „bauet einer den andern", der scheidende Seelsorger kann euch ein besser Segenswort nicht geben. Ja Er, der Herr der Saat und der Erndte, wolle eure Äcker und eure Felder und eure Werkstätten fort und fort segnen und der treuen Arbeit und dem gewissenhaften Fleiße den Ertrag nicht versagen! Aber wenn der Segen einkehrt in eure Häuser, ach dann wolle überall auch das Herz sich öffnen dem Himmelsstrahl der Güte und Milde und Liebe, daß zum Wohlstand sich geselle die Eintracht, daß das äußere Gut die Gemüther läutere zum innern Frieden, daß was der Zeit gehört den Geist leite zu dem, der über der Zeit waltet, und ihn stark mache, bauen zu helfen an seinem heiligen Reiche.

II. Der Abschiedssegen des scheidenden Seelsorgers an seine Gemeinde, er enthält ferner ein Wort des Gebets. Und dieses Wort des Gebetes, es schließt sich an an die zweite große Bedeutung des Tages, an das Gedächtniß der Reformation, das er uns gebracht hat. Wie sagt das so ergreifend der Text unserer Betrachtung, wenn der Apostel darin auch uns zuruft: „ihr aber, lieben Brüder, seid allzumal Kinder des Lichts und Kinder des Tags; wir sind nicht von der Nacht, noch von der Finsterniß".

---

*) Die am Reformationsfest jedes Jahr wiederkehrende Bitte um milde Gaben für den theologischen Stipendienfond war vor der Auflesung des Textes eindringlich an die Gemeinde gerichtet worden.

Denn wie das Christenthum seiner Zeit den Völkern der Erde auf=
ging, eine leuchtende Sonne in dunkler Geistesnacht, so die Kirchen=
verbesserung, als Wahn und Leidenschaft der Menschen sein himm=
lisches Licht in Finsterniß verkehrt hatten. Sie schuf dem Zwange
todter Satzungen gegenüber die Freiheit der Forschung und wurde
dadurch die Mutter der Wissenschaft, die die Bahnen des Himmels
erkundend, nach den geheimsten Kräften der Natur suchend, Länder und
Meere durchfahrend, neuen Anstoß gegeben, daß Welt und Leben anders
und besser geworden sind. Überall, wohin dieser Geist des Lichtes
drang, erzeugte er des Heiles die Fülle; wie er neue staatliche Ord=
nungen begründete und kleine Völker groß machte, so hat er dem
Pfluge die ertragreichere Furche gewiesen, die Hand das kunstreichere
Gebilde gelehrt und tausendfachen Segen getragen in Paläste und
Hütten, daß sie hervorragen „die Kinder des Lichtes und des Tages"
in Bildung und Gesittung und der Wohlfahrt, die auf ihren Wegen
wandelt, vor vielen Andern.

Und dieser Geist des evangelischen Lichtes, Geliebte, er steht nie
stille, er wird nie müde; er schreitet immer fort, er steigt immer neue
Stufen höherer Vollendung hinan. Das ist sein Wesen, das ist eines
der Zeichen, woran du ihn erkennen magst. Und das ist das Wort des
Gebetes in dem Abschiedssegen eures scheidenden Seelsorgers, daß Er,
der Herr, der euch berufen hat zu „Kindern des Lichtes und Kindern
des Tages", euch je mehr und mehr zu völligern Gliedern mache seiner
heiligen evangelischen Kirche, euch je mehr und mehr durchdringe mit
dem Geiste, durch den sie entstanden und gewachsen und selig macht
alle, die von ihr erfüllet sind. Daß ihr vernehmet und verstehet das
Wort des Apostels in unserm Texte: „so lasset uns nun nicht schlafen,
wie die andern, sondern lasset uns wachen und nüchtern sein".

Ja, „nicht schlafen wie die andern, sondern wachen und nüchtern
sein" — anders kann der evangelische Christ nicht wollen, so lang er
sich selber treu bleibt. Siehe, jeden Morgen feiert die Welt einen
neuen geistigen Auferstehungstag; wer da „schläft", der zähle sich nicht
unter die Kinder des Lichtes. Wer sich begnügt mit der Dämmerung
der Frühe, die ihm ehemals genug war, nun der beklage sich nicht,
wenn im Glanze des fortgeschrittenen Tages die „Andern" schneller
und glücklicher vorwärtsschreiten. Wer da meint, es reiche hin, was
die Vergangenheit an Gütern der Geschicklichkeit, der Kunst und Er=
kenntniß gebracht und es sei nicht Noth, die bessernde Hand an alte
Ordnungen zu legen, der hat es nicht verstanden, des Apostels Wort:
wir sind nicht von der Nacht noch von der Finsterniß". Wer da träge

ist, wenn die Macht der Gewohnheit ihn in den Schlaf wiegen will, wer sich nicht aufrafft zu kämpfen, wenn die Sünde und die böse Lust ihn versucht, der mag nicht rechnen auf die Krone des Lebens.

Ihr aber, Geliebte, „seid Kinder des Lichtes und Kinder des Tags". Und der heutige Tag mit dem Gedächtniß der Reformation bringt es uns aufs neue zum Bewußtsein, in wessen Pflicht wir stehen. Darum fleht das Gebet des scheidenden Seelsorgers, daß ihr fort und fort „wachet und nüchtern seiet und wachset an ihm der das Haupt ist", eine Jugend voll Erkenntniß und Reinheit und Demuth, ein Alter voll Treue und Gottesfurcht, fortschreitend in allem Guten, ein jedes Haus eine Wohnung des Herrn, die ganze Gemeinde „ein priesterlich Königreich", das ihm gefalle und wo sein Friede wohne.

III. Des scheidenden Seelsorgers Abschiedssegen an seine Ge= meinde, Geliebte, er umfaßt endlich ein Wort des Dankes und der Bitte. Oder wie könnte es anders sein bei dem Manne und dem Hause, die länger als vier glückliche Jahre des Lebens in eurer Mitte sich erfreut? Wenn ich darauf zurückblicke, so kann ich nur in Demuth den Herrn preisen, dessen Gnade sich wieder so überschwänglich be= wiesen. Euer Vertrauen rief mich damals hieher aus, der Stadt meiner Väter, vom Stuhle der Wissenschaft, an der und durch die ein würdiges Geschlecht dem Herrn zu erziehn meines Lebens Ziel und Freude war. Nun vertrautet ihr mir das Kostbarste an, was ihr hattet, der Gemeinde Gegenwart und Zukunft, die ich dem Himmel zuführen solle. Ich kam in eure Mitte in frohem Glauben und in getroster Zuversicht, es sei des Herrn Werk, das mich rufe: aber es war doch nicht anders möglich, ich fühlte, daß ich ein Vaterhaus, eine Heimath verließ, einen Freundeskreis, mit dem mich die edelsten Ziele verbanden, ein Arbeitsfeld, das mich beglückte, die Gräber meiner Lieben. Siehe da, euer Vertrauen, eure Liebe, sie haben mich den Verlust nicht empfinden lassen; mit so offenen Herzen seid ihr mir entgegengekommen, eine so fruchtbare Stätte hat bei den Bessern von euch — und sie sind, Gott sei Dank, die größere Zahl — die Arbeit am Gottesreich gefunden, so vielfach haben mich hoffnungsvolle An= fänge eines neuen Lebens in eurer Mitte erfrischt; laßt mich hinzu= fügen, so viel fördernde Theilnahme bei den Amtsbrüdern des Kreises, bei den Vätern des Stuhles hat mich gehoben, daß ich mich von dem ersten Anfang an unter euch heimisch gefühlt, und nun da ich fort muß, mein „Herz voll Trauerns" ist und tiefe Wehmuth mir die Seele durch= zieht, da ich solche Liebesbande lösen soll. Dafür danke ich dir denn, du theure Gemeinde; ich danke dir für das, was deine Wackern und

Guten mir gewesen, indem sie mir durch ihre Liebe zum Göttlichen
mein Amt leicht und lieb und ehrwürdig gemacht; ich danke dir für
das, was du meinem Hause warst, um dessen Wohl in schwerer Zeit
banger Krankheit dein Gebet zum Himmel stieg; ich danke dir für das,
was du meinen Kindern gewesen, daß du für sie Auge und Herz nicht
verschlossen gehalten und für ihre fröhliche Jugend immer ein freundlich
Wort und einen freundlichen Blick gehabt. Siehe, wohin sie immer
der Herr des Lebens führen wird, sie werden dein dankbar als ihrer
Heimath gedenken und an dem Himmel ihrer ersten schönsten Erinne-
rungen wird eure Liebe, und euerer Kinder, der frohen Genossen ihrer
Spiele und ihres Lernens, Liebe leuchten, wie der Morgenstern, der
den Tag heraufführt. Dafür segne euch der Vater der Liebe, daß ihr
immer reicher werdet in seiner Gnade, immer reicher an Wohlgefallen
guter Menschen.

Und zum Danke füge ich die Bitte hinzu, die der Apostel in unserm
Texte seiner Thessalonicher-Gemeinde ans Herz legt. „Wir bitten euch
aber, lieben Brüder", schreibt er, „daß ihr erkennet die an euch arbeiten
und euch vorstehen in dem Herrn und euch vermahnen. Habt sie desto
lieber um ihres Werkes willen und seid friedsam mit ihnen." Vergeßt
denn auch meiner nicht „um des Werkes willen", das ich unter euch
und mit euch getrieben habe. Und wenn ich dabei Jemanden wehe
gethan hätte, — wie sagt der Apostel „um ihres Werkes seid friedsam
mit ihnen" — glaubt der Versicherung, daß es nicht gerne geschehen
und verzeiht es. Auch wenn ich nicht mehr unter euch bin, behaltet
mich als einen der Euern im Herzen. Bin ich doch in der That durch
das Amt, zu dem mich die Kirche berufen, euch auch fortan nahe und
wie die rechte Gemeinschaft heiliger Ziele überhaupt eine Trennung
nicht kennt, so werde ich auch in Zukunft schon in Pflicht meines Amtes
Auge und Geist von euch nicht abwenden, vielmehr mithelfen, daß der
Herr fördere das gute Werk, das er in euch angefangen hat, damit
ihr immer mehr „allezeit jaget dem Guten nach".

Das ist denn, geliebte Christenbrüder, wie es der kurze Augenblick
gestattet, der Abschiedssegen des scheidenden Seelsorgers an seine Gemeinde. Es ist ein Wort der Ermahnung, am Tage des Erndtefestes
zu sorgen, daß des Herrn Erndtesegen euch reicher mache an innerm
Frieden und alle Gaben der Erde in eurer Hand werden eine Hülfe
zum Baue des Gottesreichs; es ist ein Wort des Gebetes am Tage
des Reformationsfestes, daß ihr immer völliger werdet in evangelischem
Geiste „allzumal als Kinder des Lichtes und Kinder des Tages, die nicht
von der Nacht sind noch von der Finsterniß"; es ist vor dem Tag des

Scheibens ein Wort des Dankes für eure Liebe und die Bitte, auch fortan meiner und meines Hauses in Treue zu gedenken „um des Werkes willen, das ich unter euch gethan".

Du aber, Vater, der da „überschwänglich thun kann über Alles, das wir bitten und verstehen", hilf diesem deinem Volke und segne dein Erbtheil. Ja, segne sie mit deinem besten Segen! Gib Gedeihen auf ihre Äcker und Ertrag in ihre Werkstätten. Mehre die Eintracht in ihren Häusern und den Gemeinsinn unter ihren Bürgern. Laß den Geist der Einsicht und Gewissenhaftigkeit und Stärke ihre Vorsteher und Vertreter leiten, auf daß alle inne werden, daß sie dein Werk treiben. Hilf, daß Erkenntniß und Zucht und Liebe in den Schulen walte und auch das neue Haus, das diese aufnehmen soll, ein Haus werde, wo deine Ehre wohnt und des kommenden Geschlechtes wahres Heil gepflanzt wird. Laß in allen Herzen immer mehr und mehr auf= gehn die Sehnsucht nach dir und hilf, daß diese Sehnsucht durch deine heilige Kirche unter ihnen immer mehr geläutert und befriedigt werde. Sende darum fort und fort treue Arbeiter in deinen Weinberg, daß sie immer vollere Ähren trage die Saat des Heils, die der große Säe= mann auch unter uns gesäet hat. Rotte aus das Unkraut, das sie ersticken will, der Erde Lust, des Herzens Leichtsinn, das unehrliche Wesen, alle Macht der Sünde, daß alle, jung und alt, immer mehr absterben der Nacht und der Finsterniß, erstarkend zu „Kindern des Lichts und Kindern des Tages", nachringend „dem Guten" allüberall und darum theilhaftig deines heiligen Friedens! Amen.

XXV. nach Trinitatis.
Die Auserwählten in den Tagen der Trübsal.
(1866.)

Gnade sei mit uns und Friede von Gott dem Vater und unserm Herrn Jesu Christo! Amen.

Der kurze Rückblick, den uns der Eingang unserer letzten Betrach= tung auf den Inhalt der Evangelien werfen ließ, welche uns die Trinitatissonntage gebracht haben, hat uns aufs neue gelehrt, daß der Kampf zwischen dem Guten und Bösen, zwischen Tugend und Sünde, zwischen Licht und Finsterniß so alt ist, als das Menschen= geschlecht. Als zuerst im Menschenherzen die Selbstsucht sich regte

und — o wie bald — der warnenden Vernunft nicht achtete; als
zuerst die böse Lust sich gegen das Gesetz des Gewissens auflehnte: da
hat er begonnen und durch die lange Reihe der Jahrtausende fort-
gedauert bis auf diesen Tag. Die Geschichte der Menschheit in ihrer
ganzen Entwicklung, in all ihren Einzelheiten ist nichts anders, als
der Ausdruck dieses Kampfes. Wo die Lüge sich gegen die Wahrheit
erhob, wo die Willkür sich gegen die Ordnung auflehnte, wo die todte
Menschensatzung den Strom des Lebens hemmen wollte: überall sind
es dieselben Mächte, die gegen einander stehen, das Irdische, das gegen
das Göttliche kämpft, die Finsterniß, die das Licht nicht aufnehmen
will. Das schöne Bild eines Lebens in Reinheit und Schuldlosigkeit,
das fromme Sagen an den Anfang der Zeiten versetzen, wo „das Land
voll Erkenntniß des Herrn wie mit Wassern des Meeres bedeckt" und
man keinen Frevel höret in seinen Gränzen, erwarten die Kenner des
Menschenherzens und seiner Vergangenheit wieder erst nach langen
langen Jahrhunderten.

Denn das ist eben die Wirkung des Erbensinns in dem gott-
entstammten Menschengeiste, daß er sich durch eigene Schuld dem göttlichen Geist so oft entfremdet, indem er nicht „in dem sein will, was
des Vaters ist" und mit nichtiger Entschuldigung die einladende Stimme
desselben zurückweist; oder daß, wenn er sie hört, er nach dem Bilde
jenes Evangeliums „nicht im hochzeitlichen Kleide" erscheint, d. h. daß
er den Strahl des Himmelslichtes, der bis zu seinem Herzen durchbricht, trübt mit den Nebeln des Wahnes und des Mißverständnisses.
So vermag das Göttliche, wie es in dem Menschengeschlechte sich dar-
stellen soll, nie zu reiner und voller Entfaltung zu kommen; das Ziel,
das der Herr ihm gesetzt hat, das Sinnliche zu freiem Gehorsam unter
das Sittliche zu bringen, vollkommen zu werden, wie Er vollkommen
ist, bleibt unerreicht, und der Kampf des „Fleisches" gegen den Geist,
wie ihn die Schrift nennt, entbrennt aufs neue. Ja, obwohl zagenden
Gemüthern zum Trost die Betrachtung der Weltentwicklung im Großen
und Ganzen einen stetigen stillen Fortschritt des Gottesreiches nach-
weist: in manchen Augenblicken scheint es, als ob einzelne Geschlechter
sich von ihm entfernten. Das sind Zeiten, in welchen, wie schon der
weise Prediger klagt, „das Unrecht herrschet unter der Sonne und die
Thränen der Gerechten keine Tröster haben", wo das Heiligthum des
Herrn verachtet wird und seine Gebote nichts mehr gelten, wo wieder
„Dunkel die Völker decket", bis aufs neue „die Zeit erfüllt ist".

Denn auch das Böse muß dem heiligen Rathschluß Gottes dienen.
Grade die Zeiten vorherrschender Sündhaftigkeit nähren und kräftigen

still und unscheinbar die Keime des Guten. So wenn die dunkeln Mächte der Verwesung drinnen im Erdenschooß das Samenkorn fast vernichtet haben, erhebt sich die Pflanze zum Licht und sprengt die lastende Hülle. Ja wäre nicht die Scholle auf dem Körnlein gelegen, so hätte es der Strahl der Sonne und die Lüfte des Himmels verzehret und es hätte nimmer Wurzel geschlagen in dem nährenden Erdreich. Also muß in der sittlichen Welt nach jener tiefen heiligen Ordnung, die, wenn auch dem gewöhnlichen Menschenauge oft unbemerkbar, darin waltet, selbst das Böse das Reich des Göttlichen mehren, wenn auch nur dadurch, daß seine Herrschaft dem entarteten Geschlechte wieder einmal den Unterschied von Recht und Unrecht zum Bewußtsein bringt und mit der Rücksichtslosigkeit seiner Gewalt das Schwache und Haltlose stürzt, dadurch, daß es die Kraft der Bessern sammelt und selbst den Leichtsinn auf den Ernst des Lebens führt und ihm die Frage vorlegt: woher, wohin, warum? So, als die Sünde seiner Kinder Jerusalem zum Steinhaufen gemacht hatte und seine Städte zur Wüste, rief der Prophet klagend aus: „wer doch nun weise wäre und ließe es sich zu Herzen gehen, warum das Land verderbet und verheeret wird, wie eine Wüste, da Niemand wandelt". Grade die schwere Trübsal, die hereingebrochen, sollte nach seiner Ansicht in sich zu gehen, die Herrschaft der Sünde für die Guten eine um so kräftigere Tugendschule sein.

Lied 13, 1, 4: Wir haben das Gesetz des Herrn.

Evangel. Matth. 24, 15—28.

Wenn ihr nun sehen werdet den Gräuel der Verwüstung, davon gesagt ist durch den Propheten Daniel, daß er stehe an der heiligen Stätte (wer das liefet, der merke darauf!), alsdann fliehe auf die Berge, wer im jüdischen Land ist. Und wer auf dem Dach ist, der steige nicht hernieder, etwas aus seinem Hause zu holen. Und wer auf dem Felde ist, der kehre nicht um, seine Kleider zu holen. Wehe aber den Schwangern und Säugern zu der Zeit. Bittet aber, daß eure Flucht nicht geschehe im Winter, oder am Sabbath. Denn es wird alsdann eine große Trübsal sein, als nicht gewesen ist, von Anfang der Welt bis her und als auch nicht werden wird. Und wo diese Tage nicht würden verkürzet, so würde kein Mensch selig; aber um der Auserwählten willen werden die Tage verkürzet. So alsdann Jemand zu euch wird sagen: siehe hier ist Christus, oder da, so sollt ihr es nicht glauben. Denn es werden falsche Christi und falsche Propheten aufstehen und große Zeichen und Wunder thun, daß verführet werden in den Irrthum (wo es möglich wäre) auch die Auserwählten. Siehe, ich habe es euch zuvor gesagt. Darum, wenn sie zu euch sagen werden: siehe, er ist in der Wüste, so gehet nicht hinaus; siehe, er ist in der Kammer, so glaubet es nicht. Denn gleichwie der Blitz ausgehet vom Anfang und scheinet bis zum Niedergang, also wird auch sein die Zukunft des Menschen Sohnes. Wo aber Aas ist, da sammeln sich die Adler.

Welch' ein Bild, Geliebte, das uns das vorgelesene Evangelium
vor die Seele geführt hat. Ein heiliger Seher, verkündet der Herr
den Seinen die nahe Zukunft. Es ist eine Zeit, wo der Sünde Schuld
die eigenen Kinder vernichtet und in den Strudel unaussprechlichen
Jammers Alles, Alles mit hineinreißt. Weil sie die Propheten getödtet und die Weisen verfolgt, weil sie dem Herrn selbst, der sie hatte
versammeln wollen, wie eine Henne versammelt ihre Küchlein unter
ihre Flügel, in ihrer Herzenshärtigkeit nicht gehorchen wollten, so kam
nun „der Gräuel der Verwüstung" an die heilige Stätte, so mußte die
Stadt Davids in Trümmer sinken, so weideten sich die römischen
„Adler" an den Leichnamen der Erschlagenen, und wurde eine „Trübsal, als nicht gewesen war vom Anfang der Welt her".

Und wie der Herr „zuvorgesagt", so kam es, so muß es immer
kommen, wenn die Sünde den Sieg davon trägt über das Göttliche.

Aber eben weil dieses unter den Geschlechtern der Menschen unsterblich ist, muß ihm „das Reich doch bleiben". Und mitten in der
Nacht des Sündenelendes geht von den Guten der rettende Lichtstrahl
wieder aus. „Wo diese Tage nicht würden verkürzet, so würde kein
Mensch selig; aber um der Auserwählten willen werden die Tage verkürzet." Natürlich nicht so, daß für sie oder durch sie ein Wunder
geschieht, oder die sinnliche und sittliche Weltordnung durchbrochen
würde, sondern daß die Trübsal an ihnen selbst die heilende und stärkende Kraft bewährt und durch sie auch an andern.

Laßt uns denn davon heute Veranlassung nehmen, die Frage ins
Auge zu fassen

      wozu die Tage großer Trübsal die Auserwählten
                        auffordern.

„Siehe, ich habe es euch zuvor gesagt", daß „die Sünde ist
der Leute Verderben." O, so laß uns „darauf merken", daß
auch unserer Trübsal Tage verkürzt werden. Amen.

I. Wozu die Tage großer Trübsal die Auserwählten auffordern,
zunächst, Geliebte, selbst besser zu werden. Zwar dieser Ruf ergeht
an das Christenherz immer und überall. „Es ist", wie der Psalmist sagt,
„keine Sprache noch Rede, da man diese Stimme nicht höret". Die
Natur im Frühlingsschmuck und im Winterkleid, der Erndte Fülle und
des Herbstes Segen, des Vaters Liebe, der das Kind die rechten Wege
führt, sein heilig Wort, das ihm die wahren Ziele zeigt, was sprechen
sie anders als: „siehe hier ist Christus". Wie aber die starre Eislast
des Hochgebirgs den milden Frühlingsstrahl trotzig von sich weist, so

verschließt sich oft das harte Menschenherz dem freundlichen Rufe des Vaters. Die stille Macht der Ordnung verfehlt den Eindruck auf dasselbe und für die anmuthige Schönheit gesetzmäßiger Entwicklung hat es keine Empfänglichkeit. Dann stürmt aber dort in den Winter der wolkentragenden Höhen die heiße Gluth des Südens und zwingt den todten Schnee sich in den belebenden Wassertropfen zu verwandeln; an das harte Menschenherz aber pocht mit eisernem Arme, wie ein Gewappneter, die Trübsal, es zu entreißen dem Sündenschlaf.

Und sagt, Geliebte, kann es für den Christen eine eindringlichere Stimme geben? Wenn ihm in Allem, was geschieht, nur der „Gräuel der Verwüstung an heiliger Stätte" erscheint, wenn ihm in allen Zuständen und Strebungen der Zeit nur „der Irrthum" der Sünde entgegentritt, die da „wo möglich verführen möchte auch die Auserwählten", wird er auch da noch nicht „merken" auf das Bessere? Er hat bis jetzt des Lebens Ernst vielleicht noch nicht gefaßt: siehe da der Anblick des Leichtsinns rings um ihn her, der in fortwährendem Taumel der Lust das eigene und der Angehörigen Wohl zu Grunde richtet, ruft ihn zur Besinnung zurück. Er hat bisher die Zeit und ihre Flüchtigkeit weniger beachtet und die edelsten Kräfte in weichlichem Müßigang unbenutzt gelassen: der Anblick der „Trübsal", der selbstverschuldeten, die, oft so schnell „gleichwie der Blitz ausgehet vom Aufgang bis zum Niedergang" die Trägheit überfällt, fordert ihn zu nützlicher Thätigkeit auf. Er hat bisher auf die Wahrheit mindern Werth gelegt und ein gebrochenes Wort für flüchtigen Schall gehalten: siehe da, der Anblick des geistigen und sittlichen Verfalls, der die Lüge begleitet, wie warnt er so eindringlich, die Künste der Täuschung zu fliehen und „aufrichtig" zu wandeln vor dem Herrn. Ja, geliebte Christenbrüder, je sündhafter eine Zeit ist, je mehr „falsche Propheten" aufstehen und zu „verführen" suchen in den Irrthum auch die Auserwählten", um so mehr ist das grade an diese eine Mahnung, nicht herniederzusteigen zu den „Zeichen und Wundern" der Weltlust, sondern „hinaufzufliehen auf die Berge", wo die „heiligen Wohnungen des Höchsten" sind, in der Sünde der Zeit doch mindestens selber besser zu werden.

Freilich die gewöhnliche Menge, meine Brüder, thut es nicht. Sie fügt sich willenlos dem, was sie Zeitgeist nennt und glaubt, ohne zu prüfen, wenn die „falschen Christi" rufen „siehe er ist in der Wüste oder er ist in der Kammer". Und die Folge? Nun das ist eben die, daß die heiligsten Güter des Lebens immer mehr dem „Gräuel der Verwüstung" anheimfallen und statt des Friedens und der Freude die „Trübsal" einzieht unter den Geschlechtern der Menschen, weil sie keine Auserwählten haben, um deretwillen der Herr ihnen „die Tage verkürzen" könnte.

II. Für diese selbst aber sind die Tage großer Trübsal zugleich eine Aufforderung, stärker zu werben. Es ist ein eben so häufiger als verderblicher Wahn, meine Brüder, die Verhältnisse und Zustände irgend eines Zeitalters seien, inwieweit sie überhaupt von Menschen abhängen, die That eines, oder weniger, an Geistesgaben oder an Stellung Hervorragenden. Sie sind vielmehr ein Ergebniß der gesammten herrschenden Lebens- und Weltanschauung und aller zu ihrer Verwirklichung thätigen oder nicht thätigen Kräfte. Wenn daher große Trübsal ein Zeitalter heimsucht, so trifft die Schuld alle die mit, die dem „Gräuel der Verwüstung" nicht „bis aufs Blut widerstanden haben", die da „vom Dache heruntergestiegen, etwas aus dem Hause zu holen", statt, wie die Pflicht gebot, im Felde zu stehen und den stürmenden Feind zu bekämpfen. Und je mehr das Gute weicht, je mächtiger die „falschen Propheten" das Haupt erheben, je „grausamer die Rüstung ist, die der alte böse Feind" trägt: um so ernster ergeht darin der Ruf grade an die Auserwählten, die trügerischen „Zeichen und Wunder" doch zu bekämpfen, dem „Irrthum" Widerstand zu leisten, stark zu sein in dem Herrn und das Feld zu behalten, damit die „Flucht" nicht gar das Gottesreich vernichte.

Und sagt, meine Brüder, kann es für den rechten Christen eine einbringlichere Stimme geben? Auch er hat bisher vielleicht nichts gethan, dem „Gräuel der Verwüstung an heiliger Stätte" zu wehren; siehe, nun er die Trübsal sieht, die davon hereinbricht, rafft er doppelte Kraft zusammen, die Versäumniß wieder gut zu machen. Auch er hat bis jetzt des Rechts Verhöhnung schweigend zugesehen: siehe, nun da sie es vertilgen wollen, sollte er nicht das vertheidigende Wort mit doppeltem Ernst erheben? Auch er ist gleichgültig gewesen, wenn er sah, wie diese üble Sitte in immer weitere Kreise einriß, jener böse Brauch allmälig selbst die Besten in „Irrthum verführte": nun er aber erkennt, wie das eine Wurzel des Übels ist für viele Geschlechter, geht er mit doppeltem Eifer daran, daß nirgends ein „Aas bleibe, wo die Adler sich sammeln könnten!" Wenn er die Anstalten, die der Väter Bildungsdrang geschaffen, vom Unverstand und vom Sinn dieser Welt bedroht sieht, wird ihr Schade ihm nicht wie ein Schwert durch die Seele gehen, daß er eile mit all seiner Kraft und rette? Wenn sie das Haus des Herrn vernachlässigen und die „heilige Stätte" leer lassen, woher sie seines Geistes Odem hinunternehmen sollten in den Staub und die Sorge des Werktags: ist das nicht der Ruf des Herrn an alle die, die

„für ihn" sind, daß sie um so eifriger kommen, damit doch nicht die Öde der Verwüstung dort herrsche, wo seine Ehre wohnt?

Freilich die gewöhnliche Menge achtet auf solches nicht. Sie ist immer schnell fertig, den „falschen Propheten" zu folgen und die Schuld der Trübsal in Andern zu suchen. Statt selber „stark zu sein am bösen Tage und das Feld zu behalten", glaubt sie es gerne nicht, wenn Jemand zu ihr sagt: „hie ist Christus". Und das Weitere? Wie lesen wir: „Ich habe euch es zuvor gesagt", spricht der Herr und jede Zeit lehrt es aufs neue. Die Sünde und die untrennbar mit ihr verbundene Trübsal herrscht nur über die, die von ihr beherrscht zu werden verdienen und „wer weichen wird, an dem wird meine Seele keinen Gefallen haben", ist ein Wort uralter heiliger Weissagung.

III. Ihr seht es, Christen, stärker zu werden mahnen die Auserwählten grade die Tage großer Trübsal und eben so ernst fordern sie endlich auf, nicht irre zu werden. „Es werden falsche Christi und falsche Propheten auferstehen", spricht unser Evangelium, „und große Zeichen und Wunder thun, daß verführet werden in den Irrthum (wo es möglich wäre) auch die Auserwählten." Ja es hat gegeben und gibt Zeiten, in welchen auch das getroste und muthige Menschenherz sich des Bangens kaum erwehrt, wenn es die Zeichen der Zeit wahrnimmt: wo die uralten sittlichen Ordnungen der Gesellschaft sich zu lösen scheinen, wo Niemand mehr gehorchen, ein Jeder nur befehlen will, wo die Jugend statt in ernster Arbeit, statt in der Zucht und Vermahnung zum Herrn erzogen wird in Spiel und Lust, wo die alte einfache Sitte immer mehr schwindet und nichtiger Tand und Flitter an ihre Stelle tritt. Ja wo draußen auf dem großen Markt des Lebens sie sich rühmen, die ewigen Grundlagen des Geistes zu verlassen, wo sie vor dem Götzen des Erfolges niederfallen, die Heiligkeit der Eide verlachen und nichts ehren als die Gewalt. Doch das alles, Geliebte, ist schon einmal dagewesen, mehr als ein irregeleitetes Geschlecht ist in dem „Gräuel jener Verwüstung" versunken; aber eben daß es darin versunken, daß die stille Macht des Göttlichen doch die „falschen Propheten" immer wieder aus dem Feld geschlagen und „die heilige Stätte" wiederhergestellt hat, daß die Tage der Sünde doch immer wieder „verkürzt" worden sind, das, Geliebte, ist das Zeugniß, daß die Sünde immer ihr eigenes Verderben sei. Und je mehr „die falschen Christi" auch „die Auserwählten in Irrthum zu verführen" suchen, um so zuversichtlicher kann das rechte Christenherz hoffen, daß der rechte „die Gerechtigkeit einmal hervorbringen wird, wie das Licht und das Recht, wie den Mittag" und daß „wie der Blitz aufgehet vom

Aufgang und scheinet bis zum Niedergang, also auch sein wird die Zukunft des Menschen Sohnes".

Sagt, meine Brüder, kann es für den bangenden Sinn ein aufmunternderes Wort geben? Und muß es nicht jede Sorge bannen, wenn der Blick in die Entwicklungsgeschichte der Menschheit lehrt, daß in der That dieß das ewige Gesetz derselben sei. Aus dem Gräuel der Verwüstung, in den nach der Weissagung des Herrn Jerusalems heilige Stätte sank, erhob sich leuchtend das Kreuz der Erlösung. Aus der „Wüste", wohin die „falschen Propheten" den Menschengeist gelockt hatten, führte ihn wieder zum rechten Heiligthum zurück die große geisterbefreiende That des Gottesmannes, deren Gedächtniß wir neulich begingen. Ja, wer hat es nicht an sich erfahren, daß gerade aus „großer Trübsal", so du sie nur recht bestehest, allein nur jene Seligkeit hervorgeht, die über Zeit und Sturm erhaben ist.

Freilich, die gewöhnliche Menge versteht die „wunderbaren Wege des Herrn" nicht. Weil ihrem Herzen fehlt das „Eine was Noth thut", wird sie sofort in den Irrthum verführet. Jeder scheinbare Sieg des Bösen macht sie zweifelhaft, ob denn noch Gott die Welt regiere. Statt zu beharren bis ans Ende im Kampf gegen die Sünde, sind sie schnell fertig „auf die Berge zu fliehen". Das herzerhebende Lied, das uns neulich stärkte: „Nehmen sie den Leib, Gut, Ehr, Kind und Weib: Laß fahren dahin, Sie habens kein Gewinn, Das Reich muß uns doch bleiben", für wie viele lebts in Gemüth und That?

Wir aber, meine Brüder, wir wollen doch zu den „Auserwählten" gehören. Und je größer die Trübsal ist, die der Vater der Welt schickt, um so entschiedener liegt darin die Aufforderung grade an sie, selbst besser, selbst stärker, und nicht irre zu reden. Denn nur so können die Tage der Trübsal verkürzt werden. Darum, wie unser Evangelium sagt, „wer das hört, der merke darauf!" Amen.

Festreden.

Was eines Geschlechtes Würde und Dauer begründe.

Rede zur fünfzigjährigen Jubelfeier des Eintrittes
Seiner Hochwürden des Herrn Bischofs G. P. Binder
in den Dienst der Schule und Kirche.

Gehalten den 25. Juni 1858 in der Bergkirche in Schäßburg.

———

Fast ein volles Menschenalter hat der Strom der Zeit in seinem Schoß begraben, seit die stillen Räume unserer Schule abermals an diesem Tage sich einer außerordentlichen Festversammlung erschlossen. Damals feierte diese Lehranstalt — es war die einzige des Landes — die 300jährige Erinnerung an die Übergabe der augsburgischen Confession und noch immer widerklingen sie in hundert Herzen, die tiefernsten, begeistert wahren, gewaltigen Worte, die der Ordner des Festes, der damalige Vorstand dieser Schule über die Zukunft der heiligsten Güter der Menschheit sprach: heute ist es sein Bild, die Verehrung, die wir ihm zollen, die Dankbarkeit, mit der wir ihm uns verpflichtet fühlen, die uns zu erhebender Feier versammelt. In Mondesfrist nämlich erfüllt sich die Zeit von fünfzig Jahren, seit der würdige Mann, den wir seit fünfzehn Jahren als das Haupt unserer Landeskirche verehren, in den Dienst derselben getreten ist, dahin getreten als Lehrer an dieser Schule, die zugleich dem Jüngling die Muttermilch der ersten wissenschaftlichen Bildung gereicht und später von ihm, dem Manne, wir müssen sagen neu gegründet worden ist. So gilt uns denn von ihm in mehr als einem Sinn das Wort des Dichters: er war unser und tritt uns eben hierin Recht und Pflicht des Jubelfestes so nahe. Denn wohin wir auch blicken mögen, auf seine stille Lehrerthätigkeit in den unscheinbaren Räumen der Schule, auf die Verkündigung des Gotteswortes in den heiligen Hallen des Tempels und ebensosehr in Thaten des Lebens, auf die mild ordnende Weisheit in der Leitung der gesammten Kirche, überall finden wir die reichste Aufforderung zu festlicher Stimmung, zu dankbarer Feier, deren würdige Begehung dem Haupte der Kirche die Kirchengenossen, dem Lehrer und Gründer der Schule die Schüler unterlassen weder dürften noch könnten. Darum freuen wir uns doppelt des schönen Festkranzes, der heute die freundliche Höhe unsers Schulbergs mit seiner Anwesenheit schmückt. Spricht sie doch ebenso klar als erhebend, daß das Gefühl der Verehrung, welches heute unsere Schule den Festschmuck anlegen hieß, in den Herzen der Besten unsers Volkes nicht minder lebendig waltet, daß das Bedürfniß der Dankbarkeit einem Manne gegenüber, der für die edelsten Güter des Lebens unaussprechlich viel gethan, noch nicht in allen Herzen erloschen ist, daß das Bewußtsein der Zusammengehörigkeit zu einem Ganzen und dessen, was man einem solchen Haupt desselben in solchem Augenblick schulde, noch immer ein Erbtheil des tiefern deutschen Gemüthes sei. Ja wir danken ihm, dem Herrn des Lebens, der mitten im allgemeinen Verfall der Zeit und im Zusammensturz von so viel hehren Gütern der Vergangenheit ihn erhalten, daß der Hinblick auf seine Thätigkeit uns aufrichte, das Anschauen eines so würdigen Lebens uns erhebe und selbst der Kleingläubige ein Zeichen habe, woran er erkenne, daß der Herr, der dem Menschensohne solche Kraft verleihen kann, die selbst auf den höhern Stufen des Alters so stark ist in seinem Dienst zu kämpfen und für sein Reich zu wirken, wohl zu sorgen vermag, daß das zerstoßene Rohr nicht zerbreche und der glimmende Docht nicht verlösche. Wohl aber muß der Redner des Tages mehr als je von der gerechten Besorgniß erfüllt werden, daß sein schwaches Wort der Würde des Festes nicht entspreche. Der Hinblick auf eine halbhundertjährige überaus schöne Wirksamkeit, die für alle Strömungen der Zeit ein so wahres Verständniß, für alle berechtigten Ansprüche derselben ein so förderndes Entgegenkommen, bei all' ihren Gegensätzen so maßvolle Ruhe, bei all' ihrem Streit so tiefe Liebe bewährte, birgt grade in der Fülle und Größe seiner erhebenden Momente die Schwierigkeit, das rechte Wort für die heute Alle belebende Stimmung, den würdigsten Stoff aus der alle Herzen bewegenden Gesinnung zu finden. Ist es jedoch Eins vorzüglich, was aus den Gesinnungen und Thaten des verehrten Mannes in allen Richtungen seiner Wirksamkeit dem Kundigen als der bewegende Geist seines Wesens hervorstrebt: das Leben nie als der Güter höchstes zu betrachten oder wie schon der alte Sänger klagt, ob vitam vivendi perdere causas, vielmehr das Herz aufwärts zu richten und nach dem zu streben, was, mitten im Staub und Verfall unvergänglich, sowohl den Einzelnen schmücke als das Ganze stärke — so mag es heute gerechtfertigt sein, wenn wir zur dankbaren Feier einer solchen halbhundertjährigen Wirksamkeit einige jener Güter näher ins Auge fassen, die in seinem Sinne eines Geschlechtes Würde und Dauer begründen.

Wir irren da vielleicht nicht, wenn wir zunächst die Bildung nennen. Wohl ist kaum ein Wort öfter mißverstanden worden als dieses, das jüngsthin sogar die Partei des Umsturzes auf ihre blutigen Fahnen geschrieben, während das nicht minder frevelnde Streben Anderer die leuchtenden Strahlen derselben gerne in das nächtliche Dunkel des eigenen Sinnes hüllen möchte. Aber wie es der Perle den Werth nicht rauben kann, wenn der Unverständige sie in den Staub tritt, so wird das Licht vom Himmel sich nie verdrängen lassen, das als das heilige Erbtheil des Menschengeschlechtes diesem die Pfade der Erde zu erhellen berufen ist. Denn grade seine belebenden Strahlen sind es, die die nährende und wärmende Flamme der Bildung erzeugen, welche das Menschengeschlecht erst seiner Bestimmung entgegenführt. Damit ist zugleich angedeutet, daß wir die Bildung nicht für das ausschließliche Besitzthum einer Classe, eines Standes halten; wie die Luft des Himmels und das Licht der Sonne Allen gemein ist, so soll von dem höhern Gut der Bildung Niemand ausgeschlossen sein und wenn sie auch nach Lebenszielen und Berufsaufgaben nach dem Maß menschlicher Beschränktheit nur in mannigfachen Unterschieden abgestuft zur Erscheinung kommen kann, so kehren doch in dem göttlichen Bilde derselben immer gleichartige Züge wieder, wie das Sonnenlicht, welch' verschiedene Weltkörper es auch zurückstrahlen mögen, doch immer der erhabenen Mutter Zeichen an sich trägt.

Für ein solches Merkmal der Bildung halten wir es, daß ihr Jünger, welchem Berufskreis er immerhin angehöre, zunächst die Aufgabe dieses selbst, dann aber, was noch sonst von Wissensgegenständen: Natur, Menschheit, Gott, in das Gebiet seines geistigen Lebens gehöre, nicht nur äußerlich in todtem Gedächtnißwesen sich aneigne, sondern innerlich erfasse und so zum Eigenthum mache, daß er dadurch die Befähigung zum eignen freien Urtheil, daß er Einsicht in die Bedeutung des Lebens und den Werth seiner Güter, daß sein Wille die Richtung auf das Wahre und Gute und die Kraft der That für dasselbe erhalte. Ein Merkmal dieser Bildung ist es ferner, daß ihr Jünger wohl in dem Boden der gesunden Natur wurzelt, aber neben ihr auch eine Welt und Macht des Geistigen und Sittlichen kennt, die die ungestalte Kraft bändigt, dem Gemeinen die zügelnde Sitte veredelnd entgegenhält und selbst im Ausdruck des Gedankens, in der leidenschaftlichen Erregung des Augenblicks dem Geist immer die Herr-

schaft über den Leib zu erhalten versteht. Als ein Merkmal der Bildung muß es endlich hervorgehoben werden, nicht nur, daß von ihrer
Natur stetes Streben nach Fortschritt unzertrennlich, sondern ihr auch
ebenso wesentlich ist, daß sie in dem eigenen Sonderdasein und Sonder-
wohl die volle Befriedigung nicht findet, daß sie vielmehr über die
enge Schranke des eignen kleinen Wesens hinausgehend, auch für Dasein und Wohl der Nahestehenden, für Wohl und Wehe des Gemeinde-
und alles öffentlichen Lebens Sinn und Herz hat und dieses nicht
etwa nur durch müßige Theilnahme der Neugier, sondern auch durch
Thun und — Leiden dafür zu beweisen willig bereit ist. Auch der
„gebildete" Mann „denkt an sich selbst zuletzt" und »homo sum, nec
humani quid a me alienum puto«, nichts Menschliches sich fremd zu
achten ist ein Wahrspruch uralter Bildung.

Daß ein Geschlecht, welches je nach den Kreisen seines Berufes
in allen seinen Gliedern von dieser belebenden Kraft der Bildung erfüllt wäre, daran den Schmuck unvergänglicher Würde und die Wurzeln
ewiger Dauer besäße, wer zweifelt daran, verehrte Anwesende? Was
gäbe es Erhebenderes als wenn die schöne Form alles Unedle ver-
drängte; was Gewaltigeres, als wenn die in der eigenen Ueberzeugung
wurzelnde Wahrheit mit der richtigen Schätzung ihres Werthes in den
Seelen von Tausenden und abermals Tausenden lebte; was Rein-
menschlicheres, als wenn einmal das eigene kleine scheinbare Wohl
nicht immer der alleinige Leitstern für die blinde Menge wäre? Das
müßte ein Frühlingserwachen geben, dem kein Spätfrost die Blüthen
knicken könnte, das Aufleuchten eines Morgenlichtes, nach dem sich die
Edlern so lange lange müde sehnen! Gewiß eine solche Bildung müßte
eines Geschlechtes Würde und Dauer für alle Zeiten verbürgen.

Zu den lichten Höhen einer solchen Entwicklung führen der Wege
viele und mannigfaltige; nicht Jeder gelangt auf demselben Pfad dazu.
Wenn wir aber einen hier vorzugsweise hervorheben, die Schule, so
ist das wohl ebensosehr im Sinne des heutigen Festes als in der
Natur der Sache begründet. Ja unter den Gütern und Einrichtungen,
die eines Gemeinwesens Ehre und Wohl sichern, haben die Weisen
alter Zeiten schon die Schule in die erste Reihe gesetzt. Sie empfängt
das Kind, um ihm das Leben aufzuschließen; sie nährt den Geist, sie
übt die Kraft, sie veredelt das Gemüth; sie erzieht aus der Vereinzelung
des Elternhauses zur Gemeinsamkeit; es gibt nicht Edles das in ihr
nicht seine Stelle fände; von der einfachen Dorfschule bis hinauf zur
vielgegliederten reichausgestatteten Hochschule stehen sie Alle im Dienst
der Bildung, heilige Stätten der Menschenveredlung. Die Bedeutung,

die ihnen ein Geschlecht beilegt, enthält den Maßstab von dessen eigenem Werth und — legt je nach dieser Schätzung die festen oder schwankenden Grundsteine seines eigenen Fortbestandes.

Wo gäbe es, verehrte Anwesende, für alles dieses sprechendere Zeugnisse, als in dem Leben unsers Volkes? Mit dem Pflug und Schwert der Väter zugleich ist die Schule in den damals wilden Ur= wald eingezogen; ihre Arbeit ists zum guten Theil gewesen, daß die Wildniß so schnell sich lichtete und die rohe Öde sich zu einem Sitz für Menschen umgestaltete. Sie, die Schule, der die Väter im schützenden Mauerring der Burg eine Stätte einzuräumen nie vergaßen, hat red= lich dazu beigetragen, daß die Handvoll deutscher Männer dem näh= renden Boden der alten Heimat fern in der Rohheit des neuen Vater= landes nicht verwilderte, sondern die heiligen Güter des Volksthums und der höhern Gesittung in treuem Herzen bewahrte und ihr Wesen und Walten in Haus und Gemeinwesen ein veredelndes Vorbild werden konnte für die Lande und Stämme, in deren Mitte sie die Weisheit ungrischer Könige gerufen. Die Schule ist es gewesen, die in jenen wilden Jahrhunderten, wo sonst nur das Schwert Ehre genoß und Krieg und Schlacht in der Männer Herzen lag, mithalf, daß Sinn und Verständniß für die friedlichen Werke der Arbeit nicht fehlte, daß Hand und Kopf für Pflug und Werkstatt geschickt wurde und aus den kunstfertigen Räumen der letztern sich der segnende Strom eines über= reichen Verkehrs ergoß in nahe und ferne Gebiete. Ja unsre Schule ist durch alle Jahrhunderte hindurch die fruchtbarste Pflanzstätte ge= wesen deutschen Lebens und deutscher Bildung in den abgelegenen Karpathenthälern; sie hat die Geister bereiten helfen, daß vor drei Jahrhunderten das Licht des reinen Evangeliums so empfängliche Herzen traf und ohne den wilden Sturm der Verfolgungssucht zu wecken, so einmüthig aufgenommen wurde; sie hat bei dem Zusammen= sturz von all den Säulen, die bis jetzt hundert heilige Güter unsers Volkslebens getragen und geschützt haben, die hohe aber ebenso schwere Aufgabe, für den Wegfall der äußern Stützen in Mehrung der innern Kraft, in Stärkung der geistigen und sittlichen Mächte Ersatz zu geben und zu helfen insbesondere, daß der Übergang von der alten Ab= geschlossenheit der Heimath zu dem urplötzlichen Heranrücken des Aus= landes mit seiner, nach zahlreichen Richtungen so vorgeschrittenen Ent= wicklung, unserm eigenen Bestande nicht den Todesstoß versetze. Wohl uns, wenn wir einer solchen Wirksamkeit derselben nicht widerstrebten! Denn gewiß ists: ein Geschlecht, das in zweckentsprechenden Schulen die erforderlichen Bildungsstätten hat, welche sich den Stimmen der Zeit nicht verschließen, ein Geschlecht, das diese Anstalten gewissenhaft und treu benützt, hat darin wie den Ehrenschmuck einer unvergänglichen Würde, so eine Bürgschaft ehrenvoller Fortdauer und nie ist ohne die eigne Schuld die Weisheit der Väter zu Schanden geworden, die da erkannten und aussprachen, daß in der Erziehung und frommen Unter= weisung der Schule für alle Menschen ein unermeßlicher Schatz liege, ohne welchen alles andere, Reichthum, Gebäude, Waffen, Kriegszeug nur todter Stoff und nutzlose Last ohne Geist und Leben sei.

Doch wie über der Erde mit all' ihren Wesen der Himmel sich wölbt, so umfaßt den Menschen mit all' seinem Streben und Wollen die Kirche. Wer könnte von den Gütern, die eines Geschlechtes Würde und Dauer begründen, sprechen, ohne zuletzt als das höchste sie zu nennen! Sie, die heilige Verwalterin der göttlichen Geheim= nisse, die da in alle Wahrheit leiten soll, der erst das Leben den festen Grund und Boden unter sich und über sich den leuchtenden Leitstern dankt, die die äußere Ordnung heiligt und zur höhern innern erzieht, die den trüben Erdensinn zum lichten Himmelsstreben verklären will! Und nun unsere Kirche! Die den Geist des Menschen nicht bevor= mundet, sondern zur Freiheit führt, die den Fortschritt nie hemmt, sondern fördert, die jene ächte Aufklärung, deren Kind sie ja selber ist, als gottgesandt freudig begrüßt, die den stillen segnenden Geist der Heilslehre verpflanzt in das Leben des Alltags, in das Treiben der Werkstatt, in die Reihen der Jugend, in die Kreise des Alters, sie, deren äußere Ordnung und Verfassung allein noch den deutschen Stamm dieses Landes zu einem einheitlichen Ganzen vereinigt, wie sie von jeher zwischen ihm und dem fernen Mutterland das festeste Bindeglied bildete! Gewiß, verehrte Anwesende, so lange unser Geschlecht an ihr festhält, der heiligen Mutter, kann es des Ehrenschmucks nicht verlustig gehen, der da ein Erbtheil ist seines priesterlichen Königreichs und die Segens= brunnen des Bestandes und der Wiedergeburt werden dem ewig frisch fließen, der sich aus ihren Lebensquellen nährt!

Stehen aber unter den Gütern, die eines Geschlechtes Würde und Dauer begründen, Bildung, Schule, Kirche obenan: welche Verehrung schulden wir dem Manne, der die Thätigkeit für diese Güter zu seiner Lebensaufgabe gemacht und diese ein halbes Jahrhundert hindurch in so hervorragender Weise gelöst? Viel Edle haben während desselben nach jenen Zielen gerungen, aber, Keinem zu Leide sei es gesagt, die Palme, die er selbst nicht sucht, mag Niemand ihm streitig machen. Mit Recht verehrt unser Volk und unsre Zeit in ihm einen Hohe= priester der Bildung. Auch sonst kannst du den Reichthum des

Wissens bewundern, die Tiefe der Kenntnisse anstaunen, die Schätze der Gelehrsamkeit preisen, dich am rastlosen Streben nach Wahrheit freuen: hier findest du alles dieses zugleich zu den herrlichsten Blüthen der Einsicht in das Wesen der Dinge erschlossen, die im Einzelnen immer das Allgemeine versteht, zu den edelsten Thaten der Liebe ver= klärt, die nie das Ihre sucht, zu der vollendeten Form maßhaltender Schönheit verkörpert, die stets in silbernen Schüsseln goldne Früchte beut. Daher jener stille Abglanz wie einer höhern geistigen Welt, der sein Wesen so wunderbar schmückt und der schon vor Jahren die be= scheidene Lehrerwohnung des Schulmanns selbst dem Wanderer aus fernen Ländern wie eine Heimath der edelsten Geister aller Zeiten, nicht wie eine Stätte gewöhnlicher Menschen erscheinen ließ — ein Abglanz, in dessen mildem Strahl für uns das tiefe Wort erst volles Verständniß gewonnen, das der deutsche Dichterfürst dem früh ent= schlafenen ebenbürtigen Genossen in schmerzlicher Klage nachrief:

> Hinter ihm in wesenlosem Scheine
> Lag, was uns Alle bändigt, das Gemeine!

Und was die Schule ihm verdankt, unsere Schule, verehrte An= wesende, wer könnte es im kurzen Raume der flüchtigen Stunde er= schöpfen? Dreiundzwanzig Jahre lang Lehrer derselben, darunter neun Jahre ihr Leiter und Vorstand, hat er sie, wie Aller lebendiges Zeugniß es sagt, neu gegründet, hat er aus einer äußerlichen zufälligen Zahl neben einander bestehender Klassen ein innerlich zusammen= hängendes Ganze geschaffen, diesem eine ebenbürtige Stelle in der Reihe der Schwesteranstalten errungen und das höchste Ziel der Schul= bildung: nicht bloß Unterricht, sondern Erziehung —, durch seine Thätigkeit erläutert und bewährt, als, so Gott will, unvergängliches Erbe hinterlassen. So Großes hat er gewirkt mit den kleinsten äußern Mitteln. Denn zu jener Zeit herrschte über die Schule noch die Ansicht, daß die öffentliche Sparsamkeit bei ihr beginnen müsse und daß die Beschäftigung mit dem Idealen und das Leben auf dem Gebiet des Geistes den Lehrer von selbst über die Sorgen des Tages erheben werde. Das aber, sowie mancher schwere, schmerzlich empfundene Schlag des Schicksals hielt den Trefflichen nicht ab, sich ganz und ungetheilt der hohen Aufgabe hinzugeben. Wie rührend und erhebend ist es, den fünfundzwanzigjährigen Jüngling als jüngsten Lehrer der Anstalt mit dem gereiften Mann, der sie damals leitete, in innigem, sie beide gleich ehrenden Freundschaftsbunde, den nur der Tod getrennt hat, an der heiligen Aufgabe der Schule arbeiten zu sehen und wie er

wieder, da er in der Blüthe der Mannesjahre derselben vorstand, die
Jünglinge, die als seine Schüler ihm nun an die Seite traten, als
Mitarbeiter auf der schönen Bahn freudig begrüßt und sie ins offene
Freundesherz aufnimmt. Noch lebt sie unauslöschlich in so vieler Gedächtniß, die wehmüthig-schöne Erinnerung an die Zeit, welche die
Amtsgenossen in dem schlichten Zimmer unter den grünen Linden ver-
einte, wohin den Lehrern die Dankbarkeit der Eltern für die geistige
Gabe der Erziehung gerne die leibliche schickte, wo durch sein Wesen
den Theilnehmenden täglich neu in platonischen Symposien Stunden
edelster Belehrung und Gemüthserhebung erstanden. Doch dauernder
noch als sie zeugen von seinem Wesen jene umfangreichen handschrift-
lichen Arbeiten über alle Zweige des Wissens, die er durch eine, die
Vorstellungen von menschlicher Arbeitskraft übersteigende Thätigkeit
in so wenigen Jahren schuf und, bei dem damaligen Mangel an lite-
rarischen Hülfsmitteln doppelt dankenswerth, den Schülern in die
Hände gab; daß sie heute noch, nach einem Menschenalter, auf der
Höhe der Wissenschaft stehen, ist das sprechendste Zeugniß für den
Geist, der sie geschaffen. Ebenso sprechend aber, o daß das todte Wort
sie lehren könnte, sind die Grundsätze über Unterricht und Erziehung,
die in seiner Lehrerwirksamkeit zu Tage getreten. Die Weckung der
Selbstthätigkeit, die Bildung des Charakters, die Begeisterung für das
Göttliche war ihm Hauptziel; der Schmerz um den Verlust der edlern
Güter, wo er drohte, drang tief in das Herz der Schüler, und all die
Strömungen, die in dem letzten Menschenalter das Gemüth der Besten
unsers Volks bewegten, haben die vorahnende Seele des Lehrers schon
damals erfüllt. Oder wer bliebe kalt, wenn er sein Lied aus jener
Zeit hört, des Wächters Warnruf an sein Volk:

> Dein Schwert verstumpft; rings wanket in karger Schmach
> Der Burgen Stolz; an ferne Gestade schwimmt
>   Nicht mehr des Sachsen Fleiß; in fremdem
>   Flitter erbläht sich die weiche Jungfrau.
>
> Nur feiger Hoffahrt dienet des Jünglings Kraft
> Und tauscht, wie sein Gewand, auch des Herzens Zweck
>   — Der Väter Kleid bewahrt dem edeln
>   Sohn der Wüst' auch der Väter Hoheit. —
>
> Nicht solchem Stamm, nein, sproßte das Heldenvolk,
> So auf des Brodfelds lanzenbesäeter Trift
>   Für Vaterland, Altar und Hausheerd
>   Ritterlich führte den Todesreigen.

Nicht solchem Weichling schwoll die entzückte Brust,
Als auf der Tempel drohende Finsterniß
    Der Morgen niederglomm; nicht solcher
        Spendete Güter und Blut der Wahrheit!

Erhabner Söhn' erhabene Mutter du!
Was? Deine Honter *) schlafen sie alle schon?
    Daß wieder in die goldne Leier
        Stürme des mächtigen Sängers Seele

Und Kirch und Staat Ein brüderlich Priesterthum
Des Einen Urborns werde, verkläret Kunst
    Und Wissenschaft ersteh und seines
        Köstlichsten Erbes der Sachse froh sei!

Daß in der Atmosphäre eines solchen Geistes und einer Pflichttreue, die bei mangelnden andern Augenblicken den schwächern Schüler, damit er nicht zurückbleibe, während der Mahlzeit unterrichtete, mußte die Jugend gedeihen; es ist gewiß des würdigen Greises edelster Lohn, wenn er eine so reiche Zahl seiner Schüler, wiewohl ach der Trefflichsten mehr als Einen ein zu frühes Geschick schon abgerufen, in Werkstätten und auf Lehrstühlen, in den Ämtern des Staates und der Kirche, in Kunst und Wissenschaft hervorragend unter andern, das würdige Werk des Berufes treiben sieht und Alle in Verehrung und Liebe zu ihm hinaufschauen. Das vor Allem aber thut unsere Schule und stimmt wie immer, so insbesondere heute dankbaren Herzens in die Worte des alten Sängers ein

Quod spiro et placeo, si placeo, tuum est
Daß ich bin und gefalle, wenn ich gefalle, dein Werk ist's!

Und nun die Kirche, was sie ihm verdankt? Sie werden Zeugniß ablegen, die Gemeinden, deren Seelsorge seinen treuen Händen anvertraut gewesen, Zeugniß die gesammte Kirche, an deren Spitze er gestanden in einer Zeit, wie es eine schwerere für sie nicht gegeben. Die Jahrbücher derselben werden es aufbewahren, wie er, in tiefer Einsicht der Lebensbedingungen jedes Gemeinwesens, das Verständniß ihres Rechts, die Kenntniß ihres Verwaltungsorganismus unter ihren Leitern zu heben bestrebt gewesen, als man noch keine Ahnung hatte von dem Sturm, der da kommen sollte; wie er nach der allgemeinen Erschütterung desselben wesentlich dazu geholfen, daß die Rechtslage und Freiheit der Kirche Anerkennung gefunden Mächten gegenüber,

---

*) Honterus Reformator der Sachsen † 1549.

die in natürlicher Gegnerschaft zu derselben stehen; sie werden aufbewahren, mit welcher Manneskraft, mit welcher uneigennützigen Treue
der Greis auch jene ihrer Güter vertheidigt hat, deren zeitweilig fast
ersatzloser Hinwegfall die Gemüther so vieler Ängstlichen über Gebühr
verwirrt. Es gibt Zeiten, wo das Wort schon eine That ist; wie
reich an solchen Thaten, an vollgewichtigen, schwer wiegenden sind nur
des trefflichen Mannes letzte Jahre gewesen und aus allen leuchtet
eine Überzeugungstreue, ein edler Freimuth, eine Charaktergröße, eine
Hingabe an die heilige Sache seiner Kirche, ein Gottvertrauen hervor,
die, daß können wir getrost und zuversichtlich sein, nicht erfolglos geblieben, noch für die Zukunft bleiben können, weil wer, wie Er, stand-
haft auf dem Felsen des Rechts steht, über kurz oder lang auch die
Höhen des Siegs ersteigt.

Darum freuen wir uns heute des würdigen Mannes, der eben für
die hohen Güter, an welche er eine halbhundertjährige Lebensarbeit
gesetzt, seit Monden schon der Heimath fern weilt, und empfangen es
als ein gnadenvolles Zeichen der Himmels, daß es uns vergönnt ist,
das fünfzigjährige Jubelfest seines Eintritts in den Dienst dieser Kirche
begehen zu können und uns in der Feier dieses Tages zu erheben durch
den Hinblick auf die Kleinode der Bildung, der Schule, der Kirche, als
deren dreifachen Hohepriester ihn in diesen Tagen tausend Herzen wenn
auch nur im Geist dankend mit neuer Verehrung begrüßen. Daß doch
jene heiligen Güter sich noch lange lange seines Wirkens erfreuen, daß
der Abend des Lebens, so beten sie, ihm so schön werde, wie die heiße
treue Tagesarbeit es verdient und daß — so fügt der gute Geist dieser
Schule hinzu — Schüler und Lehrer und Vorsteher und Gemeinde
dieser heiligen Höhe es nie vergessen, daß sie die Pflicht haben, des
großen Mannes nicht unwürdig zu werden, den sie heute in neuent-
brennender Dankbarkeit als der Schule Gründer ehren. Denn wenn
uns grade hier im Hinblick auf ihn das Wort des großen deutschen
Sängers in seiner vollen Bedeutung entgegentritt

Die Stätte, die ein guter Mensch betrat
Ist eingeweiht,

o möge in Erfüllung gehen auch das Wort, das er hinzufügt und noch
nach hundert Jahren hier

Sein Wort und seine That dem Enkel widerklingen!

Zur Feier des hundertjährigen Geburtstages Friedrich Schillers

den 10. November 1859 an dem evangelischen Gymnasium in Schäßburg.

Wenn der alternste römische Geschichtschreiber die Erfahrung ausspricht, Alles, was der Mensch thue, werde vollbracht durch körperliche
Thätigkeit oder durch geistige, so vergißt er nicht hinzuzufügen, daß
die letztere wie die eblere, so die tiefer gehende und nachhaltiger wir-
kende sei. Es ist derselbe Gedanke, dem nach mehr denn anderthalb
Jahrtausenden der deutsche geistesverwandte Meister derselben Wissenschaft den erhebenden Ausdruck gab: Scepter brechen, Waffen rosten,
der Arm des Helden verweset, — was in den Geist gelegt ist, ist ewig.
Doch was bedarf es der Hinweisung auf Zeugnisse der Vergangenheit,
wo das Selbstbewußtsein und die lebendige That der Gegenwart so
vernehmlich sprechen? Bezeugt doch grade in unsern Tagen das gesammte deutsche Volk, welchen Werth es auf die That des schaffenden
Geistes lege und wie dieser in seinen Wirkungen unsterblich sei; er
bezeugt dies, sagen wir, dort in dem edeln Schmerz um zwei theure
jüngst entschlafene Todte, die wie noch kein Sterblicher vor ihnen der
Eine die erhabene Ordnung des Weltalls und seiner Kräfte erforscht,
der Andre die gesetzmäßige Gliederung des Erdballs und ihren be-
dingenden Einfluß auf das Menschengeschlecht nachgewiesen; — hier
in der begeisterten Erinnerung an den Anfang eines Lebens, dessen
Sonne heute vor einem Jahrhundert aufgegangen, und die, wiewohl
dieses Lebens irdischer Träger, der hinfällige Leib, schon vor mehr denn
einem halben Jahrhundert in Staub zerfallen, noch immer nicht aufhört und nie aufhören wird, die reichste Strahlenfülle des Lichts und
der Wärme in alle empfänglichen Gemüther zu gießen.

In dieser erhebenden Erinnerung, die da mit ist ein Zoll der Achtung vor dem heiligen Wehen des Geistes, sind auch wir, verehrte Anwesende, heute in diesen geweihten Räumen zusammengekommen, um
an dem hundertjährigen Geburtstag des edelsten deutschen Dichters
dankend sein zu gedenken und aus dem Hinblick auf die von ihm gehobenen Schätze des Wahren, Guten und Schönen neue Verehrung
und Liebe für den Meister, neue Begeisterung für das schlagende be-
dürftige Herz zu gewinnen. In solcher Gesinnung vereinigen sich
heute Tausende und aber Hunderttausende des deutschen Volkes und

begehen einträchtigen Sinnes mitten im Zwiespalt der Welt, friedlich
mitten im Streit und Kriegsgewühl der Großen, mitten in den trüben
Strebungen nach greifbarem stofflichem Nutzen das Herz dem Höhern
geöffnet, ein Fest des Geistes, der Idee, der Einigung, und nicht Ge-
birge, nicht Meere, nicht kleine staatliche Grenzen oder Unterschiede in
Glauben und Meinung bilden heute eine trennende Schranke. Heil
uns, verehrte Anwesende, daß unser deutsches Volk wenigstens in
diesem Einen so einig ist und also wieder einmal sichtbar zu Tage tritt,
was dem Gottesodem der Begeisterung gelingen mag. Dank auch Ihnen,
daß Sie, den labenden Ruf der an den äußersten Grenzen deutscher
Gesittung stehenden Schule nicht überhörend, diesem Fest deutschen
Geistes Ihre Theilnahme schenkten, so Zeugniß ablegend, daß diese
Schule sich nicht getäuscht, wenn sie des ebenbürtigen Dichterfürsten
Ruf auch an uns ergangen glaubte:

> So feiert ihn! Denn was dem Mann das Leben
> Nur halb ertheilt, soll ganz die Nachwelt geben!

Was dem Mann das Leben nur halb ertheilt — denn auch ihn,
des deutschen Volkes reichsten Sänger haben die dunkeln Gewalten der
Erdennoth und Sorge nicht verschont, aber grade dadurch den Geist,
der in steter Gegenwehr gegen den trüben Sturm menschlicher enger
Bedürftigkeit mit dem Ernst, den keine Mühe bleichte, ankämpfte, geläutert und veredelt, bis er „aus der Sinne Schranken" heimisch wurde
„in der Freiheit der Gedanken", bis der Gott in seinem Innern froh,
des Irdischen entkleidet aufwärts flog und des Erdenlebens schweres
Traumbild sank und sank und sank. Ja, das ist der Lebens- und
Bildungsgang Friedrich Schillers! Aus häuslich eingeschränkten
Verhältnissen nahm ihn der eiserne Zwang einer Schule auf, in der die
Laune eines harten Herrn die innerste Menschennatur nach wechseln-
dem Belieben gestalten und bestimmen zu können vermeinte. Dem
hochsinnig aufstrebenden Jüngling versagte die kalte, streng überwachte
Regel der Anstalt das, wozu die Natur ihn bestimmt hatte und wonach sein Herz am feurigsten schlug, den Umgang mit den Musen.
So erstarkte die gewaltige Kraft seiner Seele zunächst zum Widerstande
gegen den ungerechten Druck und das erste bedeutende Erzeugniß seines
dichterischen Geistes war ein Bild der Empörung gegen unnatürliche
Zustände, war „der Angstruf eines Gefangenen nach Freiheit". Mitten
aus dem Genuß des übersprudelnden Lobes, womit die erstaunte Zeit
den jungen Dichter überraschte, durch die schwerste Unbill, das Verbot
außer seinen Fachstudien etwas zu schreiben, aufgeschreckt, rettete er

durch die Flucht seine Freiheit. Den Vereinsamten, bald von denen, auf die er gebauet, Verlassenen versöhnte und erhielt edle Frauentheilnahme dem Leben, bis hochgesinnte Freunde in ihrem Kreis ihm eine idealere Welt öffneten und der Ruf auf den Lehrstuhl jener herrlichen Hochschule, die unter dem Schutze des trefflichsten Fürsten damals an der Spitze der deutschen Bildung stand, ihm eine neue Heimathstätte bereitete, und jenes Fürsten Edelmuth, der da wollte, daß Fürst und Dichter mit einander auf der Menschheit Höhen wandelten, diese in seine eigene unmittelbare Nähe verlegte. Da erhob sich trotz des nie weichenden Dranges äußerer beengender Verhältnisse, der Geist des Sängers, dessen sittliche Kraft Leben und Liebe gefestigt und gereinigt, dessen Charakter Arbeit und Studien zu wunderbarer Hoheit geadelt hatten, zu neuer großartigster, edelster Thätigkeit. „Genährt am Mark der Geschichte und der Philosophie" — so hörten wir jüngst vor den Erzbildern der verwandten Dichterheroen das unübertreffliche weihende Wort — „warf er um die Ideen, durch die er die Menschheit erhob, den zartesten Schleier der Dichtung. Alles Edle und Große lebte im Liede. Die sittlichen Mächte, die das Menschenleben regieren und heiligen, nahmen Gestalt an und schritten sittigend und erhebend durch sein Volk. Erfüllt von dem Gedanken, daß durch die Schaubühne das Erhabene und Schöne in die Menschheit geleitet werden müsse, zeigte er auf dem bretternen Gerüste in nie gesehener Pracht der Sprache die Gestalten der Liebe und des Hasses, der Falschheit und der Treue, die unterdrückte Unschuld und die gläubige Begeisterung, den Heldenmuth der Vaterlandsliebe und der Freiheit und offenbarte an glücklichst gewählten Stoffen das Weltgericht der Geschichte". Ja, wie der Dichterfreund klagend ihm nachsang:

> Nun glühte seine Wange roth und röther
>   Von jener Jugend, die uns nie entfliegt,
> Von jenem Muth, der früher oder später
>   Den Widerstand der stumpfen Welt besiegt,
> Von jenem Glauben, der sich stets erhöher
>   Bald kühn hervordrängt, bald geduldig schmiegt,
>   Damit das Gute wirke, wachse, fromme,
>   Damit der Tag dem Edeln endlich komme!

Wenn daher das deutsche Volk an diesem Tage, der vor hundert Jahren ein solches Leben dem Vaterland schenkte, sich seines Glückes aufs neue freut und seinem gefeierten Sänger aufs neue sein ganzes volles Herz dankbar entgegenbringt, wie könnte es anders sein? Ist er ihm doch in seiner fleckenlosen Lauterkeit und Wahrheit, in der

Größe seiner Gesinnung, in der Hoheit seiner Ideen ein Führer und Erzieher zu den höchsten sittlichen Zielen! Damit ist wohl auch der Kern einer Frage beantwortet, die der heutigen Festfeier so natürlich ist, daß auch wir sie nicht umgehen wollen, der Frage:

warum das deutsche Volk in Schiller seinen Lieblings-dichter verehre.

Wenn wir aber in dem Streben, die Kürze jener Antwort zu klarerem Verständniß zu entwickeln, die Wahrheit derselben in ihren einzelnen Bestandtheilen nachzuweisen unternehmen, so werden Sie, verehrte Anwesende, gewiß nicht Neues, Ungehörtes, oder eine all-seitige erschöpfende Beurtheilung des großen Dichtergenius erwarten. Dazu fehlt hier die Zeit und — der Meister; vielmehr wird das schmucklose Wort des Redners grade dann seine Aufgabe gelöst zu haben meinen, wenn es nur dem Ausdruck gibt, was längst in allen empfänglichen Gemüthern lebte.

Da findet es wohl keinen Widerspruch, wenn wir in unserem Sänger zunächst den Dichterpriester vaterländischen Sinnes er-kennen. Welch' eine große, den deutschen Volksgeist aus schmach-vollster Verblendung errettende, sich selbst wiedergebende und so wahrhaft erlösende That hierin liegt, mag der ermessen, der die dunkeln kosmopolitischen Nebel kennt, welche selbst die besten Männer jener Zeit umnachteten, Kenntniß und Würdigung des eignen Wesens nicht aufkommen ließen und in willenloser Hingabe an das fremde und dem Haschen nach seinen Flittern die deutsche Natur zur Charakterlosigkeit verunstalteten. Klopstocks Preis des ureignen deutschen Wesens und seiner Tugenden, seine Warnung, nicht allzugerecht zu sein gegen das Fremde, war die Stimme des Rufers in der Wüste; selbst Herder, der doch für alles Natürliche und Volksthümliche so empfindsamen Sinn besaß, sah des patriotischen Sängers Vaterlandsliebe für ein wesenloses Bild an und hielt den „Wahn des Vaterlandes" für den Grund von Griechenlands und Roms Untergang. Das konnte freilich nicht anders kommen, seit das deutsche Volk, nicht durch seine Schuld, die alte große Stellung im Kreise der Völker verloren hatte, seit es ein wahrhaftes Staats- und öffentliches Leben nicht mehr besaß und kein großes gemeinsames Vaterland mehr kannte. Und doch wuchs mitten aus dem Boden dieses zertretenen Vaterlandsgefühls, das sich dann um so ängstlicher an die Traumgröße eines hohlen Weltbürger-thums anklammerte, und erstarkte in demselben mit zunehmender Reife seines Wesens mehr und mehr unsers Dichters Sinn für Volk

und Vaterland. Schon der in seiner Natur vorhandene historische Zug
trat dem Verständniß hiefür fördernd entgegen; der Gedanke, einen
deutschen Plutarch zu schreiben, war einmal in ihm lebendig. Auch
seine ästhetischen Studien, die er ja in den Dienst der Erziehung des
Menschengeschlechts stellte, gaben dem Sinn für Volk, Staat und
Vaterland fruchtbare Nahrung. Denn wie er den Stoff behandelte,
konnte der Zusammenhang zwischen der harmonischen Kunstbildung
eines Volkes und der darin liegenden Befähigung, ja Nothwendigkeit
eines würdigen Staatslebens und all der hohen Güter, die sich daran
knüpfen, unmöglich übersehen werden. Die Zeit selbst endlich, die
welterschütternde, mit ihrem Kampf der gewaltigsten Naturen um die
bedeutendsten Ziele, die „um der Menschheit große Gegenstände, um
Herrschaft und um Freiheit rang", konnte des tiefsten bildendsten Ein=
flusses auf den Sänger nicht verfehlen.

So sind denn seine edelsten Dichtungen, wiewohl sie zunächst und
unmittelbar nur die reine Befriedigung der Kunstforderung bezwecken,
durch und durch von Vaterlandsliebe durchdrungen, in schwerer Zeit
zu ernsten Pflichten mahnend. Das „theuerste der Bande" ist dem
Dichter „der Trieb zum Vaterlande" und „Alle zieht das Herz dahin".
Ist es nicht eine Prophetenstimme, die durch ihn dem deutschen Volke
zuruft: O lerne fühlen, welches Stamms du bist! ... Die angebornen
Bande knüpfe fest; ans Vaterland, ans theure schließ' dich an,

> Das halte fest mit deinem ganzen Herzen!
> Hier sind die starken Wurzeln deiner Kraft,
> Dort in der fremden Welt stehst du allein
> Ein schwankes Rohr, das jeder Sturm zerknickt!

Oder:

> Die Seele blutet mir um dieses Volk;
> Ich leide mit ihm, denn ich muß es lieben,
> Das so bescheiden ist und doch voll Kraft;
> Es zieht mein ganzes Herz mich zu ihm hin,
> Mit jedem Tage lern ich's mehr verehren.

In diesem Geiste rief der Sänger dem edeln Fürstensohne zur
Reise in jene stolze, vom Raub der Völker große Stadt das Ab=
schiedswort zu:

> Daß dich der vaterländsche Geist begleite
> Wenn dich das schwanke Brett
> Hinüberträgt auf jene linke Seite,
> Wo deutsche Treu vergeht!

Da fand endlich, was von jeher unbestrickten Gemüthern als
Heiligstes gegolten, die Pflicht gegen Volk und Vaterland, wieder

einmal den Ausdruck, der den schwer lastenden Bann nationaler
Gleichgültigkeit löste, und wenigstens das Lied vollzog das Straf-
gericht gegen den,

> Der seines Volkes Feinden sich verkaufte
> Und Wunden schlug dem eignen Vaterland:
> Fluch war sein Lohn, der Menschen Abscheu rächte
> Die unnatürlich frevelhafte That.

Auf das flammende Zornwort:

> Nichtswürdig ist die Nation, die nicht
> Ihr Alles freudig setzt an ihre Ehre

antwortete die herzdurchdringende Frage:

> Was ist unschuldig, heilig, menschlich gut,
> Wenn es der Kampf nicht ist ums Vaterland?

So stieg, nachdem der Morgenstern des deutschen „Barden" die
kalten Nachtschatten der Gleichgültigkeit gegen Volksthum und Vaterland nicht hatte vertreiben können, in Schillers Genius die Sonne
herauf, die mit siegender Gewalt die Begeisterung für jene theuren
Güter in die Herzen alles Volkes goß zu einer Zeit, wo selbst der
Name Deutschland ausgetilgt wurde und eine nie dagewesene Thrannei
die edelsten Kräfte des deutschen Wesens mit dem Gifte des Fremden
vernichten wollte. Siehe, da erwachte mit an dem Worte seiner Muse
das Bewußtsein des ureignen Werths und stählte sich die Kraft, zuerst
des geistigen Widerstandes; aus tausend Herzen klang es wider:

> Dies Reich soll fallen? Dieses Land des Ruhms,
> Das schönste, das die ewge Sonne sieht
> In ihrem Lauf, das Paradies der Länder,
> Das Gott liebt, wie den Apfel seines Auges,
> Die Fesseln tragen eines fremden Volks?

und Hunderttausend schworen den „Eid des neuen Bundes":

> Wir wollen sein ein einzig Volk von Brüdern,
> In keiner Noth uns trennen und Gefahr —

bis in jenem gesegneten Jahre des Heils die flammende Begeisterung
des neuerwachten vaterländischen Sinnes in e i n e Gluth zusammen-
schlug und in „heiligem Krieg" die alte Schmach tilgend das fremde
Joch abwarf. Was seitdeß die Zeit an jenem Stamm gereift, wer
wollte es hier aufzählen? Wohl ist auch nach dieser Seite noch Vieles
„untröstlich allerwärts", aber noch gewisser, daß „manches Auge schon
flammt und manches Herz klopft". Hat aber die Blüthe schon so

Herrliches gebracht, wie wird erst die Frucht sein, deren Knospe bereits da ist, ja da ist, und trotz Wind und Wetter immer mehr und mehr schwillt auch unter den Strahlen seiner Sonne, die den Lebenstrieb des vaterländischen Sinnes fort und fort mit den besten Säften nährt.

Und darum, verehrte Anwesende, ist der herrliche Sänger der Lieblingsdichter des deutschen Volkes — sein Lieblingsdichter, weil er dazu der Dichterpriester der Freiheit ist.

Der tiefste und ursprünglichste Zug in dem Wesen Schillers, wie in dem der ächten Menschennatur überhaupt, ist die Sehnsucht nach Freiheit, und je mehr aus seinen „frohen Träumen mit rauhem Arm die Gegenwart" ihn weckte, die „Wirklichkeit mit ihren Schranken den Geist umlagerte", mit um so heißern Liebesarmen umschlang er das festgehaltene Ideal. In welch' schrankenloser titanenhafter Weise dieses in seinen ersten Dichtungen hervortritt, darüber haben seine Zeitgenossen schon je nach ihrer Befangenheit laut aufgejubelt oder sich mit Schrecken entsetzt. Doch lernte er bald, was der alte römische Weise mit Recht als das Schwerste preist, Maß halten, und je mehr er aus den Blättern der Weltgeschichte die Freiheit in ihrer wirklichen Erscheinung kennen und würdigen lernte, je klarer er durch sein Nach= denken über Ziel und Entwicklungsgang des Menschengeschlechts zur Überzeugung kam, daß „sein edelstes Vorrecht sei, sich selbst zu bestimmen und das Gute um des Guten willen zu thun", alle wahre Verbesserung aber zuletzt von dem stillen Bau besserer Begriffe, reiner Grundsätze und edler Sitten abhänge; kurz, je freier er selbst innerlich wurde, indem er „das Leben einsetzend dasselbe gewann": desto klarer rauschte ihm „der Wahrheit tief versteckter Born", desto reiner und herrlicher trat auch der Freiheit „Bild vor den entzückten Blick".

So rief der Sänger von den lichten Höhen der Erkenntniß, wohin durch das Morgenthor des Schönen den Gottbegnadigten der Genius geführt, der bange harrenden Welt das ersehnte Trostwort zu:

> Der Mensch ist frei geschaffen, ist frei,
> Und würd' er in Ketten geboren.
> Laßt Euch nicht irren des Pöbels Geschrei,
> Nicht den Mißbrauch rasender Thoren!
> Vor dem Sklaven, wenn er die Kette bricht,
> Vor dem freien Menschen erzittert nicht!

Und wie die gesammte Natur nur auf „Freiheit gegründet ist" und reich ist nur durch sie, so geht der erste Ruf der Menschenseele nach „Gedankenfreiheit", in der allein die „Geister reifen" und schaudernd wendet sie sich vom Gewissensdruck. Siehe, ein Land nur

> Mit Murren trägts des Glaubens Tyrannei
> Die Macht hats eingeschreckt, beruhigt nicht . .
> Ein Volk, dem das geboten wird, ist schrecklich,
> Es räche oder dulde die Behandlung.

Wohl kann so über ganze Länder „die Ruhe des Kirchhofs" sich lagern, aber nur „von der Freiheit gesäugt wachsen die Künste der Lust". Und wenn auch „Jahre lang, ja Jahrhunderte lang die Mumie dauert", — „mit schweren ehernen Händen rührt an das hohle Gebäu einmal die Noth und die Zeit". Denn es gibt ewige Rechte, unantastbare:

> Eine Grenze hat Tyrannenmacht.
> Wenn der Gedrückte nirgends Recht kann finden,
> Wenn unerträglich wird die Last — greift er
> Hinauf getrosten Muthes in den Himmel
> Und holt herunter seine ewgen Rechte,
> Die droben hangen unveräußerlich
> Und unzerbrechlich wie die Sterne selbst.

Damit aber „der alte Urstand der Natur" nicht wiederkehre, wo der Mensch dem Menschen, zum letzten Mittel greifend, gegenübersteht, ist das „Gesetz" da, „das deutliche", das „mit der Gebräuche tief-getretener Spur" ihn in den Schranken hält, da man der eignen Mäßigung ihn nicht vertrauen darf, ist da die „heilge Ordnung, die segensreiche Himmelstochter, die das Gleiche frei und leicht und freudig bindet", und darum ruft der Sänger warnend:

> Laß uns die alten engen Ordnungen
> Gering nicht achten! Köstlich unschätzbare
> Gewichte finds, die der bedrängte Mensch
> An seiner Dränger raschen Willen band,
> Denn immer war die Willkür fürchterlich!

Gegen sie, die fürchterliche, stehen Thron und Staat zum Schutze, daß nicht in dem Schoß der Städte der Feuerzunder still sich häufe und in Flammenbächen das glüh'nde Erz sich selbst befreie. Denn

> Es ist die große Sache aller Staaten
> Und Throne, daß gescheh, was Rechtens ist
> Und Jedem auf der Welt das Seine werde;
> Denn da, wo die Gerechtigkeit regiert,
> Da freut sich Jeder sicher seines Erbes
> Und über jedem Hause, jedem Thron
> Schwebt der Vertrag wie eine Cherubswache.
> Gerechtigkeit
> Heißt der kunstreiche Bau des Weltgewölbes,
> Wo Alles Eines, Eines Alles hält
> Und mit dem Einen Alles stürzt und fällt.

So bereitete die Muse des Dichters geistig und sittlich die Befreiung des deutschen Volkes vor, indem sie dieselbe innerlich vollziehen
half in jener eisernen Zeit, wo das gallische Joch schwer auf ihm lag.
Wie trat es in Aller Bewußtsein und klang in Aller Herzen wider:

> Wir sinds gewohnt, daß man uns gut begegnet —
> Ein Solches war im Lande nie erlebt

oder:

> Unser ist durch tausendjährigen Besitz
> Der Boden — und der fremde Herrenknecht
> Soll kommen dürfen und uns Ketten schmieden
> Und Schmach anthun auf unsrer eignen Erde!

und immer wieder schworen neue Hunderttausende den „Eid des neuen
Bundes"

> Abtreiben wollen wir verhaßten Zwang,
> Die alten Rechte wie wir sie ererbt
>   wollen wir bewahren!
> . . . Wir wollen frei sein, wie die Väter waren,
> Eher den Tod, als in der Knechtschaft leben, —
> Wir wollen trauen auf den höchsten Gott
> Und uns nicht fürchten vor der Macht der Menschen —

bis die Opferflamme der Begeisterung lodernd zum Himmel schlug
und Deutschlands Throne und Völker wieder frei machte. Und wie
damals in jenen Dichtungen das Wort der Weissagung erklang und
an ihm die Gemüther sich hoben, trösteten und stärkten, so werden sie
nie aufhören, die volle Quelle reiner Freiheitsliebe zu sein, bis voll-
ends „der Widerstand der stumpfen Welt besiegt" wird und „der Tag
dem Edeln endlich kommt".

Darum aber ist eben der herrliche Sänger der Liebling des deutschen Volkes, darum — und weil er endlich

der Dichterpriester reiner schöner Menschlichkeit ist.

Der volle klare Strom derselben entsprang unmittelbar aus seiner
innersten tiefsten Natur, aus der lebendigsten Theilnahme an allem
Menschlichen, aus der Achtung vor der Menschenseele, der Schöpferin
des Gedankens. Es gibt keine edle Regung derselben, nicht die ge-
heimste und leiseste, in der er nicht ihre göttliche Abkunft anerkennt.
Die Menschenwürde ist die Sonne, die vom Himmel seiner Weltanschauung am leuchtendsten herniederstrahlt; darum will er „das
Nothwendige und Ewige bildend in einen Gegenstand der Triebe des
Menschengeistes verwandeln", damit die „in den Willen aufgenommene
Gottheit von ihrem Weltenthron herniedersteige" und „des Gesetzes
strenge Fessel den Sinn nicht mehr binde", der es in Freiheit über-

wunden habe. So werden dem Sänger Volksthum, Vaterland und
Freiheit nicht Ziele an sich, sondern Bedingungen und Vorstufen der
Humanität, die jene umfassend und veredelnd die trennenden Gegensätze überwindet und ausscheidet. Die höhere Heimath des dichterischen
Schaffens ist ihm „das ewige Reich des Wahren, Guten und Schönen,
das der ganzen Menschheit angehört", das Ziel „in der schönen Form
die schöne Seele" —

> Aufgelöst in zarter Wechselliebe
> In der Anmuth freiem Bund vereint,
> Ruhen hier die ausgesöhnten Triebe
> Und verschwunden ist der Feind.

So ruft der Dichter mit Seherbegeisterung der kalten zweifelnden
Welt zu:

> Es ist kein leerer, schmeichelnder Wahn,
> Erzeugt im Gehirne des Thoren,
> Im Herzen kündet es laut sich an,
> Zu was Besserm sind wir geboren;
> Und was die innere Stimme spricht
> Das täuscht die hoffende Seele nicht!

> Und die Tugend, sie ist kein leerer Schall,
> Der Mensch kann sie üben im Leben;
> Und sollt' er auch straucheln überall,
> Er kann nach der göttlichen streben;
> Und was kein Verstand der Verständigen sieht,
> Das übet in Einfalt ein kindlich Gemüth.

Erleuchtet von diesem Glauben an das Göttliche im Menschen,
der mit Männerstolz auch vor Königsthrone tritt, erhalten die edelsten
Regungen und Ziele des Geistes den erwärmenden Ausdruck und
schlingen sich zu einem ewigen Blüthenkranze der reinsten Humanität.
Wann wird das liebliche Gemälde der „zarten Sehnsucht und des süßen
Hoffens", das ergreifende Bild von „des Lebens schönster Feier" seine
Anmuth und Wahrheit verlieren? Und was käme im bessern Gemüthe schwesterlich-würdiger ihr zur Seite als sie, „die alle Wunden
heilet, der Freundschaft leise zarte Hand", die entzückende Überzeugung,

> Daß unsre Freude fremde Wangen röthet,
> Daß unsre Angst in fremdem Busen zittert,
> Daß unsre Leiden fremde Augen wässern ....
> Denn über alles Glück geht doch der Freund,
> Ders fühlend erst erschafft, ders theilend mehrt.

Und damit dem herrlichen Ideale auch die schöne Wirklichkeit nicht
fehle, „vollendet der Seelenbund" der beiden größten Dichter, die

Deutschland sah, „das Bild der menschlich-schönen Persönlichkeit, nach der das Jahrhundert rang".

Doch neben der Freiheit der Neigung behalten dem Dichter die natürlichen Bande des Blutes ihren ewigen Werth. Denn

> Die Natur ist redlich. Sie allein
> Liegt an dem ewgen Untergrunde fest,
> Wenn alles Andre auf den sturmbewegten Wellen
> Des Lebens unstät treibt. — Die Neigung gibt
> Den Freund, es gibt der Vortheil den Gefährten;
> Wohl dem, dem die Geburt den Bruder gab!
> Ihn kann das Glück nicht geben! Anerschaffen
> Ist ihm der Freund und gegen eine Welt
> Voll Kriegs und Truges steht er zweifach da!

Auch von den andern Sternen, die mit ihrem stillen Glanze am Himmel schöner Menschlichkeit leuchten, ist der Genius des Dichters nicht unberührt geblieben. Wie er mit dem Ernste, den keine Mühe bleichte, nach Wahrheit und Vollendung strebte, doch wohl erkennend, daß das Schöne und Wahre nicht draußen sei — da suche es der Thor, so hoffte er auf den wachsenden Sieg der Wahrheit, obgleich er wußte, daß das Gute und Rechte in stetem Streite liegen müsse. Auch

> Die schönen freien Regungen
> Der Gastlichkeit, der frommen Freundestreue
> Sind eine heilige Religion dem Herzen:
> Schwer rächen sie die Schauder der Natur
> An dem Barbaren, der sie gräßlich schändet.

Wie aber in des Sängers reinem Gemüth die Welt sich, die ewige, spiegelt und er überall zu dem Guten das Beste bringt, so lebt vor Allem, was edel und sittlich, in der Frauen züchtigem Busen, die in der Grazie Schleier wachsam das ewige Feuer schöner Gefühle mit heiliger Hand nähren, treue Töchter der frommen Natur den Scepter der Sitte führen, die Zwietracht, die tobend entglühte, löschen, die feindlichen Kräfte sich in der lieblichen Form umfassen lehren und vereinen was ewig sich flieht. Ihr treues Walten gibt dem Hause, das ihre Sorge hält, die Mutter, deren liebliche Hoheit strahlt, wie des Mondes liebliche Klarheit unter der Sterne blitzendem Glanz. Denn

> Nicht auf Erden
> Ist ihr Bild und ihr Gleichniß zu sehen.
> Hoch auf des Lebens
> Gipfel gestellt
> Schließt sie blühend den Kreis des Schönen;
> Mit der Mutter und ihren Söhnen
> Krönt sich die herrlich vollendete Welt.

Doch es gibt nichts Edles, wahrhaft Menschliches, das im Liede
unsers Sängers nicht die würdige Stelle, den erhebenden Ausdruck
fände. Wie es tröstend dem Unglück die Hoffnung zugesellt, die nie
weichende freundliche Göttin, so zeigt es dem Glücklichen warnend die
Wechsel der Geschicke:

> .. Auch aus entwölkter Höhe
> Kann der zündende Donner schlagen,
> Darum in deinen fröhlichen Tagen
> Fürchte des Unglücks tückische Nähe!
> Nicht an die Güter hänge dein Herz,
> Die das Leben vergänglich zieren,
> Wer besitzt, der lerne verlieren,
> Wer im Glück ist, der lerne den Schmerz!

Denn

> Durch die Straßen der Städte
> Vom Jammer gefolget
> Schreitet das Unglück —
> Lauernd umschleicht es
> Die Häuser der Menschen,
> Heute an dieser
> Pforte pocht es,
> Morgen an jener,
> Aber noch Keinen hat es verschont.
> Die unerwünschte
> Schmerzliche Botschaft
> Früher oder später
> Bestellt es an jeder
> Schwelle wo ein Lebendiger wohnt.

Doch

> Auch ein Klaglied zu sein im Mund der Geliebten ist herrlich,
> Denn das Gemeine geht klanglos zum Orcus hinab.

Ja wer „vollendet hat, der ist der Glückliche".

> Für ihn ist keine Zukunft mehr, ihm spinnt
> Das Schicksal keine Tücke. —
> Weg ist er über Wunsch und Furcht, gehört
> Nicht mehr dem täglich wankenden Planeten —
> O ihm ist wohl.

Denn

> Das Leben ist der Güter Höchstes nicht,
> Der Übel Größtes aber ist die Schuld!

So erwuchs in des Dichters Leben und Werken die Blüthe reiner,
schöner Menschlichkeit in einer Vollendung, wie sie außer dem großen
Dichterfreunde auf diesem Gebiete noch nie die deutschen Lande gesehen, desto erhebender und ruhmwürdiger, da sie die Heimlichkeit der
Heimath nicht zerstörte, sondern veredelte, die Bürgerpflichten nicht
löste, sondern heiligte, die Freiheit nicht zerstückelte, sondern einigte.
Und wie in dem innersten Wesen des deutschen Volkes entschieden mehr
als in dem jedes andern das menschenliebende und menschenachtende

Gemüth gelegen ist, so konnte es nicht anders sein, als daß auch hierin
Anregungen für dasselbe der verwandtesten und fruchtbarsten Art lagen
und insbesondere jene Risse und Klüfte im eignen Innern, die es als
Erbtheil einer jammervollen Zeit überkommen hatte, unter dem er=
weckenden Strahl einer solchen Geistersonne allmälig innerlich so über=
wanden, daß keine künstliche Gewalt sie auf die Dauer wieder wird
auseinanderreißen können. Das aber hat schon die Blüthe gethan an
dem Baume reiner Menschlichkeit, den der Dichter gepflanzt; nun die
Blume in Samen geschossen: was wird er der Welt bringen? „Alle
wahre Poesie ist prophetisch und weist über die Gegenwart hinaus";
siehe, wenn Wielands weissagendes Wort sich einmal erfüllt, daß es
den Musen vorbehalten sei, alle Völker des Erdbodens in Eine Brüder=
schaft von Menschen zu verwandeln, welche durch keine Namen, keine
Wortstreite, keine Hirngespinnste wider einander empört, sondern von
dem seligen Gefühle der Menschlichkeit durchglüht würden, so gebührt
ein reicher, voller Ehrenkranz dafür unserm Dichter.

Wir aber freuen uns, daß ein solcher Sänger, ein wahrhaftiger
Dichterpriester vaterländischen Sinnes, edler Freiheit und schöner
reiner Menschlichkeit des deutschen Volkes Liebling ist, dem er mit
seinem Herzblute, seinem Glauben, Lieben und Hoffen so tief angehört.
Wurzelnd in dem Boden freier Sittlichkeit, der des Liedes Wort nicht
nichtiger Schall war, sondern Aufgabe für das Leben, an die das
Leben gesetzt wurde, hat er, in die zartesten Gefäße der nationalen
Bildung seines Geistes Odem ausströmend, sein Volk gelehrt, die Angst
des Irdischen von sich zu werfen und aus dem engen dumpfen Leben
in des Ideales Reich zu fliehen, Tausende dadurch gereinigt und ge=
hoben und mit Begeisterung für die edelsten Güter der Menschheit
erfüllt, für alle Zukunft ein Führer und Erzieher zu den höchsten
geistigen und sittlichen Zielen. Ja wie von ihm vorzüglich seines herr=
lichen Liedes Wort gilt, daß der Sänger den hohen Göttern eigen, und
wie der ebenbürtige Dichterfreund mit Recht ihn preisen konnte, daß

> Hinter ihm in wesenlosem Scheine
> Lag, was uns Alle bändigt, das Gemeine —:

so gehört er nicht nur einer Nation, sondern der Menschheit an, durch
die seine Poesie wie ein weltlich Evangelium erhebend, stärkend und
läuternd hindurchgeht, und deren Würdigste darum heute mit dem
deutschen Volke in edler Feier den Tag segnen, an dem der All=
waltende vor einem Jahrhundert die Erde mit seinem Leben be=
gnadigte.

Auch wir, des deutschen Volkes ferne vereinsamte Söhne, mischen das Stammeln unsers Dankes heute in den vollen freudigen Chor seiner Verehrer. Sind doch auch in unsre Thäler, die der reichen Culturströmung des alten Heimathlandes so weit abseits liegen, seines Geistes Strahlen gedrungen, doppelt segensreich und dankenswerth bei den Nebeln, die ihre Gründe drücken; auch unsre Schulen trinken von seinem Lichte; auch unser Leben kann sich an seinen Ideen in die reineren Höhen ranken und die unvergängliche Schönheit seiner Dichtungen will mit ihrem Zauber auch unser Dasein schmücken. Ja auch wir sind gewürdigt, gleichfalls das stolze Wort mitrufen zu können: Er war unser — möchte es nur Kraft und Willen stählen zum Streben, daß Er auch unser bleibe und es immer mehr und mehr werde!

Philipp Melanchthons Leben.

Rede zur britten Säcularfeier seines Todestages.

Gehalten am Sonntag Misericordias Domini (22. April) 1860
in der Bergkirche in Schäßburg vor der Festpredigt.

Wenn heute vor der Predigt des göttlichen Wortes in ungewohnter Weise noch eine andere Rede ihr Wort an euch richtet, verehrte Freunde und Christenbrüder, so findet das wohl Entschuldigung oder Berechtigung in der edlen Festfeier, welche heute die gesammte evangelische Kirche der Erde, und insbesondere die deutsche, ebenso dankbaren als gehobenen Gemüthes begeht. Denn, wer weiß es nicht, vor wenigen Tagen hat sich zum brittenmal der Kreislauf des Jahrhunderts geschlossen, seit der fromme Lehrer Deutschlands, der große Mitarbeiter Luthers an dem Werke der Kirchenverbesserung, Philipp Melanchthon, das müde Haupt zum ewigen Schlafe legte. Wie aber das heilige Werk der Reformation, zu dem er an der Seite seines großen Freundes in langem, vielbewegtem Leben den Grundstein legen half, wie die segensreiche Pflanzung des vorzugsweise von ihm gegründeten evangelischen Schulwesens die schweren Stürme der Zeit und alle feindlichen Gewalten überdauert haben — denn sie waren eben Werke aus Gott —: so tritt die milde Gestalt des gewissenhaften, nie müden Arbeiters heute in neuer Verklärung vor den in die großen Thaten

jener Vergangenheit sich versenkenden Geist, daß er aus ihrer Betrachtung Belehrung, Erhebung, Trost, Hoffnung in reicher Fülle schöpfe.

So gestattet es denn, verehrte Christenbrüder, daß auch unser
Wort heute ebenso im Namen der Schule als der Kirche einfach und
schmucklos das Bild eines Lebens entrolle, das für die höchsten Güter
der Menschheit eine Bedeutung gehabt hat und noch immer hat, wie
wenig andre, und so auch unsrerseits den gebührenden Zoll der Dankbarkeit den Manen des großen Todten darbringe, den Gott einst als
ein auserwähltes Rüstzeug aussandte zum Kampfe für das Licht und
zur Rettung dessen, was verloren war.

Philipp Melanchthon ist am 16. Februar 1497 geboren, also zu
derselben Zeit, als die fromme Hand unserer Väter an den Schluß-
arbeiten dieses Gotteshauses thätig war. Sein Geburtsort ist das
kleine Städtchen Bretten in der Rheinpfalz, im jetzigen Großherzog-
thum Baden in Deutschland. Sein Vater, Georg Schwarzerd, war
ein frommer und geschickter Waffenschmied, der bei dem damaligen
deutschen Kaiser Maximilian und vielen Herren vom Adel wegen
seiner Kunstverständigkeit und Treue in großen Ehren stand. Seine
Mutter, Barbara, war die Tochter des Bürgermeisters von Bretten
Johannes Reutter. Seines Vaters gedenkt Melanchthon nie ohne tiefe
Rührung; er schildert ihn als ernst, fromm, friedliebend, züchtig in
Reden und Thaten. Dem weichen, zartfühlenden Knaben starb der
treffliche Vater nach vierjährigem Siechthum leider, als der Sohn nur
11 Jahre alt war; das letzte Wort des Sterbenden: ich ermahne dich,
daß du Gott fürchtest und fromm lebest, ist nie aus seinem Herzen
geschwunden.

Den ersten Unterricht erhielt Philipp Melanchthon von einem
Hauslehrer, Johannes Ungar, den der Großvater für seinen eigenen
Sohn und für seine Enkel angenommen hatte. Da lernte er die An-
fangsgründe der lateinischen Sprache; und nie hat der eifrige Schüler
den gewissenhaften Fleiß und die verständige Zucht seines ersten Lehrers
vergessen; ich liebte ihn wie einen Vater, er mich wie einen Sohn, rühmt
er noch im Alter von ihm und freut sich auf das Wiedersehen desselben
in der Ewigkeit.

Kurz vor dem Vater war auch der genannte Großvater Philipps
gestorben; so kam der begabte lernbegierige Knabe in die damals be-
rühmte Schule nach Pforzheim, wo er Wohnung und Pflege bei einer
Verwandten fand, die eine Schwester war des gelehrten, weitberühmten
Reuchlin, des ausgezeichneten Kenners der Sprachen des Alterthums
und eines der Häupter und Bannerträger der neuen Bildung, die

damals aus dem Grunde dieser Sprachen erwachsend mit ihrem frischen Leben alle strebenden Geister einnahm und erfüllte. Hier lernte der junge Schüler griechisch und erfreute sich bald des fördernden Wohlwollens des verwandten Reuchlin, der den frühe reisenden Knaben mit Büchern unterstützte und seinen deutschen Namen Schwarzerd in den dasselbe bezeichnenden griechischen Melanchthon umwandelte.

In seinem dreizehnten Jahre, im Oktober 1509, bezog dieser die Universität Heidelberg, was jedoch weniger auffällig ist, wenn man sich erinnert, daß damals die Hochschule Manches umfaßte, was jetzt den auf sie vorbereitenden Anstalten zugewiesen ist. Nachdem er hier den untersten Grad der akademischen Würden sich erworben, zog er nach drei Jahren auf die junge Hochschule in Tübingen (September 1512), wo er, hervorragend durch Verstandesschärfe, Tiefe des Urtheils und Gedächtnißkraft, nachdem er das Gebiet aller damaligen Wissenschaften durchmessen, Magister der Philosophie wurde (1514) und in seinem siebenzehnten Jahre selber Lehrvorträge an der Universität zu halten begann. Sechs Jahre hatte er in Tübingen gelebt und die große Bestimmung des jungen Mannes trat schon in vielseitiger Thätigkeit hervor: da berief auf Reuchlins Rath der Kurfürst von Sachsen Friedrich der Weise, wie er zehn Jahre früher mit Luther gethan, Melanchthon als Lehrer des Griechischen an die Universität nach Wittenberg. Mit den Worten der Verheißung, die einst an Abraham ergangen, theilte Reuchlin dem geliebten jungen Freunde diese Berufung mit: so gehe denn aus, schrieb er ihm, aus deiner Freundschaft und deinem Vaterland in ein Land, das ich dir zeigen will; siehe, ich will dich zum großen Volk machen und will dich segnen und du sollst ein Segen sein. Ja, mein Sohn, so verkündet mir der Geist es, so hoffe ich, daß es geschehen werde, mein Philippus, mein Zögling und mein Trost!

Und in der That, also ist es geschehen, mehr und in reicherm Maße, als der bescheidene junge Lehrer selbst hoffte oder ahnen konnte, da er in seiner Antrittsrede in Wittenberg am 29. August 1518 aus dem treuen Betreiben der Wissenschaften begeistert dem deutschen Vaterlande einen neuen Geisterfrühling verhieß. Wer wollte bezweifeln, daß mit seiner Berufung grade an diese Stätte sich ein sichtbarer Plan der göttlichen Vorsehung vollzog? Da fand Melanchthon den Mann Gottes, Luther, der bereits Hand angelegt an das Werk der Kirchenverbesserung; im Augenblick erkannten sich die Geister; in der ihm anfangs auffälligen kleinen zarten bleichen Gestalt sah Luther sofort die außergewöhnliche Seele; Alles an ihm, sagte er wenige Tage später, ist übermenschlich; wie sehr liebe ich ihn! Ebenso ist Melanchthon von Luthers Größe ergriffen; er erscheint ihm ein „Elias voll heiligen Geistes", für den er gern sein Leben lassen will; der ganze Erdkreis hat nichts Göttlicheres. Siebenundzwanzig Jahre lang sind die beiden Männer, durch gegenseitige Achtung eng verbunden, einmüthig, einige menschliche Trübungen des schönsten Freundschaftsverhältnisses aus-genommen, Hand in Hand gegangen; auch nach Luthers Tode, bis zu seinem Lebensende blieb Melanchthon, wiewohl manche Stadt Deutsch-lands, wiewohl Dänemark und England ihn zu sich berief, seinem Wittenberg treu, wo er in Katharina Krapp, der Tochter des Bürger-meisters, 1520 die theure Lebensgefährtin fand, die mit den vier Kindern, welche sie ihm schenkte, dem weichen, zärtlichen Herzen des milden Mannes den nie versiegenden Trost eines edeln Familien-lebens bot mitten unter den Mühen und Stürmen des später so be-wegten Lebens.

Die überaus große Bedeutung desselben aber liegt nun in zwei Richtungen seiner Thätigkeit: er hat nächst Luther das Meiste zur Gründung und Entwicklung der evangelischen Kirche bei-getragen und ist durch seine Lehrerthätigkeit ebenso als durch seine hieher einschlagenden wissenschaftlichen Arbeiten, insbesondere seine Lehrbücher, wie Zeitgenossen und Nachkommen ihm einstimmig diesen Ehrennamen zuerkennen, der Lehrer Deutschlands geworden. Kirche und Schule verdanken dem herrlichen Manne gleichviel.

Wenn die drängende Zeit es nicht gestattet, diese beiden Richtungen in dem Leben Melanchthons umfassend und erschöpfend darzustellen, so kann doch nicht übergangen werden, daß die Kirche ihn schon darum dankbar als Reformator verehrt, weil er an der Übersetzung der Bibel in die deutsche Sprache den bedeutendsten Antheil hat. Als er als Lehrer der griechischen und bald auch der hebräischen Sprache in Wittenberg seine Thätigkeit begann, war Luther in seinem Gegensatz gegen das damalige Kirchenthum eben auf die Bedeutung der Bibel als der einzigen ursprünglichen und ächten Quelle des Christenthums gekommen. An der Hand seines jungen Freundes fing nun Luther erst an, das Studium des Neuen Testaments und der griechischen Sprache, in der bekanntlich das Neue Testament geschrieben ist, ernstlicher zu treiben und die innere Bedeutung einzelner Kirchen-lehren gründlich zu kennen; „mit einem Mal hob es sich wie ein Nebel vor seinen Augen". Melanchthon dagegen, von Luther zum Neuen Testament und zu theologischen Studien hingeführt, vertiefte sich in diese; bald sprach er es aus: kein Christ sei verpflichtet, etwas anzunehmen als was in der Schrift stehe; an ihr prüfte er die Einrichtungen der Kirche und griff ihre Mißbräuche an; „die Schrift erfüllt die Seele", ruft er, „mit wunderbarer Wonne, sie ist Speise des Himmels". „Dieses Griechlein", sagt Luther, „übertrifft mich auch in der Gottesgelehrsamkeit; er ist der gewaltigste Feind des Satans; er hat die Kraft und wird es vermögen". Und wie Luther nach seiner Rückkehr von der Wartburg 1522 die heilige Urkunde des Christenthums, das Neue Testament, und später die gesammte Bibel dem deutschen Volke in treuer Übersetzung darbot, so verständlich und verstanden, daß die Zeitgenossen jauchzten: er habe die heiligen Propheten und Apostel deutsch reden lehren — so stand ihm als kenntnißreichster, eifrigster Mitarbeiter Melanchthon zur Seite; Luther selbst rühmt, daß er bei dieser Arbeit gerne und täglich auf die richtigere Ansicht Melanchthons höre und in seinem Philippus eine wahre Gottesgabe für das hehre Werk habe.

Kurz vor dem ersten Erscheinen des durch Luthers Übersetzung dem deutschen Volke zugänglich gewordenen Neuen Testaments hatte Melanchthon in einem Buch über die evangelische Glaubenslehre diese in wissenschaftlichem Zusammenhang der Welt vorgelegt und nachgewiesen, daß, wie Paulus lehrt, nur im Glauben, d. h. in der Hingabe des ganzen Gemüths an Christum das alleinige Heil sei und die Werkheiligkeit dazu nichts nütze. Das Buch, das erste Lehrbuch des evangelischen Glaubens, anmuthig, übersichtlich, lehrreich, ist von ungemeiner Wirkung gewesen und unzähligmal wiedergedruckt worden; es sei der Unsterblichkeit werth, rief Luther, und fast der Bibel gleich zu achten. Auch die erste zusammenhängende volksmäßige Darlegung des evangelischen Glaubens und der evangelischen Ordnungen stammt von Melanchthon her; es ist das Visitationsbüchlein, nach dem der Kurfürst von Sachsen 1527 die Kirche ordnen, Pfarrer und Gemeinden unterweisen und den Volksunterricht einrichten ließ; die hieraus hervorgegangene Kirchenordnung ist das Vorbild für viele andre Länder geworden. Daß endlich gleichfalls Melanchthon jenes Glaubensbekenntniß verfaßt habe, das, ganz von dem edeln Geiste der ihm eigenen Mäßigung und Milde durchweht, von den evangelischen Ständen 1530 dem Reichstag in Augsburg überreicht wurde und von der unsere Kirche wohl auch den Namen der des Augsburger Glaubensbekenntnisses trägt, wem wäre es unbekannt? Ja der große Meister, dessen Wort vor Kaiser und Reichstag drang, hat es nicht verschmäht, die Heilslehre, die er dort vertheidigte und zur Geltung brachte, in treuer Seelsorgerarbeit in die Herzen der Jugend zu pflanzen. So ist er, solange Luther lebte, sein treuester Mitarbeiter an dem Gotteswerk der Kirchenverbesserung gewesen, und nach dessen Tod in Schrift und Wort der bedeutendste Träger jener weltbewegenden Bestrebungen und Gedanken, die sich an die große That der Befreiung des Geistes und Glaubens knüpften; in seiner wissenschaftlichen Tiefe ebensosehr, als in seiner Milde und Friedensliebe, die seiner den spätern Stürmen kaum gewachsenen schuldlosen Seele bittersten Schmerz zuzog, die wohlthätige Ergänzung Luthers, der sein Verhältniß zum treuen Freunde selber am besten kennzeichnet: „ich", schreibt er, „bin dazu geboren, daß ich mit Rotten und Teufeln muß kriegen und zu Felde liegen, darum meine Bücher viel stürmisch und kriegerisch sind; ich muß die Klötze und Stämme ausreuten und bin der große Waldrechter, der Bahn brechen und zurichten muß; aber Magister Philippus fährt säuberlich und stille daher, bauet und pflanzet, säet und begeußt mit Lust, nachdem ihm Gott hat gegeben seine Gaben reichlich".

Doch die reformatorische Thätigkeit Melanchthons, sein Antheil an der Kirchenverbesserung bildet nur die Hälfte seines Verdienstes; wir verehren in ihm zugleich den hauptsächlichsten G r ü n d e r d e s e v a n g e l i s c h e n S c h u l w e s e n s. Schon in dem oben erwähnten Visitationsbüchlein ermahnt Melanchthon eindringlich, die Kinder zur Schule zu thun, da man geschickter Leute bedürfe zur Kirche und zum weltlichen Regiment. Er theilt darin zugleich eine S c h u l o r d n u n g mit, die erste evangelische, für lange Zeit ein eifrig erstrebtes Vorbild, in eingehender Gliederung die Einrichtung der untersten und Mittelschulen darlegend. Sie bildet eine thatsächliche Ergänzung zu Luthers geistesgewaltigen Worten „an die Bürgermeister und Rathsherren in allen deutschen Landen, daß sie christliche Schulen aufrichten und halten sollen", daß man doch um Gottes willen, da man jährlich so viel wenden müsse an Büchsen, Wege, Stege und Dämme, auch so viel wende an die dürftige arme Jugend, daß man einen geschickten Mann oder zween hielte zu Schulmeistern. Als Nürnberg, die treffliche Stadt, die man damals das Auge Deutschlands nannte, ein neues Schulwesen gründen wollte, erbat sie sich Melanchthons Rath und richtete die Schulen nach seiner Weisung ein; heute blühet sie noch und hat im ehernen Standbilde des geistigen Gründers am feierlich begangenen 300jährigen Jahrestag ihrer Stiftung vor kurzem dem Dank zahlreicher Geschlechter den würdigen Ausdruck gegeben.

In der That fühlte sich Melanchthon während seines ganzen Lebens mit seinen lebhaftesten Neigungen zur Schule gezogen. Den Geist der

Jugend bilden, ihr Gemüth mit Liebe für Sitte und Tugend zu erfüllen, das, rief er aus, ist der nützlichste, glücklichste, heiligste Beruf;
o daß die Schwere der Zeiten mich ihm nie entrisse! Derselbe Geist,
spricht er an einer andern Stelle, dieselbe Weihe wie in der Kirche soll
in der Schule walten! So hat denn sein Unterricht, der alle Wissenschaften umfaßte und den zu Zeiten mehr als 2000 Schüler aus allen
Ländern besuchten, von denen manche Jahre lang in seinem Hause
wohnten und an seinem Tische aßen, — so hat sein Unterricht
Unzählige für edle Lehrerthätigkeit gebildet und begeistert; die
berühmtesten und einflußreichsten Schulen jenes Jahrhunderts haben
Männer gegründet und geleitet, die aus seiner Lehre hervorgegangen,
Geist von seinem Geiste. So wurde die, die Barbarei des Mittelalters
verdrängende, ihre erste Nahrung aus der edlen Menschlichkeit des
Alterthums ziehende und diese durch das Licht des Evangeliums reinigende und verklärende Bildung — Alles ist euer, rief er seinen
Schülern zu, ihr aber seid Christi — so wurde diese Bildung ein Ge-
meingut der neuen Kirche, des deutschen Volkes. Den tiefsten Einfluß
hierauf haben endlich seine zahlreichen lichtvollen Lehrbücher aus-
geübt. Seine lateinische und griechische Sprachlehre ist fast zwei Jahrhunderte lang in den Schulen gebraucht worden. Seine Erklärungen
oder Übersetzungen der bedeutendsten lateinischen und griechischen
Schriftsteller, seine Lehrbücher der Redekunst, Denklehre, Naturlehre,
Seelenlehre, Sittenlehre, Geschichte; seine Vorreden, oder Abhand-
lungen über Größenlehre, Sternkunde, Tonkunst zeugen nicht nur von
seiner umfassenden Bildung und dem Ernste, mit dem er dem Lehrfach
diente, sondern sie haben, Menschenalter hindurch die trefflichsten oder
fast einzigen Lehrmittel der Schule, auf den Geist derselben und auf
die Entwicklung der Wissenschaften außerordentlichen Einfluß geübt
und wesentlich dazu beigetragen, ihrem Verfasser den Ehrennamen
Lehrer Deutschlands zu erwerben.

. Doch nicht nur Deutschland, auch unsre Heimath hat die
Früchte seiner vielseitigen segensreichen Thätigkeit genossen. Weit
mehr als hundert Söhne unsers Volkes, das damals unaufgehalten
durch alle Stürme der Zeit dieselben zu der reinen Quelle des Heils
nach Wittenberg schickte, darunter mehrere auch unserer Vaterstadt,
sind durch seinen Unterricht dem Evangelium und der Bildung gewonnen worden; viele haben seine freundliche Aufnahme und Förderung zu rühmen gehabt. Mit ihnen zog der Geist des neuen Lebens
auch in die neugegründeten Schulen des Sachsenlandes ein, in denen
oft, so auch in der unsern, viele von des Meisters Büchern lange die

einzigen Lehrmittel waren, manche wiederholt neu aufgelegt von den heimischen Pressen. Mit den Männern aber, die die Kirchenverbesserung in unserm Volk einführten, mit dem großen Honterus, den er seinen theuersten Freund nennt, mit Valentin Wagner, der gleichfalls zu seinen Füßen gesessen, mit Matthias Ramser, mit dem Rath von Hermannstadt, stand er in lebhaftem brieflichem Verkehr, gab Rath und wies Wege. „Wie freue ich mich", schrieb er an Honterus nach Kronstadt, „deines Wohlwollens, das mir so oft aus den Briefen und Büchergaben entgegentritt. Noch mehr aber freue ich mich, daß dich Gott erweckt hat, damit du die Kirche reinigest und fromme Schulen gründest, um des Heils der Kirche willen wollen wir uns mit wachsender Neigung umfassen; denn ich liebe dich von Herzen. Theile mir mit, so oft du eine Gelegenheit hast, wie ihr lebet. In allen Gefahren, die Euch drohen, wird doch Gott seine Kirche und die fromme Wissenschaft schützen." „Auch wenn die Reiche sich ändern", schrieb er ein anderes Mal, „laß uns nicht ablegen den Eifer für die Wissenschaft und das Evangelium. Zwar Menschenhülse ist nichts nütze; aber Gott wird jenen Gütern doch eine Stätte erhalten, wie da geschrieben ist im Propheten: Ich lege mein Wort in deinen Mund und bedecke dich unter dem Schatten meiner Hände, auf daß du den Himmel pflanzest!"

So hat der große Lehrer mittelbar und unmittelbar mitgeholfen zu jener herrlichen Wiedergeburt der Kirche und Schule, mit der der Herr vor dreihundert Jahren auch unser Volk begnadigte. Und wenn die Väter in der Dankbarkeit ihrer Herzen dem verehrten Meister noch drei Jahre vor seinem Tode Gold und Silber zu ehrender Gabe schickten: so bringen wir heute in der erhebenden Erinnerung an ein so reiches Leben, das, wenn es auch vor 300 Jahren, den 19. April 1560, für diese Erde erlosch, in seinen Segnungen nie erlischt, den Ausdruck unsers Dankes dar. Möge diese Erinnerung doch beitragen uns stark zu machen, daß wir seine Wege wandeln und allesammt, so viel an uns ist, helfen, daß sein Geist, der Geist der Gewissenhaftigkeit, der Wissenschaft, des Evangeliums und seiner Friedensliebe, die da aber zugleich ist die Stärke in dem Herrn, unsern Kirchen und Schulen nie fehle!

Inhaltsverzeichniß.

                                                                        Seite

Vorwort   V

Predigten.

I. Adventsonntag (zugleich Reformationsfest).
   Gelobet sei, der da kommt im Namen des Herrn. Matth. 21, 1—9   3
II. Adventsonntag.
   Über die Nichtbeachtung der Zeichen der Zeit. Luc. 21. 25—36 . 10
III. Adventsonntag.
   Wollt Ihr ein Rohr sehen, das der Wind hin und her wehet?
   Matth. 11, 2—10   18
Weihnachten.
   Ich verkündige euch große Freude. Luc. 2, 1—14   26
Tag Stephans des ersten christlichen Blutzeugen.
   Was muß ein Geschlecht thun, daß es in den Strömungen der
   Zeit nicht untergehe? Matth. 23, 34—39   34
Neujahr.
   Das ernste Mahnwort des neuen Jahrs in ernster Zeit. Ps. 103,
   13—18   44
II. nach Epiphanias (Bußtag).
   Was Er euch sagt, das thut. Joh. 2, 1—11   54
Sexagesimä.
   Es ging ein Sämann aus zu säen. Luc. 8, 4—15   62
Quinquagesimä.
   Christliche Heilmittel für schwere Zeit. Luc. 18, 31—43   70
Reminiscere.
   Das Evangelium von der Mutterliebe. Matth. 15, 21—28 . . .   78
Jubica.
   Warnende Züge aus dem Bilde des Weltsinns. Joh. 8, 46—59 .   85
Palmsonntag.
   Im Leben der Tod. Matth. 21, 1—9   92
Ostern.
   Im Tod das Leben. Marc. 16, 1—8   99

Quasimobogeniti (Einsegnungsfest). Seite
  Friede sei mit Euch. Joh. 20, 19—31 107
Misericorbias Domini.
  Ich bin ein guter Hirte. Joh. 10, 12—16 114
Jubilate.
  Ich gehe zum Bater. Joh. 16, 16—23 122
Rogate.
  So ihr den Bater etwas bitten werdet in meinem Namen. Joh.
  16, 23—30 130
Exaubi.
  Das Exaubievangelium über den Gustav-Adolf-Berein. Joh. 15, 26
  —26, 4 137
Pfingsten.
  Des Herrn Pfingstruf an seine Gemeinde. Joh. 14, 23—31 . . . 145
V. nach Trinitatis (Bußtag).
  Ein evangelisch Wort in erwerbloser Zeit. Luc. 5, 1—11 153
VI. nach Trinitatis.
  Sei willfertig deinem Widersacher. Matth. 5, 20—26 161
VIII. nach Trinitatis.
  An ihren Früchten sollt ihr sie erkennen. (Trauergottesdienst für
  weil. Seine Hochwürden den Herrn Bischof D. G. P. Binder.)
  Matth. 7, 15—23 169
IX. nach Trinitatis.
  Einige Hauptbedingungen, ohne welche die Wohlfahrt eines Reiches
  nicht gedeihen kann. Luc. 16, 1—9 176
XII. nach Trinitatis.
  Einige Züge aus dem Lebensbild eines treuen Haushalters. Marc.
  7, 31—37 184
XIII. nach Trinitatis.
  Ein Bild aus alten Tagen. (Predigt vor der Schulweihe in
  Schäßburg.) 2 Kön. 13, 14—10 u. 25 191
XIV. nach Trinitatis.
  Sind benn nicht zehne rein geworden? Luc. 17, 11—19 199
XV. nach Trinitatis.
  Trachtet am ersten nach dem Reiche Gottes. Matth. 6, 24—34 . . 208
XVI. nach Trinitatis (Bußtag).
  Des Evangeliums (vom Jüngling zu Nain) Bußtagsmahnung.
  Luc. 7, 11—17 215
XIX. nach Trinitatis (Bußtag).
  Des Evangeliums Bußtagsbild von der Sünde. Matth. 9, 1—8 . 223
XX. nach Trinitatis.
  Des Christen Trost in sündhafter Zeit. Matth. 22, 1—14 230
XXII. nach Trinitatis.
  Ein ernstes Bild aus den Tiefen des Menschenlebens. Matth. 18, 23—35 238

304 Inhaltsverzeichniß.

XXIII. nach Trinitatis.   Seite
Ein neues Wort von den Segnungen der Kirchenverbesserung.
Matth. 22, 15—22   245
XXIII. nach Trinitatis.
Der Abschiedssegen des scheidenden Seelsorgers. (Abschiedspredigt
in Agnetheln.) 1 Thess. 5, 5, 6, 11—15   252
XXV. nach Trinita t s.
Die Auserwählten in den Tagen der Trübsal. Matth. 24, 15—28   261

Festreden.

Was eines Geschlechtes Würde und Dauer begründe.
Rede zur fünfzigjährigen Jubelfeier des Eintritts Seiner Hoch-
würden des Herrn Bischofs G. P. Binder in den Dienst der
Schule und Kirche (25. Juni 1858).   271
Zur Feier des hundertjährigen Geburtstages Fr. Schillers
(10. November 1859).   281
Philipp Melanchthons Leben.
Rede zur dritten Säcularfeier seines Todestages (22. April 1860)   294